AF436564

¿LATINOAMÉRICA Y PAZ?

¿LATINOAMÉRICA Y PAZ?

Propuestas para pensar y afrontar la crisis de la violencia

Christine Hatzky
Sebastián Martínez Fernández
Joachim Michael
Heike Wagner
(coordinación)

¿Latinoamérica y paz?: propuestas para pensar y afrontar la crisis de la violencia / Joachim Michael... [et al.]; coordinación general de Christine Hatzky; Sebastián Martínez Fernández; Joachim Michael; Heike Wagner. – 1a ed. – Ciudad Autónoma de Buenos Aires: Teseo, 2021. 488 p.; 20 x 13 cm.
ISBN 978-987-723-311-7
1. Negociaciones de Paz. 2. Violencia. 3. América Latina. I. Hatzky, Christine, coord. II. Martínez Fernández, Sebastián, coord. III. Michael, Joachim, coord. IV. Wagner, Heike, coord.
CDD 327.172

SPONSORED BY THE

Federal Ministry
of Education
and Research

Akademie der Diözese
Rottenburg-Stuttgart

TeseoPress Design (www.teseopress.com)

Índice

¿Latinoamérica y paz?[1]

Una introducción

Joachim Michael, Christine Hatzky,
Sebastián Martínez Fernández y Heike Wagner

Latinoamérica en la perspectiva de la violencia

La paz no parece ser algo que se asocie primariamente con Latinoamérica. Más bien al contrario: que diversas formas de violencia grave, ya sea criminal, policial, cultural, económica y otras, se adscriban al subcontinente ha devenido un lugar común. Las estadísticas tienden a confirmarlo. El *Global Study on Homicide* de 2019 de la Oficina de Naciones Unidas contra la Droga y el Delito (UNODC), por ejemplo, identifica a las Américas como la región con más homicidios en el mundo, con una tasa de víctimas de homicidio intencional de 17,2 en 2017, siendo los países con los índices más altos todos latinoamericanos, mientras que el promedio global es de 6,1 (UNODC, 2019, pp. 14-17).

En efecto, en América Latina la violencia ha marcado rupturas históricas y, al mismo tiempo, ha tenido continuidad en los procesos de cambio político y social. A las conquistas siguieron guerras y masacres, decrecimientos genocidas de la población originaria, etnocidios y regímenes de dominación colonial acompañados por la esclavitud,

---

[1] Agradecemos la valiosa colaboración de Selena Kemp en esta publicación.

el racismo y el establecimiento de órdenes sociopolíticos de explotación y desigualdad social.[2]

En la época de la independencia, la violencia no solo resultaba de las guerras de emancipación, sino que también se manifestaba como herencia de las estructuras coloniales (Gabbert, 2012). Otras confrontaciones armadas surgieron a raíz de la adopción de proyectos políticos y modelos socioeconómicos inspirados por el paradigma europeo del progreso, con efectos que excluyeron a gran parte de la población.[3] De esa forma, diversos conflictos no resueltos desde la época colonial, como los efectos a largo plazo del racismo, de la discriminación de mujeres y de la violencia de género, de la esclavitud, de la desigualdad social, de las prácticas del extractivismo de materias primas[4] y otros, se reprodujeron ante los desafíos socioeconómicos de la modernidad y han perdurado hasta el presente. Así, a dos siglos de las independencias, y a pesar de las mejorías que ocurrieron entre 2008 y 2015, el coeficiente de Gini, que mide la desigualdad de ingresos, en ese último año fue de 0,469 para 17 países de América Latina (Cepal, 2016).[5] En Centroamérica, en 2013, un 47 por ciento de la población se encontraba bajo la línea de pobreza y un 18 por ciento

---

[2] Con respecto al exterminio de la población autóctona como consecuencia de la conquista véase, entre otros, Assadourian (1989). Para una visión de conjunto de la violencia colonial y poscolonial véase la contribución de Wolfgang Gabbert en esta publicación.

[3] Para la relación entre proyectos de construcción de la nación y violencia véase Fowler y Lambert (2015).

[4] En el ámbito de las investigaciones del Centro Maria Sibylla Merian de Estudios Latinoamericanos Avanzados en Humanidades y Ciencias Sociales (CALAS por sus siglas en inglés) sobre las perspectivas latinoamericanas acerca de las múltiples crisis que atraviesa el subcontinente, la socióloga Maristella Svampa publicó el siguiente estudio de la violencia de los conflictos socioambientales: *Las fronteras del neoextractivismo. Conflictos socioambientales, giro ecoterritorial y nuevas dependencias* (2018) (sobre el CALAS véase http://www.calas.lat/).

[5] Para datos más actualizados véase, entre otros, el índice de Gini presentado por el Banco Mundial: https://bit.ly/2VopIVF, visitado el 11/01/2021. El coeficiente de Gini es una medida económica que sirve para medir la desigualdad de ingresos.

vivía en la indigencia. Entre 2009 y 2014 la proporción de hogares en exclusión social pasó de 36 a 42 por ciento, mientras que 4,2 millones de hogares en el istmo centroamericano están excluidos del mercado laboral y sin acceso a los servicios sociales básicos.[6]

Las diversas exclusiones, marginaciones y segregaciones postcoloniales se describen como variadas violencias estructurales, es decir, formas indirectas de violencia, que, como define Johan Galtung, surgen de regímenes de desigualdad y explotación (Galtung, 1969 y 1990). Las violencias estructurales del subcontinente, sin embargo, también se encuentran entrelazadas con su posicionamiento geopolítico. Desde finales del siglo XIX aumentaron las intromisiones violentas del nuevo poder hegemónico del continente, los Estados Unidos de América, en los asuntos internos de las naciones latinoamericanas, especialmente en Centroamérica, el Caribe y México, regiones que fueron entendidas por la potencia del Norte como su "patio trasero" (McPherson, 2016).[7] Las intervenciones estadounidenses elevaron considerablemente los niveles de violencia en la región al invadir directamente con sus *marines* países como Puerto Rico, Cuba, Nicaragua y Panamá, y al formar guardias especiales en algunos de esos países (Nicaragua, por ejemplo) o apoyar dictaduras sanguinarias (como en Chile). Las pretensiones hegemónicas estadounidenses se volvieron más intensas durante la Guerra Fría, que en América Latina condujo a "conflictos calientes". En ese contexto, diversas manifestaciones de soberanía nacional, así como variadas reformas socioeconómicas, fueron interpretadas por los gobiernos estadounidenses como parte del "peligro comunista" en el hemisferio occidental, y desembocaron en

---

6 Estado de la Nación. *Quinto informe estado de la región en desarrollo humano sostenible*. San José: Proyecto Estado de la Nación, 2016.
7 Ver también: Hall y Brignoli (2003).

intromisiones políticas y militares, así como en el apoyo a dictaduras.[8]

Como se sabe, dentro de las tensiones de la Guerra Fría, la Revolución cubana (1959) se convirtió en uno de los eventos de mayor trascendencia en América Latina y llevó a un endurecimiento de los conflictos socio-políticos. Las demandas por reformas y justicia social que permitieran la superación de la desigualdad social, confrontaran la exclusión y permitieran la construcción de una justa distribución de la tierra, con algunas excepciones, no pudieron resolverse por vías políticas, lo que impulsó a grupos revolucionarios en toda América Latina a obtenerlas mediante vías violentas que enfrentaron a las dictaduras y las oligarquías. Esto llevó también a un considerable aumento de la violencia política en el seno de estas sociedades, a la profundización de la represión estatal y su conversión en terrorismo de Estado, así como a la masiva violación de derechos humanos en los países del Cono Sur, en los Andes y en Centroamérica. En el caso del istmo centroamericano, las luchas sociales y políticas desembocaron en la revolución social en Nicaragua (1979) y en levantamientos revolucionarios en El Salvador y Guatemala. Como respuesta, una feroz represión estatal y militar llevó a cruentas guerras civiles con masivas violaciones de derechos humanos (Lynch, 2011).

Después de ese largo período de violencia política y militar, las causas estructurales que fueron los motivos principales de las luchas revolucionarias y los conflictos armados no han sido resueltas. Desde el fin de la Guerra Fría y la democratización de las sociedades se constata una reducción de movimientos políticos armados en América Latina, pero se han presentado otros tipos y fenómenos de

---

[8] Ver, entre otros: Grandin (2004 y 2013), Grandin y Joseph (2010), Brands (2010).

violencia, como la delincuencia y el crimen organizado,[9] el surgimiento de las maras en Centroamérica,[10] la violencia de género y el feminicidio,[11] así como conflictos étnicos.[12] También existen conflictos violentos producidos por luchas relacionadas al acceso al agua y otros recursos naturales, así como a la propiedad de la tierra.[13]

La paradoja de la paz

A mediados de la década de 1980, anticipando el fin de la Guerra Fría, en Centroamérica se inició el proceso de paz denominado "Proceso de Esquipulas". Simultáneamente, los militares entregaron el poder a civiles y regresaron a los cuarteles en América del Sur. Con la excepción de Cuba, la democracia liberal formalmente se impuso en el subcontinente, y a partir de los ceses de los conflictos armados, crecieron las expectativas de que las sociedades latinoamericanas, en su gran mayoría, pasaran a crear las condiciones para superar confrontaciones violentas.[14] Sin embargo, esta paz no tardó en revelar sus ambivalencias. Como se mencionó más arriba, las diversas violencias estructurales no se superaron. Además, se observó una "nueva violencia", la cual, según Dirk Kruijt y Kees Koonings, resulta de la tendencia de que el uso de la violencia ya no se restringe a las élites tradicionales y las fuerzas de seguridad, sino que se expande cada vez más en otros sectores

---

9 Ver entre otros: Arias y Goldstein (2010), Mackenbach y Maihold (2015), Meschoulam (2019), Müller (2018), Santamaría y Carey Jr. (2017), Solís Delgadillo y Moriconi (2018), Vázquez Valencia (2019).

10 Ver entre otros: Equipo de Reflexión, Investigación y Comunicación de la Compañía de Jesús en Honduras/ERIC (2001-2004) y Michael (2013).

11 Ver entre otros: Bidaseca (2015), Fregoso y Bejarano (2010), Mendoza Bautista (2010), Segato (2010), Toledo Vázquez (2014).

12 Ver, por ejemplo, Valladares de la Cruz (2014).

13 Ver, por ejemplo, Paley y Granovsky-Larsen (2019).

14 Ver, por ejemplo, Kron, Costa y Braig (2012).

de la sociedad. Los dos autores hablan de una especie de "democratización" de la violencia en América Latina en la medida que se incrementa el número de grupos sociales que ven la violencia como una opción para alcanzar sus objetivos. A esto se suma la masificación del acceso a armas de fuego en la región. Es decir que, al mismo tiempo que los procesos de democratización condujeron al surgimiento de movimientos sociales que buscaron más participación política y económica, la delincuencia y el crimen organizado se expandieron ampliamente. Asimismo, las fuerzas de seguridad, a pesar de la formalización de la democracia, no abandonaron su rol de combatir de manera represiva las "amenazas" a la seguridad interna. En otras palabras, en las transiciones democráticas no se reformaron los aparatos de seguridad, los cuales siguieron vigilando a la sociedad en su lucha contra "enemigos internos" y procediendo con violencia en contra de (supuestos) delincuentes, principalmente hombres jóvenes (incluso menores de edad) oriundos de sectores sociales marginados. Amparadas por un régimen de "inmunidad e impunidad", las fuerzas de seguridad no fueron sometidas, por parte de los gobiernos democráticos, a un control que sancione las violaciones de los derechos humanos, lo que contribuyó a la reproducción del miedo por parte de las autoridades (Kruijt y Koonings, 1999, pp. 11-19).

Varios años más tarde, José Vicente Tavares dos Santos y César Barreira profundizaron el análisis de las dificultades de los aparatos de la justicia criminal para reducir los crímenes violentos y los homicidios en las sociedades latinoamericanas. La "paradoja de la seguridad ciudadana" se agudiza, según los autores, en la medida que, al comienzo del nuevo siglo, diversos gobiernos progresistas de la región pusieron en práctica políticas sociales inclusivas sin que esto haya reducido los altos índices de violencia en las respectivas sociedades. En otras palabras, a la vez que se promueve la inclusión social, se da continuidad a políticas de seguridad pública represivas. Las autoridades se resistían a discutir modelos alternativos de seguridad, que priorizan el respeto a los derechos humanos, y, en cambio, responden al "miedo social" con métodos policíacos autoritarios. Como consecuencia de este autoritarismo se procede con violencia, se estigmatizan grupos sociales vulnerables y minoritarios, y se criminalizan los movimientos sociales (Tavares dos Santos y Barreira, 2016, p. 10).

A un sentimiento de inseguridad ampliamente difundido corresponde una actitud punitiva muy arraigada en la sociedad, lo que conlleva el surgimiento de una creciente "cultura de la violencia" (*ibidem*, p. 18). Consecuentemente, desde la década de 1990 la violencia se volvió un objeto de estudio académico importante, que incluso dio origen a una sociología de la violencia que se propone, entre otros objetivos, entender el fenómeno en su pluralidad y concerniente a su relación con la modernidad.[15] Como destacan Tavares dos Santos y Barreira, por un lado, se empezó a enfocar una "espesa conflictividad social", la cual se manifiesta en diversas formas de violencia colectiva, como la violencia contra pueblos originarios, jóvenes y mujeres, la violencia del crimen organizado y la del Estado y las fuerzas de seguridad. Por el otro lado, se pasó a estudiar la "violencia difusa" como un fenómeno urbano con altos índices de homicidios. Esta se entiende como una "microfísica de la violencia", en la que influyen el aumento de la vulnerabilidad social, incluyendo la pobreza, así como el desmantelamiento del Estado de bienestar. Estas tendencias son acompañadas por la ya mencionada mentalidad de control social punitiva. Como resultado, se observan una amplia diseminación de la violencia en la sociedad y las dificultades de los Estados para detener este proceso. En este contexto, la violencia emerge como norma social en variados sectores sociales (*ibidem*, pp. 17-27).

En definitiva, la paz en América Latina, tal como emergió con las transiciones democráticas y los procesos de paz

---

15 Véase, por ejemplo, Arteaga Botello y Arzuaga Magnoni (2017).

a partir de mediados de los años 1980, se presenta como una paradoja, puesto que la violencia solo aumentó. De hecho, la noción de una indeterminación paradójica entre paz y violencia, que, dependiendo del punto de vista, pone el énfasis o en una paz en que abunda la violencia o en una violencia atroz en circunstancias de paz, parece ser una categoría apropiada para describir las dinámicas sociales contemporáneas en el subcontinente. Roberto Briceño-León, por ejemplo, también recurre al concepto de la paradoja al destacar que, a pesar de que la región constituye una de las más violentas del mundo, no es la más pobre ni la menos desarrollada, además de que es gobernada, como ya se destacó, por regímenes democráticos. Principalmente, se trata de una región muy pacífica a nivel interestatal, ya que no hay guerras entre los países (Briceño-León, 2016, p. 68). Se agregaría que ha habido, históricamente, pocas guerras entre los Estados en América Latina. En este sentido, se puede afirmar que la violencia en la región tiene un carácter intrasocietal, incluso a pesar de que las guerras civiles y conflictos armados internos hayan terminado, en su mayoría, con el fin de la Guerra Fría.

El problema de la seguridad

Dado el crecimiento de la violencia y de la inseguridad, se habla de "sociedades del miedo" y de una "cultura del miedo" en América Latina (Kruijt y Koonings, 1999, p. 15).[16] En 2007, por primera vez en décadas, el crimen es visto como el problema que más preocupa a las personas en los países del subcontinente, supera incluso el miedo al desempleo. Por consiguiente, la seguridad emerge como tema político primordial (CIDH, 2009, pp. 11-12). Sin embargo, resulta cada vez más evidente que el problema de la violencia no

---

[16] Véase también Rotker, Goldman y Balan (2002), y Caldeira (2003).

solo representa un desafío a la comprensión, sino que urgen reflexiones acerca de su reducción y posible superación. Como escribe el filósofo alemán Bernhard Waldenfels, la violencia, en efecto, no es pensable, pues cuestiona los órdenes del pensar y no tiene un lugar fijo desde donde puede ser pensada. Pensar la violencia, según el autor, es pensar "en contra" de ella (Waldenfels, 2000, p. 9).

José Vicente Tavares dos Santos y César Barreira apuntan a que el problema es que la seguridad sigue siendo concebida en América Latina como seguridad pública, la cual equivale a garantizar la seguridad del Estado y de las clases dominantes sin contemplar la seguridad de la población. En cambio, los autores proponen el concepto de la seguridad ciudadana, que tiene como objetivo proteger la vida de las y los ciudadanos. La propuesta incluye un conjunto de políticas sociales y educativas para prevenir conflictos y para solucionarlos de manera no-violenta. Así, el principio básico es una agenda pública que da prioridad a la seguridad de cada ciudadano y ciudadana (Tavares dos Santos y Barreira, 2016, pp. 30-31).[17]

La idea que subyace a estos estudios, sin embargo, es que el término seguridad, aun aplicado a la ciudadanía, es un concepto que, sin cuestionar su importancia, no escapa al problema de la violencia, en la medida que implica el uso de la fuerza para proteger la vida. Como expresión

---

[17] Los autores están en armonía con la Comisión Interamericana de Derechos Humanos (CIDH), que, en su *Informe sobre seguridad ciudadana y derechos humanos* de 2009, entiende la seguridad ciudadana como una política pública cuya finalidad primordial es hacer que el Estado y sus instituciones y agentes respeten los derechos humanos. Según la CIDH, se trata de proteger "la persona humana" y no la "seguridad del Estado o de determinado orden político". Con la política pública de la seguridad ciudadana, el Estado se obliga a garantizar los derechos "particularmente afectados por conductas violentas o delictivas". Los principales derechos a defender son: "el derecho a la vida; el derecho a la integridad física; el derecho a la libertad personal; el derecho a las garantías procesales y el derecho al uso pacífico de los bienes" (CIDH, 2009, p. IX). Para más informaciones sobre las obligaciones del Estado en el ámbito de la seguridad ciudadana ver *ibidem*, pp. 13-20, y para una política pública dirigida a la seguridad ciudadana, pp. 21-43.

del Estado, la seguridad depende de su autoridad y de sus recursos de coerción y violencia. En sí ajenos a la vida, ya que no emergen de ella, estos recursos no solo pueden dirigirse en contra de la misma vida, la cual en principio deben preservar (distinguiendo entre vidas a proteger y vidas a dispensar), sino que, de una manera general, necesariamente la disminuyen. En el caso de los Estados latinoamericanos, esto se hace muy patente dado que ha habido pocos avances respecto de la puesta en práctica efectiva de políticas públicas relacionadas con garantizar la seguridad de los ciudadanos y las ciudadanas basada en el respeto de los derechos humanos.

La Comisión Interamericana de Derechos Humanos confirmó estas dificultades atribuyéndolas al legado que dejaron los gobiernos autoritarios y dictatoriales que estaban en el poder en diversos periodos del siglo XX en la región (al igual que Tavares dos Santos y Barreira en su mencionado estudio), además de indicar las políticas de ajuste estructural como causa del debilitamiento de la capacidad del Estado para cumplir con su función de garantizar el "pacto social de convivencia". En 1969 se aprobó la Convención Americana sobre Derechos Humanos, la cual entró en vigor en 1978,[18] y así los Estados latinoamericanos se comprometieron a respetar los derechos humanos y a dar garantías para ello. No obstante, en la mayoría de los casos, las respectivas instituciones estatales, como el Poder Judicial, el ministerio público, la policía y el sistema penitenciario, conservan características autoritarias y no logran, "mediante acciones de prevención y de represión legítima", proteger a los ciudadanos y a las ciudadanas eficazmente del crimen y de la violencia. A este problema se suma el "uso de la fuerza por fuera de los marcos legales", lo que acaba por generar más violencia e intensificar la inseguridad social (CIDH, 2009, pp. 10-13). En suma, las debilidades de los Estados latinoamericanos para cumplir con su función de

---

[18] Ver https://bit.ly/3io2ZBV, visitado el 24/04/2021.

proteger la vida de sus ciudadanos y ciudadanas con base en el respeto efectivo de los derechos humanos llevan a la CIDH a expresar su "preocupación". Además de los problemas ya mencionados, la CIDH critica que las víctimas de la violencia y del delito no son suficientemente atendidas. Otro factor señalado es la entrega de funciones de seguridad ciudadana a servicios privados y a las fuerzas armadas, que no cuentan con una profesionalización en materia de derechos humanos (*ibidem*, pp. IX-X).

Cambio de perspectiva: paz en América Latina

Aunque sea imprescindible que los Estados cumplan con sus obligaciones de proteger la vida y los derechos de sus ciudadanos y ciudadanas, se hace evidente que el concepto de la seguridad resulta insuficiente si se trata de encontrar modos de contener la violencia. La razón es que la propia seguridad puede, por los motivos arriba mencionados, producir aún más violencia, en vez de reducirla. En cambio, lo que fundamentalmente se opone a la violencia encuentra su expresión en el término paz. Por más complejo que sea definir el concepto –que, como escribe Charles Webel, muchas veces se explica dialécticamente por lo que no es: si no es violencia, entonces aparece como no-violencia–, reconocemos la paz cuando no está y hace falta (Webel, 2010, p. 7). Galtung, por ejemplo, define la paz básicamente por ser la "ausencia de la violencia". En realidad, el autor piensa la paz negativamente desde la violencia: "un concepto extendido de la violencia lleva a un concepto extendido de la paz" (Galtung, 1969, p. 183). Por consiguiente, se concibe la paz como doble ausencia: "ausencia de violencia personal y ausencia de violencia estructural" (*ibidem*).[19] Si

---

19 Más tarde, Galtung desarrolla el "triángulo de la violencia", en que extiende el modelo dual (violencia personal y estructural) con un tercer factor, la

"paz" denomina todo lo que se opone a la violencia, ella aparece como un ideal normativo y principio ético que regula el comportamiento –aun cuando uno no llega a cumplirlo (Webel, 2010, p. 7)–. En tanto oposición a la violencia y norma ética, la paz, consecuentemente, sirve como base para las diversas propuestas, actitudes y actos que rechazan la violencia, y que se proponen a contenerla y a combatirla. Correlato de la violencia, la noción de la paz es tan amplia y extensa como el término de aquella. Teniendo en cuenta que la violencia no se elimina completamente y que la paz no se establece plenamente sin que coexista ningún tipo de violencia, la paz no se presenta como un estado totalmente alcanzable, sino como un proceso, un esfuerzo y un propósito continuos. Paz, en otras palabras, significa construir, ampliar y defender la paz, lo que requiere una transformación colectiva e individual en términos de buscar alternativas a soluciones que recurren a la violencia (véase Webel, 2010, p. 8). Con lo arriba expuesto, queda claro que la imposibilidad de alcanzar un estado sin ningún tipo de violencia no invalida el concepto de paz, ya que su sentido se revela en la oposición a la violencia, es decir, en las determinaciones y en los esfuerzos de reducirla, no en el hecho de su erradicación.

Con respecto a la crisis de la violencia en Latinoamérica, por consiguiente, se trata no solo de estudiar la violencia, sino también la paz, esto es, las propuestas y estrategias de oponerse a la violencia y de reducirla en el subcontinente. De hecho, siempre han existido amplios espacios, zonas y épocas de paz en la región. América Latina, en esta perspectiva, no solo se destaca por sus historias de violencia y los elevados niveles de homicidios en la actualidad, sino también por haber desarrollado concepciones, visiones y culturas de paz, así como propuestas y estrategias para la resolución de conflictos violentos. Se observa que las iniciativas y luchas por la paz son emprendidas por las

---

"violencia cultural". De manera análoga, su noción de paz se amplía y pasa a incluir la "paz cultural" (Galtung, 1990).

autoridades y gobiernos, pero muchas veces puestas en marcha por grupos y asociaciones de la sociedad civil, notablemente en su mayoría mujeres. Muchas de dichas agrupaciones son movimientos de derechos humanos, como las Abuelas y Madres de Plaza de Mayo, en Argentina, y las mujeres viudas en CONAVIGUA, Guatemala, entre las que se encuentran también las que proceden de tradiciones indígenas de solución no violenta de conflictos.[20]

A menudo las estrategias de paz se concibieron y desarrollaron desde la sociedad civil. El teólogo de la liberación Leonardo Boff, por ejemplo, defiende la "no-violencia activa" como forma de lucha de los oprimidos que se asumen como sujetos de su propia historia. Esta lucha no-violenta está muy relacionada con la teología de la liberación. La renuncia a la violencia se entiende como "firmeza permanente" y comprende una "cultura de solidaridad, diálogo y participación". Sin embargo, la solidaridad debe ser no solo con los seres humanos sino con todos los seres vivos y con la naturaleza. "La democracia debería ser no solo política sino también cósmica" (Boff, 1991, p. X). Muy cercana a las propuestas pacíficas de la teología de la liberación, se encuentra la defensa de la no-violencia por parte del activista argentino Adolfo Pérez Esquivel (premio Nobel de la Paz en 1980).[21]

Mientras los estudios de la violencia abundan, como ya se mencionó, los estudios de la paz son relativamente escasos. En parte se mezclan con estudios de seguridad (Salinas y Oswald, 2002) o se dedican a problemas específicos, como la resolución y prevención de conflictos (Serbin, 2007) y la pedagogía por la paz (Gualy, 2014). Los trabajos contenidos en la presente publicación, en cambio, tienen como objetivo no solo intentar comprender la crisis de la violencia en América Latina, sino también estudiar propuestas y prácticas para afrontarla desde una perspectiva de paz.

---

20 Véase Díaz Arias y Hatzky (2019).
21 Véanse de Carvalho (1991) y Pérez Esquivel (1991).

El presente volumen

Los estudios aquí publicados son fruto de una conferencia internacional e interdisciplinar bajo el tema *¿Latinoamérica y paz? Nuevas propuestas sobre paz y violencia*, que tuvo lugar en junio de 2019 en Weingarten, Alemania. La conferencia fue organizada por la Academia de la Diócesis Rottenburg-Stuttgart en Weingarten, en cooperación con el Laboratorio de Conocimiento "Visiones de paz: transiciones entre la violencia y la paz en America Latina", del Centro Maria Sibylla Merian de Estudios Latinoamericanos Avanzados (CALAS). CALAS es un proyecto fomentado y financiado, desde 2017, por el Ministerio Federal de Educación e Investigación (BMBF) de Alemania, en el cual participan cuatro universidades latinoamericanas y cuatro universidades alemanas, y cuyo objetivo es estudiar las estrategias políticas, sociales y culturales para afrontar las múltiples crísis que afectan al continente, así como investigar cómo estas crisis y procesos de cambio son provocados, acompañados y percibidos por los diferentes actores sociales. La Academia de la Diócesis Rottenburg-Stuttgart, por su parte, enfoca su trabajo al diálogo interdisciplinario entre ciencia y praxis. En este marco, cabe destacar especialmente las Jornadas Latinoamericanas (Weingartener Lateinamerikagespräche), que se realizan anualmente en Weingarten, además de eventos con otros formatos, como por ejemplo el diálogo internacional e intercultural de jóvenes. Lo fundamental del enfoque de estos diversos formatos radica en que permiten un intercambio entre los diferentes sectores sociales, como pueden ser estudiantes, profesionales y personas interesadas en general, junto con representantes de las ciencias, de la política, de ONG, entre otros. En este sentido, en la conferencia *¿Latinoamérica y paz? Nuevas propuestas sobre paz y violencia* –realizada en el marco de las arriba mencionadas Jornadas Latinoamericanas– se trataron no solo procesos de paz, de violencia y de regulación de conflictos, sino que, igualmente, se estableció un diálogo entre académicos y no-académicos de América Latina y de Alemania.

Dada la complejidad del problema, a saber, el entrelazamiento entre violencia y paz en América Latina, el enfoque es interdisciplinario, con el propósito de discutirlo desde diferentes áreas del saber. Los autores y autoras son especialistas en las áreas de las ciencias sociales y humanidades de las Américas y de Alemania. El libro se divide en cuatro partes: la primera analiza algunas de las raíces históricas de la violencia en el subcontinente y los esfuerzos por la recuperación de la memoria de atrocidades del pasado reciente. La segunda parte discute la crisis venezolana de principios del siglo XXI con respecto al incremento de la violencia, a nivel de la política y de los medios. La tercera parte analiza el proceso de paz en Colombia en relación con la persistencia de la violencia estructural de la desigualdad social y con vistas al proceso de desmovilización de excombatientes guerrilleros. Y la última parte aborda la represión estatal en Nicaragua, las desapariciones forzadas en México, ambas en el presente, así como las luchas pacíficas para contrarrestar estas violencias. Además, se plantean estrategias literarias para dar forma a fuerzas vitales en resistencia a la devastación.

La crisis de la violencia en Latinoamérica no se puede comprender del todo sin una perspectiva que apunte a desentrañar sus procesos históricos. El sociólogo y antropólogo Wolfgang Gabbert discute el alcance y la diversidad de la violencia durante el colonialismo español y portugués en América Latina. Dadas las diferencias entre las sociedades nativas y entre los sistemas coloniales en distintas épocas, las formas de violencia colonial y su intensidad variaban. El autor destaca que hubo épocas relativamente pacíficas. Al mismo tiempo resalta las rebeliones de los pueblos originarios contra la dominación colonial, las que se incrementaron por diversas razones en el siglo XVIII. El dominio colonial, sin embargo, se caracterizó también por las alianzas entre europeos y grupos indígenas, lo cual no exime en modo alguno a los primeros de su responsabilidad por el colonialismo en las Américas. Más bien, así se explica cómo el régimen colonial se pudo mantener siendo los colonizadores solo una pequeña minoría en la mayor parte del continente durante más de tres siglos. La independencia y la posindependencia no trajeron más paz a los pueblos originarios ya que la expansión de la agricultura comercial y la dominación nacional del territorio llevaron a nuevas formas de represión y explotación.

La historiadora Sonya Lipsett-Rivera investiga en su contribución algunas de las raíces históricas de la violencia de género en América Latina. Mientras revisa los roles y relaciones de género y cómo se fueron transformando desde las guerras de independencia hasta finales del siglo XIX, plantea una explicación preliminar para el aumento de la violencia de género en los siglos XX y XXI. Aplica conceptos teóricos de Bourdieu, Federici y Scott en la búsqueda de las raíces profundas y las transformaciones de las ideas sobre feminidad y masculinidad. La autora muestra que las nuevas naciones basaron su identidad colectiva en un modelo de la familia según el cual el (emergente) espacio público se reservaba a los hombres, donde estos son aclamados como patriotas heroicos y ciudadanos honrados. En cambio, las mujeres son remitidas al ámbito privado, donde debían cultivar virtudes domésticas que las convirtieran en madres de la nación. La concepción familiar de la república convierte la sexualidad femenina en una amenaza al Estado y a la patria. La reclusión doméstica aumentaba las dificultades económicas de muchas mujeres, lo que llevó a un amplio incremento de la prostitución hasta finales del siglo XIX. Del consecuente choque entre el ideal republicano del "ángel del hogar" y la realidad de la prostitución urbana, resultaron políticas públicas e higiénicas destinadas a vigilar y controlar los cuerpos femeninos.

El pasado sigue haciéndose presente a través del ya mencionado legado del terror de Estado y de las graves violaciones de los derechos humanos perpetradas en dictaduras militares entre los años sesenta y ochenta del siglo XX. La antropóloga Ludmila da Silva Catela, que fue directora del Archivo Provincial de la Memoria y del Museo de Antropología de la Universidad Nacional de Córdoba, estudia los conceptos de justicia, verdad y memoria en Argentina en una perspectiva praxeológica. Su objetivo es analizar cómo estos conceptos se ponen en práctica y cómo sirven para desarrollar procedimientos políticos pacíficos y acciones solidarias para lidiar con la desaparición forzada de personas y otros crímenes de Estado perpetrados durante la dictadura militar. Silva Catela estudia, primero, cómo la justicia se lleva a cabo en juicios de lesa humanidad y destaca la importancia de las diferentes verdades que se elaboran en ellos, como la verdad jurídica, la verdad de las víctimas (y el silencio de los perpetradores). La verdad es también central en el análisis de los procesos. A estos se vinculan las restituciones de restos humanos de personas desaparecidas a los familiares, que representan actos de reparación de parte del Estado que así reconoce los crímenes cometidos y contribuye a reconstruir lazos sociales rotos. Finalmente, aborda la memoria y destaca el rol de rituales de luto civil como prácticas restauradoras de comunidades afectadas por la violencia. Como estos rituales son organizados por la sociedad civil, constituyen prácticas "desde abajo" que no solo complementan las prácticas del Estado, sino que las incentivan e incluso demandan.

La crisis venezolana provocó una verdadera explosión de la violencia en un país antes considerado de alta estabilidad social y bajos niveles de violencia. Por este motivo la segunda parte del presente libro se dedica a este problema. El sociólogo Roberto Briceño-León, fundador del Observatorio Venezolano de la Violencia, destaca que, desde la mitad del siglo XX, la violencia irrumpió en Venezuela principalmente en dos periodos: se trata, por un lado, de la violencia política de los militares y de los guerrilleros en los años sesenta y, por otro, de la violencia como resultado de la destrucción de la institucionalidad desde finales del siglo pasado. En relación con los ingresos petroleros, se distingue entre una violencia de la abundancia, durante la primera década del nuevo siglo, y una violencia de la escasez, que se relaciona con una crisis humanitaria sin precedente. Sin embargo, el trasfondo continuo de estas violencias recientes es el quiebre institucional progresivo que se nota en el país desde los intentos de golpe de Estado en 1992. Por consiguiente, el autor analiza la violencia con base en la "gramática social" que se rige por el grado de institucionalidad en una sociedad y que determina su nivel de cohesión. Según Briceño-León, esta "gramática social" estructura la convivencia y, por lo tanto, influye de manera decisiva en la relación entre paz y violencia, sobrepasando el peso que tienen condiciones materiales como riqueza y pobreza en estas dinámicas.

En cambio, Oly Millán Campos, economista y exministra de Economía Popular de Venezuela (2004-2006), analiza la actual crisis venezolana desde una perspectiva económica y política. Su objetivo es identificar los "momentos de quiebre" del así llamado proceso bolivariano. El punto de partida es la crisis del "capitalismo rentístico" que resulta de la dependencia del Estado de la renta petrolera de la cual se benefician determinados grupos de poder. La pérdida de credibilidad de las instituciones se expresa en el Caracazo de 1989 y los intentos de golpes de Estado de 1992. Una disposición generalizada al cambio llevó a Hugo Chávez al poder y, con la aprobación de la nueva Constitución, se da inicio al proceso bolivariano en 1999, que se fortaleció con el auge de los precios del petróleo. Esto último no solo permitió el incremento de la inversión social, sino que profundizó la dependencia económica del modelo extractivista petrolero. Al mismo tiempo que Chávez anuncia, en 2005, el socialismo del siglo XXI, se va conformando una nueva élite (el "sector chavista") que se enriquece con la bonanza petrolera. Ante el consecuente descontento popular, que fortalece a la oposición, se conforma un régimen autoritario, que se basa en el capitalismo rentístico y que utiliza las políticas sociales como instrumento de clientelismo político. Con la muerte de Chávez en 2013 y una baja significativa en los precios del petróleo, estalla una crisis de carácter estructural en que la élite de poder revierte los logros que el proceso de cambio había producido en materia social y de derechos humanos. En vez de superar la dependencia de la renta petrolera, esta se profundiza con la alianza de los gobiernos de Rusia y China. La intensificación del extractivismo amplía las destrucciones ambientales, a la vez que los problemas económicos consecuentes producen una drástica escasez de alimentos. Sin embargo, la polarización entre gobierno y "oposición extrema" conduce a una grave crisis política en que ambos bandos rompen con el orden constitucional, lo que viene acompañado por violaciones sistemáticas de los derechos humanos y una emigración sin precedentes. En suma, se trata de una "mega crisis" que amenaza "la estabilidad e integridad de la República".

Finalmente, el filósofo y especialista en estudios de los medios Camilo Forero plantea el problema de los medios y su relación con las percepciones de la crisis social en Venezuela. La televisión y los periódicos, medios tradicionales masivos, tendían a hegemonizar los discursos imponiendo una visión unívoca de la realidad, ocultando lo que, según Forero, constituye el carácter paradojal del sistema del conocimiento humano, a saber que no se puede afirmar con certeza más que la experiencia que el sujeto tiene de un evento. Esta paradoja queda develada a través de los medios digitales alternativos de comunicación a través de los que se pueden dar infinidad de visiones contradictorias del mismo hecho. Este es uno de los factores que complejiza la posibilidad de comprender la dimensión de la denominada "crisis venezolana". Su realidad depende de la percepción que se tenga de ella, será más o menos grave según el punto desde el cual se la plantee, y esta diversidad tiene eco en los medios digitales de información. Asimismo, las percepciones de espacio y cercanía se ven trastocadas toda vez que los medios digitales generan nuevas formas de relaciones espacio-temporales con eventos sociopolíticos.

En el conflicto armado en Colombia parecen cristalizarse la multiplicidad, la gravedad y la complejidad de la crisis de la violencia del subcontinente. Igualmente, los esfuerzos, logros y dificultades en construir la paz en este país parecen emblemáticos. Por este motivo, la tercera parte de la presente antología de estudios se dedica a este conflicto. El politólogo Stefan Peters, director académico del proyecto colombiano-alemán para la paz en Colombia, CAPAZ, analiza las relaciones entre las múltiples desigualdades sociales y la guerra en Colombia, e interroga en qué medida las desigualdades obstaculizan una paz duradera en este país. Su idea es que mientras en los estudios de conflicto se investigan las desigualdades como un factor importante en confrontaciones armadas, los estudios de paz tienden a no llevarlas en consideración. Aunque Galtung ya había destacado la relevancia del problema de las desigualdades como causa de la violencia estructural, los estudios de paz en la actualidad se limitan, según Peters, a discutir las condiciones para lograr un cese de la violencia directa. Estos estudios, por consiguiente, solo discutirían formas de paz negativa pero no positiva (superación de la violencia estructural), en la terminología de Galtung. Como demuestra el caso colombiano, sin llevar en cuenta las desigualdades sociales no se logra una paz sostenible. Aunque el Acuerdo de Paz en este país es ambicioso y contiene un amplio potencial de transformación social, el proceso de paz se encuentra en crisis. Por un lado, la continua violencia estructural amenaza el proceso de paz, ya que la mayoría de los integrantes de grupos armados tanto en el pasado como en el presente se reclutan entre sectores sociales marginados. Por otro, las desigualdades intervienen en el proceso de la recuperación de la memoria y en la justicia transicional. Por consiguiente, la victimización de grupos desfavorecidos recibe menos atención, como es el caso de las desapariciones forzadas, las cuales afectaron mayoritariamente a activistas de izquierda y a comunidades rurales.

Para la paz en Colombia, la desmovilización de la guerrilla es fundamental. Esta depende de que los guerrilleros se reincorporen a la sociedad civil. Por este motivo, los acuerdos de paz prevén la integración de los excombatientes de la guerrilla FARC-EP en campamentos de desmovilización. La lingüista Anna-Lena Dießelmann y el politólogo Andreas Hetzer, ambos especialistas en construcción de paz, presentan los resultados de su trabajo de campo en tres espacios transitorios de la reincorporación de las FARC-EP. Los autores entienden las Zonas Veredales Transitorias de Normalización (ZVTN) como el "corazón" de la transformación del conflicto armado en Colombia. Según los dos investigadores, se trata de "laboratorios de paz" que son espacios liminales entre la excepción y la norma. Dießelmann y Hetzer realizaron una investigación etnográfica de lo que llaman el "núcleo físico del acuerdo", es decir, los espacios mismos de los campamentos. Los autores observan que la integración y la convivencia con civiles de afuera de los ZVTN, así como la expansión de los campamentos, conducen a sus aperturas paulatinas y a un proceso de normalización en que los centros pierden su excepcionalidad. Al mismo tiempo revelan que la cohesión social y la comunicación interna son elementos fundamentales para el funcionamiento de los centros, en la medida en que los exguerrilleros son incorporados en una colectividad con estructura política que responde a los diversos desafíos de forma cooperativa y no individualista. Así, los campamentos pueden dejar de ser solo medidas intermediarias para convertirse en soluciones a largo plazo. Las principales condiciones son, además de la cohesión social, la viabilidad económica para independizarse de los subsidios del Estado, la adaptación espacial del centro a la permanencia duradera de los habitantes, y la posibilidad de promover profesionalizaciones y actividades individuales.

La última parte del libro se dedica a las crisis de violencia en Nicaragua y México, muy distintas entre ellas, siendo una relacionada con el autoritarismo político y la otra con el crimen organizado. En ambos casos, sin embargo, el enfoque analítico se dirige a los esfuerzos de resistencia pacífica contra las agresiones y atrocidades. Además, se estudia cómo la literatura contribuye a desarrollar perspectivas que articulan la fuerza de la vida en medio de contextos de devastación.

En su texto, el sociólogo de las religiones Álvaro Espinoza Rizo analiza las protestas sociales en contra del autoritarismo del gobierno de Daniel Ortega en Nicaragua, las formas de represión estatal y el rol político diferenciado que han jugado las Iglesias católica y evangélicas, particularmente en Managua. A partir del inicio de la revuelta cívica en abril de 2018, el Estado intensificó la represión ejercida por la policía, los "grupos de choque" y los paramilitares, iniciada ya antes del estallido social. Como la Iglesia católica apoyaba y protegía a los que protestaban de forma pacífica, se convirtió, según el autor, en un símbolo de resistencia contra el autoritarismo gubernamental, por lo que el Estado extendió sus agresiones directas a ella. Con base en una gran cantidad de entrevistas a miembros de las iglesias y activistas políticos, la investigación sociológica de Espinoza Rizo revela, igualmente, las formas de protesta, entre ellas las marchas realizadas en espacios públicos de relevancia simbólica y de gran circulación en Managua, donde también se localizan templos católicos, los cuales ofrecían refugio a los manifestantes. Otra forma importante de protesta eran los "tranques", barricadas callejeras, en los que se incorporaban imágenes de la Virgen y los así llamados "altares vandálicos", en que se mezclaban símbolos religiosos y políticos, lo que, según el autor, muestra una estrecha relación entre catolicismo y compromiso político. Respecto al pentecostalismo, el autor detecta divisiones internas, ya que, según sus estudios, un grupo de los evangélicos apoyaba al régimen, otro mantenía distancia al compromiso político y un tercero respaldaba a la Iglesia católica por su oposición al gobierno.

En México existe otra crisis alarmante de la violencia asociada al crimen organizado, en particular los cárteles del narcotráfico, y el involucramiento de las fuerzas de seguridad. Junto a una elevada tasa de homicidios y feminicidios, las desapariciones forzadas aparecen como el crimen más atroz en este contexto. En su texto, la socióloga y especialista en estudios de paz Carmen Chinas estudia este crimen en la perspectiva de los derechos humanos, centrándose en el caso de los 43 estudiantes de la Escuela Normal Rural de Ayotzinapa desaparecidos en septiembre de 2014. La autora revela la lentitud del Estado mexicano en reconocer las desapariciones como un delito (no antes de 2009) para, en seguida, reconstruir con detalle la inacción del Estado al investigar la desaparición de los normalistas. Por la intervención de la Comisión Interamericana de Derechos Humanos y por la presión de los familiares de los desaparecidos y de la sociedad civil, el Grupo Interdisciplinario de Expertos Independientes (GIEI) realizó investigaciones propias sobre el caso entre 2015 y 2016. En los dos informes del grupo se señalan tanto la insuficiencia de las investigaciones de la Procuraduría General de la República como el desamparo jurídico de los familiares de las víctimas. El informe publicado a finales de 2018 por el Mecanismo Especial de Seguimento al Asunto Ayotzinapa corrobora las críticas del GIEI. Con las movilizaciones nacionales de solidaridad con los familiares de los estudiantes de Ayotzinapa, así como con las reacciones de organismos internacionales, se hizo visible que las desapariciones forzadas alcanzaron un grado de urgencia que el Estado ya no podía ignorar. Como destaca la autora, la promulgación de la Ley General en Materia de Desaparición Forzada de Personas a finales de 2017 fue un triunfo para el Movimiento por Nuestros Desaparecidos en México. Sin embargo, aun con un nuevo gobierno federal que se mostró abierto a las reivindicaciones de los familiares de desaparecidos, resultados concretos todavía se hacen esperar.

Finalmente, al analizar diversos textos de la literatura mexicana del siglo XX y XXI, la filóloga y filósofa Vittoria Borsò plantea un espacio intermediario e indeterminado en que paz y violencia intervienen mutuamente. Según Borsò, los textos muestran que en la historia reciente de México períodos de paz no están exentos de violencia, aunque esta no se manifieste de manera abierta, al mismo tiempo que en épocas de violencia la paz perdura de forma latente. Consecuentemente, Borsò concibe la biopolítica de manera dual: como un manejo tanatopolítico del poder y también como un esfuerzo dirigido a hacer emerger las fuerzas vitales que resisten a la violencia y que crean condiciones pacíficas para la vida. Según la autora, la biopolítica "afirmativa" se caracteriza por la inoperosidad que renuncia a la acción, que deshabilita el poder y aniquila los fundamentos simbólicos de la violencia. Así, ella libera el poder de la vida y formas de convivencia solidarias y comunitarias. En escrituras del desastre (Blanchot), como por ejemplo *Pedro Páramo*, de Juan Rulfo, la investigadora estudia cómo se concibe la vida en su calidad más elemental, a principio sujetada por la violencia del poder e inscrita en un contexto de muerte, más que a pesar de su fragilidad tiene la fuerza de generar presencia y de buscar formas de prevalecer. Otro ejemplo de la articulación literaria de la "zona de indeterminación" entre paz y violencia es la novela *Los recuerdos del porvenir*, de Elena Garro, en que un pequeño pueblo es el escenario de opresión militar y de resistencia comunitaria. Esta última es, al final, destruida por el general que comanda la ocupación; no obstante, esta violencia autoritaria se revela como resultado de la degeneración de un sentimiento vital, lo que subraya cómo las fuerzas de la paz se pueden convertir, de pronto, en violencia, y viceversa.

Referencias

Arias, E. D. y Goldstein, D. M. (eds.) (2010). *Violent Democracies in Latin America*. Durham [NC]: Duke Univ. Press.
Arteaga Botello, N. y Arzuaga Magnoni, J. (2017). *Sociologías de la violencia. Estructuras, sujetos, interacciones y acción simbóli-*

ca. México: Facultad Latinoamericana de Ciencias Sociales.

Assadourian, C. (1989). La despoblación indígena en Perú y Nueva España durante el siglo XVI y la formación de la economía colonial. *Historia Mexicana, 38*(3), 419-453.

Beuchot, M. (1994). Los fundamentos de los derechos humanos en Bartolomé de las Casas. Barcelona: Anthropos.

Bidaseca, K. (2015). *Escritos en los cuerpos racializados: lenguas, memoria y genealogías (pos)coloniales del feminicidio*. Palma (Illes Balears): Edicions Universitat de les Illes Balears.

Boff, L. (1991). Active Nonviolence: The Political and the Moral Power of the Poor. En P. McManus y G. W. Schlabach (eds.), *Relentless Persistence: Nonviolent Action in Latin America* (pp. vii-xi). California: Eugene, Or., Wipf & Stock.

Briceño-León, R. (2016). Las explicaciones sociales de la violencia homicida: evidencias de Colombia, Brasil y Venezuela. En J. V. Tavares dos Santos y C. Barreira (eds.), *Paradoxos da segurança cidadã* (pp. 67-88). Porto Alegre: Tomo Editorial.

Brands, H. (2010). *Latin America's Cold War*. Cambridge/Mass., London: Harvard University Press.

Caldeira, T. P. do R. (2003 [2000]). *Cidade de muros. Crime, segregação e cidadania em São Paulo*. São Paulo: Edusp.

CEPAL (2016). *Panorama social de América Latina*. Santiago de Chile: Naciones Unidas.

CIDH (2009). *Informe sobre seguridad ciudadana y derechos humanos*. Washington, D.C.: Comisión Interamericana de Derechos Humanos (CIDH), Documento *online* (https://bit.ly/3lKmW8b, 24/04/2021).

De Carvalho, J. M. (1991). Firmeza Permanente: Labor Holds the Line in Brazil. En P. McManus y G. W. Schlabach (eds.), *Relentless Persistence: Nonviolent Action in Latin America* (pp. 33-47). California: Eugene, Or., Wipf & Stock.

Díaz Arias, D. y Hatzky, C. (2019). Paz, memoria y justicia: experiencias de transición en América Latina. En D. Díaz Arias y C. Hatzky (eds.), *¿Cuándo pasará el temblor? Crisis, violencia y paz en la América Latina contemporánea* (pp. 15-31).

San José: Centro de Investigaciones Históricas de América Central (CIHAC/UCR).

Equipo de Reflexión, Investigación y Comunicación de la Compañía de Jesús en Honduras (ERIC) (eds.) (2001-2004). *Maras y pandillas en Centroamérica*, 3 vols., Managua: UCA Publicaciones.

Fjeld, A. (ed.) (2016). *Intervenciones filosóficas en medio del conflicto: debates sobre la construcción de paz en Colombia hoy*. Bogotá: Universidad de los Andes.

Fowler, W. y Lambert, P. (eds.) (2015). *Political Violence and the Construction of National Identity in Latin America*. New York: Palgrave Macmillan.

Fregoso, R.-L. y Bejarano, C. (eds.) (2010). *Terrorizing women. Feminicides in the Américas*. Durham & London: Duke Univ.

Gabbert, W. (2012). The longue durée of Colonial Violence in Latin America. *Historical Social Research* 37 (3), 254-275.

Galtung, J. (1969). Violence, Peace and Peace-Research. *Journal of Peace Research* 6 (3), 167-197.

Galtung, J. (1990). Cultural Violence. Journal of Peace Research 27 (3), 291-305.

Grandin, G. (2004). *The Last Colonial Massacre: Latin America in the Cold War*. Chicago: The University of Chicago Press.

Grandin, G. (2013). *Empire's Workshop: Latin America, the United States, and the Rise of the New Imperialism*. New York: Henry Holt and Company.

Grandin, G. y Joseph, G. M. (eds.) (2010). *A Century of Revolution: Insurgent and Counterinsurgent Violence during Latin America's Long Cold War*. Durham: Duke University Press.

Gualy, L. F. (2014). Construcción de cultura de paz en América Latina desde la educación superior. *Revista de la Universidad de La Salle* (65), 51-84.

Hall, C. y Brignoli, H. P. (2003). *Historical Atlas of Central America*. Norman: University of Oklahoma Press, pp. 230-231.

Kron, S., Costa, S. y Braig, M. (eds.) (2012). *Democracia y reconfiguraciones contemporáneas del derecho en América Latina*. Frankfurt/M.: Vervuert.

Kruijt, D. y Koonings, K. (1999). Introduction: Violence and Fear in Latin America. En D. Kruijt y K. Koonings (eds.), *Societies of fear. The legacy of civil war, violence and terror in Latin-America* (pp. 1-30). London: Zed Books.

Lynch, E. A. (2011). *Cold War's Last Battlefield: Reagan, the Soviets, and Central America.* New York: State University of New York.

McPherson, A. (2016). *A Short History of U.S. Interventions in Latin America and the Caribbean.* Chichester: Wiley Blackwell.

Mendoza Bautista, K. (2010). *Delitos cometidos por condición de género: ¿femicidio?* México, D.F.: Ubijus; Inst. de Formación Profesional.

Michael, J. (2013). Los jóvenes y las Maras en Centroamérica: del olvido al terror. En U. Fendler y L. Feierstein (eds.), *Enfances? Répresentations de l'enfance en Afrique et en Amérique Latine. Ser niño? [Representaciones de la infancia en África y América Latina]* (pp. 289-311). München: AVM.

Meschoulam, M. (2019). *Organized Crime, Fear and Peacebuilding in Mexico.* Cham: Springer International Publishing.

Paley, D. y Granovsky-Larsen, S. (eds.) (2019). *Organized violence: capitalist warfare in Latin America.* Simon Regina, Saskatchewan, Canada: University of Regina Press.

Pérez Esquivel, A. (1991). To Discover Our Humanity. En P. McManus y G. Schlabach (eds.), *Relentless Persistence: Nonviolent Action in Latin America* (pp. 237-251). Philadelphia: New Society Publishers.

Rotker, S., Goldman, K. y Balan, J. (eds.) (2002). *Citizens of fear: urban violence in Latin America.* New Brunswick, NJ [u.a.]: Rutgers Univ. Press.

Salinas, M. y Oswald, U. (eds.) (2002). Culturas de paz: seguridad y democracia en América Latina. Cuernavaca: UNAM.

Santamaría, G. y Carey Jr., D. (eds.) (2017). *Violence and Crime in Latin America: Representations and Politics.* Oklahoma: The University of Oklahoma Press.

Tavares dos Santos, J. V. y Barreira, C. (2016). Introdução. A construção de um campo intelectual: violência e segurança cidadã na América Latina. En *idem* (eds.), *Paradoxos da segurança cidadã* (pp. 9-40). Porto Alegre: Tomo Editorial.

Segato, R. L. (2010). *Las estructuras elementales de la violencia: ensayos sobre género entre la antropología, el psicoanálisis y los derechos humanos*. Ciudad Autónoma de Buenos Aires: Prometeo Libros.

Serbin, A. (ed.) (2007). *Paz, conflicto y sociedad civil en América Latina y el Caribe*. Barcelona: Centro Internacional de Investigaciones para el Desarrollo.

Solís Delgadillo, J. M. y Moriconi Bezerra, M. (coords.) (2018). *Atlas de la violencia en América Latina*. San Luis Potosí: Universidad Autónoma de San Luis Potosí.

Svampa, M. (2018). Las fronteras del neoextractivismo. Conflictos socioambientales, giro ecoterritorial y nuevas dependencias. Guadalajara / Bielefeld / San José / Quito / Buenos Aires: CALAS.

Toledo Vásquez, P. (2014). *Feminicidio*. Buenos Aires: Didot.

UNODC (2019). *Global Study on Homocide 2013. Homicide Trends, Patterns and Criminal Justice Response*. Vienna: UNODC.

Valladares de la Cruz, R. (coord.) (2014). *Nuevas violencias en América Latina. Los derechos indígenas ante las políticas neoextractivistas y las políticas de seguridad*. México, D.F.: Universidad Autónoma Metropolitana.

Vázquez Valencia, L. D. (2019). *Captura del Estado, macrocriminalidad y derechos humanos*. Ciudad de México: Flacso, Fundación Heinrich Böll, UNAM.

Waldenfels, B. (2000). Aporien der Gewalt. En M. Dabag, A. Kapust y B. Waldenfels (eds.), *Gewalt: Strukturen, Formen, Repräsentationen* (pp. 9-24). München: Fink.

I. Historia de la violencia y memoria

Violencia y paz en América Latina colonial y poscolonial

Wolfgang Gabbert

Resumen

No cabe duda de que la violencia física fue una característica constante del colonialismo español y portugués en América Latina. Sin embargo, lejos de ser uniforme, las formas y el alcance de la violencia colonial variaban considerablemente entre las distintas regiones y periodos de tiempo. En esta contribución se examinan esas diferencias y se las relaciona, entre otras cosas, con el carácter de las sociedades nativas, así como con los diferentes sistemas de explotación económica que utilizaron los colonizadores. En otra sección se analizan las pautas de protesta contra el dominio colonial, en las que se alternan periodos de relativa "pacificación" con periodos de violencia masiva. Además, se argumenta que las alianzas entre europeos y grupos indígenas desempeñaron un papel importante en el establecimiento y la preservación del dominio colonial. Hacer hincapié en la complicidad de los nativos en el sistema colonial no exime en modo alguno a los europeos de su responsabilidad por el colonialismo en América Latina como tal o, más concretamente, por el grueso de la violencia colonial. Sin embargo, en vista de que los españoles y los portugueses siguieron siendo una pequeña minoría en la mayor parte de América Latina hasta el final del periodo colonial, este aspecto parece crucial para comprender cómo el colonialismo fue posible. La invasión masiva de las tierras indígenas, la inestabilidad política y la militarización de la sociedad condujeron a un aumento de la violencia en los cinco decenios posteriores a la independencia.

Abstract

There can be no doubt that physical violence was a constant feature of Spanish and Portuguese colonialism in Latin America. Far from being uniform, however, the form and extent of colonial violence varied considerably between different regions and periods of time. This contribution discusses these differences and relates them, among other things, to the character of the native societies as well as to the different systems of economic exploitation the colonizers used. In another section, the patterns of protest against colonial rule will be discussed where periods of relative "peacefulness" alternated with times of massive violence. Beyond this, it is argued that alliances between Europeans and indigenous groups played an important role in the establishment and preservation of colonial rule. Emphasizing native complicity in the colonial system by no means absolves Europeans from their responsibility for colonialism in Latin America as such or, more specifically, for the bulk of colonial violence. However, in view of the fact that the Spanish and Portuguese remained a small minority throughout most of Latin America up to the end of the colonial period, this aspect seems crucial to the understanding of how colonialism was possible at all. The massive encroach on indigenous lands, political instability and the militarization of the society led to an increase in violence in the five decades after independence.

Introducción

No cabe duda de que la violencia fue un aspecto importante del colonialismo ibérico en América Latina.[1] La evidencia más impresionante en apoyo de esta afirmación son las tremendas pérdidas que sufrió la población indígena. Las estimaciones de la población previa a la conquista son difíciles y las cifras no pueden ser más que "conjeturas informadas" (Farriss, 1984, p. 57). No obstante, parece seguro afirmar que se produjo una verdadera catástrofe demográfica, que provocó una reducción de la población autóctona de hasta el 90 por ciento en muchas regiones y una despoblación total en otras. Aunque la mayoría de las muertes se debieron a epidemias, como la gripe o la viruela, la guerra, el trabajo forzado y las hambrunas que resultaron de la desintegración de los sistemas precoloniales de producción y distribución también desempeñaron su papel (Assadourian, 1989; Livi Bacci, 2003; Newson, 2007). Sin embargo, lejos de ser uniformes, la forma y el alcance de la violencia colonial varían considerablemente entre las diferentes regiones y períodos.

A continuación, se esbozará primero esta diversidad. Enseguida, se discutirá la dinámica de la violencia en el período colonial. En el siguiente apartado se examinará el cambio de las condiciones económicas después de la independencia y sus efectos, especialmente en la población indígena. Por último, se discutirá la estructura de los ejércitos y fuerzas armadas y los fundamentos de un liderazgo caudillista como condiciones esenciales para el aumento de la violencia en las primeras cinco décadas después de la independencia.

---

[1] Partes de esta contribución han sido publicadas anteriormente en Gabbert (2012, 2016, 2019a).

Diversidad regional y temporal

La estructura y la dinámica general del colonialismo en América Latina fueron el resultado de una compleja interacción entre los intereses, las capacidades y la ideología de los ibéricos, por un lado, y la diversidad de las sociedades indígenas, por otro. Al nombrar erróneamente a la población indígena "indio", los españoles crearon la ficción de un "otro" colonial homogéneo. Sin embargo, los posibles 50-60 millones de habitantes que poblaron las Américas en vísperas de la conquista a finales del siglo XV diferían ampliamente en idioma, cultura, economía y organización social. Los lingüistas suponen que hablaban idiomas que pertenecían a más de 100 familias lingüísticas (Coe, 1986, pp. 42-45, 86, 156-157; Gunsenheimer y Schüren, 2016, pp. 77-128).

Mesoamérica en el norte y las tierras altas andinas en el sur eran las partes más densamente pobladas. A partir del cultivo masivo de maíz, papa y otros productos, se desarrollaron sociedades complejas, como los Imperios inca y azteca, cada uno con varios millones de sujetos. Se caracterizaron, entre otras cosas, por el urbanismo, la estratificación de clases y las religiones estatales. La zona intermedia que comprende las islas caribeñas, América Central y las partes septentrionales de América del Sur también estaba densamente habitada por personas organizadas en su mayoría en cacicazgos. En estas sociedades, principalmente agrícolas, la organización política y social era menos compleja que en las áreas centrales. Los cacicazgos estaban organizados por lazos de parentesco (reales o ficticios). Mientras que la gente generalmente controlaba sus medios básicos de producción, el acceso a los bienes de prestigio estaba restringido. Por lo tanto, aunque existía la diferenciación según el rango de personas y grupos de parentesco, no había una verdadera estratificación de clases. Estructuras similares existían en el sur y sureste de los Andes y en las fértiles llanuras aluviales (llamadas en portugués *várzeas*) a lo largo de los principales ríos de las tierras bajas de América Latina, como el Amazonas y el Orinoco. La mayoría de las tierras bajas de América Latina (con la excepción de la península de Yucatán) estaban pobladas por sociedades no-estratificadas que combinaban la caza y la pesca con la recolección y la horticultura.[2]

Las diferencias entre las sociedades nativas tuvieron consecuencias significativas para los patrones de conquista y colonización. Las sociedades estatales indígenas fueron conquistadas en periodos relativamente cortos. El Imperio azteca del centro de México, por ejemplo, cayó después de poco más de dos años (1519-21).[3] Los españoles expulsaron de sus cargos solo a los principales líderes imperiales, instalándose en la cúspide de una jerarquía política ya existente y altamente centralizada. La población común, compuesta en su mayoría por campesinos y sus familias, estaba acostumbrada a ceder parte de sus excedentes de productos y mano de obra a la aristocracia y al Estado. Así, los españoles pudieron referirse a instituciones de gobierno y explotación bien establecidas. Aunque la esclavitud de los indígenas jugó un papel importante durante la conquista y los primeros años posteriores, pronto fue reemplazada por diferentes formas de tributo (p. ej., la *encomienda*) y trabajo forzado (*repartimiento, cuatequil, mita*).[4] Las comunidades indígenas eran un sector importante de la sociedad colonial. Se les concedieron derechos sobre las tierras y los recursos de las aldeas, además de una forma limitada de autogestión por parte de los funcionarios nativos. Así las comunidades indias funcionaban como productoras de excedentes que

---

2   Para una visión general concisa sobre las sociedades indígenas antes de la conquista, véase Schüren (2005).

3   Un análisis de las razones del éxito español se encuentra en Gabbert (1995, 2010, 2019b). En los Andes se tardó más tiempo (1532-1539) antes de que se estableciera el control español.

4   En su forma "clásica" la encomienda significaba el privilegio de recibir el tributo de un grupo de indios concedido por el rey. En el repartimiento, las comunidades indias tenían que liberar una fracción de su población sana a intervalos periódicos para trabajar para los patrones españoles. Véase, por ejemplo, Gibson (1984, pp. 399-407) y Garavaglia (1999, pp. 9-15).

podían ser apropiados por la Corona y los encomenderos, como fuente de mano de obra para las minas, haciendas y otras empresas españolas y, al mismo tiempo, como fuente de alimentos baratos y productos artesanales (Zavala y Miranda, 1954, pp. 67-77, 80-98, 124-132; Spalding, 1999, pp. 934-942; Schüren, 2019, pp. 154-160). La Corona y la Iglesia católica se esforzaron por controlar la explotación excesiva de los indios para mantener su capacidad de rendir tributo y trabajo y de fomentar su voluntad de convertirse al cristianismo (Taylor, 1979, pp. 16-19; Stavig, 2000, pp. 88, 111).

La conquista y el posterior establecimiento del dominio colonial fue más difícil en el caso de las sociedades nativas menos centralizadas, donde cada cacicazgo o aldea tuvo que ser conquistado individualmente. Los españoles se enfrentaron a la ardua tarea de cambiar fundamentalmente los patrones de autoridad existentes, la división del trabajo y la distribución de los excedentes. Entre muchos de los grupos indígenas de las tierras bajas, hubo que inventar instituciones de liderazgo estables. Con frecuencia los nativos no estaban dispuestos a trabajar para otros o a entregar sus productos, a menos que se vieran obligados por la fuerza a hacerlo. Dado que los yacimientos de oro y plata (explotables en aquel momento) eran limitados o inexistentes, los habitantes nativos constituían la única "mercancía" de interés para los europeos. La esclavitud siguió siendo una institución clave de la explotación colonial durante un periodo mucho más largo aquí que en las zonas núcleo coloniales. Esto fue especialmente cierto para las regiones fronterizas y las grandes áreas que quedaron fuera del control efectivo de los íberos, como el norte de México, partes de las tierras bajas de la Amazonía, las pampas de Argentina y el sur de Chile. Allí los nativos sufrieron violentas incursiones de los cazadores de esclavos durante todo el período colonial (Hemming, 1984, pp. 503, 536-545; Garavaglia, 1999; Boccara, 2007, pp. 231-281).

Otra forma de esclavitud se desarrolló en las islas caribeñas y en la costa brasileña. Durante las primeras décadas después de la llegada de Colón, se vivió el colonialismo español en su forma más anárquica y violenta, lo que llevó a la desaparición total de la población indígena en las islas mayores en pocas generaciones. Los grupos de habla tupí-guaraní dispersos a lo largo de la costa brasileña fueron diezmados rápidamente por incursiones de cazadores de esclavos una vez que la colonización portuguesa había comenzado definitivamente en 1533. La falta en ambas regiones de mano de obra nativa local estimuló las incursiones de los europeos en las áreas adyacentes que hasta entonces no habían sido conquistadas. Además, se empezó a introducir esclavos africanos en gran escala (Whitehead, 1999, pp. 868-873; Monteiro, 1999, pp. 990-1009; Livi Bacci, 2003).

Conquista, *pax colonial* y rebeliones

La conquista fue sin duda el periodo más violento de la historia colonial de América Latina. Los grupos indígenas fueron sometidos directamente a la fuerza militar masiva o mediante el empleo selectivo de masacres y atrocidades, convencidos de la fuerza del colonizador y de la inutilidad de la resistencia. Entre las tácticas empleadas se encuentra la amputación de la mano derecha de un número a veces elevado de prisioneros indígenas u otras mutilaciones, el asesinato de mujeres, niños y ancianos desarmados y otras formas de violencia demostrativa (p. ej., Restall, 2003, pp. 24-25). Tanto en las zonas centrales coloniales como en las regiones fronterizas, las alianzas entre españoles o portugueses y grupos indígenas ("indios amigos") desempeñaron un papel fundamental en la conquista y en el establecimiento de la dominación europea (Spalding, 1999, pp. 922-926; Gabbert, 1995, pp. 281-288; 2010, pp. 40-42; 2019b). En las zonas costeras del Brasil, por ejemplo, muchos grupos tupí-guaraníes se aliaron con los portugueses o los franceses para obtener armas de fuego en el curso del siglo XVI a fin de conseguir ventajas en las frecuentes guerras con sus enemigos indígenas tradicionales (Monteiro, 1999, pp. 991-997). En el Paraguay, los guaraníes acogieron a los primeros europeos como aliados en su defensa contra las incursiones de los indios chaco montados (Bakewell, 2004, p. 260). En el norte del Virreinato de la Nueva España, los indios cristianizados, así como los misioneros y colonos españoles, tuvieron que defenderse de las incursiones de los apaches y otros grupos nómadas (Guy y Sheridan, 1998).

Esta fase de conquista se prolongó en las zonas fronterizas durante bastante tiempo, y las campañas militares contra los "indios insumisos" más allá de la frontera colonial continuaron durante todo el periodo colonial. En las zonas núcleo de México (Nueva España) y Perú (Virreinato del Perú), sin embargo, el dominio colonial se consolidó a mediados del siglo XVI. Aquí también la violencia estaba en el fondo del colonialismo. Los líderes de rebeliones aplastadas a menudo eran tratados con extrema crueldad. Tupac Amaru II, un rico noble y jefe (*kuraka*) de varias comunidades indígenas, fue el líder principal de una gran rebelión anticolonial a finales del siglo XVIII. Fue obligado a presenciar la ejecución de su esposa, varios parientes y "capitanes principales" antes de ser ejecutado en la plaza principal de Cusco, Perú, el 18 de mayo de 1781: le cortaron la lengua y le ataron los brazos y las piernas a cuatro caballos para descuartizarlo. Sin embargo, este intento fracasó y finalmente fue decapitado. Mientras su torso se quemaba en una hoguera y las cenizas eran arrojadas al viento, su cabeza, brazos y piernas fueron enviados a los principales centros de la revuelta al igual que los cadáveres desmembrados de su esposa, hijo y tío.[5] Sin embargo, el surgimiento

____

[5] Castigos ejecutados en la ciudad del Cuzco con Tupac-Amaru, su mujer, hijos y confidentes, Cuzco, 15 de mayo de 1781, *Documentos para la Historia*

de varias instituciones ayudó a limitar el uso de la fuerza física masiva por encima del nivel de las formas cotidianas de violencia. Con pequeñas excepciones, lo que se conoce como *pax hispanica* prevaleció después de la agitación de la conquista y sus secuelas (p. ej., Rowe, 1946, pp. 206-209; Gibson, 1955, p. 586; Katz, 1988a, p. 77).

Las guerras y rebeliones habían sido bastante comunes en los imperios de los incas y aztecas antes de la conquista. Más allá de esto, la "triple alianza" azteca no había intentado suprimir la guerra dentro de sus fronteras con el resultado de que el conflicto violento no era infrecuente entre las ciudades-Estado sujetas a los gobernantes aztecas (Katz, 1988a). La administración española, en cambio, reivindicó el monopolio del uso legítimo de la fuerza. Muy pronto, la Corona introdujo una administración territorial ampliada que tenía como objetivo no solo dominar a los indios, sino también domar a los conquistadores y colonos y frenar cualquier reivindicación de poder rival que pudiera surgir de estos últimos. En las primeras décadas, se sentaron las bases para un sistema de gobierno que fue codificado y regularizado en un grado hasta entonces desconocido (Edelmayer, 1996, pp. 50-54; Bakewell, 2004, pp. 119-136).

Una indicación de los cambios que se produjeron en el curso del régimen colonial son los patrones de rebelión rural en las zonas centrales. Cuando cesaron las rebeliones anticoloniales en el siglo XVI empezó un periodo de estabilidad relativa que persistió hasta finales del siglo XVIII. Esto no implica una ausencia total de protestas violentas. Sin embargo, los levantamientos fueron generalmente asuntos espontáneos de pequeña escala y pueden ser vistos como protestas contra el abuso por parte de los funcionarios locales y no como un ataque fundamental al dominio colonial como tal. Esto contrasta con los patrones de rebelión en la periferia colonial, donde tuvieron lugar alzamientos a gran

---

de la sublevación de Jose Gabriel de Tupac-Amaru, cacique de la provincia de Tinta, en el Perú (Buenos Aires: Imprenta del Estado, 1836), pp. 52-54.

escala a lo largo de todo el período colonial (Taylor, 1979, pp. 113-151; Katz, 1988a, pp. 77-79, 93; Coatsworth, 1988, pp. 31-34; Schroeder, 1998).

Sería tentador recordar la visión de Eric Wolf (1969) sobre los orígenes de las rebeliones campesinas, que sugiere que los principales actores en muchas de las rebeliones rurales eran campesinos ubicados en áreas periféricas fuera del centro del control de los terratenientes, por lo que disponían al menos de cierto "poder táctico". Aunque es innegable que hay algo de verdad en este argumento, yo diría que explica solo parcialmente los patrones de rebelión en la América Latina colonial.

En primer lugar, incluso los núcleos coloniales estaban gobernados por la Corona española sin un gran ejército o policía. Por lo tanto, la capacidad de control y represión, especialmente en las zonas rurales, era limitada. Además, las comunidades indígenas tenían una alternativa algo más viable y menos arriesgada a la rebelión armada: podían recurrir a los tribunales. El sistema judicial español no estaba libre de sobornos, corrupción o favoritismo. En la mayoría de las regiones, sin embargo, se mantuvo lo suficientemente independiente de los intereses de las élites locales como para convencer a muchos indígenas de que persigan sus intereses a través de los tribunales. Los archivos contienen numerosos ejemplos de acciones legales emprendidas por los indígenas y sabemos de muchos casos de demandas exitosas contra colonos españoles. En consecuencia, la Corona fue aceptada como un soberano remoto pero legítimo y un árbitro válido de las quejas de los indígenas (Taylor, 1979, p. 170; Katz, 1988a, p. 79; Owensby, 2008, pp. 294, 300-301). Las rebeliones que tuvieron lugar estaban dirigidas a los funcionarios locales "y los indios en su mayoría estaban firmemente convencidos de que la Corona, si solo lo supiera, corregiría sus errores", como escribió Friedrich Katz (1988a, p. 79, traducción mía).

En la mayoría de los casos, los funcionarios coloniales se apresuraron a terminar los levantamientos de las aldeas por negociaciones antes de que se extendieran a otras comunidades. En general, se castigaba solamente a un pequeño número de presuntos líderes. En muchos casos, las comunidades obtuvieron algún tipo de reparación por sus agravios, tales como reducciones de impuestos o la remoción de funcionarios coloniales ofensivos (Taylor, 1979, p. 169; Saignes, 1999, p. 79). Este período de relativa "paz" –es decir, la relativamente baja incidencia de la violencia colectiva a gran escala– llegó a su fin en el transcurso del siglo XVIII. Varios factores explican este cambio:

1. Debido a la disminución masiva de la población indígena después de la conquista, la tierra no era un recurso escaso en muchas partes de América Latina. La población indígena sobreviviente experimentó cambios masivos en sus patrones de asentamiento. La congregación en asentamientos nucleados liberó nuevas tierras que la Corona podía distribuir o vender. En estas circunstancias, los españoles podrían apropiarse fácilmente de las tierras desocupadas. Además, al principio los españoles eran pocos y su interés por iniciar la producción agrícola era limitado. La competencia por la tierra aumentó tan pronto como la población indígena comenzó a recuperarse (a mediados del siglo XVII en México y un siglo después en Perú), y un número creciente de españoles y mestizos comenzaron a establecer haciendas para la producción agrícola como reacción al crecimiento del mercado interno de alimentos debido al desarrollo de la industria minera y al aumento de la población urbana (Taylor, 1979, pp. 146-151; Farriss, 1984, pp. 158-164, 200-206; Glave, 1999, pp. 505-506; Stavig, 2000, pp. 90-91).

2. Hasta finales del siglo XVIII, los españoles no tenían los recursos para mantener su autoridad con medios militares ni para asegurar el suministro de mano de obra nativa o de tributos, ni siquiera en las zonas núcleo de la colonia. Así, los intermediarios nativos

desempeñaron un papel importante en el mantenimiento del sistema colonial. Por lo tanto, se respetaron las prerrogativas de los nobles indígenas. Los ayuntamientos indígenas tenían que recaudar impuestos y seleccionar a hombres y mujeres para los proyectos de trabajo de los españoles. A muchos nobles indígenas se les permitía llevar el título de "don" y portar armas. Además, poseían grandes extensiones de tierra y recibieron una parte del tributo de su pueblo en recompensa por sus servicios. Para muchos la situación mejoró en comparación con el período anterior a la conquista. Se hicieron ricos en comercio o cultivando productos europeos y superaron económicamente a muchos españoles (Gibson 1955, pp. 587, 590-592; Spalding 1970, pp. 647-648, 655-659, 661-662; Saignes 1999, pp. 64-68, 77-80, 86; Schüren 2017).

Sin embargo, a lo largo del siglo XVIII, el rol político y económico de la élite indígena disminuyó considerablemente debido a las reformas borbónicas destinadas a establecer estructuras de gobierno colonial más eficaces. Entre otras cosas, los caciques y los gobernadores indígenas de los pueblos perdieron el control de los ingresos públicos en beneficio de los funcionarios españoles. Dado que sus funciones judiciales eran limitadas, fueron reducidos a meros recaudadores de impuestos y en gran medida despojados de su influencia política. Además, el autogobierno de los pueblos era cada vez más limitado. Más allá de esto, la recaudación de impuestos se hizo más eficiente y nuevos impuestos aumentaron la carga efectiva que los tributarios indígenas tenían que soportar. Por último, hay pruebas de que los tribunales juzgaron cada vez más en contra de los intereses de las comunidades indígenas (Farriss, 1984, pp. 355-366; Coatsworth, 1988, pp. 54, 58; Glave, 1999, pp. 541, 552-554).

En consecuencia, los disturbios locales y las rebeliones aumentaron drásticamente en número y alcance en las zonas centrales de la colonia, especialmente después de mediados del siglo XVIII. Esta tendencia fue particularmente pronunciada en la región andina, donde en 1780/81 estalló la mayor revuelta indígena en la historia de América Latina encabezada por el ya mencionado Tupac Amaru II. Se estima que perdieron la vida unas 100.000 personas, es decir, aproximadamente el 8% de la población de la zona comprendida en el levantamiento. Aproximadamente 40.000 no eran indígenas (Coatsworth, 1988, pp. 32, 35-38, 49; Stern, 1987, parts 1-2; Robins, 2002).

La "segunda conquista": del colonialismo al poscolonialismo

Una violencia colectiva a gran escala azotó América Latina la mayor parte del siglo XIX. Las guerras de independencia entre 1809 y 1825 eran particularmente sangrientas y costaron la vida de muchos. En México, por ejemplo, se calcula el número de víctimas en 600.000,que corresponde al 10% (Bernecker, 2007, pp. 135, 162). Por fin, los Estados latinoamericanos consiguieron su independencia de España y Portugal. Con la excepción de Brasil –dirigido por el hijo del rey portugués como un imperio independiente desde 1822– todos los países se convirtieron en repúblicas. Sin embargo, la independencia no trajo consigo el autogobierno de los colonizados, sino la dominación de la élite de los *criollos*, como se denomina a los españoles nacidos en América Latina. En general, las guerras de independencia fueron esencialmente movimientos conservadores destinados a impedir grandes cambios sociales. Por lo tanto, la discriminación legal de la población indígena fue eliminada solo lenta y reticentemente. El objetivo de preservar un estatus especial para los indígenas era proporcionar mano de obra barata para la creciente agricultura comercial. En otros casos, el tributo de los indios constituía una parte importante de los ingresos de los Estados (Gabbert, 2019a, pp. 339-354).

Como hemos visto, el período relativamente largo de paz en las zonas núcleo de la colonia se debió, por una parte, a la limitada presión demográfica sobre las tierras de cultivo y, en particular, a la función asignada a la población indígena en la sociedad colonial. Aunque los indígenas pacificados fueron relegados a una posición subordinada, se les consideraba parte importante de la sociedad. Esto comenzó a cambiar fundamentalmente con las reformas borbónicas y especialmente después de la independencia. Entre las élites se aceptaban ampliamente las ideas económicas liberales. Los indígenas y sus instituciones, como las tierras comunales, se consideraban como reliquias innecesarias del pasado y grandes obstáculos para el progreso social y económico. La expansión de la agricultura comercial para la exportación condujo a nuevos e intensos asaltos a las tierras indígenas que se dividieron en lotes y se privatizaron tanto como los baldíos, áreas supuestamente desocupadas (Tutino 1986, pp. 242-276; Larson 1999, pp. 560-562, 567-568, 573-584, 623; Hill 1999, pp. 712-714, 734-738; Gabbert 2019a, pp. 340-353).

Muchos indígenas de las zonas de refugio también se vieron afectados por los crecientes ataques de las jóvenes repúblicas latinoamericanas. Los mapuches en el sur de Chile, los indígenas de las pampas y los tehuelche en Argentina perdieron su independencia en la segunda mitad del siglo XIX después de sangrientas campañas de conquista (Jones, 1999, pp. 173-183).

La creciente demanda de productos forestales, como la quinina y especialmente el caucho, llevó a una renovación del interés de los gobiernos en las áreas de refugio como fuente potencial de productos para la exportación. Por lo tanto, comenzaron a establecer fortificaciones militares, fomentaron la colonización y otorgaron concesiones para la explotación de grandes extensiones a empresarios nacionales y extranjeros. La explotación y represión de la población indígena alcanzó una nueva culminación y muchos grupos indígenas fueron completamente destruidos. Los barones del caucho controlaban vastas áreas por ejércitos privados que aseguraban su mano de obra mediante la esclavitud de los indígenas o el peonaje por endeudamiento. A finales del siglo XIX, por ejemplo, la población indígena de los Llanos de Mojos, en el norte de Bolivia, que había alcanzado aproximadamente 100.000 personas en el siglo XVIII, se redujo a 20.000 (Hill, 1999, pp. 709-711, 714-716, 742-753, 758-759).

Teniendo en cuenta estos graves ataques a los fundamentos materiales y culturales de la supervivencia de los indígenas, no es de extrañar que la violencia colectiva en los núcleos coloniales haya aumentado drásticamente a lo largo del siglo XIX en comparación con la mayoría de la época colonial. La expansión de haciendas y plantaciones y la privatización de tierras comunitarias o supuestamente "desocupadas" fueron las principales causas de importantes revueltas de campesinos indígenas en muchas partes de América Latina (Reina, 1980; Coatsworth, 1988, pp. 33-39, 50, 59; Katz, 1988b, pp. 522-525, 530-532; Larson, 1999, pp. 641-654).

La época del caudillo

Entender los procesos políticos en América Latina en los primeros cincuenta años después de la independencia es una tarea difícil. La inestabilidad era grande, pronunciamientos, golpes y rebeliones eran frecuentes (Bakewell, 2004, pp. 410-419; Fowler, 2012). Después de más de diez años de guerras de independencia a partir de 1810, el nuevo Estado de México adoptó una amplia variedad de formas de gobierno hasta 1867 –imperio, república federal, república centralizada y dictadura militar–. Solo entre 1821 y 1857, se turnaron 50 gobiernos centrales diferentes, la mayoría de los cuales fueron el resultado de revueltas militares (Cockroft, 1990, p. 62). Un contemporáneo lamentó sobre la inestabilidad política en Yucatán, en el sur de México, a mediados del siglo que "subían y descendían gobernadores con la rapidez de los cubos de una noria":

> Las asonadas revolucionarias se sucedían ya en Yucatán de una manera escandalosa, y las pasiones se habían desencadenado con más furor que nunca. Los gobernadores llegaron a contarse, no por meses, se contaban ya por días, y aun podemos agregar, por horas, pues hubo vez en que figuraran dos gobernadores en el mismo día, tomando uno posesión por la mañana y dejando el puesto al medio día a su sucesor (GCY, [1866] 1997, pp. 115, 131).

Los discursos políticos públicos estaban llenos de evocaciones de ideas abstractas –como el orden, la fe, la libertad, la justicia, la democracia, etc.– y de la expresión de convicciones supuestamente profundas. Sin embargo, el comportamiento de los actores muchas veces no correspondía con tales declaraciones. Cambiaban su orientación ideológica o su militancia en grupos políticos rápidamente y sin que se pudiera detectar, en muchos casos, un proceso de reflexión ideológica. Antonio López de Santa Anna, varias veces presidente de México, por ejemplo, combatió en el ejército de la Corona para preservar el dominio español para más tarde defender la independencia de México. En su trayectoria participó con partidos monárquicos, republicanos, centralistas, federalistas, liberales y conservadores. Obviamente las convicciones ideológicas no ayudan mucho para entender el comportamiento de líderes como Santa Anna (Bakewell, 2004, pp. 417-419).[6] Esto es aún más acertado cuando miramos a los soldados rasos o a los combatientes de base en los frecuentes pronunciamientos e insurrecciones.

---

6   Fowler (1995) señala que las élites mexicanas –ya sea que se consideraran liberales o conservadoras– compartían valores políticos, sociales e ideológicos fundamentales debido a su posición de clase. Esto les permitió modificar sus lealtades de acuerdo con las circunstancias cambiantes.

Después de haber logrado la independencia de España, los países de América Latina tenían que enfrentarse con inmensos retos: la marcada heterogeneidad social y étnica de la población, un enraizado localismo, la falta de vías de comunicación y la carencia de clases sociales que pudieran constituir la base social de un proyecto nacional que integrara las diferentes regiones y grupos poblacionales. Los terratenientes, produciendo sobre todo para los mercados locales y, por ende, con una orientación regionalista, el clero y los militares continuaban como los grupos de poder más importantes. La realidad social y económica correspondía en nada con la teoría política expresada en las Constituciones que muchas veces concebían al gobierno como republicano y representativo, donde se había abolido el sistema de castas coloniales (indio, mestizo, etc.) y decretada la igualdad de los ciudadanos ante la ley. En realidad, sin embargo, la sociedad quedaba dividida social y étnicamente. El Estado había perdido su función de "instancia neutral" y mediador entre élites locales y campesinos porque –en contraste con la situación durante la colonia– ahora eran los criollos de las clases altas quienes ocupaban los puestos de poder e influían en las políticas según sus intereses (Tutino, 1986, p. 215; Gabbert, 2019c, pp. 41-42). El Estado, a pesar de sus fuentes financieras limitadas, era un empleador muy importante en el contexto de la economía raquítica. Por lo tanto, puestos en el gobierno y en la administración, eran un bien codiciado. Las posiciones en los ayuntamientos prometían ganancias financieras porque estos cuerpos administrativos subastaban licencias para la producción de servicios públicos, como son la recaudación de impuestos, el abastecimiento con carne y granos o la construcción de edificios públicos. Consecuentemente, las elecciones para establecer los gobiernos estatales y ayuntamientos eran controvertidas con regularidad y caracterizadas por irregularidades, fraude, intimidaciones y violencia abierta (p. ej., Rugeley, 1997, pp. 477-486 y 2009, pp. 20-22).

No había partidos políticos con una organización e ideología firmes. Por eso, los políticos dependían de alianzas verticales con líderes regionales y locales para movilizar seguidores. Estos mediadores podían establecer relaciones entre las élites urbanas y las clases bajas de las villas y pueblos del *hinterland*. Ante la ausencia de organizaciones formales y de seguridad jurídica, el caudillismo se convertía en la forma prevalente de política y dominación (Lynch, 1992, pp. 406-407; Rugeley, 2009, pp. 23, 28). En este sistema la amenaza o la aplicación de violencia eran elementos estructurantes centrales. En una realidad caracterizada por cambios políticos y económicos frecuentes y poco previsibles, y por la falta de garantías eficaces para la propiedad y para la vida, eran las relaciones clientelares las que ofrecían cierta seguridad para las clases populares. Los enfrentamientos no se daban entre clases sociales sino entre facciones políticas y militares, compuestas por individuos de diferentes posiciones sociales, terratenientes y peones, miembros de la élite y de la plebe urbana, etc. El reclutamiento de seguidores se daba por vías múltiples, entre otras, relaciones de parentesco, compadrazgo, amistad, clientelismo y endeudamiento. La relación con el líder era decisiva en las facciones porque constituía el vínculo esencial para unir esta heterogénea membresía (Lynch, 1992, pp. 404-406; Gabbert, 2016, pp. 74-75 y 2019c, pp. 173-184).

En varios países el sistema militar que emergió después de la independencia fortaleció tanto el localismo como el clientelismo y el uso generalizado de la violencia. En México, por ejemplo, existían dos tipos de fuerzas armadas simultáneamente, por un lado, el ejército del gobierno central (o federal), y por el otro, las milicias de los estados, distritos, prefecturas o ayuntamientos. El resultado eran unidades militares con una orientación netamente local y una relación personal estrecha entre soldados y oficiales. Consecuentemente, cada conflicto local o regional tenía el potencial de recrudecerse en un enfrentamiento violento porque los ayuntamientos, controlados por las élites locales, tenían la capacidad de movilizar sus propias unidades armadas (Escalante Gonzalbo, 1993, pp. 166-167, 172, 178-184; Chust y Serrano, 2007, pp. 92-93, 100, 104-105; Gabbert, 2019c, pp. 52-55).

El periodo anárquico llegó a su fin en varios países, como México, por ejemplo, a finales del siglo XIX. En el contexto del desarrollo de una economía orientada hacia la exportación de productos agrícolas y minerales, crecientes inversiones extranjeras y la construcción de caminos y ferrocarriles que facilitaron el movimiento de cuerpos del ejército para suprimir rebeliones locales, algunos caudillos lograron eliminar o cooptar a sus rivales. Así lograron establecer gobiernos centrales con más fuerza para controlar la población y reducir la frecuencia de las guerras civiles (Tutino, 1986, pp. 276-288; Bakewell, 2004, pp. 444-454).

Conclusión

El énfasis en la participación de las élites indígenas e "indios amigos" en el sistema colonial no exime en absoluto a los europeos de su responsabilidad en el colonialismo en América Latina y de la mayor parte de la violencia colonial. Sin embargo, en vista de que los españoles y los portugueses seguían siendo una pequeña minoría en casi toda América Latina hasta el final del período colonial –en el centro de México, por ejemplo, todavía en 1821 los indígenas constituían el 70 por ciento de la población, y en Perú su participación era del 62 por ciento en 1827–, este aspecto parece crucial para comprender cómo fue posible el colonialismo.[7]

En 1824, más de medio siglo antes de que los europeos comenzaran a someter el interior de África, el dominio

---

7   Véase Schryer (2000, p. 229) y Larson (1999, p. 621) por los datos de población.

colonial español ya había llegado a su fin en la América Latina continental. Sin embargo, la independencia no trajo consigo el autogobierno de poblaciones hasta entonces colonizadas, sino la dominación de una nueva élite criolla. Mientras que los indígenas de las zonas centrales fueron liberados de las restricciones legales coloniales, tuvieron que enfrentar nuevos e intensificados ataques a sus tierras comunales, impulsados por la expansión de la agricultura capitalista. Así, los siglos XIX y principios del XX se caracterizaron no por una menor violencia colectiva, sino por una probablemente mayor aún que la que se dio durante gran parte del período colonial. La expansión de las haciendas y plantaciones, y la expropiación de las tierras de las aldeas provocaron grandes rebeliones de campesinos indígenas en toda América Latina. Más allá de esto, los Estados independientes de América Latina conquistaron las áreas de refugio indígenas restantes, aniquilaron los últimos vestigios de la autonomía indígena y diezmaron y a veces incluso exterminaron a grupos indígenas enteros. Así, el siglo XIX puede considerarse como un período de "segunda conquista".

Incluso en la década de 1970, los cazadores-recolectores nómadas que vivían cerca o más allá de la frontera agraria fueron obligados por los gobiernos sudamericanos a adoptar una forma de vida sedentaria. Otros fueron –y ocasionalmente siguen siéndolo hoy en día– simplemente asesinados por pistoleros contratados por terratenientes locales, especuladores inmobiliarios o buscadores de oro. Este tipo de violencia se ha justificado a menudo como una concomitante algo lamentable pero inevitable de la civilización y el progreso. Es aquí, en la ideología que deshumaniza al "otro", donde el largo período del colonialismo puede sentirse hasta el día de hoy.

Aunque los Estados nacionales lograron algo de estabilidad y los gobiernos centrales han extendido su control basándose, entre otros, en fuerzas militares profesionalizadas desde los finales del siglo XIX, problemas fundamentales no han sido resueltos. Las divisiones sociales y étnicas no se han podido superar, el Estado todavía se experimenta como una institución de dominación en muchas regiones, el sistema de justicia está lejos de funcionar como una fuerza neutral de resolución de conflictos y las inmersiones de potencias extranjeras siguen siendo importantes (p. ej., Méndez, O'Donnell y Pinheiro, 1999; Gabbert, 2005, pp. 304-308). Por consiguiente, varias formas de violencia de gran escala como golpes de Estado, dictaduras militares, movimientos guerrilleros e invasiones extranjeras han afectado a la mayoría de los países de América Latina en el siglo XX.

Referencias

Assadourian, C. (1989). La despoblación indígena en Perú y Nueva España durante el siglo XVI y la formación de la economía colonial. *Historia Mexicana*, 38 (3), 419-453.

Bakewell, P. (2004). *A History of Latin America: C. 1450 to the Present*. Oxford: Blackwell.

Bernecker, W. (2007). Mexiko im 19. Jahrhundert: Zwischen Unabhängigkeit und Revolution. En W. Bernecker, H. Pietschmann y H. W. Tobler (eds.), *Eine kleine Geschichte Mexikos* (pp. 121-240). Frankfurt: Suhrkamp.

Boccara, G. (2007). *Los vencedores. Historia del pueblo mapuche en la época colonial*. San Pedro de Atacama, Chile: Línea Editorial IIAM.

Chust, M. y Serrano Ortega, J. A. (2007). Milicia y revolución liberal en España y en México. En M. Chust y J. Marchena (eds.), *Las armas de la Nación. Independencia y ciudadanía en Hispanoamérica (1750-1850)* (pp. 81-110). Madrid: Iberoamericana.

Coatsworth, J. H. (1988). Patterns of Rural Rebellion in Latin America: Mexico in Comparative Perspective. En F. Katz (ed.), *Riot, Rebellion, and Revolution. Rural Social*

Conflict in Mexico (pp. 21-62). Princeton, N. J.: Princeton University Press.

Cockroft, J. D. (1990). *Mexico: Class Formation, Capital Accumulation, and the State.* (Revised edition). New York: Monthly Review Press.

Coe, M. D. (1986). *Weltatlas der Kulturen: Amerika vor Kolumbus.* München: Christian Verlag.

Edelmayer, F. (1996). Spanien und die Neue Welt. En F. Edelmayer, B. Hausberger y M. Weinzierl (eds.), *Die beiden Amerikas* (pp. 45-65). Frankfurt y Wien: Brandes & Apsel.

Escalante Gonzalbo, F. (1993). *Ciudadanos imaginarios: memorial de los afanes y desventuras de la virtud y apología del vicio triunfante en la República Mexicana; tratado de moral pública.* México, D. F.: El Colegio de México.

Farriss, N. M. (1984). *Maya Society under Colonial Rule.* Princeton, N. J.: Princeton University Press.

Fowler, W. (1995). Dreams of Stability: Mexican Political Thought during the 'Forgotten Years'. An Analysis of the Beliefs of the Creole Intelligentsia (1821-1853). *Bulletin of Latin American Research,* 14 (3), 287-312.

Fowler, W. (ed.) (2012). *Malcontents, Rebels, and Pronunciados: The Politics of Insurrection in Nineteenth-Century Mexico.* Lincoln y London: University of Nebraska Press.

Gabbert, W. (1995). Kultureller Determinismus und die Eroberung Mexikos – Zur Kritik eines dichotomischen Geschichtsverständnisses. *Saeculum,* 46 (2), 276-294.

Gabbert, W. (2005). Rechtsstaat und Rechtspluralismus in Lateinamerika. En R. Kappel, H. W. Tobler y P. Waldmann (eds.), *Probleme des Rechtsstaates* (pp. 301–318). Freiburg i. Br.: Rombach.

Gabbert, W. (2010). Warum Montezuma weinte – Anmerkungen zur Frühphase der europäischen Expansion in den atlantischen Raum. En U. Schmieder y H.-H. Nolte (eds.), *Atlantik. Sozial- und Kulturgeschichte in der Neuzeit* (pp. 29-47). Wien: Promedia.

Gabbert, W. (2012). The longue durée of Colonial Violence in Latin America. *Historical Social Research*, 37 (3), 254-275.

Gabbert, W. (2016). Zwischen Unabhängigkeitskampf, Caudillismus und Französischer Intervention – Staats- und Nationsbildung in Mexiko, 1800-1867. En E. Frie y U. Planert (eds.), *Revolution, Krieg und die Geburt von Staat und Nation. Staatsbildung in Europa und den Amerikas 1770-1930* (pp. 65-82). Tübingen: Mohr.

Gabbert, W. (2019a). The Second Conquest: Continental and Internal Colonialism in Nineteenth-Century Latin America. En D. Schorkowitz, J. R. Chávez y I. W. Schröder (eds.), *Shifting Forms of Continental Colonialism Unfinished Struggles and Tensions* (pp. 333-362). Singapore: Palgrave Macmillan.

Gabbert, W. (2019b). Die Eroberung Mesomerikas durch die Spanier. En E. Dürr y H. Kammler (eds.), *Einführung in die Ethnologie Mesoamerikas. Ein Handbuch zu den indigenen Kulturen* (pp. 139-148). Münster y New York: Waxmann.

Gabbert, W. (2019c). *Violence and the Caste War of Yucatán*. Cambridge: Cambridge University Press.

Garavaglia, J. C. (1999). The Crises and Transformations of Invaded Societies: The La Plata Basin (1535-1650). En F. Salomon y S. B. Schwartz (eds.), *The Cambridge History of the Native Peoples of the Americas* (pp. 1-58). Vol. III, South America, Part 2. Cambridge: Cambridge University Press.

GCY ([1866] 1997). *Guerra de Castas en Yucatán: su origen, sus consecuencias y su estado actual*. Editado y traducido por M. Campos García. Mérida, Yucatán, México: Universidad Autónoma de Yucatán.

Gibson, C. (1955). The Transformation of the Indian Community in New Spain, 1500-1810. *Journal of World History*, 2 (3), 581-607.

Gibson, C. (1984). Indian Societies under Spanish Rule. En L. Bethell (ed.), *The Cambridge History of Latin America* (pp. 381-419). Vol. II. Cambridge: Cambridge University Press.

Glave, L. M. (1999). The "Republic of Indians" in Revolt (c. 1680-1790). En F. Salomon y S. B. Schwartz (eds.), *The Cambridge History of the Native Peoples of the Americas* (pp. 502-557). Vol. III, South America, Part 2. Cambridge: Cambridge University Press.

Gunsenheimer, A. y Schüren, U. (2016). *Amerika vor der europäischen Eroberung*. (Neue Fischer Weltgeschichte Band 16). Frankfurt a. M.: Fischer.

Guy, D. J., y Sheridan, T. E. (1998). On Frontiers. The Northern and Southern Edges of the Spanish Empire in the Americas. En D. J. Guy y T. E. Sheridan (eds.), *Contested Ground: Comparative Frontiers on the Northern and Southern Edges of the Spanish Empire* (pp. 3-15). Tucson: University of Arizona Press.

Hemming, J. (1984). Indians and the Frontier in Colonial Brazil. En L. Bethell (ed.), *The Cambridge History of Latin America* (pp. 501-545). Vol. II. Cambridge: Cambridge University Press.

Hill, J. D. (1999). Indigenous Peoples and the Rise of Independent Nation-States in Lowland South America. En F. Salomon y S. B. Schwartz (eds.), *The Cambridge History of the Native Peoples of the Americas* (pp. 704-764). Vol. III, South America, Part 2. Cambridge: Cambridge University Press.

Jones, K. (1999). Warfare, Reorganization, and Readaptation at the Margins of Spanish Rule: The Southern Margin (1573-1882). En F. Salomon y S. B. Schwartz (eds.), *The Cambridge History of the Native Peoples of the Americas* (pp. 137-187). Vol. III, South America, Part 2. Cambridge: Cambridge University Press.

Katz, F. (1988a). Rural Uprisings in Preconquest and Colonial Mexico. En F. Katz (ed.), *Riot, Rebellion, and Revolution. Rural Social Conflict in Mexico* (pp. 65-94). Princeton, N. J.: Princeton University Press.

Katz, F. (1988b). Rural Rebellions after 1810. En F. Katz (ed.), *Riot, Rebellion, and Revolution. Rural Social Conflict in Mexico* (pp. 523-560). Princeton, N. J.: Princeton University Press.

Larson, B. (1999). Andean Highland Peasants and the Trials of Nation Making in the Nineteenth Century. En F. Salomon y S. B. Schwartz (eds.), *The Cambridge History of the Native Peoples of the Americas* (pp. 558-703). Vol. III, South America, Part 2. Cambridge: Cambridge University Press.

Livi Bacci, M. (2003). Return to Hispaniola: Reassessing a Demographic Catastrophe. *Hispanic American Historical Review*, 83 (1), 3-51.

Lynch, J. (1992). *Caudillos in Spanish America, 1800-1850.* Oxford: Oxford University Press.

Méndez, J. E., O'Donnell, G., y Pinheiro, P. S. (eds.) (1999). *The (Un)Rule of Law and the Underprivileged in Latin America.* Notre Dame, IN: University of Notre Dame Press.

Monteiro, J. M. (1999). The Crises and Transformations of Invaded Societies: Coastal Brazil in the Sixteenth Century. En F. Salomon y S. B. Schwartz (eds.), *The Cambridge History of the Native Peoples of the Americas* (pp. 973-1023). Vol. III, South America, Part 1. Cambridge: Cambridge University Press.

Newson, L. (2007). Biological Impacts of European Expansion in the Americas. *Encyclopedia of Western Colonialism since 1450.* Encyclopedia.com: https://bit.ly/37licNw. Visitado el 21/6/2019.

Owensby, B. P. (2008). *Empire of Law and Indian Justice in Colonial Mexico.* Stanford, CA: Stanford University Press.

Reina, L. (1980). *Las rebeliones campesinas en México (1819-1906).* México, D. F.: Siglo XXI Editores.

Restall, M. (2003). *Seven Myths of the Spanish Conquest.* New York: Oxford University Press.

Robins, N. A. (2002). *Genocide and Millenialism in Upper Peru. The Great Rebellion of 1780-82.* Westport, CT: Praeger.

Rowe, J. H. (1946). Inca Culture at the Time of the Spanish Conquest. En J. H. Steward (ed.), *Handbook of South American Indians*. Vol. II, The Andean Civilizations (pp. 183-330). Washington, DC: Bureau of American Ethnology, Smithsonian Institution.

Rugeley, T. (1997). Rural Political Violence and the Origins of the Caste War. *The Americas*, 53 (4), 469-496.

Rugeley, T. (2009). *Rebellion Now and Forever: Mayas, Hispanics, and Caste War Violence in Yucatán, 1800-1880*. Stanford, CA: Stanford University Press.

Saignes, T. (1999). The Colonial Conditions in the Quechua-Aymara Heartland (1570-1780). En F. Salomon y S. B. Schwartz (eds.), *The Cambridge History of the Native Peoples of the Americas* (pp. 59-137). Vol. III, South America, Part 2. Cambridge: Cambridge University Press.

Schroeder, S. (ed.) (1998). *Native Resistance and the Pax Colonial in New Spain*. Lincoln, London: University of Nebraska Press.

Schryer, F. J. (2000). Native Peoples of Central Mexico since Independence. En R. E. W. Adams y M. MacLeod (eds.), *The Cambridge History of the Native Peoples of the Americas* (pp. 223-273). Vol. II, Mesoamerica, Part 2. Cambridge: Cambridge University Press.

Schüren, U. (2005). Indigene Kulturen vor der europäischen Eroberung. En F. Edelmayer, B. Hausberger y B. Potthast (eds.), *Lateinamerika, 1492-1870* (pp. 13-31). Wien: Promedia.

Schüren, U. (2017). Caciques: Indigenous Rulers and the Colonial Regime in Yucatán in the Sixteenth Century. En T. Bührer, F. Eichmann, S. Förster y B. Stuchtey (eds.), *Cooperation and Empire. Local Realities of Global Processes* (pp. 33-57). New York: Berghahn.

Schüren, U. (2019). Indigene Gemeinden in der Kolonialzeit. En E. Dürr y H. Kammler (eds.), *Einführung in die Ethnologie Mesoamerikas. Ein Handbuch zu den indigenen*

Kulturen (pp. 149-161). Münster y New York: Waxmann.

Spalding, K. (1970). Social Climbers: Changing Patterns of Mobility among the Indians of Colonial Peru. *Hispanic American Historical Review*, 50 (4), 645-664.

Spalding, K. (1999). The Crises and Transformations of Invaded Societies: The Andean Area (1500-1580). En F. Salomon y S. B. Schwartz (eds.), *The Cambridge History of the Native Peoples of the Americas* (pp. 904-972). Vol. III, South America, Part 1. Cambridge: Cambridge University Press.

Stavig, W. (2000). Ambiguous Visions: Nature, Law, and Culture in Indigenous-Spanish Relations in Colonial Peru. *Hispanic American Historical Review*, 80 (1), 77-111.

Stern, S. (ed.) (1987). *Resistance, Rebellion, and Consciousness in the Andean Peasant World, 18th to 20th Centuries*. Madison: The University of Wisconsin Press.

Taylor, W. B. (1979). *Drinking, Homicide and Rebellion in Colonial Mexican Villages*. Stanford, CA: Stanford University Press.

Tutino, J. (1986). *From Insurrection to Revolution. Social Bases of Agrarian Violence, 1750-1940*. Princeton, N. J.: Princeton University Press.

Whitehead, N. L. (1999). The Crises and Transformations of Invaded Societies: The Caribbean (1492-1580). En F. Salomon y S. B. Schwartz (eds.), *The Cambridge History of the Native Peoples of the Americas* (pp. 864-903). Vol. III, South America, Part 2. Cambridge: Cambridge University Press.

Wolf, E. (1969). *Peasant Wars of the 20th Century*. New York: Harper & Row.

Zavala, S. y Miranda, J. (1954). Instituciones indígenas en la colonia. En A. Caso, S. Zavala, J. Miranda y M. G. Navarro (eds.), *La política indigenista en México. Métodos y resultados* (pp. 45-206). México, D. F.: INI, Vol. I.

¿Patriotas o prostitutas? La herencia del pasado y la violencia de género en América Latina

SONYA LIPSETT-RIVERA

Resumen

La violencia de género se ha generalizado en la América Latina contemporánea. Revisando las tendencias históricas desde las guerras de independencia hasta finales del siglo XIX, este artículo plantea una explicación preliminar para dicho aumento de la violencia de género. Los conceptos teóricos derivados de Bourdieu, Federici y Scott proporcionan una pista para explicar las raíces profundas y las transformaciones de las ideas de feminidad y masculinidad. Las nuevas naciones aclamaron a los hombres como patriotas heroicos y ciudadanos mientras que confinaron las mujeres a la domesticidad; pero muchas no podían cumplir con estos ideales. El contraste entre el "ángel del hogar" sublimado y la realidad del fenómeno de la prostitución femenina generalizado fortaleció la percepción de la necesidad de una vigilancia incrementada y un control de los cuerpos femeninos. Se pueden conectar estas alteraciones con las identidades de género y el auge de la violencia de género en América Latina.

Abstract

Gender violence is pervasive in contemporary Latin America. This article provides a preliminary explanation for the rise in gender violence by looking to historical trends that began with the Wars of Independence and continued throughout the 19th century. Using concepts taken from Bourdieu, Federici and Scott, the ways that gender identities and concepts of the body are used to explain the evolving notions of femininity and masculinity. The new nations embraced men as heroic patriots and citizens while relegating women to domesticity; but many women could not fulfill these ideals. The contrast between the idealized "domestic angel" and the reality of widespread female prostitution reinforced the perceived need for increased surveillance and control of female bodies. These alterations in gender identities can be linked to an increased violence in Latin American societies.

Introducción

Desde Chile, donde las mujeres lanzaron la canción viral "El violador eres tú", hasta México, donde el fenómeno de la instalación artística de "Zapatos rojos" se ha difundido a varios continentes, el tema de la violencia de género es altamente recurrente en las redes sociales y los medios de comunicación. América Latina se ha destacado en el siglo XXI como el lugar más peligroso del mundo para las mujeres, con estadísticas asombrosas de feminicidios y asaltos. Esta realidad de la vida cotidiana choca con la imagen de sociedades latinoamericanas que veneran a sus madres y se destacan por los valores de proteger a las mujeres de su familia. Los sistemas de honor que prevalecieron en la colonia enfatizaban el cuidado de las madres, hijas y esposas dentro de un esquema de control y de protección, mientras que en los siglos XVIII y XIX se desplegó una campaña para valorar la madre como núcleo de la familia y de la sociedad (Lipsett-Rivera, 2001). Las antropólogas María Rodríguez-Shadow y Lila Campos Rodríguez (2011) señalan que la violencia masculina no es producto de la naturaleza, sino que es una práctica cultural que se constituye a largo plazo y a través de varios siglos (2011). La historia tiene pistas para entender esta calamidad de violencia de género en la región. Este ensayo es un primer esbozo dentro de un proyecto más amplio que intentará hacer valer las experiencias históricas de mujeres y hombres en América Latina y la conexión que estos tienen con la realidad contemporánea. Enfocándome en los periodos de la independencia y el siglo XIX, en este trabajo utilizo ciertos episodios de la construcción de identidades y valores de género para explicar el fenómeno contemporáneo de la violencia hacia las mujeres latinoamericanas en el presente.

Durante la colonia, se desarrollaron conceptos de lo que representaba la mujer en varios aspectos. Una faceta muy significativa eran los mensajes de castidad y honradez que comunicaba con su cuerpo, su vestimenta, sus movimientos y por cómo se manejaba a través de los espacios de la vida cotidiana (Lipsett-Rivera, 2012). Los conceptos que rigieron los cuerpos femeninos en la colonia evolucionaron a través de las experiencias de las guerras de independencia y las transformaciones económicas y sociales que caracterizaron a las naciones latinoamericanas del siglo XIX. Desde un manto protector, esas ideas se transformaron en una ansiedad hacia la castidad femenina y, consecuentemente, en la propagación de mitos sobre la violación que forzaron a las mujeres a retroceder de la vida y los espacios públicos, con lo cual se inició su proceso de denigración. En el contexto de una severa contracción de la economía, las naciones latinoamericanas experimentaron lo que Silvia Federici denomina una "masificación de la prostitución" (2009, p. 94). Esa tendencia resultó en una ampliación de la ansiedad e histeria a propósito de las mujeres y especialmente respecto a sus cuerpos. Tales novedades aumentaron de manera exponencial la conversión de las mujeres en objetos simbólicos que podían ser dominados por los hombres, tendencia que permitía la violencia masculina (Rodríguez-Shadow y

Campos Rodríguez, 2011). Estos procesos históricos forman una base fundacional para entender la explosión de violencia de género que ataca a las sociedades latinoamericanas contemporáneas.

Las experiencias históricas femeninas no se pueden examinar ni concebir en un vacío, sino que se tienen que poner en relación con el desarrollo de la masculinidad. La identidad de género de las mujeres está involucrada y entrelazada con los conceptos cambiantes de lo masculino. Así, este ensayo no se enfoca únicamente en las experiencias femeninas, sino también en los papeles cambiantes de los hombres. En la colonia, el hombre ideal se concebía como un ser con control emocional y pacífico (Lipsett-Rivera, 2019), pero estos ideales y conceptos de la masculinidad se transformaron en las nuevas naciones junto con las mutaciones de la realidad cotidiana de las mujeres y sus arquetipos. Las guerras de independencia fueron formativas para los papeles que desarrollan hombres y mujeres; los hombres se transformaron en patriotas ciudadanos con derechos y autoridad y las mujeres fueron relegadas al rol de o bien "ángel del hogar", o bien prostituta. Estos cambios en las identidades de género revelan un nexo opositor entre hombre/mujer y élite/plebeyos. Los patrones que se implantaron, según Pierre Bourdieu (2004), se naturalizan como categorías en el subconsciente y ejercen un poder sobre los cuerpos humanos. Bourdieu explica que estas relaciones de dominación se imprimen sobre los cuerpos y así entran en el vocabulario corporal de la sociedad colonial latinoamericana y, entonces, actúan dentro de estos modelos sin consciencia del poder de la violencia simbólica. Están profundamente arraigados y, aun cuando las condiciones políticas o sociales resultan reformadas para liberar a los dominados de estas restricciones, no escapan tan fácilmente de estas formas de ser. Consecuentemente, es esencial buscar las raíces de los comportamientos contemporáneos para entenderlos.

El género y la independencia

Aparte de cambios políticos, las guerras de independencia en América Latina alteraron igualmente los mecanismos sociales y abrieron campos para transformar paulatinamente las identidades de género de hombres y mujeres. Durante las guerras, hubo actitudes y acciones que no eran aceptables en la época colonial que se convirtieron en normas y heroísmo. En la colonia, las tendencias agresivas de los hombres fueron aplastadas y tuvieron ellos que sublimar sus frustraciones y sus tendencias violentas (Lipsett-Rivera, 2019). Cuando empezaron los conflictos que llevaron a cabo la independencia, esas mismas actitudes fueron no solamente útiles sino que transformaron a esos mismos hombres agresivos en héroes.

La ruptura con el antiguo régimen dio un impulso a nuevos tipos de masculinidad. Según el historiador Eric Van Young (2001), muchos de los soldados insurgentes que siguieron a Hidalgo, en tiempos previos, hubieran sido fácilmente denunciados como vagos. Los soldados con cierta reputación, como don Ignacio Sánchez y Chito Villagrán, son buenos ejemplos de este nuevo modelo de masculinidad. En vez de buscar ser pacíficos y sosegados, los antes humillados podían desquitarse de la violencia reprimida. Los insurgentes expresaron sus frustraciones en un tipo de inversión social; por ejemplo, cambiaban la dirección de los insultos. Antes los españoles agredían a los indígenas insultándolos con la palabra "perro", pero también agrediendo su masculinidad afirmando que eran serviles como animales domésticos. Durante la guerra era muy común para los soldados de la insurgencia despreciar a los que apoyaban la Corona con esta palabra, y también con el despectivo "alcahuete." Además, Van Young (2001) documenta ejemplos en los cuales los soldados llamaron a los españoles judíos, perros coyotes, y los amenazaron violentamente (Van Young, 2001). Los soldados plebeyos confiscaron la ropa y las joyas de los realistas y desfilaron con estas prendas en un tipo de carnaval del mundo al revés (Van Young, 2001; Ilhui Pacheco Chávez, 2009).

La guerra de independencia era, a diversos niveles, una guerra en que miembros de una misma familia se enfrentaban. El rey, durante la colonia, se veía como un padre benévolo; la autoridad paternal y masculina se derivaba de una metáfora en donde el rey, Cristo y el esposo eran cabezas y entonces jefes de la familia (Osuna, 1531). Los que se alzaron contra él faltaban el respeto a un paterfamilias (Earle, 2000). Los rebeldes empezaron a feminizar al rey hablando de él como una madrasta; un líder insurgente de Colombia, Antonio Nariño, lo describió como la madrastra que trataba a sus descendientes como extranjeros y a sus hijos como esclavos (Earle, 2000). En muchos casos, las esposas, hijas y hermanas siguieron las lealtades o rebeliones de sus esposos, padres o hermanos, pero en ocasiones se decidieron por estar d el otro lado de esta batalla (Chambers, 2015). Las mujeres también cambiaron sus formas de ser: actuaron o para la causa de la insurgencia o para los realistas. Así, las mujeres emprendieron nuevos papeles durante la lucha por la independencia. En muchos casos eran espías para un lado o el otro. Pero aun cuando no era el caso, los patriotas y los insurgentes sospechaban que ellas eran espías. Además, recolectaban dinero y cosían uniformes, entre otras tareas. En estos actos rompieron con las ideas del recogimiento que eran la norma para las mujeres en el periodo colonial. Cuando actuaban en el ámbito público, aunque fueran actuaciones pequeñas, y cuando hacían cosas para hombres que no eran parientes, se las consideraba radicalizadas (Brewster, 2005; Earle, 2000). Frecuentemente, escribían cartas en código cuando tenían correspondencia con sus parientes que estaban escondiéndose en la cárcel o luchando en las montañas. Cuando eran descubiertas y capturadas, algunas eran condenadas, a veces a la muerte (Brewster, 2005; Chambers, 2015).

En este momento de transición, mientras que los hombres insurgentes fueron aclamados por sus nuevas formas de agresividad masculina, los nuevos papeles que emprendieron las mujeres fueron recibidos con más ambigüedad. Aunque muchas de ellas hoy son consideradas heroínas, en ese momento se las vio de forma equívoca. Por ejemplo, en este período, en Chile se describía a las mujeres involucradas en la lucha (independientemente del lado en que se ubicaran) como ambiciosas, dominantes y *contranatura*, por estar desafiando las normas femeninas (Chambers, 2015). La prensa insurgente describía a las mujeres que apoyaban el viejo régimen como viejas, feas y demasiado piadosas. Se burlaban de ellas diciendo que esas mujeres no podían seducir y entonces no amenazaban la causa de los insurgentes (Chambers, 2015). Muchos de los jefes insurgentes las describían como amazonas o como inocentes. Simón Bolívar se preocupaba de ataques realistas hacia las mujeres que apoyaban la causa insurgente viéndolas como muy frágiles (Earle, 2000). Los nuevos papeles de los hombres dentro de esta lucha fueron aceptados fácilmente, pero hubo mucha ansiedad a propósito de los papeles que emprendieron las mujeres a pesar de la importancia de su trabajo.

Un germen de esta ansiedad que provocó la participación activa de las mujeres en las campañas militares de los insurgentes fue el peligro al que ellas se arriesgaban. Los rebeldes acusaban a los realistas de ser inmorales y de violar a viudas y vírgenes, en especial en las iglesias. Esta campaña de difamación era probablemente una forma de manchar la causa realista. Argüían que los realistas amenazaban con violar a las monjas en las iglesias (Earle, 2000). Esta amenaza de violación era probablemente una estratagema retórica, pero se combinaba con la creciente inquietud sobre las mujeres, especialmente las de la elite que, a causa de las guerras, tuvieron que actuar de formas que se consideraban contrarias a sus naturalezas. Se les negaba el agenciamiento a las que apoyaban un lado o el otro (Earle, 2000). Los realistas también se asustaron por otras razones; acusaban a las mujeres insurgentes de ser disolutas y de carecer de sentimientos hacia la familia, es decir, se las caracterizaba igualmente como *contranatura* (Earle, 2000). Esta falta de moralidad asociada con las mujeres dentro del sistema de honor fue otra vertiente de la turbación provocada por su activa participación en las campañas bélicas. Los líderes de la insurgencia empezaron a preocuparse del peligro que encarnaban las prostitutas hacia los soldados en sus ejércitos (Earle, 2000). Esta preocupación era algo nuevo; durante la colonia la prostitución fue aceptada como un aspecto más de la sociedad (Atondo Rodríguez, 1992). Corrieron rumores de que las prostitutas ofrecían aguardiente con sustancias alucinógenos a los soldados de la insurgencia (Earle, 2000).

Los jefes republicanos apreciaban el apoyo de las mujeres mientras fuese pasivo. Valoraban el apoyo femenino simbólico, y así como representaban a la república con una mujer, la libertad también se representaba con una figura femenina, específicamente una mujer indígena. Estas imágenes eran respetables y muy placenteras (Earle, 2000). Este período en la historia de Latinoamérica fue no solamente un período de guerra, sino también de violencia social y de transición profunda. Las identidades de género se estaban revisando y esas alteraciones provocaron inquietudes muy profundas. Cuando las mujeres tomaban papeles o actuaban de modos considerados perturbadores, en formas que desafiaban los modelos de lo femenino, socavaban la idea de la nación como pura y moral. Mientras las mujeres se hacían más vulnerables por su conducta y la utilización novedosa de sus cuerpos, los hombres tuvieron licencia para desplegar emociones violentas y formas de conducta asociadas al apoyo de la causa insurgente.

La nación y el género

Con la independencia, las nuevas repúblicas buscaron formas de crear modos para fortalecer sus identidades como naciones. Utilizaban símbolos que honraran el pasado y el futuro que deseaban tener. Las jóvenes naciones tuvieron que establecer nuevas identidades y valores. Durante la colonia, el rey era el centro de todo: era la fuente del honor y de la autoridad. Descartar al rey no cambió la importancia del honor para las nuevas sociedades, pero los conceptos de honor empezaron a mudar mientras las identidades de género se alteraban. Estas identidades se transformaron paulatinamente dentro de un modelo que extendía y cambiaba el modelo del rey como padre benévolo. En el siglo XIX, la familia se consideraba como microcosmos del Estado; la familia y el Estado entraron en una relación mimética para la formación de ciudadanos ideales (Bermúdez, 2008; De Paz Trueba, 2009).

Hacer parte de una nación tenía significados diferentes para los hombres y las mujeres. A los hombres se les atribuía el estatus de ser ciudadano, ser soldado, ser trabajador, y estos elementos les otorgaron honor y respeto. En las nuevas repúblicas, el honor de ciudadano implicaba un fin a los castigos humillantes asociados a la colonia. Los hombres plebeyos antes padecían, frecuentemente, una disciplina por azotes, lo cual no era apropiado para un ciudadano. Simón Bolívar declara en 1821 que el castigo por azotes ya no era permitido (Chambers, 1999). Pero la protección de la ciudadanía no cubría a todos: las mujeres y los esclavos todavía podían ser castigados por azotes y aún no se protegían de la violencia del paterfamilias (Chambers, 1999). Ser ciudadano implicaba ciertos derechos y acceso a la posibilidad de ser un hombre honrado. En la colonia, los hombres poseían honor por su linaje y su rango social (Chambers, 1999). Con la independencia, estos factores no eran tan importantes como ser patriota; en otras palabras, fue más fácil acumular actos para tener honor, generalmente asociados al servicio militar y al valor en el campo de batalla. Pero la ruta al honor estaba abierta solamente a los hombres.

Como hemos visto, las mujeres contribuyeron en formas muy significativas a las luchas para la independencia, pero después, bajo la nación, sus contribuciones a campañas militares se identificaron con tachas al honor, asociadas con las mujeres de mal vivir, asumiendo que la contribución militar de mujeres engendraría una corrupción de su moralidad (Chambers, 1999). Estos nuevos modales hicieron que las mujeres tuvieran formas muy reducidas de afirmar su honor, especialmente siendo pobres, y fueron aisladas del nuevo concepto de ciudadanía. A continuación de las preocupaciones a propósito de las mujeres y la violación, vemos un cambio sutil, pero importante, en la forma en la cual se concebía la violación como crimen. En el periodo colonial, la violación fue fundamentalmente un crimen en contra de la posibilidad de casarse para una joven mujer virgen, pero se presentaba judicialmente como un crimen en contra de la familia y el honor del padre. Después de la independencia, y posiblemente a causa de las ansias a propósito de violaciones durante la guerra de independencia, las actitudes oficiales cambiaron y los Estados empezaron a considerar la violación como un crimen en contra del orden público y en consecuencia en contra del Estado (Lipsett-Rivera, 1997). Este cambio se inserta también dentro del cambio en la forma de concebir la sociedad –la patria no tenía un padre en el rey, la Constitución no era igual a un padre, pero la nación, aunque se presentaba como mujer, era una figura paternal–. Los violadores faltaban el respeto a la nación y consiguientemente merecían castigos más severos (Lipsett-Rivera, 1997; Chambers, 1999).

En las nuevas naciones de América Latina, las identidades de género fueron transformadas de formas sutiles pero significativas. Desde la colonia, las mujeres fueron juzgadas por su castidad, una parte del sistema de honor importado por los españoles y portugueses. Pero en la época colonial, había menos rigor en la aplicación de las reglas de honor. En el periodo republicano, las mujeres fueron juzgadas no solamente por su castidad, sino también por sus virtudes domésticas, y la forma en la cual desplegaban esas virtudes para el bien común; en otras palabras, se esperaba de las mujeres que actuaran como madres para la nación (Chambers, 1999). En las escuelas se enseñaba el nuevo concepto de "maternidad republicana" (Chambers, 1999). Se suponía que las jóvenes naciones eran espacios de moralidad y las mujeres tenían que tratar de estar a la altura de las nuevas expectativas de la maternidad republicana, pero a diferencia de los hombres, sus derechos bajo el nuevo sistema no fueron ampliados. Como no podían reclamar los derechos de ciudadanía (Chambers, 1999), tuvieron que recurrir al lenguaje de la domesticidad cuando trataban de reclamar sus derechos como madres frente a los jueces (Chambers, 1999). A diferencia de los hombres, que podían reclamar su estatus como ciudadanos con virtud a través del servicio militar, o simplemente por medio de una ética de trabajo, estas sendas se encontraban cerradas para las mujeres. Su trabajo y su servicio a la nación no eran reconocidos ni valorados (Chambers, 1999).

Aunque las puertas les estaban cerradas, mujeres de la élite continuaron sus esfuerzos para asegurar un papel en el proceso político. Mientras permanecieron en papeles tradicionales, como en obras de caridad, organización de ceremonias religiosas y asociación con las escuelas, los proyectos de las señoras eran tolerados (Sanders, 2008, 66). Tal como había pasado en las guerras de independencia, los hombres insultaban a las mujeres (especialmente de otros partidos políticos) diciéndoles "viejas", "feas" y subordinadas de la Iglesia (Arrom, 1985; Sanders, 2008). El consenso social era, en general, que, al salir al ámbito público para participar en cuestiones de política, las mujeres se exponían a peligros y malas influencias que podían perjudicar su figura de niñas inocentes. Cuando osaban hacerlo, se las tachaba de irracionales (Sanders, 2008). A pesar de sus contribuciones y la maternidad republicana, que era muy valorada, la supuesta falta de racionalidad de las mujeres les impedía la ciudadanía. Este rechazo político tuvo también implicaciones para los cuerpos femeninos; sus movimientos fueron limitados a los espacios domésticos y fueron construidos como inmorales y repugnantes cuando salían de los paradigmas tradicionales.

En este proceso y en la lógica que desplegaban las nuevas repúblicas, hubo muchas contradicciones. Mientras que el Estado, como paterfamilias de la nación, reclamaba el papel de protector de las jóvenes violadas, era ciego frente a la violencia doméstica de esposos y amasios. Las nuevas naciones fueron concebidas sobre nuevos ideales de conducta, pero fueron las mujeres quienes cargaron con esta moralidad, y la sexualidad femenina se trasformó en amenaza a la patria y al orden público (Chambers, 1999). Este cambio perjudica a las mujeres ya que pone, en palabras de Federici, sus matrices al servicio del Estado (2009). En México, como lo demuestra Nora Jaffary (2016), hay no solamente una obsesión por los hímenes mexicanos (que eran considerados especiales), sino que también se instauraron leyes y penas severas que prohibían el aborto, la contracepción y el infanticidio. El principio de la prohibición del control sobre la reproducción no era nuevo. Existían leyes en la colonia, pero fueron aplicadas en muy pocos casos y en general no se sentenciaba severamente a las involucradas en acusaciones por estos crímenes. Este cambio representa un endurecimiento de las actitudes hacia las mujeres provocado por el periodo de las guerras cuando las mujeres salieron del recogimiento y en forma muy pública asumieron papeles que, en el juicio de muchos, pertenecían a hombres.

Patriotas y prostitutas

La contribución masculina al proyecto de independencia fue celebrada y reconocida de muchas formas. En América Latina, las calles recuerdan a los héroes y las fechas patrias (Tenenbaum, 1994; Earle, 2005). En Chile, cambiaron el nombre de las calles "del rey" por nombres que hacían referencia a la república, y la ciudad de Monterrey, por ejemplo, se convirtió en Monte Patria (Orellana, 2012). Los republicanos reconocieron que, para fomentar un patriotismo hacia las nuevas repúblicas, tenían que cambiar el espacio público. Esto se hizo tanto a través de una nueva nomenclatura de las vías como con la instalación de estatuas de hombres ilustres en lugares estratégicos. En los aniversarios de momentos heroicos o natalicios, se organizaban pequeñas ceremonias frente a estas esculturas con bandas militares, discursos de políticos, jóvenes estudiantes como público y tributos florales (Orellana, 2012). En el transcurso del siglo XIX, estos lugares se transformaron en arcos de triunfo figurativos; los soldados héroes desfilaron allí para marcar sus victorias (Orellana, 2012). Esta geografía de lugares cívicos era masculina; la lucha por la independencia se conmemoraba con sus héroes y no sus heroínas. A lo largo del siglo XIX, el Paseo de la Reforma en la Ciudad de México fue paulatinamente transformado en un museo exterior de los hombres ilustres con una conmemoración de sus hechos memorables. Los mexicanos podían pasear en esta avenida para recordar la historia masculina; en contraste, la única figura femenina es Diana Cazadora –una figura mítica cuya representación desnuda causó grandes escándalos (Fox, 2001)–. El propósito de estas estatuas, como los de otros tipos de arte público, era fomentar las identidades nacionales (Fox, 2001).

En los años después de la victoria, las repúblicas empezaron a reinventar las ceremonias públicas; las fiestas y las procesiones que antes apoyaban la legitimidad del rey y la fe fueron recicladas para honrar las nuevas Constituciones (Chambers, 1999). Organizaron desfiles y fiestas para acordarse de los momentos importantes del pasado reciente de la patria y en muchos casos, a los comienzos de la nación, se utilizaron símbolos asociados con el pasado indígena. Pero, mientras se consolidaba la nación, el simbolismo indígena desapareció en muchas repúblicas. En Colombia, por ejemplo, originalmente la nación fue representada por una princesa indígena que simbolizaba la libertad, pero, a poco andar, se reemplazó por una mujer en toga que representaba la república (Earle, 2005). Aunque los desfiles tomaron muchos elementos de las procesiones del periodo colonial, integraron elementos marciales como el toque de diana (Salazar Mendoza, 2015). Los sonidos de estas nuevas celebraciones simbólicamente contrastaban lo nuevo y lo antiguo cuando las campanas se entremezclaban con las trompetas (Orellana, 2012). Pero el elemento más importante de estos desfiles y fiestas patrióticas era la conmemoración de las víctimas de la patria (Salazar Mendoza, 2015). En la transición de la colonia a la república, los políticos y los intelectuales reconocieron la importancia de crear memorias de la guerra y sus héroes. En este contexto, aunque la figura de Simón Bolívar fue controvertida, la república colombiana lo adoptó como símbolo de la liberación (Romero y De Villeros, 2015). Se reconoció la contribución masculina fácilmente y con gran jolgorio. Además de ser héroes para la patria, los hombres se convirtieron en héroes en sus hogares.[1]

Podemos ver la diferencia entre el trato de hombres y mujeres respecto a sus aportes a la independencia contrastando el que recibieron Simón Bolívar y Manuela Sáenz. Durante la guerra, Sáenz tuvo muchos papeles, algunos fueron administrativos, otros más activos, y fue ella quien salvó la vida de Bolívar cuando entraron asesinos a su domicilio. A pesar de estas contribuciones, los historiadores del siglo XIX, en gran parte, la borraron de los relatos. Cuando se acordaron de ella, fue representada como una mala influencia sobre Bolívar. Se la criticaba por mezclarse en asuntos masculinos como la política y por vestirse en uniforme de soldado. Un escritor peruano, Ricardo Palma, la describió como un hombre-mujer que había renunciado a la naturaleza femenina (Murray, 2001). Sáenz no llenaba los requisitos para ser héroe de la patria por ser mujer, pero además por ser una mujer que rechazaba la castidad a la

---

[1] Agradezco a Mariana Di Stefano por esta observación.

cual se suponía que las mujeres aspiraban. En contraste, las múltiples relaciones sexuales de Bolívar no impidieron su ascenso al rango de padre de la patria (O'Connor, 2014). Este ejemplo encarna las actitudes contrastantes en cómo se concebían los aportes de hombres y mujeres desde las guerras de independencia y la forma en la cual se fueron integrando a una sociedad republicana.

Mientras que los hombres fueron celebrados y recibieron el honor de ser ciudadanos, el mundo se reducía para las mujeres. A pesar de los sueños de los líderes republicanos, la prosperidad económica no se realizó para la mayoría. Las mujeres solteras o jefas de familia quedaron muy vulnerables a precariedades de diverso tipo, pues el concepto de mujer como "ángel del hogar" las dejaba sin posibilidades de trabajar fuera de casa ni de mantener el perfil de honesta (Bermúdez, 2008). En Argentina, a principios del siglo XIX, la policía arrestaba a mujeres en la calle acusándolas de vagancia. Se suponía que las mujeres pobres y solteras eran inmorales y escandalosas y se las mandaba o a trabajar en una fábrica o como sirvientas en casas "decentes". Era una forma de tratar de reformarlas dándoles un nuevo paterfamilias (Guy, 1985). La mujer soltera, además de la que se emborrachaba –ambas consideradas como vagas–, surgió como un tema de gran importancia para el bienestar de la nación. Quebrando con ideas que remontaban a la época medieval, la vagancia empezó a concebirse como un estado femenino (Araya Ibacache, 2006).

La vagancia femenina se asociaba en gran parte con la prostitución, cuya presencia en las ciudades de América Latina aumentó drásticamente durante el siglo XIX. A principios de ese siglo, las poblaciones latinoamericanas tenían una proporción muy alta de hogares encabezados por mujeres. En ciudades como Caracas, Santiago, Sao Paulo, Belo Horizonte, Iguape (Bahía) y Ciudad de México, los niveles de estos hogares variaban entre el 24 y el 45%. La mayoría eran viudas, pero había también muchas solteras y esposas abandonadas. La presencia de prostitutas era mucho más alta que en épocas previas y, en este sentido, Donna Guy (1991) calcula que en 1869 las prostitutas representaban el 5% de la población adulta de mujeres en la Ciudad de Buenos Aires. En Cuba, las mujeres encontraban solamente trabajos con muy bajos sueldos; esta situación laboral se hizo aún más estrecha con la abolición de la esclavitud. Para las mujeres afrocubanas los trabajos eran muy escasos y muy mal pagados. En consecuencia, las mujeres cubanas recurrían a la prostitución en números mucho más significativos que en periodos anteriores (Calvo Peña, 2005). En Colombia, se asociaba la prostitución con la urbanización y la migración de mujeres vulnerables a las ciudades (Obregón, 2002). Para las mujeres que trabajaban como sirvientas domésticas, el riesgo de seducciones/violaciones por parte de los jefes de familia o sus hijos era notable (Obregón, 2002).

A pesar de lo que debía ser un espacio moral republicano, numerosas mujeres tuvieron problemas económicos. Señala Federici (2009) que el hecho de aislar a la mujer en el hogar y restringir sus fuentes de ingreso provoca una crisis de sobrevivencia entre ellas. Consecuentemente, las mujeres tuvieron que buscar dinero como pudieron, así surgió lo que Federici llama una "masificación" de la prostitución femenina. A finales del siglo XIX, un gran número de mujeres argentinas pobres recurrieron a la prostitución como empleo o para completar los gastos del mes (Guy, 1985). La segunda mitad del siglo XIX fue un momento de ansiedad social; los cambios económicos forzaron a una muchedumbre de mujeres a salir de sus casas y ejercer el trabajo de prostitución. Además, podemos ver cómo la presencia innegable de tantas mujeres en los espacios públicos provocó un tipo de ruptura. Siguiendo a James Scott (1990), se puede señalar que esta ruptura corresponde a un quiebre con el discurso privado (1990). La reacción respecto a la formulación de las identidades de género fue dramática, con una penalización de la prostitución insólita y totalmente ajena a las previas actitudes hacia esta profesión en siglos pasados.

Además, el control de las mujeres no fue solamente policiaco sino médico; con el auge de las ideas de eugenesia y de higiene pública, fueron múltiples las formas de controlar y castigar a las mujeres que salían a la calle y que no calzaban con el modelo de "ángel del hogar." Durante esta etapa, se endurecen las actitudes sobre mujeres que forman parte de la clase que puede y quiere actuar dentro del modelo idóneo de mujeres decentes y se justifica un control de sus cuerpos.

Este momento de ansiedad coincide fortuitamente con el desarrollo de nuevas perspectivas médicas, de la eugenesia y la higiene pública. En teoría, estos profesionales operaban dentro de normas estrictamente científicas pero sus proyectos tuvieron matices de desaprobación moral e, inconscientemente o no, buscaron controlar los cuerpos femeninos. Las campañas para controlar la prostitución y los cuerpos femeninos se construyeron con dos ramas. La primera, fue controlar a las prostitutas con reglas y restricciones burocráticas. Los gobiernos municipales experimentaron con múltiples estrategias. En muchos casos, crearon burdeles oficiales con madamas a cargo del buen proceder de las mujeres; en el caso de Guatemala era obligatorio pertenecer al burdel para ejercer la prostitución (McCreery, 1986). En Colombia, se trató de aislar este comercio y exiliar a las mujeres de mal vivir a las afueras de las ciudades. Además, se les exigía portar una identificación oficial del gremio (Obregón, 2002; Stanfield, 2013). En Cuba, las reglas incluían qué tipo de muebles podían tener, cuántas veces al día tenían que cambiar las sábanas y a qué horas podían recibir "invitados". Estaba prohibido asomarse en las ventanas, llamar a los clientes afuera y utilizar palabras obscenas. Para evitar tales abusos, debían poner celosías. Fuera del burdel, no podían pasear en carruajes abiertos, transitar por los paseos o las calles donde la gente decente deambulaba (Calvo Peña, 2005). La reglamentación de la prostitución no pudo frenar este fenómeno ya que era fruto de la pobreza femenina.

En épocas anteriores el comercio del sexo existía por la noche, en los mercados y otros lugares públicos, en casas particulares y por vía de las cortesanas. Era una parte integral de la sociedad colonial y no se consideró como una plaga, sino un mal necesario. Las reacciones a la prostitución a finales del siglo XIX difirieron considerablemente y se mezclaron con los nuevos conocimientos de las ciencias y el control de enfermedades venéreas. Muchos doctores comparaban la prostitución con un cáncer, uno que se manifestaba socialmente pero que traía con él la enfermedad (Obregón, 2002). El incremento tan fuerte de la prostitución llegó junto con nuevos conocimientos de la biología de la sífilis. La vigilancia de esta enfermedad se entremezcló con el deseo en naciones latinoamericanos de presentar una cara moderna al mundo (Calvo Peña, 2005). Al mismo tiempo que las autoridades establecieron reglas para vigilar y tratar de limitar el trabajo de sexo, integraron a estos controles una reglamentación de la salud de las prostitutas con el fin de proteger a sus clientes.

Las campañas se enfocaron principalmente sobre las mujeres, ya que no todos los médicos reconocían que los hombres también podían transmitir la sífilis (Clark, 2012; Guy, 1991; Obregón, 2002; Findlay, 2005). Además de matices de género, las autoridades cívicas y médicas también consideraron que las enfermedades venéreas eran un veneno racial que se podía transmitir a futuras generaciones (Clark, 2012). En Cuba, decían las autoridades que el 90% de las prostitutas eran extranjeras o afrocubanas y al parecer, solamente ellas eran infectadas. Preservaban la idea de la pureza de las mujeres criollas y blancas diciendo que estas no se enfermaban y ejercían el trabajo sexual únicamente a causa de las terribles políticas del gobierno español (Calvo Peña, 2005). En Puerto Rico, igualmente, los profesionales de la higiene pública se preocuparon por el efecto de las prostitutas, mayormente afrodescendientes, y el efecto de debilitamiento que podían tener sobre sus clientes blancos (Findlay, 2005). Cuando pudieron, las prostitutas resistieron estos tratamientos y las reglas que apoyaban su control moral e higiénico. En 1888, prostitutas en La Habana empezaron a publicar una revista en la cual escribían artículos donde protestaban contra las reglas impuestas sobre ellas para controlar las enfermedades venéreas (Calvo Peña, 2005). Los médicos y otros profesionales de la salud tenían una influencia sumamente importante y un poder sobre la definición de lo patológico y las conductas anormales en este periodo (Obregón, 2002). Por eso, se mezclaba el control biológico de enfermedades con opiniones morales. Las prostitutas fueron sometidas a exámenes humillantes en las oficinas policiacas y en los sifilicomios, donde el tratamiento no era solamente médico sino psicológico (Guy, 1991). Las recluidas tuvieron que demostrar no solamente una salud perfecta, sino también una sumisión y humildad hacia los médicos para poder salir.

Identidades de género y cuerpos femeninos

Aparte de la masificación del fenómeno de la prostitución, hubo otros cambios sociales que causaron fuertes ansiedades en las sociedades latinoamericanas. En este clima de incertidumbre, los cambios femeninos provocaron inquietudes en relación con el bienestar de la nación. A pesar del aislamiento de la mujer en la esfera privada y la condena de las mujeres pobres y de la calle, aún se la concebía como símbolo de la nación. Un defensor de la independencia cubana, Raimundo Cabrera, postulaba que la mujer como "ángel del hogar" era un icono nacional y todavía podría servir como bandera de la nación (Calvo Peña, 2005). La mujer respetable se concebía como aseguradora del bienestar de la nación (Rincón Rubio, 2009). A través de todos los cambios, para los latinoamericanos, explica Donna Guy, "el género y la nación se combinaron en formas inextricables" (1991, p. 205). Las transformaciones femeninas provocaban a los que se aferraban a guardar los modelos viejos y afirmaban la incertidumbre que había en este periodo a propósito de las identidades de género.

Algunas mujeres de clase acomodada empezaron a adoptar actitudes y formas de conducta que rompieron con los viejos modelos. Promovieron el derecho de las mujeres a la educación, incluyendo la universidad y las carreras profesionales. Algunas comenzaron con oficios como farmaceutas, abogadas, médicas y otros trabajos que antes se reservaban para los hombres. Además, las nuevas modas que algunas adoptaron causaban escándalo porque no se adecuaban a los modelos de género todavía en uso (Stanfield, 2013). Los periódicos en Argentina advertían del peligro de la "mujer varonil" que imitaba las modas europeas masculinizadas y que fumaba (De Paz Trueba, 2009). Esta ropa nueva también se adaptaba para salir del ámbito privado en bicicletas, lo cual era una forma de adoptar un nuevo modelo femenino, a saber, la mujer atlética y deportista. Estos dos cambios fueron criticados ampliamente por individuos más conservadores, quienes, en Colombia, organizaron manifestaciones en contra de la bicicleta para mujeres (Stanfield, 2013). Esta preocupación también se manifestaba en la idea de mujeres que rechazaban la feminidad y se describían como "marimachos" (Nuñez Becerra, 2008).

Los avances científicos de esta época incluían nuevas perspectivas sobre la sexualidad. Los trabajos eruditos dieron nombre a comportamientos sexuales como la homosexualidad y el lesbianismo, o safismo. Algunos expertos empezaron a asociar el safismo con otro gran problema del tiempo: la prostitución. La presencia de amor entre mujeres ha sido muy difícil de encontrar en los documentos porque se podía esconder fácilmente, pero con estos nuevos enfoques "científicos" empezaron los intelectuales del día a tratar de rastrearlo. Se consideraba un amor indecente que podía solamente desarrollarse entre mujeres también indecentes, como las prostitutas (Nuñez Becerra, 2008). Tenían deseos sexuales muy fuertes, como hombres y no como las mujeres decentes; esto se explicaba por el hecho de que supuestamente tenían clítoris del tamaño de un pene y podían padecer de un "furor uterino" (Nuñez Becerra, 2008). El interés para la biología femenina se expresaba de muchas formas. En Chile, el doctor Manuel Antonio Carmona describió una mujer aparentemente endemoniada por sus órganos en particular: "el útero, aquella hidra monstruo, el único natural demonio que irradia sobre todo el sistema y muy particularmente sobre el cerebro sus quiméricas y vivísimas simpatías" (Araya Ibacache, 2006, p. 14). El interés por la biología femenina no fue totalmente negativo; los médicos mexicanos, por ejemplo, se enorgullecieron del himen muy fuerte de las mexicanas (Jaffary, 2016). Pero este interés un poco insólito era un síntoma de la creciente preocupación por los cuerpos femeninos y se manifestaba también hacia las mujeres pobres a través de un aumento del control sobre ellas.

En los conceptos de la época, las mujeres debían buscar la maternidad porque era intrínseca a sus deberes con la nación y por su misma naturaleza como mujer. Así, los crímenes de aborto e infanticidio hacían de las mujeres que los cometían unas "desnaturalizadas". A diferencia de otros países, en Guatemala se podía acusar a los hombres de infanticidio y aborto; a veces las mujeres mayas utilizaban esta ley para recordar a sus esposos y amasios que tenían responsabilidades como padres de los fetos (Carey, 2013). En el último tercio del siglo XIX, las denuncias por estos dos crímenes subier on de forma dramática en México (Jaffary, 2016). En Buenos Aires, un juez se alarmó a finales del siglo XIX de que hubiera tantas investigaciones por infanticidio. Las autoridades tomaban las indagaciones seriamente; duraban entre 6 y 12 meses y llevaban penas de hasta 15 años de cárcel. Las acusadas eran en gran parte empleadas domésticas de entre 22 y 25 años (Ruggiero, 1992). Este auge en las denuncias estaba en fuerte contraste con la situación en tiempos previos. Aunque había legislación y castigos severos en la época colonial, hubo muy pocas denuncias y las sentencias no fueron muy duras (Jaffary, 2016). Este endurecimiento de las actitudes hacia el aborto y el infanticidio corresponde a una transformación social. Federici (2009) describe un fenómeno similar en Europa de los siglos XVI y XVII, cuando los gobiernos empezaron a imponer leyes severas sobre el aborto y el infanticidio, y a llevar a cabo un control muy estricto de los cuerpos femeninos. Al mismo tiempo que la economía restringía las posibilidades de trabajo bien pagado para hombres y mujeres plebeyos, que se masificaba la prostitución y crecía la ansiedad a propósito de las mujeres y su presencia en los ámbitos públicos, el control y la vigilancia de los cuerpos femeninos aumentó de forma dramática.

La ideología republicana definía a las mujeres fundamentalmente como madres, entonces sus cuerpos estaban al servicio de la nación. Este cambio en las concepciones de género implicaba una observación más aguda de las mujeres plebeyas. Antes, podían evitar la mirada de las autoridades y de sus vecinos, pero en este periodo se esperaba que pudieran, y además debían, encarnar una maternidad perfecta; a diferencia de la época colonial, la virtud pública y el honor de las mujeres plebeyas e indígenas era escrudiñado (Jaffary, 2016). A pesar de estas expectativas, la realidad era que la maternidad engendraba muchas dificultades y desafíos para las mujeres pobres. Las solteras frecuentemente recurrían a soluciones como el aborto y el infanticidio. Muchas situaciones laborales no eran compatibles con la maternidad; en México, por ejemplo, las criadas tenían que renunciar si se embarazaban (O'Connor, 2014). La mayoría de las mujeres no podían dejar de trabajar, de modo que, cuando podían, buscaban un trabajo que acomodara a sus criaturas. Pero algunas no tenían esta posibilidad y encomendaban a sus criaturas a un orfanato o una casa de expósitos (O'Connor, 2014). Estas prácticas eran comunes, aunque más informales en la época colonial; en los tiempos duros o cuando las cosechas fallaban, los padres encomendaban a sus hijos con los que podían darles un hogar (Malvido, 1980). Los hijos, en el siglo XIX, recaían sobre la mujer; cuando rechazaban su maternidad la tachaban de "desnaturalizada" (Bermúdez, 2008; Ruggiero, 1992). A pesar de las realidades económicas, el discurso nacional recaía sobre una maternidad en el centro del éxito nacional; unas madres que formarían los futuros ciudadanos. Las mujeres plebeyas carecían de las cualidades valoradas por la nación y sus deficiencias justificaban su maltrato y el escrutinio de sus cuerpos.

Conclusiones: la violencia de género y la nación

En el siglo XX y XXI, la violencia de género ha llegado a un nivel y una intensidad que no se puede ignorar. Esta violencia tiene antecedentes e historia; no es nueva, si bien el fenómeno de feminicidios en múltiples países latinoamericanos se destaca por el vertiginoso incremento de la violencia de género que representa. Los procesos históricos sin duda han contribuidos a este aumento, pero también este fenómeno se inserta dentro de los marcos de la normalización de la violencia que hemos explorado aquí.

Los feminicidios de Ciudad Juárez han merecido mucha atención e investigación, pero la realidad del feminicidio está presente en muchos países de la región. El feminicidio se destaca de otros homicidios porque el acto de matar se hace dentro de un esquema de género; agreden, violan y matan porque la víctima es mujer (Carey y Torres, 2010; Caputi y Russell, 1992). Los hombres son asesinados en números más altos en todas las jurisdicciones, pero los feminicidios están en un auge impresionante y además están caracterizados por una brutalidad extrema. Basado en un reporte de las Naciones Unidas, El Salvador, a nivel mundial, es el país con la tasa más alta de feminicidios; siguen Guatemala y Honduras (Menjívar y Drysdale Walsh, 2017). En toda América Latina, ha habido un fuerte aumento en la violencia de género y este se ha asociado con la globalización, las crisis económicas y las recesiones (Carey y Torres, 2010). Como hemos visto en este trabajo, los incrementos de violencia y marginalización de las mujeres vienen frecuentemente a la par de trastornos económicos muy fuertes. Pero la crisis de los feminicidios es de una magnitud aún más grande que los previos cambios.

¿Se puede explicar un aumento de la violencia de género de amplitud tan grande por transformaciones económicas? Los patrones de marginalización de mujeres plebeyas y su conceptualización como desnaturalizada llevaron a un control de los cuerpos femeninos con leyes y prácticas de denuncia de crímenes, como el aborto, el infanticidio y la prostitución, que aumentaron la marginalización de estas mujeres e impactaron sobre la conceptualización de todas las mujeres. En el siglo XX, muchos países latinoamericanos pasaron por tiempos de dictadura y de gobiernos militares en los cuales los derechos humanos fueron violentados. Pero, además, como señalan los historiadores David Carey y Gabriela Torres (2010), ciertas prácticas de los dictadores guatemaltecos impulsaron la violencia de género como práctica casi gubernamental. Durante las dictaduras, los hombres pedían la misma obediencia de sus esposas y amantes que el Estado demandaba de ellos. Cuando "desobedecían", la policía y los jueces apoyaban el derecho de "disciplina" de estos hombres y les otorgaba una impunidad implícita (Carey y Torres, 2010). La opresión de género en Guatemala en el siglo XX, argumenta Cindy Forster (1999), se entremezclaba con la opresión de los pobres y los indígenas; eran sistemas que se apoyaban uno al otro utilizando un marco de estructuras que reforzaban la subordinación y la violencia cotidiana que imponía la sumisión a todos los marginados (Forster, 1999).

El argumento de este trabajo es mostrar la necesidad de mirar hacia el pasado para entender los fenómenos más recientes de la violencia de género. La transformación paulatina de las identidades de género, de mujeres y hombres, llevó a cabo un proceso en el cual se buscaba controlar los cuerpos femeninos a través de conceptos y modelos, de aplicación de leyes antiguas y modernas y de restricciones económicas y laborales que forzaron a las mujeres al trabajo de sexo para sobrevivir. El control de los cuerpos femeninos, en ciertos aspectos, incrementó con la independencia; en vez de liberarse, las mujeres se veían bajo el control desmesurado de su esposos, hermanos y padres con el beneplácito del Estado. El tropo de la buena/mala mujer se fortaleció con la realidad cotidiana de las mujeres que se veían imposibilitadas a labores y actos que negaban los modelos de pureza del "ángel del hogar". Al mismo tiempo, los hombres se veían frustrados por las realidades políticas y económicas de Estados despóticos, y dentro de este esquema podían utilizar el cuerpo femenino como escape.

Referencias

Arrom, S. M. (1985). *The Women of Mexico City, 1790-1857.* Stanford: Stanford University Press.

Atondo Rodríguez, A. M. (1992). *El amor venal y la condición femenina en el México colonial.* Mexico City: Instituto Nacional de Antropología e Historia.

Araya Ibacache, C. (2006). La construcción de una imagen femenina a través del discurso medico ilustrado. Chile en el siglo XIX. *Revista Historia,* 39, 5-22.

Bermúdez, I. C. (2008). El ángel del hogar: una aplicación de la semántica liberal a las mujeres del siglo XIX andino. *Historia y Espacio,* 30, 11-41.

Bourdieu, P. (2004). Gender and Symbolic Violence. En N. Scheper-Hughes y P. Bourgois (eds.), *Violence in War and Peace* (pp. 339-342). Malden, MA: Blackwell.

Brewster, C. (2005). Women and the Spanish-American Wars of Independence: An Overview. *Feminist Review,* 79, 20-35.

Calvo Peña, B. (2005). Prensa, política y prostitución en la Habana finisecular: el caso de "la Cebolla" y la polémica de las meretrices. *Cuban Studies, 36*, 23-49.

Caputi, J. y Russell, D. E. (1992). Femicide: Sexist Terrorism against Women. En J. Radford y D. E. Russell (eds.), *Femicide: The Politics of Woman Killing* (pp. 13-21). New York: Twayne Publishers.

Carey Jr., D. y Torres, G. M. (2010). Precursors to Femicide. *Latin American Research Review, 45*, 142-164.

Carey Jr., D. (2013). *I Ask for Justice: Maya Women, Dictators, and Crime in Guatemala, 1898-1944.* Austin: University of Texas Press.

Chambers, S. C. (1999). *From Subjects to Citizens: Honor, Gender, and Politics in Arequipa, Peru. 1780-1854.* University Park: Penn State University Press.

Chambers, S. C. (2015). *Families in War and Peace: Chile from Colony to Nation.* Durham: Duke University Press.

Clark, A. K. (2012). *Gender, State, and Medicine in Highland Ecuador: Modernizing Women, Modernizing the State, 1895-1950.* Pittsburgh: University of Pittsburgh Press.

De Paz Trueba, Y. (2009). Ser madres y esposas de ciudadanos. Una mirada desde la prensa. El centro y sur bonaerense a finales del siglo XIX y principios del XX. *Signos Históricos, 11*, 44-75.

Earle, R. (2000). Rape and the Anxious Republic. Revolutionary Colombia, 1810-1830. En M. Molyneux y E. Dore (eds.), *Hidden Histories of Gender and the State in Latin America* (pp. 127-146). Durham: Duke University Press.

Earle, R. (2005). Sobre héroes y tumbas: National Symbols in Nineteenth-Century Spanish America. *Hispanic American Historical Review, 85*, 375-416.

Federici, S. (2009). *Caliban and the Witch: Women, the Body and Primitive Accumulation.* Brooklyn: Autonomedia.

Findlay, E. J. (2005). La raza y lo respetable: las políticas de la prostitución y la ciudadanía en Ponce en la última década del siglo XIX. *Revista del Centro de Investigaciones Históricas, 16*, 99-135.

Forster, C. (1999). Violent and Violated Women: Justice and Gender in Rural Guatemala, 1936-1956. *Journal of Women's History*, 11, 55-78.

Fox, C. F. (2001). "Lo clásico de México moderno": Exhibiting the Female Body in Post-revolutionary Mexico. *Studies in Latin American Popular Culture*, 20, 1-31.

Guy, D. J. (1985). Lower Class Families, Women and the Law in Nineteenth-Century Argentina. *Journal of Family History*, 10, 318-331.

Guy, D. J. (1991). *Sex and Danger in Buenos Aires: Prostitution, Family, and Nation in Argentina*. Lincoln: University of Nebraska Press.

Ilhui Pacheco Chávez, M. A. (2009). Rebeldes y transgresores. Entre los murmullos de la insurrección. La intendencia de México, 1810-1814. *Historia mexicana*, 59, 327-354. https://bit.ly/3lBchMO.

Jaffary, N.E. (2016). *Reproduction and Its Discontents: Childbirth and Contraception from 1750 to 1905*. Chapel Hill: University of North Carolina Press.

Lipsett-Rivera, S. (1997). The Intersection of Rape and Marriage in Late-Colonial and Early-National Mexico. *Colonial Latin American Historical Review*, 6, 559-590.

Lipsett-Rivera, S. (2001). Marriage and Family Relations in Mexico during the Transition from Colony to Nation. En Uribe, V. (ed.), *State and Society in Spanish America During the 'Age of Revolution': New Research on Historical Continuities and Change ca. 1750s-1850s* (pp. 121–148). Wilmington: Scholarly Resources Press.

Lipsett-Rivera, S. (2012). *Gender and the Negotiation of Daily Life in Mexico, 1750-1856*. Lincoln: University of Nebraska Press.

Lipsett-Rivera, S. (2019). *The Origins of Macho: Men and Masculinity in Colonial Mexico*. Albuquerque: University of New Mexico Press.

Malvido, E. (1980). El abandono de los hijos: una forma de control del tamaño de la familia y del trabajo indígena: Tula (1683-1730). *Historia mexicana* 26, 521-561.

McCreery, D. (1986). 'This Life of Misery and Shame': Female Prostitution in Guatemala City, 1880-1920. *Journal of Latin American Studies*, 18, 333-353.

Menjívar, C. y Drysdale Walsh, S. (2017). The Architecture of Feminicide: The State, Inequalities, and Everyday Gender Violence in Honduras. *Latin American Research Review*, 52, 221-240.

Murray, P. S. (2001). "Loca" or "Libertadora"? Manuela Saenz in the Eyes of History and Historians, 1900-c.1990. *Journal of Latin American Studies*, 33, 291-311.

Nuñez Becerra, F. (2008). El agridulce beso de Safo: discursos sobre las lesbianas a fines del siglo XIX. *Historia y Grafía*, 31, 49-75.

Obregón, D. (2002). Médicos, prostitución y enfermedades venéreas en Colombia (1886-1951). *História, ciências, saúde–Manguinhos*, 9, 161-186.

O'Connor, E. (2014). *Mothers Making Latin America: Gender, Households, and Politics Since 1825*. Malden, MA: Wiley Blackwell.

Orellana, M.G. (2012). Fiestas, construcción de Estado nacional y resignificación del espacio público en Chile: Norte Chico, 1800-1840. *Cuadernos de Historia*, 37, 51-73.

Osuna, F. (1531). Norte de los estados en que se da regla de biuir a los mancebos: y a los casados; y a los viudos; y a todos los continentes; y se tratan muy por estenso los remedios del desastrado casamiento; enseñando que tal a de ser la vida del cristiano casado. Sevilla, sin prensa.

Rincón Rubio, L. (2009). Representaciones culturales de género y moral ciudadana en Maracaibo, Venezuela a fines del siglo XIX (1880-1900). *Procesos Históricos*, 9, 20-41.

Rodríguez-Shadow, M. y Campos Rodríguez, L. (2011). La violencia contra las mujeres. En M. Rodríguez-Shadow y L. Campos Rodríguez (eds.). *Mujeres: miradas interdis-*

ciplinarias (pp. 155-175). México: Centro de Estudios de Antropología de la Mujer.

Romero, R. R. y De Villeros, V. N. (2015). Los relatos de la independencia. La invención de los héroes y de una memoria histórica en la primera mitad del siglo XIX colombiano. *Cuadernos de Historia.* 43, 7–30.

Ruggiero, K. (1992). Honor, maternity, and the disciplining of women: Infanticide in late nineteenth-century Buenos Aires. *Hispanic American Historical Review,* 72, 353-374.

Salazar Mendoza, F. (2015). Vestigios novohispanos en la formación de un Estado nacional. Celebraciones cívicas en San Luis Potosí, México, en la década de 1820. *Fronteras de la Historia,* 20, 174-199.

Sanders, J. E. (2008). "A Mob of Women" Confront Post-Colonial Republican Politics: How Class, Race, and Partisan Ideology Affected Gendered Political Space in Nineteenth-Century Southwestern Colombia. *Journal of Women's History,* 20, 63-89.

Scott, J. C. (1990). *Domination and the Arts of Resistance: Hidden Transcripts.* New Haven: Yale University Press.

Stanfield, M. E. (2013). *Of Beasts and Beauty: Gender, Race, and Identity in Colombia.* Austin: University of Texas Press.

Tenenbaum, B. (1994). Streetwise History: The Paseo de la Reforma and the Porfirian State, 1876-1910. En W. Beezley, C. Martin y W. French (eds.), *Rituals of Rule, Rituals of Resistance: Public Celebrations and Popular Culture in Mexico* (pp. 127-150). Wilmington (Del): Scholarly Resources Press.

Van Young, E. (2001). *The Other Rebellion. Popular Violence, Ideology and the Mexican Struggle for Independence, 1810-1821.* Stanford: Stanford University Press.

Memoria, verdad y justicia

Prácticas pacíficas, experiencias políticas y solidaridades frente a la violencia en Argentina

Ludmila da Silva Catela

Resumen

En este texto analizo los conceptos de memoria, verdad y justicia a partir de prácticas concretas y situadas contextualmente que permiten observar cómo se han gestado acciones políticas pacíficas y establecido soluciones solidarias para enfrentar la desaparición y lidiar con los efectos de la violencia del Estado. Observaré prácticas de justicia a partir de los juicios de lesa humanidad, procesos de verdad desarrollados en la restitución de restos humanos de desaparecidos a sus seres queridos y trabajos de la memoria a partir de la eficacia y fuerza de los rituales como restauradores de la comunidad. En otras palabras, me interesa observar el doble vínculo entre los procesos de justicia, verdad y memoria como acciones desde arriba –donde el Estado repara a través de su marco jurídico– y las prácticas desde abajo, a través de los rituales que permiten volver a pensar en las comunidades afectivas.

Abstract

In this text I analyze the concepts of memory, truth and justice, based on concrete and contextually situated practices that allow us to observe how peaceful political practices have been developed and how solidarity solutions have been established to confront disappearance and deal with the effects of state violence. I will observe practices of justice from the trials of crimes against humanity, truth processes developed in the restitution of human remains of the disappeared to their loved ones, and efforts of memory from the effectiveness and strength of rituals as restorative practices of the community. In other words, I am interested in observing the double link between the processes of justice, truth and memory, as actions from above – where the state makes reparations through its legal framework – and practices from below, through rituals that allow us to rethink affective communities.

¿De qué hablamos cuando hablamos de paz?[1]

Como antropóloga, cuando me enfrento a categorías normativas, tales como procesos de paz, o morales, como perdón, lo primero que me planteo es ¿de qué hablamos cuando hablamos de paz? El trabajo etnográfico comienza por desentrañar significados y significantes, establecer sentidos diversos y mapear aquellos conflictivos que conllevan dichas categorías y/o las solidaridades que producen.

La etnografía nos posiciona en contextos y situaciones concretas, en vidas que luchan para darle un orden a su existencia, en hombres y mujeres que atraviesan situaciones límites de violencia, destierros, torturas sobre sus cuerpos, a quienes, muchas veces, los planteos de reconciliación y perdón les son ajenos y distantes si no pueden ser encastrados con la noción de justicia.

Un rápido mapeo frente a las categorías de reconciliación y perdón en el contexto argentino nos muestra un

---

[1]   A propósito del texto de Elizabeth Jelín, *¿De qué hablamos cuando hablamos de memoria?* En Jelín, E. (2002).

fuerte rechazo a enarbolarlas como una bandera a defender. Por ejemplo, los trabajadores del Estado, nucleados en ATE (Asociación de Trabajadores del Estado) portan una bandera que dice: *reconciliación es igual a impunidad*. Una pancarta de Madres de Plaza de Mayo afirma: *ni olvido, ni perdón, ni reconciliación, mil años de prisión*. Los compañeros de desaparecidos de la localidad de Florencio Varela confeccionaron una bandera con las fotos de sus amigos bajo la consigna: *No olvidamos, no perdonamos*. Frente a los dichos de un diputado cercano al gobierno de Mauricio Macri que afirmó que "los argentinos debemos reconciliarnos como en Sudáfrica", jóvenes del centro de estudiantes de la Facultad de Filosofía de Córdoba escribieron en la pared de su sede educativa: *¡Reconciliación las pelotas!* De esta manera, la consigna *¡Ni olvido ni perdón, justicia!* fue y es el estandarte del movimiento de derechos humanos en Argentina. Este rechazo está sustentado en procesos que llevaron adelante quienes ostentaban el poder y enunciaban la reconciliación como posibilidad de impunidad.

Es así que podemos observar cómo a lo largo de la historia nacional hubo muchos intentos de imponer la necesidad de la reconciliación para lograr la paz, o bien "pacificar", y así lograr la deseada nación argentina. Si nos remitimos a la historia, vemos que tanto durante gobierno de Avellaneda (1874-1880) como en el de Roca (1880-1886) –en los albores de la nación–, se impuso la noción de pacificación con el lema "Paz y Administración", lo que derivó en el mayor genocidio indígena nacional a fines del siglo XIX, bajo el eufemismo de la "campaña al desierto".[2] En 1955 tuvo lugar la llamada "Revolución Libertadora", un golpe militar contra la democracia. En ese momento se decretó la proscripción del Partido Peronista, con la prohibición del uso de símbolos y objetos identificatorios, y se apeló a la paz para justificar dicha proscripción, dado que se afirmaba

---

2   Ver, entre otros, Escolar (2011), Lanata (2014), Lenton *et al.* (2010), Mases (2002)

que "su utilización era motivo de perturbación de la paz interna de la Nación y una rémora para la consolidación de la armonía entre los argentinos" (Decreto 3855/55). Al finalizar la dictadura militar (1976-1983) los militares difundieron el *Documento Final*, en el cual insistentemente se establece la necesidad del "restablecimiento de la paz" para justificar la feroz represión y desaparición de miles de ciudadanos argentinos que llevaron adelante.[3] Si observamos el período postdictadura vemos que el presidente Alfonsín (1983-1989), en plena transición democrática, instauró las leyes de perdón denominadas *Punto Final* (1986) y *Obediencia Debida* (1987). En el periodo inmediatamente posterior, el presidente Menem (1989-1999) impuso *indultos* (1990) a los militares e intentó convertir el ex centro clandestino de detención (CCD) de la Escuela Superior de Mecánica de la Armada (ESMA) en un parque (1998)[4], "como un símbolo de la unión nacional como único propósito, lo que representa un compromiso ético de convivencia democrática y respeto a la ley".[5] El gobierno de Macri y los funcionarios de Cambiemos (2015-2019), con una mirada negacionista, cuestionaron el número de los 30.000 desaparecidos, con la pretensión de imponer la noción de reconciliación y perdón como una forma de "dar vuelta la página" y cerrar el debate sobre el pasado de violencia por parte del Estado.[6]

---

[3] Ver *Documento Final*. Consultado en https://bit.ly/37pnrfs (visitado el 16/03/21).

[4] Esta medida constituyó un inmediato rechazo de los organismos de derechos humanos que lograron parar la medida de la demolición. Actualmente en el predio de la ex ESMA se erigen una serie de "lugares de memoria" (marcas, señalizaciones, sedes de organismos de derechos humanos, centros culturales, etc.), el Museo de la Memoria y el Archivo Nacional de la Memoria.

[5] Citado en https://bit.ly/3Ad2alf (visitado el 16/03/21).

[6] Diversos funcionarios del gobierno de Cambiemos han declarado en medios de comunicación que los desaparecidos no fueron 30.000. Ver, por ejemplo, los dichos del ministro de Cultura en https://bit.ly/3s40rMw (visitado el 16/03/21) o la editorial del historiador Luis Alberto Romero en consonancia con la mirada del gobierno, en https://bit.ly/3Akg9WN (visitado el 16/03/21).

Este breve *racconto* permite observar las imposiciones desde arriba respecto a la necesidad de perdón, paz y reconciliación por medio de decretos, leyes, intentos de proscripción e, incluso, acciones que intentan justificar masacres y genocidios. A lo largo de la historia argentina se han usado estos conceptos para justificar y demandar un olvido y diversos grados de impunidad sobre el pasado. Sin embargo, desde abajo, los organismos de derechos humanos llevaron a cabo de manera simbólica y con acciones judiciales la necesidad de no dar vuelta la página, de rechazar una reconciliación impuesta. Ya que frente a la situación límite de la desaparición, el asesinato por cuestiones políticas o étnicas, la violencia sexual como parte de tortura a los presos, el destierro, el exilio, la apropiación de niños son y seguirán siendo pasados que no pasan.

Frente a cada uno de los embates de pretendida reconciliación en nombre de la "unidad de los argentinos", las Madres y Abuelas de Plaza de Mayo, Familiares de Desaparecidos Políticos e Hijos por la Identidad, la Justicia contra el Olvido y el Silencio (HIJOS) enarbolaron prácticas que llevan más de 43 años resumidas en la consigna de "Memoria, Verdad y Justicia". Esta bandera ha sido sostenida en las incansables acciones políticas, que han consistido en prácticas pacíficas, como el uso del pañuelo blanco, la ronda en la Plaza de Mayo, la búsqueda de los nietos apropiados, los escraches de hijos bajo la consigna "si no hay justicia hay escrache" y la demanda constante de políticas públicas de memoria para la apertura de archivos, la gestación de pedagogías de memoria, entre otras.

¿Entonces de qué hablamos cuando hablamos de paz? Se puede hablar de un tratado de paz firmado por una nación para exterminar a "otros", se puede referir a hacer las paces en conflictos entre naciones, también a un pedido formal de no ejercer la violencia, un llamado a pacificarnos, o a someter a "otros" pacíficamente, a ser tolerantes, a no ejercer la venganza. También enunciar la paz puede significar acciones negativas, como silenciar a otros/otras, no permitir la resistencia, clausurar y proscribir todo tipo de luchas y reivindicaciones, borrar el pasado o ser usado como sinónimo de impunidad. En sus versiones positivas la paz puede ser invocada como una práctica para seguir viviendo en comunidad. Evidentemente, no podemos encontrar una única respuesta. Esto nos obliga, como investigadores, a comprender los múltiples sistemas simbólicos, acciones y prácticas concretas llevadas adelante y sostenidas en el tiempo que se dan en cada contexto.

Pensar esto en el caso argentino impone aceptar que frente al accionar clandestino del Estado en Argentina entre 1976-1983, con sus 600 centros clandestinos de detención, la desaparición de 30.000 personas, la apropiación de 500 bebés nacidos en cautiverio o arrancados de los brazos de sus madres, miles de torturados, exiliados, insiliados, la guerra por Malvinas, donde murieron cientos de soldados argentinos, se produjo un claro proceso de (in)civilización, al decir de Norbert Elias (2009), donde prevaleció el uso ilegítimo de las armas y la violencia por parte del Estado. Frente a esto, los familiares de desaparecidos reaccionaron, sin excepciones, con respuestas pacíficas y prácticas restitutivas de los lazos sociales. Jamás se utilizó la venganza o la violencia para "hacer justicia por mano propia".

La etnografía y sus preguntas

He trabajado por más de 20 años con las experiencias de los familiares de desaparecidos y asesinados en diferentes contextos locales, muy diversos, del territorio de Argentina: ciudades centrales, como La Plata y Córdoba, y contextos andinos y rurales en San Salvador de Jujuy. Más allá de las agendas políticas de turno, me he preguntado una y otra vez ¿cómo las personas soportan vivir con el peso de la violencia sobre sus cuerpos, contarnos sus vidas con dignidad y sobreponerse a sus experiencias sin victimizarse? Pero también me pregunto constantemente ¿cómo hacer una antropología respetuosa de esas vidas, sin invadir sus intimidades pero generando acciones que permitan conocer esas experiencias para contribuir a comprender la condición humana? No sé si he logrado responder estas preguntas, tampoco sé muy bien si lo que busco es responderlas. Pero son una baliza que ilumina cada uno de mis trayectos como investigadora al igual que mi experiencia como gestora de políticas públicas de memoria.[7]

Si tensionamos las miradas locales con lo transnacional podemos decir que, así como la noción de derechos humanos nació luego de la Segunda Guerra Mundial frente a la extrema experiencia del genocidio que cometieron los nacionalsocialistas en Alemania, la noción de procesos de paz nace luego de la Guerra Fría. Se reconoce como enunciación fundacional el documento realizado por el secretario general de la ONU en 1992, Boutros-Boutros-Ghali (inspirado en los trabajos del sociólogo y matemático noruego Johan Galtung), quien definió dicho proceso como las "acciones dirigidas a identificar y apoyar estructuras tendientes a fortalecer y solidificar la paz para evitar la recaída en el conflicto".[8]

Es interesante pensar, entonces, en cada contexto local, cuáles son esas estructuras que permiten solidificar la paz, quiénes las llevan adelante, cómo son "impuestas" desde arriba por el Estado, reinterpretadas, rechazadas o practicadas desde abajo por los movimientos sociales y de derechos humanos.

---

7   Entre el año 2006 y 2015 fui directora del Archivo Provincial de la Memoria de Córdoba y entre el año 2016 y 2017, del Museo de Antropología de la Universidad Nacional de Córdoba. Estas experiencias de gestión me permitieron de diversos modos transitar entre la reflexividad antropológica y la producción de políticas públicas de memoria.

8   Ver Organización de las Naciones Unidas (ed.) (1992). *Diplomacia preventiva, establecimiento de la paz y mantenimiento de la paz*. A/47/277. 17 de junio de 1992.

Como ya he sostenido más arriba, en el caso argentino hay un consenso dentro de los organismos de derechos humanos de rechazo a la reconciliación y al perdón con aquellos que cometieron el genocidio de los años setenta. De este modo, si miramos con detenimiento podemos decir que la palabra paz, o bien reconciliación, ha sido usada siempre por aquellos que ejercieron la violencia a modo de justificar sus acciones. Por otro lado, a pesar de que los organismos de derechos humanos no usan la palabra paz, todas las acciones, prácticas, rituales, modos de hacer política están basados en acciones no-violentas: ronda en la Plaza de Mayo, el uso de los pañuelos blancos, la foto de los desaparecidos, por nombrar solo algunos. La consigna que enmarca todas esas prácticas es la lucha por memoria, verdad y justicia. Esta tríada ha logrado sostenerse desde mediados de la década del setenta y ha garantizado una vida en "paz" (lo que no significa sin conflictos y muertes) en el territorio argentino. Por otro lado, esta bandera plantea, además, algo muy interesante desde mi punto de vista, a saber que sus acciones no solo hacen sentido para el pasado reciente, sino también para las nuevas violaciones a los derechos humanos que, por ejemplo, viven hoy las comunidades indígenas en Argentina.[9]

Me interesa, en este texto, analizar los conceptos de memoria, verdad y justicia a partir de prácticas concretas y situadas contextualmente que permitan observar cómo se han gestado acciones políticas pacíficas y establecido soluciones solidarias para enfrentar la desaparición y lidiar con los efectos de la violencia del Estado. Observaré prácticas de justicia a partir de los juicios de lesa humanidad, procesos de verdad desarrollados en la restitución de restos humanos de desaparecidos a sus seres queridos y trabajos de la memoria a partir de la eficacia y fuerza de los rituales como restauradores de la comunidad. En otras palabras, observaré el doble vínculo entre los procesos de justicia, verdad y memoria como

---

9   El caso reciente más paradigmático de lazos entre las luchas del pasado y las del presente se dio en el contexto argentino con la desaparición seguida de muerte de Santiago Maldonado. Ver: Da Silva Catela, L. (2019).

acciones desde arriba –donde el Estado repara a través de su marco jurídico– y las prácticas desde abajo, a través de los rituales que permiten volver a pensar en las comunidades afectivas.

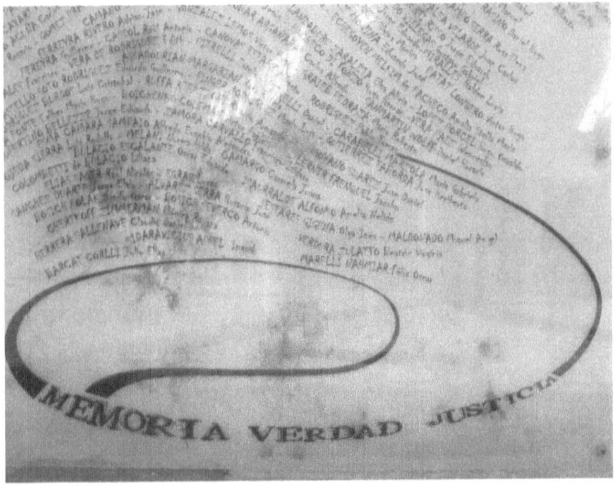

Imagen 1. Memoria, Verdad y Justicia. Memorial en el Archivo Provincial de la Memoria de Córdoba.
Fuente: fotografía de la autora.

Justicia: conocer y comprender a partir de los juicios de lesa humanidad

¿Por qué pensar los juicios como productores de procesos de paz? ¿Qué se tramita en un juicio de lesa humanidad? Los juicios son instancias en las que se dirimen responsabilidades de individuos a quienes se acusa de cometer delitos. El objetivo central es aportar evidencias de lo que aconteció, para convertirlas en pruebas jurídicas que permitan llegar a un veredicto, o sea, a una decisión acerca de la responsabilidad de la persona imputada, y poder discernir una condena o absolución. Las causas judiciales aluden siempre a individuos concretos. Se establece en ellas una "verdad", la verdad de lo acontecido específicamente en el caso juzgado. Sabemos que sin verdad no hay justicia, y sin justicia no hay paz.

Las acciones jurídicas, en el caso argentino, además de generar condenas y prisiones, han construido una de las herramientas más poderosas para producir representaciones e imágenes del ejercicio ilegal de la violencia por parte del Estado. Este proceso se denominó terrorismo de Estado y en algunos tribunales las violaciones de derechos humanos se han denominado genocidio. De esta manera, para poder hablar de paz es necesario establecer las responsabilidades no solo de los grupos en conflicto, sino sobre todo el rol y el papel que tuvo el Estado y sus agentes en dicho proceso. Por otro lado, en los juicios se ha convocado a los imputados en los tribunales para reconstruir cada episodio de privación ilegítima de libertad (secuestro), imposición de tormentos (torturas), tentativa de homicidio, imposición de tormentos seguida de muerte (muerte por torturas), homicidio calificado (asesinato), sustracción de menores (robo de bebés), violación sexual a hombres y mujeres, abuso deshonesto, allanamiento ilegal, usurpación, robo, etc., crímenes cometidos en red en cada provincia, en toda la nación y en la región.

Las evidencias construidas en los juicios de lesa humanidad dan cuenta de diferentes niveles de comprensión del pasado reciente y producen espacios pedagógicos sobre las formas de violencia. Por un lado, establecen la verdad jurídica, aquella plasmada en el expediente, en la letra de las sentencias, en las estadísticas del número de imputados. Los acusados sentados frente al juez adquieren rostros, dejan de ser solo nombres o "sombras" para constituirse en personas que todos podemos ver, conocer a partir de sus gestos, sus voces, sus cuerpos. En uno de los juicios más emblemáticos de la Argentina, el mega juicio de La Perla (uno de los centros clandestinos de detención más grandes del interior del país) en Córdoba, los genocidas dormían en sus sillas, se tapaban la cara cuando eran fotografiados o provocaban al público y a los jueces incorporando símbolos como la escarapela negra o ignorando lo que sucedía, leyendo un libro, conversando entre ellos, levantando sus puños en señal de victoria. Mientras el juicio sucedía y se gestaban nuevos relatos sobre la violencia y sus consecuencias, el silencio fue la marca más elocuente que eligieron los genocidas para decir, o no decir, sus verdades, ignorando o haciendo que ignoraban el sufrimiento que habían infringido a las víctimas. Los juicios permiten, así, como en un escenario, ver lo que cuesta aceptar socialmente. El terrorismo de Estado, la violencia clandestina, la tortura y la muerte fueron y son parte de la historia de nuestras naciones. Esos hombres –hoy en apariencia apacibles ancianos– nos recuerdan una y otra vez que sus acciones fueron y son una posibilidad que, como toda violencia, puede volver a suceder metamorfoseándose, y que la paz, por más que se imponga como un deseo, un decreto, una firma, una decisión gubernamental, puede romperse una y otra vez.

Imagen 2. Militares y policías siendo juzgados por delitos de lesa humanidad en el mega juicio "La Perla", Córdoba, Argentina.
Fuente: fotografía del Archivo Provincial de la Memoria de Córdoba.

Por otro lado, se constituye la verdad del testimonio de las víctimas, los detalles de sus padecimientos, las acciones sobre sus cuerpos en la tortura, las variadas y aberrantes situaciones de humillación, desamparo y violencia. Estas narrativas, reconstruidas con base en el recuerdo doloroso de lo vivido, encuentran en el ámbito del juicio la legitimidad de una escucha atenta y reconocida por el Estado. Permiten romper el silencio y abrir un espacio de escucha y reparación. Principalmente porque dejan de ser consideradas "experiencias subjetivas" (muchas veces negadas o ignoradas socialmente), para constituirse en certezas enunciadas y sentidas por los testigos como legítimamente aceptadas.

> Todo el tiempo del juicio estuve tirada para atrás. Me costó el cotidiano del presente. No estuve deprimida, pero sí abstraída. Cualquier otro me costaba pensarlo. Estaba como enajenada. En lo personal me llevaba al dolor, al llanto y fue importante poder llorar, porque yo he pasado muchos años en los que me ponía rígida para no llorar. *Esta vez tuve la sensación de que tenía más espaldas. No porque antes no la tuviera, sino porque socialmente no* estaba *legitimado* (Ana Mohaded, *Diario de la Memoria*. Primer Juicio de Lesa Humanidad en Córdoba 2008, p. 16).

Imagen 3. Familiares de desaparecidos mostrando fotos de las víctimas en el mega juicio "La Perla", Córdoba, Argentina.
Fuente: fotografía del Archivo Provincial de la Memoria de Córdoba.

Los juicios también permiten trazar historias y volver a exponer los rostros de los desaparecidos y asesinados. Quienes asisten a los juicios pueden conocer sus cortas trayectorias de vida, ya que se enuncian sus nombres y en muchos casos los sobrevivientes/testigos relatan detalles de su paso y presencia en los centros clandestinos de detención, de este modo aportan algunas certezas en medio de la incertidumbre de la desaparición. Circulan sus fotos y se escuchan pequeñas y poderosas historias que los restituyen como seres humanos, frente a la despersonalización y cosificación que pretendió el crimen de desaparición.

Verdad: acto de justicia y práctica de memorias. La acción de encontrar y restituir restos de un desaparecido

El segundo elemento a considerar es el proceso de verdad. Voy a detenerme ahora y hacer foco en un evento particular generado entre la demanda familiar y la resolución judicial: aquel que posibilita la restitución de restos de desaparecidos y asesinados. A diferencia del juicio en sentido estricto de la palabra, estos *actos de reparación* se construyen con y a través de los cuerpos. Las restituciones transitan un largo camino, que se inicia con la tragedia del accionar clandestino del Estado en la práctica de detención y secuestro ilegal de las personas, su asesinato y la ocultación del cadáver. Luego se constituyen las denuncias de sus familiares y amigos. Después, sigue la búsqueda, a veces solitaria, de los propios seres queridos (como las mujeres chilenas en el desierto de Atacama o las madres de la Comuna 13 que buscan en la escombrera los restos de sus hijos en Medellín, Colombia), o bien, si hay mayor grado de institucionalidad, con el trabajo de equipos especializados, como el reconocido Equipo Argentino de Antropología Forense, además de diversas instancias del Estado.

En diciembre de 2014, el Archivo Provincial de la Memoria, por primera vez en la historia de las prácticas de restituciones de cuerpos (realizadas siempre en dependencias judiciales), fue el espacio elegido por una familia para recibir los restos de su ser querido desparecido. El Ministerio Público Fiscal, por medio de sus funcionarios, viajó desde la provincia de Santa Fe a Córdoba para restituir los restos de Víctor Jorge Lowe, militante del Poder Obrero, desaparecido el 15 de septiembre de 1977. Habían pasado 37 años. 37 largos años para que el Estado reconozca el crimen y devuelva un puñado de huesos de quien había sido un militante, un estudiante de física, un hermano y un amigo entrañable según las palabras de sus compañeros.

Imagen 4. Postal de invitación al acto de restitución de los restos de Víctor Lowe.
Fuente: Archivo Provincial de la Memoria de Córdoba.

En un sencillo acto, cargado de silencios y abrazos, los funcionarios judiciales entregaron un enorme expediente y una urna de madera que contenía los restos de quien en vida fuera Víctor Lowe. Llegaron en un auto oficial, bajaron con la urna entre sus manos, como si fuera un tesoro por custodiar, la dejaron arriba de una mesa donde en ronda estaban sentados familiares y amigos de Víctor. No era una sala de velatorio, era un sitio de memoria, que por un intervalo de tiempo se convirtió en un lugar de duelo. El Estado pidió perdón y no solo restituyó sus huesos, sino que también instituyó una acción de paz.

Su hermana agradeció poder volver a nombrar a Víctor: "Gracias. Yo no tenía con quién nombrarlo".

Esta ceremonia de restitución, para la cual no hay rituales establecidos como en un velorio, permitió una acción simbólica central. Aquella donde el pasado que no pasa es puro presente, y donde los funcionarios, en nombre del Estado, al pedir perdón, repararon materialmente el crimen con la devolución del cuerpo. Simbólicamente generaron un momento de reconstrucción del lazo de afecto entre los familiares, la persona muerta y la comunidad como un todo.

Todos sentados, cobijando esa urna y esos huesos, fueron tomando la palabra para recordar a Víctor. Los compañeros de militancia rescataron su vida e ideas menos conocidas para la familia. Los familiares encontraron un nuevo espacio de escucha, rompieron el silencio y volvieron a nombrar a su ser querido, asesinado, reponiendo a ese ser humano, a Víctor, en la comunidad afectiva y social. En palabras de su hermana: "Demostrar quién fue Víctor a la sociedad, que era un ser humano, era mío, era mi hermano, y aquí está, existió, esto lo comprueba. No estaba loca como me quisieron hacer sentir en todos estos años" (Testimonio oral en la restitución judicial del cuerpo de Víctor Lowe. Archivo de historia Oral, APM, 5 de diciembre de 2014).

Estos actos de restitución enfocan en detalle lo que el Estado puede hacer frente a la desestructuración de los mundos que produce la violencia, actos que permiten grados de reconciliación. Pueden pasar muchos años, 37 en este caso, sin embargo, los familiares nunca dejan de buscar, indagar, demandar, exigir, luchar por verdad y justicia como maneras de imponer una paz que no es abstracta ni se resuelve en un expediente, sino que demanda al Estado acciones concretas frente al sufrimiento humano impuesto por las violencias que el terrorismo de Estado generó.

En ese momento se construyeron y reconstruyeron lazos de una comunidad rota. Se velaron restos de un desaparecido de la dictadura militar y en la misma actividad se reconoció, en la esfera de lo público, un crimen del Estado que pasó a representar todos los crímenes que se cometieron en nombre de la nación. El perdón restauró y rehabilitó, utilizando una conceptualización de la filósofa alemana Hannah Arendt, *la capacidad humana de actuar*. Pasaron casi cuarenta años hasta que la familia pudo volver a cobijar los restos de Víctor, para que el Estado pida perdón. No como un acto religioso, sino como un acto político, como respuesta a demandas de años de lucha y batallas por la memoria. Socialmente estos actos de reconocimiento del *otro*, por parte de la justicia, del Estado, permiten también la comprensión de la violencia extrema, algo que, como propone Arendt respecto a la posibilidad de comprender el totalitarismo, "no supone perdonar nada, pero sí reconciliarnos con un mundo en el que tales cosas fueron posibles" (Arendt, 2002, p. 18). Y esto se traduce en acción política continua, ya que se renueva, una y otra vez, el esfuerzo de comprensión en torno a la pregunta ¿cómo fue posible? Comprender y reconciliarnos, no con el victimario o los victimarios, sino con el mundo donde tales aberraciones fueron y son posibles, allí acciona políticamente la memoria, que no busca la venganza sino la verdad de lo sucedido y la justicia frente a los crímenes cometidos. Allí también la noción de paz deja de ser un significante vacío para poblarse de acciones y prácticas concretas, pequeñas como la restitución de un cuerpo humano desaparecido, pero que nos afectan e impactan profundamente, a todos, como humanidad.

Memoria: los rituales como formas de restitución de la comunidad y los árboles de la vida

Si la justicia permite conocer verdades que la clandestinidad pretendió borrar, las restituciones producen otros procesos de verdad basados en la existencia de las víctimas que la desaparición pretendió ocultar. Junto a la justicia y la verdad, el trabajo de la memoria permite generar prácticas y rituales entre aquellos que vivieron la situación límite de la violencia y potencialmente generan y restauran las comunidades destruidas por la violencia. Me voy a detener ahora en un ritual concreto: los árboles de la vida.

Como se ha dicho más arriba, al finalizar el año 2012 comenzó uno de los mayores juicios que se llevaron adelante en Argentina, que se denominó mega juicio "La Perla", o juicio por los crímenes del terrorismo de Estado en Córdoba. En esta causa hubo 44 imputados, 253 víctimas y más de 160 testigos. En ese momento quienes trabajamos en el Archivo Provincial de la Memoria (APM) nos interpelamos acerca de ¿cómo representar a todas las víctimas y difundir el juicio en la ciudad de Córdoba? El desafío era crear una huella en la ciudad, interpelar a los vecinos de cada barrio sobre la desaparición de personas durante el terrorismo de Estado, demostrar territorialmente la extensión de la represión en la provincia de Córdoba. Como muchas de las acciones que se llevaban adelante desde el Archivo Provincial de la Memoria, estas surgían del debate colectivo entre sus trabajadores, del aporte de ideas y de las acciones que se construyen desde los afectos. La propuesta entonces estaba lanzada: recordar a cada una de las víctimas, difundir el juicio y generar una marca en la ciudad, visible y propositiva. Primero surgió la idea de algún dispositivo en las esquinas de los lugares donde habían sido secuestradas estas mujeres y hombres; luego apareció la idea de plantar árboles. A seguir se le puso un nombre a esa acción de intervención urbana: árboles de la vida. La intervención se realizó durante un año, todos los viernes. Se plantaron

253 árboles, donados por la Universidad Nacional de Córdoba. Cada árbol iba acompañado de un tutor tejido con flores de colores que diferentes mujeres y hombres fueron donando al APM. También cada árbol contenía la foto del desaparecido o desaparecida. Junto al árbol se instalaba una placa que contenía datos del desaparecido e invitaba a los ciudadanos a participar del juicio de La Perla como un derecho a conocer la verdad. La acción se completaba con un encuentro donde se plantaba el árbol, se realizaba una ronda donde circulaba la palabra, podía haber música, poesía, relatos o simplemente silencio frente a ese árbol y el rostro de los desaparecidos. La participación de la familia y amigos de la víctima otorgaba diversidad en cada ritual, podía haber muchos abrazos, lágrimas, recuerdos, discursos políticos encendidos, dibujos de niños dejados en el árbol. Cada viernes era diferente y profundamente emotivo, cada viernes se instituía un ritual de luto colectivo.

Este ritual de luto evidenciaba cómo la muerte en las sociedades occidentales necesita de rituales para "domesticarla". Todos sabemos la necesidad del cuidado del muerto, el velorio, el cortejo fúnebre, la misa, las últimas palabras, la sepultura. La posibilidad de realizarlos está atada al cuerpo del muerto, ya que allí se aloja el *locus* del dolor, del ritual, del recuerdo y del adiós. La familia, los amigos, la comunidad se unen junto al muerto para poder despedirlo y así comenzar a recordarlo. Sin embargo, la desaparición de personas es un evento extremo que genera una triple falta. No hay muerte, no hay cuerpo, no hay tumba. Es una muerte que queda en suspenso. No puede ser habitada. No se la puede llorar, tocar, mirar, incorporar. De esta manera, hay que inventar otros rituales frente a la desaparición de personas que puedan recrear la comunidad en torno a un muerto sin cuerpo. Que permitan el desarrollo del duelo en los familiares y del luto en los allegados. Rituales que puedan volver a reestablecer lazos de solidaridad y alianza que la desaparición también quebró ya que frente a la ausencia de los cuerpos "la muerte no conlleva ni un espacio físico ni un momento social" (Panizo, 2011, p. 24).

Los árboles de la vida organizaron una ceremonia marcada por la elección de un lugar significativo en la ciudad donde dejar la marca de memoria, invitar a los familiares y amigos del desaparecido, hacer circular la palabra, plantar un árbol. Este ritual instituyente, organizado desde una dependencia estatal pero con intervención directa de la sociedad civil, generó diversos actos de reparación a partir del trabajo de la memoria. Su potencia radicó en las prácticas de recomposición de mundos demolidos por la violencia y en el estar juntos como modo de volver a nombrar a nuestros muertos.

Imágenes 5, 6 y 7. Ritual de los árboles de la vida. Archivo provincial de la Memoria de Córdoba.
Fuente: fotografía de la autora.

A modo de cierre

En todos estos años de investigación, pero también como agente de gestión de políticas públicas de memoria, he resaltado y sistematizado en diferentes espacios urbanos y rurales, de qué maneras los grupos, las instituciones, los hombres y mujeres, las comunidades encuentran maneras de producir sus memorias, de proveer justicia, reparación y afectos que permiten recomponer estos/sus/nuestros mundos quebrados. Ya sea desde las acciones comunitarias, los rituales colectivos y las prácticas de reconocimiento de las víctimas; desde redes de solidaridad locales hasta transnacionales.

En este sentido, para finalizar, quiero resaltar la potencialidad de las prácticas de memoria desde abajo, que se tejen como una red con acciones creativas y solidarias que son las que finalmente empujan, demandan y logran la realización efectiva de las políticas de memoria, de paz y de reparación vehiculizadas por los gobiernos. Es la acción constante, las prácticas concretas, las que conquistan nuevas maneras de vivir en comunidad.

Imagen • 8. Grafiti Marcha 24 de marzo, Córdoba.
La memoria florece en cada lucha.
Fuente: fotografía de la autora.

Referencias

Arendt, H. (2002). Comprensión y política (las dificultades de la comprensión). *Daimon, Revista Internacional de Filosofía*, (26), 17-30.

Arendt, H. (2015). *La condición humana*. Barcelona: Paidós.

Comisión y Archivo Provincial de la Memoria (2008). Diario de la memoria. Año 1, núm. 2, Córdoba.

Comisión y Archivo Provincial de la Memoria (2014). *Archivo de historia Oral*. Testimonio en la restitución judicial del cuerpo de Víctor Lowe. 5 de diciembre de 2014. Material audiovisual.

Da Silva Catela, L. (2019). Mirar, desaparecer, morir. Reflexiones en torno al uso de la fotografía y los cuerpos como espacios de inscripción de la violencia. *Clepsidra. Revista Interdisciplinaria de Estudios de Memoria*, vol. 6. N° 11, marzo, 36-51.

Decreto/Ley 3855 de 1955. Proscripción del Peronismo. 24 de noviembre de 2011. Consultado en: https://www.elhistoriador.com.ar/decreto-ley-4161-del-5-de-marzo-de-1956-prohibicion-de-elementos-de-afirmacion-ideologica-o-de-propaganda-peronista/

Documento Final. 28 de abril de 1983. Consultado en https://bit.ly/38SEjvB.

Elias, N. (2009). *Los alemanes*. Buenos Aires: Nueva Trilce.

Escolar, D. (2011). La imaginación soberana. Los "indios de intramuros" y la formación del Estado Argentino, siglos XIX y XX. *Coloquio internacional: La participación indígena en la construcción de los Estados-nación, siglos XIX y XX. Visiones desde México y Argentina*. Buenos Aires.

Jelín, E. (2002). *Los trabajos de la memoria*. Madrid: Siglo XXI de España Editores.

Lanata, J. (2014). *Prácticas genocidas y violencia estatal*. Buenos Aires: CLACSO. Consultado en https://bit.ly/3iqlLZh.

Lenton, D., Delrio, W., Musante, M., Nagy, M., Papazian, A. y Pérez, P. (2010). Del silencio al ruido en la Historia.

Prácticas genocidas y pueblos originarios en Argentina. *III Seminario Internacional Políticas de la Memoria*. Buenos Aires. (Versión en inglés: 2012, Constituent Genocide in Argentina: the Question on Reparation. *Armenian Review*, 53, 63-84).

Ley 23.492, Punto Final. 24 de diciembre de 1986. Consultada en https://bit.ly/3xxHgfe.

Ley 23.521, Obediencia Debida. 8 de junio de 1987. Consultada en https://bit.ly/37jGoQC.

Mases, E. (2002). *Estado y cuestión indígena. El destino final de los indios sometidos en el sur del territorio (1878-1910)*. Buenos Aires: Prometeo libros/Entrepasados.

Nora, P. (dir.) (1984). *Les Lieux de Mémoire*. París: Gallimard.

Organización de las Naciones Unidas (ed.) (1992). Diplomacia preventiva, establecimiento de la paz y mantenimiento de la paz. A/47/277. 17 de junio de 1992. Consultado en https://undocs.org/es/A/47/277.

Panizo, L. M. (2011). Cuerpos desaparecidos. La ubicación ritual de la muerte desatendida. En Hidalgo, C. (comp.), *Etnografías de la muerte* (pp.17-40). CLACSO.

II. La crisis en Venezuela a principios del siglo XXI

La gramática social de la paz y la violencia en Venezuela

Roberto Briceño-León

Resumen

Las dinámicas de la paz y la violencia son analizadas desde la perspectiva de la institucionalidad como una gramática social de lo correcto y las consecuencias. En el texto se analizan dos etapas de la violencia en Venezuela: la violencia de los años sesenta y la violencia del cambio de siglo. Respecto de la primera, se revisan la violencia política de los militares y la de los guerrilleros. Respecto de la segunda, se estudia la destrucción institucional que representaron los saqueos de 1969 y los golpes de Estado de 1992. Y en el nuevo siglo se relacionan los cambios que ocurren en la violencia con los altibajos de los ingresos petroleros del país y la política revolucionaria. En la primera década ocurrió la violencia de la abundancia, la cual que se expandió durante los años de gran riqueza en el país; y en la segunda década, la violencia de la escasez, que se vincula con la compleja crisis humanitaria del país. Finalmente, se revisa cómo estos resultados se relacionan con la pérdida de la cohesión social. Se concluye que las dinámicas de la paz y la violencia están marcadas por la fuerza que la gramática social de la institucionalidad pueda tener en la estructuración de la convivencia de los individuos de esa sociedad, y no por las condiciones materiales de riqueza o pobreza en la cual ellos vivan.

Abstract

The dynamics of peace and violence are analyzed from the perspective of institutionality as a social grammar of what is correct and the consequences. The text analyzes two stages of violence in Venezuela: The violence of the sixties and the violence of the turn of the century. In regarding the violence of the sixties, the political violence of the military and the violence of the guerrillas are reviewed. In concerning the violence of the end of the century, the institutional destruction carried out by the looting of 1969 and the two attempted coups d'états of 1992 are studied. And in the new century the changes that occur in violence are related to the ups and downs of the country's oil revenues and revolutionary politics. In the first decade, there was violence of abundance, which expanded during the years of great wealth in the country; and in the second decade, there was the violence of scarcity that is linked to the country's complex humanitarian crisis. Finally, it is reviewed how these results are related to the loss of social cohesion. It is concluded that the dynamics of peace and violence are marked by the strength of the social grammar of the institution and its impact on the social relations of the individuals of that society, and not by the material conditions of wealth or poverty in which they live.

Introducción

Por varias décadas Venezuela fue considerado un país de muy poca violencia en América Latina, cuya estabilidad social y la paz que la acompañaba eran elogiadas y tomadas como referencia y hasta modelo para otros países de la región.

Las explicaciones en ese momento procuraban comprender por qué unos países o regiones vecinas, como es el caso de Colombia y Venezuela, el departamento del Norte de Santander y el estado Táchira, eran violentos de un lado de la frontera y del otro no (Deas y Gaitán Daza, 1995)

Se ofrecían razones de tipo social: en Venezuela había empleo y mejores salarios producto de la bonanza petrolera, y por lo tanto una alta movilidad social que en Colombia estaba bloqueada por diferencias sociales de muy larga data. Otros daban explicaciones políticas: la diferencia entre el control de los partidos políticos por la oligarquía colombiana y la guerra entre liberales y conservadores, mientras que en Venezuela la guerra federal, el petróleo y la dictadura habían reducido a la oligarquía y habían permitido el surgimiento de partidos políticos *policlasistas*. Otros incluso aventuraban interpretaciones históricas, como las diferencias que en el uso directo de la violencia habían existido durante la guerra de independencia, pues los venezolanos habían sido los oficiales que daban órdenes, mientras que los soldados colombianos fueron quienes realmente ejecutaron las acciones letales del combate. Con los años, todas esas explicaciones resultaron inútiles.

A finales de los años ochenta, entrevisté a un artesano y pequeño empresario colombiano en Caracas. Estábamos realizando una investigación comparativa sobre actitudes hacia la violencia en varias ciudades de América Latina. El artesano era oriundo del departamento de Antioquia, un pueblo cercano de Medellín, del cual había huido desplazado por la violencia de la droga y la guerrilla. Tenía unos cincuenta años y me contó cómo un paisano lo había robado. Le había pedido prestada una cantidad de dinero importante para hacer unos negocios y, una vez pasado el plazo para el pago, el otro, simplemente y con el mayor descaro, se negó a pagar. Su rabia era infinita. Eran los ahorros de muchos años que se le esfumaban sin más. En medio de su cólera pensó en muchas formas violentas de vengarse. Luego, me dijo, con un dejo de vergüenza y resignación: "ese hijo de la gran puta se salvó porque estamos en Venezuela, en Medellín ya hubiera mandado a alguien para arreglar esto".

Los contextos de la paz y la violencia

Las dinámicas de la paz y la violencia solo pueden ser comprendidas en los procesos sociales que viven las sociedades, esas circunstancias las convierten en más pacificas o más violentas, y se refieren tanto a ciertas condiciones materiales como al acceso a los bienes, los recursos y el poder (Briceño-León, Villaveces y Concha-Eastman, 2008). También a condiciones inmateriales, a una gramática social que organiza y estructura la acción social, el comportamiento de los individuos hacia esos bienes, recursos y poder.

En la Venezuela contemporánea han existido dos periodos en los cuales la violencia ha irrumpido en la sociedad y ha tenido un impacto colectivo importante. El primero fue en los años sesenta del siglo pasado cuando, luego del derrocamiento de la dictadura militar y la instalación de la democracia, se produjeron dos tipos de violencia política, una de los militares conservadores que buscaban recobrar el poder perdido, y otra de la violencia de la guerrilla, de orientación marxista, que con el ejemplo y apoyo cubano buscó asaltar el poder. El segundo periodo se ubica en el cambio de siglo, en los treinta años que transcurren entre los saqueos y la represión de 1989 llamada el Caracazo, los golpes de Estado de 1992 y el gobierno de la "revolución bolivariana" entre 1999 y 2019.

Venezuela: muertes violentas, 1960-2018

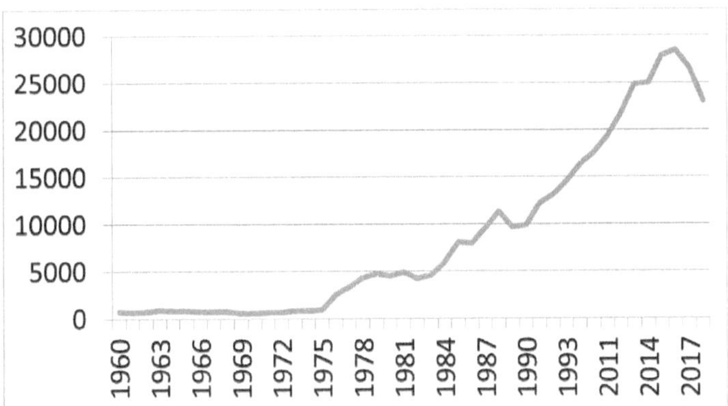

Fuente: Observatorio Venezolano de Violencia sobre datos oficiales de la Oficina Central de Estadística e Informática, del Instituto Nacional de Estadística y del CICPC.

En este texto vamos a ofrecer una revisión de las dinámicas de la violencia y la paz ocurridas en esos dos periodos a la luz de la hipótesis de la interacción entre las condiciones materiales y las inmateriales, de la teoría institucional de la gramática social de lo correcto y de sus consecuencias.

La violencia de los años sesenta

Los años sesenta fueron un momento de transición importante en el siglo XX venezolano. La sociedad dejaba de ser rural y comenzaba a ser primordialmente urbana; abandonaba la producción agrícola para buscar ser industrial, dejaba de ser local y cerrada para hacerse más global, y a eso contribuían las corrientes migratorias que llegaban al país. Venezuela renunciaba al gobierno de los militares andinos para convertirse en una sociedad gobernada por civiles electos en un juego democrático.

El Censo de 1961 mostró que por primera vez en la historia nacional la población urbana superaba en número a la población que vivía y trabajaba en el campo. Lo que se llamó el éxodo rural, que se había iniciado con la gran demanda de mano de obra requerida en las zonas donde ocurría exploración y explotación petrolera, se mudó luego hacia las ciudades, pequeñas o grandes, donde se gastaba el ingente ingreso petrolero que llegaba al gobierno central y se ofrecían nuevos servicios a la población. Las ciudades crecieron con rapidez y desordenadamente, pues su expansión superaba las más audaces previsiones. Aparecieron las grandes invasiones de terrenos y los "barrios" que albergaban a los nuevos habitantes urbanos, quienes construían a su manera una parte importante de la ciudad, proporcionando una realidad que el gobierno y el resto de la sociedad no sabía bien cómo interpretar ni menos cómo responder (Camacho, 2016).

En los años sesenta se dejaron atrás varios siglos de primacía rural, los tiempos en los cuales la producción agrícola y pecuaria había constituido el eje de la vida del país, tanto para el consumo propio como para la exportación. La carne, los cueros, el añil, las plumas de garza y el algodón, el cacao y el café dejaron de ser relevantes y la misma mengua la sufrieron las elites económicas y políticas que se habían construido a su alrededor. El proceso de substitución de la economía de exportación de café por el petróleo como el principal rubro de ingresos para el país, que se había iniciado a fines de los años veinte, adquirió su mayor fuerza en la postguerra, cuando Venezuela pasó a ser el primer exportador mundial de petróleo, suplantando a los Estados Unidos, que, por su alto consumo interno, se convirtió en importador de hidrocarburos.

La propuesta de los años sesenta era impulsar la industrialización del país a partir de la substitución de importaciones y con el apoyo del gobierno nacional, es decir, con los recursos financieros que proporcionaba el ingreso petrolero al país. Una nueva elite se estaba formando con el desarrollo de la agroindustria y a comienzos de los años sesenta estos grupos habían recibido un gran impulso financiero con los préstamos otorgados por la Corporación Venezolana de Fomento y la inversión internacional.

En esos años el crecimiento de la población había sido muy grande, pues la disminución de la mortalidad infantil ya mostraba sus efectos, y el país se había abierto a la inmigración: miles de españoles, italianos y luego portugueses llegaron al país acogiéndose a los planes de impulso a la inmigración, y se establecieron formalmente. Otros tantos miles de colombianos habían cruzado libremente la frontera, huyendo de la violencia política de su país y buscando mejores condiciones de trabajo y seguridad. Los años sesenta se abrieron con un panorama demográfico novedoso en el país. La que había sido una sociedad pequeña, cerrada y anhelante de flujos migratorios que nunca llegaron, de pronto cambió y se convirtió en una sociedad urbana, incipientemente industrial y con un amplio abanico de nacionalidades y lenguas (Briceño-Leon, 2018a).

La violencia de los militares

La violencia de los militares de los años sesenta es una reacción contra esos cambios que venía experimentando la sociedad en su proceso de modernización. La expresión más clara de esa oposición estaba en lo político, en el enfrentamiento al gobierno electo, pero por detrás de los militares golpistas estaba también la sociedad rentista y rural que se resistía a perder el poder.

El cambio político que ocurrió en 1958 expresaba una nueva perspectiva modernizadora que incluía a unos militares progresistas y políticos demócratas, pero también a los empresarios e industriales, quienes desde el 24 de enero se incorporaron como figuras claves a la junta de gobierno recién formada.

La violencia que representó la sublevación y toma de San Cristóbal por el general Castro León, antiguo ministro de Defensa, expresaba la vocación del pasado militarista y rural del país de permanecer en el poder. Quizá, también, el intento individual de ese personaje era repetir la aventura militar andina de su abuelo Castro a comienzos del siglo, para hacerse con el poder por las armas. Pero el país había cambiado, y no se trataba solamente de un cambio de nombres militares, sino un cambio de rumbo hacia un proceso democrático que se apoyaba en la nueva población urbana y en el empresariado, quienes empezaban a tener una visión del futuro diferente.

La violencia del intento de asesinato del presidente Betancourt en 1960, con una bomba que estalló en un vehículo que habían estacionado a su paso, mostraba las garras de las dictaduras vinculadas al latifundismo y los militares en Venezuela. El atentado fue una acción del dictador Rafael Leónidas Trujillo, quien tenía décadas en el poder en la Republica Dominicana y de algunos militares venezolanos, quienes, complotados con grandes propietarios del campo, acusaban a Betancourt de comunista y se oponían a sus planes de democratización, industrialización y reforma agraria. Representaban, en definitiva, lo que se podría definir como la "derecha" atrasada y antiliberal, que se oponía a la nueva imagen del futuro moderno y capitalista, construida sobre la ciudad, la industria y la democracia social y civil.

Tabla 1. Venezuela, homicidios 1960-1974

Año	Víctimas	Tasa por 100.000hab.
1960	762	10,8
1961	629	8,7
1962	784	9,9
1963	932	11,4
1964	877	10,4
1965	805	9,2
1966	744	8,2
1967	722	7,7
1968	759	7,8
1969	591	5,8
1970	562	5,4
1971	665	6,2
1972	658	6,0
1973	853	7,5
1974	834	7,1

Fuente: elaboración propia sobre datos de la Oficina Central de Estadística e Informática, Anuario Estadístico 1982.

La violencia de los guerrilleros

Pero no fue solo parte de la derecha la que propició la violencia de los años sesenta. También, y con mayor fuerza, lo hizo la llamada "izquierda", que se alzó en armas contra el gobierno y contra el plan modernizador del país. La violencia de la guerrilla en Venezuela ocurrió en el contexto de la Guerra Fría y de los movimientos anticoloniales que se habían dado no solo en América Latina sino también en África y Asia. Por supuesto, la Revolución cubana era el referente más inmediato y el que tuvo mayor injerencia en el país, pues participó no solo con apoyo ideológico y entrenamiento militar, sino que aportó armas y soldados, que invadieron el país por las playas de Machurucuto.

En la mente de los movimientos guerrilleros que surgieron en Venezuela estaba la imagen idílica de la lucha anticolonial que se había librado en la Guerra de Argelia contra el gobierno francés por el llamado Frente de Liberación Nacional (FLN), las mismas siglas que luego adoptaron los grupos guerrilleros venezolanos. Y también la larga guerra de Vietnam, primero contra los franceses y luego contra los Estados Unidos. Ese movimiento político llevó a la constitución de una alianza internacional que propulsaba la lucha armada como medio para llegar al poder en Asia, África y América Latina, y que tuvo como nombre la Tricontinental, cuya primera gran conferencia tuvo lugar en la Habana en 1966, y en la cual participaron delegados de la FALN (Fuerzas Armadas de Liberación Nacional) y del MIR, las agrupaciones guerrilleras de Venezuela que apoyaban la continuación de la lucha armada.

A diferencia de la violencia de los militares, que se fue disipando después de los golpes de Estado, la violencia guerrillera permaneció y estuvo activa en el país durante la mayor parte de la década de los sesenta. Tenía lugar en las zonas rurales o semirrurales donde se crearon varios frentes guerrilleros en las montañas de los estados Lara, Miranda, Falcón, Yaracuy, Sucre y Monagas. Aunque ejecutaron algunas operaciones en escenarios urbanos, como robos, secuestros de personas, aviones o barcos, el eje central de su actividad estaba en el campo y por lo tanto también ocurrían allí los combates con las fuerzas del ejército nacional que los enfrentaban. En algunos momentos, la guerrilla pasó a implementar faenas de violencia urbana, propias de las tácticas del terrorismo, pero fueron pocas, y como tuvieron un amplio rechazo de la población, las restringieron o abandonaron.

Al final de la década de los sesenta, muy pocos componentes quedaban en los frentes guerrilleros y la lucha armada. El Partido Comunista y el Movimiento e Izquierda Revolucionaria ya se habían incorporado a la lucha política democrática y la política de pacificación estaba cosechando los resultados de una década de política social.

Durante la primera mitad del decenio, que estuvo marcada por la violencia política, la tasa de homicidios llegó por sobre las 10 víctimas por cada 100.000 habitantes, siendo de 10,8 por 100.000 hab. en 1960 hasta llegar a 11,4 por 100.000 hab. en 1963. Pero en la segunda mitad del decenio, una vez vencidos los militares golpistas e integrados a la contienda política electoral con sus nuevos partidos los antiguos jefes guerrilleros, la tasa de homicidio fue en descenso y la década cerró con un promedio de 5,8 por 100.000 hab.. No es que fuese una cifra admirable, ni tampoco comparable a la de los países europeos o asiáticos, pero vista a la luz de lo que ocurría en Colombia o sucedería con posterioridad en Venezuela, era reflejo de un descenso de la violencia.

La violencia del cambio de siglo

En los años setenta se estabilizó la democracia en Venezuela como consecuencia de dos procesos distintos. Por un lado, se hizo patente la alternancia política, pues aunque el partido opositor democratacristiano ganó por estrecho margen las elecciones presidenciales de 1968, su triunfo fue reconocido por el partido de gobierno socialdemócrata. Por primera vez ocurrió pacíficamente un cambio de gobierno entre dos partidos políticos diferentes. Ese nuevo gobierno emprendió un esfuerzo político de pacificación por medio del cual se permitió que los antiguos guerrilleros se incorporaran a la lucha política electoral y no armada.

El segundo proceso fue económico y se derivó del incremento de los ingresos nacionales como consecuencia de una abrupta alza en los precios del barril de petróleo provocada por el embargo petrolero árabe de 1973. Este embargo restringió la venta de petróleo a los países que habían apoyado a Israel durante la guerra del Yom-Kipur, y desencadenó una crisis energética a nivel mundial por la ausencia de combustible. Esa misma crisis se convirtió para Venezuela en una fortuna caída del cielo, pues, de un año para otro, se triplicaron los ingresos nacionales, lo que generó una abundancia de dinero inesperada y difícil de asimilar para la economía y la sociedad.

En esos años el país recibió también una corriente migratoria muy importante, eran migrantes que escapaban de la violencia de la guerrilla en Colombia o de la violencia de las dictaduras en el Cono Sur, Argentina, Chile, Uruguay. O eran migrantes económicos que simplemente llegaban de Ecuador, Perú, Haití o Portugal, atraídos por la bonanza económica que atravesaba el país. De manera simultánea ocurrió un incremento de la delincuencia, de los robos a personas, viviendas y bancos, que los cuerpos policiales atribuyeron, como de costumbre y sin razón, a los inmigrantes que llegaban al país.

A fines de esa década el precio del petróleo volvió a tener unos nuevos incrementos y con ello llegaron más ingresos a Venezuela. Los conflictos políticos en el Medio Oriente no se habían amainado, sino que cambiaron de lugar, y al final de los años setenta se trasladaron a Irán, donde una sucesión de incidentes impulsó el precio del petróleo. En este sentido, podemos señalar tres eventos relevantes. El primero, en 1978, cuando se produjo una huelga de 37.000 trabajadores petroleros en rechazo a las políticas del rey de Persia, que provocó una caída de la producción petrolera de ese país, estimándose que de 6 millones diarios se redujo a 1,5 millones de barriles por día, lo que desestabilizó el mercado petrolero mundial. El segundo evento ocurrió los primeros meses de 1979 con la caída del gobierno y la huida al exilio del Shá de Irán, Reza Pahleví, y la subsiguiente toma de rehenes en la embajada de Estados Unidos en Teherán. Y el tercero fue la declaración de guerra entre Irán e Irak, que elevó el precio del barril de petróleo a $ 39 dólares de aquel entonces, el equivalente a unos 140 dólares del año 2019 (Briceño-León, 2015).

Ese fue un periodo de gran abundancia y riqueza en Venezuela. Hubo una reducción del desempleo y un aumento de las políticas sociales. Sin embargo, esto estuvo asociado a un incremento de la violencia letal. Entre inicios y finales de la década se triplicó el número de homicidios; se pasó de 562 víctimas en 1970 a 1559 en 1979. En esa década se duplicó la tasa de homicidios, que pasaron de 5,4 por 100.000 hab. en 1970, a 10,7 por 100.000 hab. en 1979. La población en esa década se había acrecentado en poco más de cuatro millones de habitantes, pasando de 10,3 millones a 14,5 millones. Así, los homicidios pasaron a constituirse en un elemento central en la criminalidad del país (Crespo, 2016).

El final del modelo rentista de paz social

A comienzos de los años ochenta había aumentado mucho el gasto público y la deuda externa del país, por lo cual una reducción de los ingresos petroleros forzó a que en 1983 se estableciera un estricto control financiero y que, luego de haber pasado más de 20 años con libre convertibilidad, se devaluara la moneda y se aplicara control. Igualmente, por primera vez luego de cuarenta años de incremento continuo del salario real de los trabajadores, se produjo una inflexión en la curva, y se inició una reducción del valor real de los salarios de empleados y obreros. Estos hechos impactarán de diversas formas la institucionalidad y la violencia del país en los años y décadas siguientes.

Aunque el incremento de los precios del hidrocarburo había sido el resultado de eventos coyunturales, las economías y los países consumidores de petróleo ya habían tomado sus previsiones y organizado planes de contingencia ante una emergencia en el suministro de combustible. En Estados Unidos calificaron esos planes como una "independencia" de la amenaza petrolera extranjera. Y, aunque suene rimbombante, se trataba de algo así, pues, tal y como lo habían explicado los propios gobiernos árabes durante el embargo de 1973, las variaciones en el precio no eran el resultado de condiciones económicas, sino que se estaba utilizando el suministro de petróleo como un arma política.

Entre esos preparativos, en los Estados Unidos se decretó una disminución de la velocidad de los automóviles en las autopistas, se impulsaron normas para la reducción del tamaño de los automóviles, se rebajaron sus motores de ocho a seis o cuatro cilindros; se cambió el horario de verano y se aumentó la reserva energética para tener una mayor cantidad de combustible almacenado y poder así responder de manera inmediata a las reducciones intencionales y bruscas de petróleo, y de este modoatenuar su impacto en los precios y la economía.

En Venezuela la industria petrolera se había estabilizado y la nacionalización de 1975 le había permitido al país tomar el control de las empresas y establecer un nuevo tipo de relaciones con las compañías internacionales, pero la amenaza del estatismo había paralizado la inversión privada (Baptista, 2004).

La sobrevaloración que, por razones políticas, había mantenido la moneda nacional y permitía un valor artificialmente alto del dólar en las compras en el exterior, había impulsado las importaciones en detrimento de la producción nacional, la cual solo podía sobrevivir por los altos precios y los subsidios oficiales. En ese momento en Venezuela resultaba más barato importar que producir. Y todas esas maniobras se pagaban con ingreso petrolero.

La crisis económica de México en 1982, con la devaluación del peso, el control de cambio y luego la nacionalización de la banca, fueron el anuncio del agotamiento del modelo rentista petrolero, que luego va a tener una repetición con el "viernes negro" de febrero de 1982 en Venezuela. Sin embargo, en la práctica, el rentismo persistió como modelo de comportamiento de la población y del liderazgo político.

En la población se mantuvieron unas altas expectativas de mejoras en las condiciones de vida, basadas en un incremento en los ingresos, el empleo público y los subsidios estatales. Las medidas de respuesta del gobierno fueron la regulación y el control de precios, lo cual, como suele suceder, fue acatado apenas parcialmente, y lo que estimuló fue la escasez de bienes en el mercado formal y el surgimiento de un mercado negro de los productos de primera necesidad.

El cambio de gobierno, y el triunfo por segunda vez de Carlos Andrés Pérez en las elecciones presidenciales de 1988, crearon la ilusión de que se podía regresar a la bonanza petrolera que se había tenido durante su primer gobierno, el cual había coincidido con la bonanza petrolera de 1974. Sin embargo, la situación económica era muy distinta y el propio presidente sabía que debía responder de manera diferente y buscar enmendar los entuertos que su primer mandato había provocado, es decir, intentar salirse del rentismo petrolero. Pero ni la población ni la dirigencia política estaban preparadas para tales cambios.

La violencia del quiebre de ilusiones

A fines de febrero de 1989 y luego de un incremento en el precio de la gasolina y del transporte público, se desencadenó una revuelta, entre espontánea y organizada, por parte de fuerzas políticas y grupos criminales, que llamaron al saqueo de comercios de alimentos, ropa, ferreterías y electrodomésticos. Esos saqueos estuvieron concentrados en Caracas y en algunas ciudades del interior del país. La respuesta del gobierno fue tardía y cruenta; se sacó el ejército a la calle y se decretó el estado de excepción.

En un estudio que realizamos en aquel momento (Briceño-León, 1990), pudimos contabilizar en la morgue de Caracas que, en una semana de desvalijamientos y represión militar, fallecieron al menos 532 personas en muertes violentas, bien sea como resultado de las disputas de los saqueadores entre sí, bien por los enfrentamientos con los propietarios, o bien víctimas de la acción militar.

En el año previo a las revueltas del Caracazo, en 1988, se habían cometido en el país 1709 homicidios durante todo ese año y en todo el territorio nacional. Así, una cifra de 532 muertes era casi una tercera parte de víctimas fatales del año anterior, pero acontecidas en una semana y en una sola ciudad, resultaba un número sorprendente y una expresión de violencia inédita en el país. Ese año la tasa de homicidios llegó a los 13 muertos por cada cien mil habitantes.

Estos saqueos pueden ser interpretados de múltiples maneras. Unos los elogian, otros los denuestan, pero existe consenso general respecto a que fue la expresión de un descontento de la población, de una insatisfacción por las expectativas frustradas y el empobrecimiento que se había vivido en los años anteriores. Aunque, visto en la distancia temporal, la situación social de aquel momento era abismalmente menor en miseria y empobrecimiento a la vivida en Venezuela en los años 2018 y 2019. Sin embargo, el sentimiento era legítimo y comprensible en su momento.

Lo más importante del proceso que allí se inicia, y que quisiera destacar, es el quiebre institucional que representaron esos saqueos. Las normas y leyes relativas a la propiedad, a los mecanismos de acceso a los bienes en la sociedad fueron trasgredidas abiertamente. Y la dirigencia política, en lugar de reprobar esas acciones, las intentó justificar con los mismos argumentos con los cuales otras veces se ha intentado explicar los robos: por las carencias y necesidades de esa población. Esto último resulta paradójico, pues muchos de los saqueados fueron pequeños comerciantes, tan pobres como sus saqueadores, y, además, la inmensa mayoría de quienes tenían carencias y necesidades nunca participaron en los saqueos.

La violencia de los dos intentos de golpe de Estado

En los dos años posteriores, el número y las tasas de homicidios se mantuvieron estables, en alrededor de los dos mil quinientos fallecidos por la violencia cada año. Pero en 1992 ocurrieron dos incidentes que atropellaron la institucionalidad política: fueron dos intentos de golpe de Estado ocurridos en febrero y noviembre de ese año.

Estos intentos de derrocamiento del presidente de la república fueron perpetrados por grupos militares violentos que enfrentaron a soldados con soldados en varias ciudades del país. El 4 de febrero de 1992 hubo ataques contra cuarteles, el palacio y la residencia presidencial. El 11 de noviembre de 1992, además de los ataques terrestres a cuarteles y estaciones de televisión, la aviación lanzó bombas sobre instalaciones militares y autopistas de la ciudad capital.

Los muertos en las refriegas fueron inferiores a los del Caracazo. Se estiman alrededor de doscientos fallecidos. Al final del año se contabilizó un incremento de 800 homicidios más que en el año anterior a los golpes de Estado, por lo cual la tasa de homicidios, que se había mantenido estable alrededor de los 12 muertos por cada cien mil habitantes, ascendió por primera vez a 16 por cada cien mil habitantes.

Hay que subrayar que su impacto social fue mucho mayor, pues la institucionalidad política que establecía que para acceder al poder político se debían cumplir ciertas reglas del canon democrático, como inscribirse y ganar en elecciones, fue sustituida por el uso de la violencia y la fuerza de las armas como medios para lograr la presidencia y el dominio político.

En los años siguientes, la violencia homicida no se mantuvo estable como había sucedido después del Caracazo, sino al contrario, se incrementó hasta alcanzar unos niveles hasta entonces desconocidos para la sociedad venezolana, con una tasa que superaba las 20 víctimas por cada cien mil habitantes (Briceño-León y Pérez Perdomo, 2003).

A partir de allí se da una lucha más abierta entre las fuerzas a favor y en contra del respeto de la institucionalidad social y política en el país.

Tabla 2. Venezuela, homicidios 1975-1998

Año	Víctimas	Tasa por 100.000 hab.
1975	895	7,4
1976	1.028	8,3
1977	1.260	9,5
1978	1.350	9,5
1979	1.559	10,7
1980	1.881	12,5
1981	1.697	10,9
1982	1.747	10,9
1983	2.043	12,4
1984	1.673	9,9

1985	1.675	9,6
1986	1.501	8,4
1987	1.485	8,1
1988	1.709	9,1
1989	2.513	13,0
1990	2.474	12,5
1991	2.502	12,3
1992	3.366	16,2
1993	4.292	20,2
1994	4.733	21,7
1995	4.481	20,1
1996	4.961	21,4
1997	4.225	18,3
1998	4.550	19,5

Fuente: elaboración propia sobre datos del Instituto Nacional de Estadística, Ministerio de Justicia.

La tregua institucional

La devastación de la institucionalidad política que representaron los golpes de Estado en la conciencia de los venezolanos permitió el surgimiento de fuerzas políticas que se superpusieron al sistema de partidos que por más de medio siglo se había disputado las simpatías de los electores y el poder. En las elecciones de 1993 triunfó una alianza encabezada por Rafael Caldera, un anciano expresidente y líder político veterano, fundador del Partido Social Cristiano COPEY, uno de los dos grandes partidos políticos, pero que en esa oportunidad se candidateó de manera individual y ganó las elecciones enfrentando a los candidatos de los grandes partidos tradicionales, entre ellos al candidato del partido que él mismo había fundado cinco décadas antes.

Aunque representaba una gran innovación y despertaba incógnitas por las alianzas políticas que lo habían apoyado, su gobierno se dedicó a reconstruir la institucionalidad del país, devolver la confianza en la democracia y en el estado de derecho, detener el sentido utilitario de la violencia y hacer llamados a la cordura y temperancia. Fue un gobierno inclusivo, que indultó a los golpistas e incorporó a algunos de sus líderes a funciones de gobierno, así como antiguos guerrilleros que se habían incorporado a la vida electoral y democrática.

Durante los cinco años de su gobierno la violencia criminal se estabilizó en el país. Los esfuerzos por recuperar la institucionalidad y hacer valer el estado de derecho dieron menguados frutos, pero frutos al fin, pues por cinco años consecutivos no aumentaron los homicidios y al final de su gobierno el número y la tasa de asesinatos fueron menores que a su inicio (ver tabla 2).

Estos fueron años muy difíciles para la economía nacional, pues los precios del petróleo, principal fuente de ingresos, bajaron a un promedio de $10 dólares el barril, y la inflación llegó al 100% anual. La suspensión del control de cambio y la apertura económica a inversiones extranjeras variaron radicalmente a lo largo de esos cinco años, pero el sentimiento de la población era que no se había producido el cambio y la mejoría deseada. Al final, apenas se había logrado estabilizar el gobierno y la economía, no superar los problemas, y eso mismo fue lo que ocurrió con la violencia.

La violencia en la bonanza

El deslave de los partidos políticos que se había iniciado en 1993 se repitió con creces en las elecciones de 1998. Los candidatos que se disputaron la presidencia eran una reina de belleza, un empresario y gerente público con un apellido materno difícil de pronunciar y un exmilitar golpista. Los resultados electorales le dieron el triunfo al militar, Hugo Chávez, quien con un discurso antipolítica y antipartidos, embestía contra todo y prometía soluciones maravillosas con un cambio en la Constitución y su permanencia paternal en el poder.

Dos procesos marcaron la primera década del siglo XXI. Por un lado, un proceso de destrucción institucional generalizado, realizado a nombre de la revolución primero y del socialismo después. Y una riqueza súbita que llovió en el país al aumentar, de manera sorprendente, los precios del petróleo, por el alza de la demanda en China e India, y con ello el regreso del modelo rentista, del populismo y estatismo al país.

La política de confrontación hacia sus adversarios y los beneficios electorales que le proporcionaba la polarización el país llevó a una práctica política y unos mensajes que terminaron favoreciendo la violencia. El gobierno del presidente Chávez se caracterizó desde sus inicios por una decisión política de no reprimir el delito y de no hacer cumplir la ley, pues en sus propósitos revolucionarios no era malo irrespetarla. La idea central subyacente era que la delincuencia y la criminalidad eran el resultado de la pobreza y el capitalismo, y que por lo tanto, si se realizaban unas políticas sociales que pudieran ofrecer asistencia social, tales como educación, empleo, comida, de manera inmediata y automática disminuiría el delito. Adicionalmente, se consideraba que la violencia era una expresión de la lucha de clases, por lo tanto, no se debía reprimir ni utilizar las fuerzas policiales para enfrentar a los delincuentes, pues lo que se deseaba era no apagar esa lucha.

Esos criterios se expresaban en los mensajes que enviaba el presidente de la república en sus largos discursos: "robar no es malo", "es mentira que la violencia es el arma de quienes no tienen la razón"; es una "revolución pacífica, pero armada". En sus arengas se elogia a la violencia y también a los violentos: se les rinde homenaje público a los jefes guerrilleros venezolanos y colombianos. Se crean "milicias" en el campo y la ciudad a las que se define como "guerrilla rural" o "guerrilla urbana".

El presidente Chávez nunca celebró el día de diciembre en el cual ganó las elecciones por votación, sino que año tras año celebró con grandes desfiles militares el día que dio el golpe de Estado y fracasó en obtener el poder. Era un elogio permanente a la violencia como un medio para alcanzar fines políticos.

Toda esa destrucción institucional estuvo acompañada y favorecida por la inmensa riqueza que llegó a su gobierno, producto del inusitado incremento de los precios del petróleo que en esos años se elevan de USD10 a USD140 por barril. Un incremento de catorce veces en los precios y en los ingresos del gobierno central. En su discurso de toma de posesión, a comienzos de 1999, cuando los precios del petróleo se encontraban muy bajos, Chávez propuso impulsar el crecimiento de una economía no petrolera en el país. Pero al aumentar los ingresos petroleros de manera tan abrupta y verse con tanto dinero en sus manos, regresó al modelo rentista en la economía, al estatismo y al populismo. En su gobierno se repitieron todos los errores del pasado, los mismos que acompañaron la anterior gran alza del precio en los años setenta, durante el gobierno de Carlos Andrés Pérez. Pero esta vez agigantados por la magnitud de los ingresos y por la intencionalidad de un militar que buscaba perpetuarse en el poder en lugar de promover la democracia.

La suma de estos dos procesos ofreció una situación muy especial para la comprensión de la paz y la violencia. Durante esos años el gobierno central recibió una inmensa riqueza que fue distribuida entre la población en forma de regalos, becas y subsidios. También aumentaron fuertemente las importaciones; se importaba y regalaba de todo: dinero, comida, bebida, electrodomésticos, carros, viviendas. Paralelo a las importaciones, se destruía la producción nacional: unas veces ofreciendo los productos importados por debajo de su precio, otras expropiando fincas agropecuarias o industrias en plena producción. Todo ello no se sustentaba en razones económicas, sino políticas, a saber, intentar destruir la autonomía financiera y la libertad política del sector privado en el país.

En esos años las estadísticas oficiales mostraban con algarabía los éxitos en la disminución de la pobreza y la desigualdad en el país (INE, 2012) (Venezuela, República Bolivariana, 2010). Pero, al mismo tiempo, aumentaba la violencia y subían los asesinatos. La tasa de homicidios, que se había mantenido estable en 20 por 100.000 habitantes durante cinco años, subió a 25 por 100.000 habitantes en 1999 y a 33 por 100.000 habitantes en el año 2000. Para el año 2003 se había más que duplicado, para llegar a los 43 homicidios por 100.000 habitantes. En los años posteriores, la riqueza del país siguió en aumento, pues los precios del petróleo continuaron en ascenso, y la violencia también crecía en medio de esa gran bonanza. Para el año 2008, cuando llegó al máximo el valor del petróleo, la tasa de muertes violentas alcanzó 52 víctimas por cada 100.000 habitantes, con lo cual se superó la tasa de homicidios de Colombia. Y para 2012, el último año de gobierno y de vida del presidente Chávez, la violencia continuó en aumento (Alguíndigue y Pérez Perdomo, 2011).

Ese fue también el último año de la abundancia en el país, aunque en esa oportunidad la abundancia era aún más artificial, pues se basaba en un gran endeudamiento externo que había adquirido el país vendiendo petróleo a futuro. El presidente necesitaba crear una sensación de abundancia y bienestar en la población, para poder así ganar una reelección que se perfilaba difícil, y lo hizo gastando los ahorros y endeudando al país. La violencia no se detenía, y mientras el gobierno en campaña regalaba electrodomésticos y viviendas, y proponía pomposos planes de seguridad para defender la vida, la tasa de homicidios alcanzó los 73 muertos por cada 100.000 habitantes (Venezuela, Consejo General de Policia-UNES, 2012).

Así concluyó el periodo de violencia con abundancia. Durante esos años se habían proporcionado bienes materiales a la población, pero se habían destruido el sentido de lo correcto y disipado el temor por las consecuencias de la acción criminal. En 1998, por cada cien homicidios hubo 118 detenidos bajo los cargos de homicidio; a partir del año 2006 esa relación cambió, y para 2012 por cada 100 homicidios hubo apenas entre 8 y 9 detenidos (Briceño-León, Avila y Camardiel, 2012).

Tabla 3. Venezuela, homicidios 1999-2018

Año	Víctimas	Tasa por 100.000 hab.
1999	5.974	25,1
2000	8.022	33,1
2001	7.960	32,3
2002	9.620	38,1
2003	11.342	44,
2004	9.719	36,5
2005	9.962	37,0
2006	12.257	45,3
2007	13.156	49,0
2008	14.589	52,6
2009	16.300	54

2010	17.600	57
2011	19.366	67
2012	21.692	73
2013	24.763	79
2014	24.980	82
2015	27.875	90
2016	28.479	91,8
2017	26.616	89,0
2018	23.047	81,4

Fuente: elaboración propia con datos de archivo del CICPC, Observatorio Venezolano de Violencia, 2018, Instituto Nacional de Estadística.

La violencia en la escasez

A partir del año 2013 cambiaron las condiciones políticas y sociales del país, y con ellas también las modalidades de la violencia. Los cambios, sin embargo, no representaron una mejoría en la calidad de vida de la población, sino, por el contrario, un mayor empobrecimiento, una mayor pérdida de libertad y nuevas formas de violencia del Estado.

Después del anuncio de la muerte del presidente Chávez se estableció un nuevo gobierno presidido por la persona que había sido designada por él como su sucesor durante su último viaje y aparición pública en Venezuela, a fines del año 2012. Este nuevo periodo de la violencia se corresponde con un nuevo gobierno y con tres circunstancias: una mayor presencia militar, una mayor represión política y social y un derrumbe en la economía.

A partir del año 2013 se consolidó una mayor presencia de los militares en posiciones claves del gobierno nacional, que ocuparon ministerios, gobernaciones, institutos autónomos y el control de la industria petrolera y la minería del país. Pero lo más relevante fue el dominio de la política de seguridad por parte de miembros del ejército, quienes pasaron a posiciones de primer nivel. Durante la gestión de Chávez, el ministro encargado de la seguridad era un civil y el viceministro un militar. Con el nuevo presidente la situación cambió, y los militares ocuparon los primeros lugares en todos los cargos, incluso en la llamada Universidad de la Seguridad (UNES). Estos cambios se reflejaron en una militarización de los planes y operaciones de seguridad.

La contracción de la actividad económica fue resultado de diversos procesos y errores. Por un lado, la situación presupuestaria del nuevo gobierno central fue complicada desde el inicio, pues, según afirmaciones del propio exministro de planificación económica, se habían traspasado todos los límites de lo razonable con el endeudamiento adquirido durante la campaña electoral de 2012. Adicionalmente, en estos años se produjo una caída en los ingresos nacionales, porque los precios del petróleo en el mercado mundial disminuyeron y porque la industria petrolera venezolana estaba produciendo menos crudo. Luego de varios años de falta de mantenimiento de los pozos y de desinversión generalizada en la industria, se pasó de una producción de 3,6 millones de barriles por día en 1998 a 0,7 millones en 2018. Se vendía menos petróleo y a menor precio. En una economía que se había orientado y vivía de las importaciones de alimentos, medicina y materias primas compradas con los ingresos petroleros, la gran mayoría realizadas por el sector público, la pérdida de la capacidad de importar significó la escasez inmediata y creciente de comida y medicamentos. La situación era simple y dramática: ya no se tenían recursos para importar y tampoco se tenía oferta de bienes nacionales, pues el gobierno se había encargado de destruir la producción nacional.

En esas condiciones la simpatía que el gobierno populista había construido sobre regalos y dádivas se vio fuertemente mermada. Las protestas de todo tipo comenzaron y crecieron diariamente, y el gobierno tuvo que apelar a la represión. Ya no era más el caramelo populista, sino el garrote dictatorial.

En ese contexto surgieron en el país tres tipos de violencia. En primer lugar, aparece como novedad en la historia nacional la violencia asociada al hambre como un fenómeno generalizado. Esto tiene dos expresiones, por un lado, personas que no eran delincuentes profesionales comenzaron a delinquir buscando acceder a recursos adicionales, desde grupos de personas que saqueaban el transporte de alimentos en las carreteras, hasta el ridículo caso de un joven a quien apresó la Guardia Nacional y mostró a la prensa como un trofeo, por haberse robado unas calabazas. Por el otro lado, el tipo de bien robado por los delincuentes profesionales también fue diferente. Por mucho tiempo lo que se robaba eran objetos de lujo: dinero, joyas, celulares, camisas o zapatos de una marca de moda. Pero eso cambió y comenzaron a robar alimentos y medicinas. A veces era el botín buscado, pues por la escasez, ni siquiera con dinero se podían obtener los alimentos. Otras veces como una adición al robo principal, pues luego de cargar con las joyas y computadoras de una casa, pasaban por la alacena y el refrigerador para llevarse la comida.

En segundo lugar, se presenta la violencia política que puede tener la forma de violencia policial o violencia de los grupos paramilitares afiliados al gobierno. En el año 2015 se iniciaron las llamadas Operaciones de Liberación del Pueblo (OLP) por medio de las cuales los cuerpos militares ocupaban territorios completos y buscaban a los presuntos delincuentes para "darlos de baja" con el argumento de que se habían resistido a la autoridad.[1] En los años posteriores, la OLP cambió de nombre, se le agregó una "H" para hacerla humanitaria, pero se siguió haciendo lo mismo. Luego, se

---

[1] Respecto de las OLP ver también el artículo de Oli Millán Campos en esta publicación (pp. 184, 193) [los coordinadores].

encargó su acción letal a otros cuerpos policiales, como las recién creadas Fuerzas de Acciones Especiales (FAES) de la Policía Nacional Bolivariana, que a partir de allí adquirieron mayor relevancia y protagonismo, hasta convertirse en casi la única política de seguridad del gobierno. En el año 2016 los cuerpos de seguridad mataron a 5.281 personas, las cuales fueron archivadas como dadas de baja por resistirse a la autoridad (Antillano y Avila, 2017).

En tercer lugar, se produce la aparición de grandes bandas de crimen organizado que buscaban un dominio territorial a partir de la alianza y coordinación entre varios grupos delincuenciales para constituir lo que llamaron "trenes" (donde cada grupo delictivo era como un vagón). También se fortalecieron las organizaciones con una estructura casi militar, con jerarquías y líneas de mando, las cuales se dedicaron con preferencia a la extorsión, para poder garantizarse un continuo flujo de caja que les permitiera sostener el pago de un pie de fuerza que podía superar los cien miembros. Estas bandas pasaron a controlar el tránsito de la droga por el país, la minería ilegal y las carreteras nacionales. Su crecimiento organizacional fue posible por la incorporación de antiguos militares o policías en sus filas, quienes les dieron un cambio cualitativo por sus conocimientos logísticos y operacionales, además de las conexiones que muchos de ellos mantenían con funcionarios activos en los cuerpos de seguridad. Después de 2017, a estas bandas nacionales se incorporaron en distintas zonas del interior del país los grupos de la guerrilla colombiana del ELN, quienes hasta entonces solo operaban en la frontera.

Durante estos años los homicidios aumentaron hasta alcanzar en el año 2016 un tope de 28.479 fallecidos para una tasa de 91,8 muertes violentas por cada 100.000 habitantes. Al año siguiente se registra una primera disminución de los homicidios, y luego otra en 2018 cuando fueron 23.047 víctimas, para una tasa de 81 por 100.000 habitantes. Llama la atención el incremento en las ejecuciones extrajudiciales realizadas por los cuerpos de seguridad y catalogadas como "resistencia a la autoridad", pues pasaron de ser 5.535 en 2017 a 7.523 en 2018: veinte muertos a manos de la policía cada día. Esa fue quizás la marca clara de las transformaciones de la violencia en la época de la escasez y la caída de la popularidad del gobierno.

La pérdida de la cohesión social

En Venezuela la violencia se ha ensañado contra un segmento particular de la población: los hombres, pues más del 90% de las víctimas son del sexo masculino; los jóvenes, pues el 55,7% de los fallecidos tenían entre 14 y 29 años, y los pobres, pues aunque la criminalidad afecta a todos los sectores sociales, la mayor letalidad ocurre entre las familias de menores ingresos del país (Observatorio Venezolano de Violencia, 2019). Y lo singular es que esto ha ocurrido así tanto en la época de la abundancia como en los años de penuria. ¿Cómo explicar esta situación?

Lo que ha ocurrido en Venezuela en el cambio de siglo fue una pérdida de la fuerza institucional que rige desde la vida cotidiana hasta la política. Lo singular es que si antes del cambio de siglo esas transgresiones a la institucionalidad provenían de fuerzas distintas al Estado, que lo retaban y buscaban subvertir el poder, luego esas fuerzas destructivas surgieron del propio gobierno. Con los saqueos de febrero de 1989 en el marco del Caracazo se resquebrajaron las normas que regulaban los mecanismos de acceso a los bienes en la sociedad. Con los golpes de Estado de 1992 se quebraron las reglas que regulaban los medios y tiempos de acceso al poder político, a la presidencia de la república y a la dirección del Estado, y se pasó a usar la fuerza y las armas en lugar de la persuasión y los votos de la población, tal y como establecía la Constitución.

En el nuevo siglo la violencia estuvo asociada al socavamiento continuo de toda la institucionalidad social, económica y democrática del país. Lo paradójico y difícil de entender es que este proceso, a veces deliberado y otras aleatorio, fue el resultado de las acciones u omisiones del gobierno nacional. Pues, aunque en teoría era quien debía proteger y defender esa institucionalidad, al colocarse en una posición "revolucionaria", el propósito del gobierno era destruir el antiguo régimen, es decir, no quería defender la ley y la norma, sino destruirlas.

En ese proceso se produjo un desmoronamiento del pacto social y de lo que, vaga y polisémicamente, se ha llamado en sociología la "cohesión social". Para intentar avanzar con esta hipótesis, realizamos una encuesta con una muestra aleatoria nacional en la cual tomamos tres dimensiones de lo que definimos como componentes de la cohesión social: a) la normatividad, la predictibilidad de la vida social al estar regida por normas que se aceptan y acatan; b) la convivencia interpersonal, como el respeto hacia los otros ciudadanos; y c) el sentimiento de bienestar que debe acompañar las dos anteriores dimensiones y que produce confort y felicidad. La encuesta la aplicamos en 2016 con un horizonte temporal de comparación entre ese momento y diez años antes, y luego en el año 2017, con la comparación respecto al año anterior.[2]

Los resultados fueron devastadores en las dos encuestas. El 90% opinaba que en relación con diez años antes se respetaba menos la ley. El 88% consideraba que los venezolanos eran menos iguales ante la ley, a pesar de que la igualdad había sido un componente muy fuerte de la propaganda política. El 91% pensaba que había menos respeto entre las

---

2 Se realizaron dos encuestas por muestreo de hogares, realizadas con entrevistas cara a cara de personas mayores de 17 años de edad, habitantes en viviendas familiares de uso residencial permanente, ubicadas en centros poblados de 1000 habitantes o más en Venezuela. Se utilizó un muestreo semiprobabilístico superior, estratificado en tres etapas y bajo un esquema de dinamización de la cuota muestra en la última etapa del diseño. El tamaño de la muestra fue de 3500 personas en la primera encuesta y de 6413 entrevistados en la segunda.

personas y el 90% que la convivencia y la armonía entre los vecinos era peor. Y a consecuencia de esto: el 94% pensaba que el país era más inseguro, estaba más expuesto al delito y a la violencia; el 91% opinaba que vivía en un país más injusto que una década atrás y el 92% que era menos feliz que en ese entonces (Briceño-Leon y Camardiel, 2017). Lo singular de estos resultados, pero absolutamente comprensible por las magnitudes implicadas, es que esta percepción la tenían por igual jóvenes y viejos, hombres y mujeres, ricos y pobres, y simpatizantes del partido de gobierno y de la oposición. Solo un porcentaje muy pequeño de radicales partidarios del gobierno opinaba lo contrario.

Las dinámicas de la paz

Las violencias de los años sesenta estaban dedicadas a alcanzar el poder político por la fuerza de las armas. Eran una forma de violencia política que encontraba la justificación de sus medios cruentos por las bondades de los fines que las alentaban. Era, en ese sentido, una violencia instrumental, con propósitos, fines, ideología, y, si bien estuvo cargada de abusos y excesos individuales o grupales, se ubicaba en los contextos políticos del mundo y de América Latina. Por un lado, una tradición militar nacionalista y salvadora de la patria, creyente en la tesis de que un grupo de ungidos y nobles militares debían conducir el progreso de la nación con la tutela de un gendarme necesario. Y, por el otro lado, un grupo también de ungidos e iluminados líderes políticos, moralmente superiores, quienes se arrogaban el rol de vanguardia salvadora de los pobres y oprimidos. Ambos grupos surgieron con vigor y fueron derrotados en la década de los sesenta. Ahora bien, ¿quién los derrotó?

La imagen generalizada es que el ejército y la oficialidad democrática vencieron tanto a la subversión guerrillera como al militarismo dictatorial. Esto es verdad, hubo grandes esfuerzos, cambios en las estrategias y tácticas, desarrollo del profesionalismo militar y también muchas víctimas entre los soldados del ejército nacional.

Pero es una verdad parcial, pues quien realmente acabó con la violencia militar y guerrillera fue la gran política social desplegada en esa década, que logró socavar las bases de apoyo social con la cual podían contar la guerrilla o los militares alzados en armas. Fue la democracia social en acción positiva y de inclusión la que permitió, con todas sus limitaciones y defectos, que se modificaran las condiciones sociales y materiales, y se impulsara una amplia movilidad social ascendente que hizo sentir a la población mayoritaria del país, a la incipiente clase media y los pobres de la ciudad y del campo, que había un futuro mejor con la democracia.

La guerrilla rural fue derrotada por la reforma agraria, que permitió ofrecer tierras y proyectos de vida a miles de campesinos. Por las escuelas rurales que desarrollaron sus campañas de alfabetización de adultos y de escolarización de los niños y niñas del campo. Por las campañas de saneamiento rural para el combate contra las endemias rurales, tales como la malaria y la fiebre amarilla, y por sus programas de infraestructura rural: los acueductos campesinos para ofrecer agua potable y los programas de construcción de letrinas para combatir la bilharzia y las parasitosis intestinales que retrasaban el crecimiento de los niños. La construcción de decenas de miles de viviendas rurales para ofrecer viviendas sanas para evitar la enfermedad de Chagas. Los programas de crédito agrícola para apoyar la pequeña y mediana producción. El programa de vías de penetración rural que facilitaba la venta de productos de los agricultores y el acceso a los dispensarios médicos rurales. Las carreteras que los unían con la ciudad y la radio con el resto del país y el mundo...

Pero las políticas sociales no explican todo, se debió también al refuerzo de la institucionalidad derivado del consenso político que se construyó entre los partidos, el empresariado y la intelectualidad; fueron ambos factores los que hicieron posible cimentar la paz a fines de los años sesenta. El ejército democrático, sin el apoyo de la población y de las elites, no hubiese podido derrotar la violencia.

En el nuevo siglo todavía se vive en medio de la violencia. Ahora bien, las experiencias que han logrado contenerla e incrementar la convivencia están fundadas en unos principios similares (Briceño-León, 2016; Mazuera Arias y Rodríguez Villaroel, 2009). En el Barrio de Catuche, en Caracas, donde los jóvenes de una zona y de la otra se mataban en las disputas territoriales y de mercado, las madres, unas que habían perdido hijos y otras que temían por sus hijos vivos, organizaron un programa que impulsaba la convivencia, basada en pactos de no agresión entre las bandas y en reglas claras de relacionamiento social y usos de espacio de los negocios, de manera que se evitaban malos entendidos y se ofrecían medios de solución a los conflictos y sanciones para quienes faltaran al pacto de no agresión, buscando regularizar las amenazas de uso de la violencia (Zubillaga, Llorens y Souto, 2015). Tal y como hacen los países y los ejércitos.

En otras zonas de Caracas, y con apoyo de una alcaldía, se desarrollaron acuerdos normativos entre los miembros de las zonas pobres para el respeto de la propiedad, los terrenos de las viviendas y las áreas comunes, y también de la convivencia, los horarios para el volumen de la música y las reglas para la venta de cerveza (Carrillo Peraza y Espinoza, 2008). Eran adaptaciones o incluso excepciones de las leyes municipales, pero que fueron acomodadas por las propias personas, que reinventaron el pacto social en una escala vecinal, para organizar su convivencia y estableciendo mecanismos de sanción para los infractores. Esto les permitió apropiarse de la institucionalidad y no considerarla algo ajeno (Hernandez y Chacon, 2015).

En los liceos donde la relación de autoridad entre maestro y alumno se había transformado en un conflicto entre hombres, se aplicó una política de género. Las maestras han sido las encargadas de imponer la disciplina a los hombres jóvenes, de modo que convirtieron las normas escolares en una regla abstracta, independiente de la hostilidad entre los hombres y menos susceptible a la sensibilidad del machismo (Pernalete, 2015).

Conclusión: una gramática social

Las dinámicas de la paz y la violencia están marcadas por la fuerza que la institucionalidad pueda tener en la estructuración de la convivencia de los individuos de esa sociedad, y no por las condiciones materiales de riqueza o pobreza en la cual ellos vivan (Briceño-León, 2018a; North, Wallis y Weingast, 2009). Tanto la pobreza como la riqueza, la inclusión o la exclusión, la desigualdad o la igualdad pueden ser vividas en un contexto normativo, institucional, que regule y disuada el pasaje a la violencia o, por el contrario, que lo permita y estimule (Briceño-León, 2017).

La paz es una construcción social que hace posible a las personas diferentes y desiguales vivir juntas y resolver sus desavenencias sin utilizar la violencia. Los conflictos forman parte normal de la vida social, es lo regular en la convivencia de individuos libres y autónomos. Las personas tienen condiciones materiales, opiniones y ambiciones que pueden ser similares o diferentes; tienen intereses distintos que pueden ser opuestos o excluyentes; y formas de conducirse en la vida con expectativas y un sentido del logro posible y de la recompensa deseada desemejante, lo que puede ser fuente continua de discordia. Esto es, en general, lo normal dentro de un grupo social.

Por eso las sociedades a lo largo de la historia han buscado construir mecanismos normativos que permitan modelar las aspiraciones y convertirlas en expectativas que puedan ser alcanzadas, formular unos medios que esa sociedad explicita y exige se cumplan para alcanzar las metas (North, 1991; Messner, Rosenfeld y Karsted, 2013; Mockus,

Murraín y Villa, 2012; Habermas, 1996). Pero como no todos los aceptan y los cumplen, las sociedades han establecido otros mecanismos normativos que definen la respuesta que tendría esa colectividad frente a quienes difieran de las metas o desacaten los medios prescritos y legitimados para alcanzarlas.

La institucionalidad es una gramática social que establece dos grandes tipos de normas de comportamiento que deben ser respetadas por los individuos para poder convivir en esa colectividad. Esas normas son las reglas que rigen el juego de la interacción en esa sociedad: lo que debe hacerse y lo que no debe hacerse. Lo se considera deseable, correcto y bueno en el comportamiento de las personas, y, en contrapartida, lo que se estima como indeseable, incorrecto y malo en sus acciones.

Pero hay un segundo tipo de reglas que no regulan el comportamiento, sino que son una respuesta a quienes desacatan las pautas establecidas, a quienes en lugar de hacer lo deseable realizan lo indeseable. Estas reglas definen las consecuencias que tiene para los individuos el transgredir las normas y causarle un daño a esa sociedad. Define el tipo y tenor de respuesta que, en reciprocidad, debe darse, de manera directa o a través de terceros, a quienes han infringido los patrones de comportamiento permitidos y deseados.

Esas normas, esa "palabrería", que define las magnitudes y formas de la respuesta social, pueden estar en forma escrita y convertidas en leyes, o mantenidas apenas como palabras en la memoria social, pero tanto de una manera como de otra siempre definen la venganza de una sociedad ante quien ha desobedecido o hecho un daño (Briceño-León, 2019).

Los contenidos de ambos tipos normativos son irrelevantes, pues son mutables de un momento histórico a otro, de un grupo social o étnico a otro. Lo importante es su carácter estructurante del comportamiento, su dinámica y su cumplimiento (Ferrajoli, 2008; Friedman, 1975).

Los contenidos deseados e indeseados de cumplimiento, la transgresión o el castigo, pueden ser tan disímiles como los utilizados en el comportamiento de los monjes de una comunidad religiosa o de los sicarios miembros de una banda criminal. La gramática social que organiza los comportamientos y los hace predecibles funciona de igual manera.

Lo que puede explicar las dinámicas de la violencia en Venezuela y los intentos exitosos que se han dado para construir la paz debe ser interpretado en el contexto variante de esa gramática social. Las políticas de seguridad o de convivencia ciudadana también deben ser orientadas en esa perspectiva.

En Venezuela es necesario reconstruir el pacto social para fortalecer la gramática de lo correcto. Hay que generar políticas sociales que lleven a reducir y superar la pobreza, pero se debe acentuar el sentido del esfuerzo y el trabajo como medios legítimos y honrosos de ganarse la vida y conseguir la superación personal.

Hay que reforzar el sentido de la norma social como un medio para alcanzar la convivencia pacífica y para la resolución de conflictos en la escuela, el trabajo, el vecindario. Hay que restituir el valor de la ley y empujar para hacerla cumplir, para reducir la impunidad penal, laboral, política. La de los criminales y la de los corruptos. Hay que fortalecer la vida social regida por normas y no por la fuerza ni las armas.

En este sentido, la diferencia que veía el artesano, a quien hice mención anteriormente y que entrevisté en los años noventa, entre su Colombia natal y Venezuela no estaba en la pobreza ni en la riqueza, ni siquiera en la eficiencia de las policías, sino en la gramática social que imperaba en ambos países en ese momento y que él podía reconocer. Quizá, si aquella historia hubiese ocurrido en el nuevo siglo, el campesino hubiese tomado otra decisión.

Referencias

Alguíndigue, C. y Pérez Perdomo, R. (2011). *Crimen, proceso y castigo en Venezuela revolucionaria (1999-2010)*. Caracas: Universidad Metropolitana.

Antillano, A. y Avila, K. (2017). ¿La Mano dura disminuye los homicidios? *Revista CIDOB d'Afers internationals* (116), 77-100.

Baptista, A. (2004). *El relevo del capitalismo rentístico, hacia un nuevo balance del poder*. Caracas: Fundación Polar.

Briceño-León, R. (1990). Contabilidad de la muerte. En *El día que bajaron los cerros*. Caracas: Ateneo de Caracas.

Briceño-León, R. (2015). *Los efectos perversos del petróleo*. Caracas: Ediciones El Nacional.

Briceño-León, R. (2016). *Ciudades de vida y muerte. La ciudad y el pacto social para la contención de la violencia*. Caracas: Editoria Alfa.

Briceño-León, R. (octubre de 2017). ¿Qué enseña el fracaso en la reducción de homicidios en Venezuela? *Revista CICDOB de A'Afers Internationals* (116), 53-76.

Briceño-Leon, R. (2018). *La modernidad mestiza. Estudios de sociologia venezolana*. Barcelona: Alfa Editorial.

Briceño-León, R. (2018a). Urban Poverty and Institutions in Venezuela. En J. E. Salahub, M. Gottsbacher, J. de Boer y M. D. Zaahoura, *Social Theories of Urban Violence in the Global South towards Safeand Inclusive Cities* (págs. 139-158). London: Routledge.

Briceño-León, R. (2019). The contribution of informal institucionalty to safe cities in Venezuela. En J. E. Salahub, M. Gottsbacher, J. de Boer y M. D. Zaahoura, *Reducing urban violence in the global south. Towards safe and inclusive cities* (págs. 155-174). London: Routledge.

Briceño-Leon, R. y Camardiel, A. (2017). La precaria calidad de vida: violencia y cohesión social. En A. Freitez, *Venezuela, la caída sin fin. ¿Hasta cuándo?* (págs. 31-50). Caracas: AB Ediciones.

Briceño-León, R. y Pérez Perdomo, R. (2003). *Morir en caracas. Violencia y ciudadanía en venezuela*. Caracas: Facultad de Ciencias Jurídicas y Políticas, Universidad Central de Venezuela.

Briceño-León, R., Avila, O. y Camardiel, A. (2012). *Violencia e institucionalidad*. Caracas: Editorial Alfa.

Briceño-León, R., Villaveces, A. y Concha-Eastman, A. (2008). Understanding the uneven distribution of the incidence of homicide in Latin America. *International Journal of Epidemiology, 37,* 751–57.

Camacho, O. (2016). Las ciudades venezolanas y la exclusión social. En R. Briceño-León, *Ciudades de vida y muerte* (págs. 39-57). Caracas: Alfa Editorial.

Carrillo Peraza, M. R. y Espinoza, L. M. (2008). *La victoria del ciudadano. Un modelo de acceso a la justicia a nivel local*. Caracas: Alcaldía de Chacao.

Crespo, F. (2016). Hacia una explicación de la violencia delictiva en Venezuela. *Revista Venezolana de Análisis de Coyuntura, XXII* (2), 81-104.

Deas, M. y Gaitán Daza, F. (1995). *Dos ensayos especulativos sobre la violencia en Colombia*. Bogotá: FONADE: DNP.

Ferrajoli, L. (2008). *Democracia y garantismo*. Madrid: Trotta.

Friedman, L. (1975). *The Legal System. A social Science Perspective*. New York: Russel Sage Foundation.

Habermas, J. (1996). *Beteween Fact and Norms. Contribution to a Discourse Theory of Law and Democracy*. Cambridge, USA: The MIT Press.

Hernandez, M. y Chacon, A. (2015). Dinámicas municipales contra la violencia: el CSO Chacao. En R. Briceño-Leon, *Ciudades de vida y muerte* (págs. 255-282). Caracas: Alfa.

INE (2012). *Síntesis estadística de pobreza e indicadores de desigualdad*. Caracas: Instituto Nacional de Estadística.

Mazuera Arias, R. y Rodríguez Villaroel, J. (2009). *Cultura de paz en el Alto Apure y el Táchira*. Mérida: Producciones Editoriales.

Messner, S. F., Rosenfeld, R. y Karsted, S. (2013). Social Institutions and Crime. En F. T. Cullen y P. Wilcox, *The Oxford Handbook of Criminological Theory* (págs. 405-423). Oxford: Oxford University Press.

Mockus, A., Murraín, H. y Villa, M. (2012). *Antípodas de la violencia. Desafíos de cultura ciudadana para la crisis de (in)seguridad en América Latina.* New York: Banco Interamericano de Desarrollo – Corpovisionarios.

North, D. (1991). Institutions. *The Journal Economic Perspectives, 5* (1), 97-12.

North, D. C., Wallis, J. J. y Weingast, B. R. (2009). *Violence and Social Order. A Conceptual Framework for Interpreting Recorded Human History.* Cambridge: Cambridge University Press.

Observatorio Venezolano de la Violencia (2011). *Informe nacional de la situación de violencia y criminalidad 2011.* Caracas: OVV.

Observatorio Venezolano de Violencia (2017). *Informe anual de violencia 2017.* Caracas: OVV.

Pernalete, L. (2015). Mujeres de mano extendida: un muro a contención de la violencia en comunidades de Ciudad Guayana. En R. Briceño-León, *Ciudades de vida y muerte* (págs. 317-346). Caracas: Alfa.

Venezuela, Consejo General de Policía-UNES (2012). *Gran misión ¡A toda vida Venezuela!* Caracas: UNES.

Venezuela, República Bolivariana (2010). *Cumpliendo las metas del milenio.* Caracas: Imprenta Nacional.

Zubillaga, V., Llorens, M. y Souto, J. (2015). Una tregua es posible: la violencia y el pacto del cese al fuego entre mujeres y jovenes armados. En R. Briceño-León, *Ciudades de vida y muerte* (págs. 225-254). Caracas: Alfa.

Venezuela en una encrucijada histórica

La actual crisis venezolana: antecedentes y desarrollo

Oly Millán Campos

Resumen

En el presente artículo se analiza la actual crisis venezolana desde una perspectiva histórica a la luz tanto de los procesos políticos nacionales como de aspectos geopolíticos internacionales que han influido en la política económica del país latinoamericano. De modo general, se plantea que la actual crisis venezolana es expresión, por un lado, del denominado modelo rentístico, que hace que Venezuela dependa constantemente de la renta petrolera, y, por otro, de un proceso político lleno de contradicciones, que se acerca cada vez más hacia un régimen profundamente autoritario. El análisis permite proponer como solución un retorno al proyecto alternativo de cambio y una reinstitucionalización al país.

Abstract

This article analyzes the current Venezuelan crisis from a historical perspective in light of both national political processes and international geopolitical aspects that have influenced the economic policy of the Latin American country. In general terms, it is argued that the current Venezuelan crisis is an expression of, on the one hand, the so-called rent-seeking model, which makes Venezuela constantly dependent on oil revenues, and, on the other hand, of a political process full of contradictions, which is increasingly moving towards a profoundly authoritarian regime. The analysis allows proposing as a solution a return to the alternative project of change and a re-institutionalization of the country.

Introducción

La situación actual de Venezuela despierta mucho interés a nivel internacional, no solo para el mundo académico, sino también para la militancia de izquierda,[1] porque, entre otras razones, la Venezuela del Proceso Bolivariano fue el primer intento por construir el socialismo en el siglo XXI. Pues bien, para los venezolanos y venezolanas, la situación actual del país los confronta con una realidad, que aunque no se desea, existe y obliga, desde una visión histórica y desde un análisis de complejidad, a tratar de comprender y explicar sus causas, lo que ha sido su desarrollo y cómo entender las que pudieran ser sus perspectivas en el futuro inmediato en el marco de una América Latina que sin lugar a dudas está viviendo un nuevo tiempo político.

Venezuela atraviesa una compleja crisis de carácter societal como nunca antes había vivido en toda su historia republicana, expresada dramáticamente en una contracción económica que solamente entre 2013 y 2018 se ubica, tomando las cifras del Banco Central de Venezuela (BCV), en más de un 50%, con una hiperinflación que lleva más de 2

---

[1] Desde el año 2013 hasta el momento, quien suscribe milita, conjuntamente con otros exministros y exministras del presidente Chávez, líderes de izquierda y académicos, en la Plataforma Ciudadana Contra el Desfalco a la Nación y en la Plataforma Ciudadana por la Defensa de la Constitución.

años instalada,[2] con un incremento, según la Encuesta sobre Condiciones de Vida en Venezuela (ENCOVI),[3] de los hogares pobres (medido por nivel de ingreso), que pasan de un 48% en 2014 a un 87% en 2017, y con un proceso migratorio inédito, en el cual, según la Agencia de la Organización para las Naciones Unidas para los Refugiados (ACNUR),[4] hasta mayo de 2019 se registraba como números de refugiados y migrantes venezolanos la cantidad de 3.7 millones de personas,[5] cifra que pudiera representar para el momento aproximadamente el 11.5% de la población total del país.

Dicha crisis resulta ser la confluencia dialéctica y sistémica de un conjunto de factores multidimensionales tanto internos como externos que refleja hoy en día, lamentablemente, una situación que pareciera no tener salidas en el corto plazo y, menos aún, una mejoría en las precarias condiciones de vida del pueblo venezolano. Pero también resulta necesario aclarar que la comprensión de esta crisis requiere y exige evitar, con el propósito de no cometer errores y justificar lo injustificable, caer en una interpretación lineal y binaria de la realidad, que nos lleve a los errores básicos en los que se asienta el enfoque científico fundado en el "principio del tercero excluido" que,[6] como es sabido, se ha elaborado bajo una lógica binaria del estar a favor o el estar en contra y que, de alguna manera, conlleva erróneamente a reducir al campo de enemigo-amigo la compleja realidad que vive el país.

---

2   Tomando en cuenta solamente los datos del BCV a partir de diciembre 2017, la inflación intermensual se comenzó a ubicar por encima del 50%. https://bit.ly/3Cyc2rP.

3   Ver: https://bit.ly/3xBrX4X.

4   Ver: https://bit.ly/3xBrX4X.

5   Esta cifra ha seguido incrementándose, para noviembre 2020 ACNUR registraba una cantidad de 5.4 millones de migrantes venezolanos en el mundo. https://bit.ly/3CsJVKC.
    Si se toman en cuenta las estimaciones de la población total para 2019, que según el Instituto Nacional de Estadísticas (INE) se ubican en 32.219.521 hombres y mujeres. https://bit.ly/37wggSx.

6   Ver: https://bit.ly/3tr5ebk.

En el presente artículo, a partir de una perspectiva histórica, intentamos comprender y explicar las causas y el desarrollo de la actual crisis venezolana tratando de identificar los distintos momentos de quiebre de lo que se ha denominado el Proceso Bolivariano,[7] como también cuáles son las perspectivas futuras de la crisis a partir de los resultados de las elecciones parlamentarias de diciembre de 2015 y de los distintos eventos políticos posteriores que han desencadenado una mayor profundización de la crisis, en los que tienen de forma abierta y directa una participación activa los intereses que en la actualidad definen la geopolítica mundial, como los de, por un lado, Estados Unidos y sus aliados tanto en Europa como en América Latina y, por otro, los deRusia y China.

Esta situación en la que tienen participación activa intereses internacionales obliga, hoy más que nunca, a los venezolanos y venezolanas a pensar que la situación de crisis estructural y profunda que tiene Venezuela debe resolverse a partir de la gente y no del capital. De igual forma, se hace necesario repensar el país en la propuesta de un proyecto que esté fundado en un aprendizaje consciente y activo de las debilidades y errores del pasado reciente, pero también que tome en cuenta, desde una visión de complejidad -porque los procesos sociales, políticos, económicos y culturales son heterogéneos, no lineales-, los grandes problemas y desafíos que enfrenta la humanidad toda en este siglo XXI, el cual lleva en sus entrañas la profundización de las contradicciones estructurales de un sistema que, como todos sabemos, amenaza la permanencia de la humanidad en el planeta tierra.

---

[7] Se denomina así al proceso de cambio político que se inició en Venezuela con la elección presidencial de Hugo Rafael Chávez Frías en el año 1998.

Los antecedentes del denominado Proceso Bolivariano

Pretender caracterizar la actual crisis pasa, irremediablemente, por reconstruir sus antecedentes a partir de identificar los problemas medulares de la estructura económico-social de Venezuela que están y estuvieron presentes durante el período anterior al Proceso Bolivariano, es decir, entre 1980 y 1997. Todo ello tomando en consideración la articulación que tiene el país con la geopolítica mundial y con los impactos que esta le ocasiona como producto de la dinámica cambiante que presenta el sistema capitalista mundial, en especial teniendo como referencia el agotamiento del régimen de acumulación fordista-keynesiano y el surgimiento del régimen neoliberal monetarista (Córdova, 2008), cuya génesis se remonta a los años 80 del siglo pasado.

Veamos entonces algunos elementos que dan cuenta de la situación planteada.

En el año 1974 la Oficina Central de Coordinación y Planificación de la Presidencia de la República de Venezuela (CORDIPLAN) invitó al país al economista Celso Furtado, con el fin de preparar una visión de la situación de Venezuela y las perspectivas para su desarrollo.[8] De los resultados del informe que presentara para entonces Furtado, podemos extraer esta síntesis de sus reflexiones en torno a la economía nacional:

> Se ha creado un sistema económico que genera escaso excedente bajo la forma de ahorros y de impuestos, y que obtiene un bajo rendimiento de las cuantiosas inversiones que el excedente petrolero permite realizar. Se trata, por lo tanto, de un sistema económico fundamentalmente orientado hacia el consumo y el despilfarro y en el cual el ingreso es muy concentrado y probablemente tiende a concentrarse de forma permanente. De ello resulta una extraordinaria diversificación en los patrones de consumo con efectos negativos

---

8 Esto ocurrió previo a la preparación del V Plan de la Nación del primer gobierno del presidente Carlos Andrés Pérez.

secundarios sobre la productividad del sistema. Las dimensiones relativamente reducidas del mercado interno y las exigencias de una demanda altamente diversificada conspiran contra la integración del sistema industrial, el cual permanece altamente articulado al exterior. (Furtado, 1981, pp. 4-5)

Furtado da cuenta de una economía en donde la renta petrolera ha permitido la expansión de una demanda interna, basada en patrones de consumo propio de los llamados países industrializados, que no tiene respuesta en la capacidad productiva nacional, la cual se caracteriza por un bajo nivel de productividad que no se corresponde con las significativas inversiones que el excedente petrolero ha permitido realizar. Es menester acotar aquí que ese importante ingreso petrolero ha ido, a lo largo de toda la historia petrolera del país, prefigurando un "Estado petrolero", que en cierta forma se ha convertido en el mediador para asignar la renta entre los grupos económicos, tanto tradicionales como emergentes, y el resto de la sociedad venezolana. Esta relación: renta petrolera, Estado petrolero, élites de poder y sociedad, ha ido definiéndose por el desarrollo de una cultura rentística (Ikonicoff, 1989) que se ha convertido en la savia que ha amalgamado un modelo mafioso[9] de acumulación de capitales y que se sustenta en lo que se define como un capitalismo rentístico (Baptista, 2004, p. 18).

Mientras ello ocurría nacionalmente, en el sistema capitalista mundial se estaban gestando cambios, los cuales posteriormente dieron cuenta de un proceso de agotamiento del modelo de acumulación industrial, es decir, el fordista-keynesiano como parte de los problemas estructurales del sistema, lo que generó en los países latinoamericanos, y concretamente en Venezuela, el debilitamiento de las

---

9 Se hace referencia a la palabra mafia, tal como lo define el diccionario de la Real Academia Española, es decir, como: 3.f. Despect. "Grupo organizado que trata de defender sus intereses sin demasiados escrúpulos". En nuestro caso, estos grupos no responden a un proyecto nacional, sino individual y grupal. http://dle.rae.es/?id=Ns7URfK.

bases de sustentación del modelo de industrialización susti-
tutiva de importaciones, orientador de las políticas públicas
y de los planes de desarrollo puestos en marcha en el país a
partir de la "era cepalista".[10]

A la consolidación del agotamiento del régimen
fordista-keynesiano, hecho ocurrido a mediados de los años
setenta del siglo XX, le siguió el planteamiento teórico neoliberal como propuesta de solución a la crisis. Venezuela,
a partir de la década de los ochenta, entra en un clima de
incertidumbre económica, caracterizado por la imposibilidad de mantener el equilibrio de las principales variables
macroeconómicas, así como de un profundo deterioro de
las condiciones de vida de la población, con incrementos
significativos de la pobreza (Lander, 1994, p. 121). Todo ello
como consecuencia de un pésimo desempeño en la dinámica económica del país, donde las propuestas de salida a la
crisis por parte de los diversos gobiernos que ejercieron el
poder durante el período 1983-1997 estuvieron enmarca-
das en los programas de ajuste estructural del denominado
Consenso de Washington.[11]

Si bien esta crisis se evidenció en el ámbito económico,
fue progresivamente tomando fuerza como una crisis
estructural de carácter societal, a tal punto que se manifestó
en el ámbito político-social-militar, con los eventos históricos que se suscitaron en torno al levantamiento popular
denominado "el Caracazo" en 1989 y los golpes de Estado
del 04 de febrero y 27 de noviembre de 1992. Todo ello
daba cuenta de una pérdida de credibilidad popular hacia la
institucionalidad creada y representada por la clase política

---

10 La "era cepalista" se refiere al peso e importancia que tenían para América
    Latina las orientaciones de política económica de la Comisión Económica
    de las Naciones Unidas para América Latina y el Caribe (CEPAL), durante el
    período 1950-1963 bajo la dirección de su secretario ejecutivo, el economis-
    ta Raúl Prébisch.
11 Ver: https://bit.ly/3jEhwsE.

que surgió del "Pacto de Puntofijo".[12]

Se debe decir también que a esta pérdida de credibilidad del pueblo respecto al proyecto de país vigente hasta ese momento, se fue incorporando, en el imaginario de la gente, una disposición a un proceso de cambio que encontró eco y orientación política estratégica en las banderas de lucha que levantó para entonces el discurso político de Hugo Rafael Chávez Frías, y consecuentemente el proceso de cambio político e institucional que se abrió con su llegada por la vía electoral al Palacio de Miraflores[13] como presidente de la república en 1998.

La síntesis de esta crisis la podemos resumir como la confluencia de, en el ámbito mundial, un cambio en la geopolítica caracterizado por el desarrollo del régimen de acumulación -neoliberal- globalizador; y en el ámbito nacional, el agotamiento del modelo de capitalismo rentístico y del modelo político del "Pacto de Puntofijo" sustentado en la democracia representativa, la deslegitimación de los partidos tradicionales y de sus liderazgos.

El Proceso Bolivariano y sus diversos momentos

Esa disposición al cambio que se entronizó en el imaginario colectivo, en cierta forma, se institucionalizó a partir de la iniciativa que tuvo el presidente Chávez de consultar, mediante referéndum, al pueblo venezolano su disposición a convocar una Asamblea Nacional Constituyente para "transformar el Estado y crear un nuevo ordenamiento jurídico que permita el funcionamiento de una democracia

---

[12] Este pacto fue un acuerdo firmado entre los partidos políticos AD, COPEI y URD, luego del derrocamiento de la dictadura del general Marcos Pérez Jiménez (1958), el cual determinó el modelo político que se sustentó en la democracia representativa a lo largo de cuatro décadas. De este pacto fue excluido el Partido Comunista de Venezuela (PCV).

[13] Sede del gobierno de Venezuela.

social y participativa".[14] De esta manera, ocurre un hecho político de especial transcendencia para el país y que de alguna forma va perfilando el carácter del denominado Proceso Bolivariano y del nuevo gobierno, y es que, por primera vez en toda la historia de Venezuela, se realiza no solo una consulta al pueblo para refundar la república, sino que se genera un amplio, democrático, transparente y dinámico proceso nacional de participación protagónica de la gente en el debate y decisiones que dan como resultado la construcción de la nueva Constitución, es decir, de la Constitución de la República Bolivariana de Venezuela (CRBV). Es menester recordar que si bien esa Constitución ganó un amplio apoyo del pueblo venezolano que abiertamente la legitimó a través de un referéndum aprobatorio, realizado en diciembre de 1999, también atrajo el rechazo y desconocimiento por parte de los sectores tanto políticos[15] como empresariales[16] que se habían visto relegados o desplazados del poder, y que se convirtieron en el núcleo opositor al gobierno de Chávez.

Con la vigencia de la CRBV se inicia y se van sustentando las bases de promesa de un proceso de cambio, cuyos elementos centrales quedaron consignados en torno a lo que la propia Constitución del 99 esgrime en su preámbulo:

> [...] con el fin supremo de refundar la República para establecer una sociedad democrática, participativa y protagónica, multiétnica y pluricultural en un Estado de justicia, federal y descentralizado, que consolide los valores de la libertad, la independencia, la paz, la solidaridad, el bien común, la integridad territorial, la convivencia y el imperio de la ley para esta y las futuras generaciones; asegure el derecho a la vida, al trabajo, a la cultura, a la educación, a la justicia social y a

---

14 Ver: https://bit.ly/3hhafys.
15 Dirigentes de los partidos políticos del Pacto de Puntofijo y dirigentes de los partidos emergentes, como Primero Justicia (PJ).
16 Se hace referencia a los empresarios aglutinados en torno a la Federación de Cámaras y Asociaciones de Comercio y Producción de Venezuela (Fedecámaras) y demás organizaciones empresariales.

la igualdad sin discriminación ni subordinación alguna; promueva la cooperación pacífica entre las naciones e impulse y consolide la integración latinoamericana de acuerdo con el principio de no intervención y autodeterminación de los pueblos, la garantía universal e indivisible de los derechos humanos, la democratización de la sociedad internacional, el desarme nuclear, el equilibrio ecológico y los bienes jurídicos ambientales como patrimonio común e irrenunciable de la humanidad. (CRBV, 1999, p. 9)

Indudablemente, esta Constitución era un extraordinario avance no solo porque fue, como se mencionó anteriormente, producto de un amplio debate nacional que la condujo a un extraordinario proceso de legitimación popular, sino que ella llevaba en su seno las bases para la instauración de una democracia participativa y protagónica que superara la agotada democracia representativa, sustento del modelo político que surgió del Pacto de Puntofijo. Ni qué decir del conjunto de avances en el marco de los derechos humanos, así como del reconocimiento de los pueblos indígenas y del respeto a la naturaleza como parte del patrimonio de la humanidad.

Si bien se puede decir que el Proceso Bolivariano se inicia con la puesta en marcha de la Constitución que se aprobó en 1999, su desarrollo no estuvo exento de altibajos y contradicciones. Estas contradicciones no eran solamente entre el movimiento chavista y los sectores de la oposición al proceso, sino que eran inclusive muy marcadas entre los diversos sectores militares y exmilitares que estuvieron involucrados con el presidente Chávez en la rebelión militar de 1992 denominada el "movimiento del 4F".[17] Algo similar ocurrió con los movimientos de izquierda, sociales, intelectuales, empresarios y personalidades que apoyaban a Chávez. Era natural, y hasta necesario, que existieran diversas posiciones y opiniones en torno al "proyecto país" que el

---

17 Se hace referencia a los militares que acompañaron a Chávez durante el golpe militar del 4 de febrero y el 27 de noviembre de 1992.

propio Chávez iba dibujando en sus muy diversos y permanentes discursos. Sin embargo, esas contradicciones en el seno del chavismo no llegaban a convertirse en un obstáculo para el avance del proyecto porque, en cierta forma, lo que matizaba los potenciales enfrentamientos era, por un lado, el indudable liderazgo fuerte y carismático que emanaba de Chávez y, por otro lado, la permanente oposición de un sector, poco democrático y en muchos casos anticonstitucional,[18] interesado en el desarrollo de una polarización política, lo que a la postre beneficiaba a quienes dentro del movimiento chavista comenzaban a convertirse en una nueva clase política y económica a la sombra del Estado petrolero, porque las contradicciones internas terminaban pasando a un segundo plano.

Seguidamente se expondrán cuáles han sido los distintos momentos por los que ha pasado el Proceso Bolivariano, resaltando algunos aspectos que se pueden considerar como medulares.

Inicios del Proceso Bolivariano en su carácter popular, 1998-2004

Estuvo caracterizado por un significativo auge de masas,[19] por un proceso permanente de legitimación electoral, por un liderazgo fuerte centrado en el presidente Chávez y por una conexión emocional entre el líder del proceso (Chávez) y el pueblo venezolano. Los aspectos que pueden definir mejor este momento están en la desmitificación del poder,[20]

---

18 Se hace referencia a quienes niegan la historia reciente que derivó en el agotamiento del modelo político del Pacto de Puntofijo y la disposición al cambio que formaba parte del imaginario del pueblo venezolano.

19 Se hace referencia a las múltiples movilizaciones de calle y diversas formas de organización y debate popular que estuvieron presentes durante este periodo.

20 Un hecho importante que expresa mejor la desmitificación del poder es la rendición de cuentas al país que todos los domingos realizaba el presidente

en la puesta en marcha de los organismos microfinancieros[21] como una herramienta para empoderar al pueblo y así lograr el desarrollo de proyectos socio-productivos, y en el inicio de los programas de inclusión social denominados Misiones Sociales.[22] Si bien este período se caracterizó por una importante movilización social, también se debe decir que tuvo que lidiar con un conjunto de hechos violentos,[23] antidemocráticos y anticonstitucionales[24] que, de alguna manera, expresaban el carácter poco democrático de un sector de la oposición política venezolana[25] y de los grupos económicos que se sentían amenazados; y, como es natural, con una correlación de fuerzas en el plano internacional que aunque fue adversa en sus inicios, con la llegada al poder en América Latina de gobiernos progresistas,[26] terminó siendo favorable al Proceso Bolivariano.

Cabe destacar que durante este período también se genera en el plano internacional un progresivo auge de los precios del barril de petróleo, que pasaron de USD 16.4 por barril en 1999

Chávez conjuntamente con su tren ejecutivo, a través de su programa denominado "Aló Presidente". De igual modo se puede mencionar el papel que comienza a jugar la Fuerza Armada Nacional en los programas sociales.

[21] Cabe especial mención aquí la creación del Banco de Desarrollo de la Mujer, fundado el 8 de marzo del 2001, como un reconocimiento de que la pobreza tiene rostro de mujer y era necesario dirigir programas sociales a las madres pobres del país.

[22] Se denomina Misiones Sociales al conjunto de programas sociales que pone en marcha el presidente Chávez como una forma de pagar la enorme deuda social que se había creado en las últimas décadas, cuya inversión se podía mantener por los importantes ingresos petroleros que estaba recibiendo el Estado.

[23] Permanentes movilizaciones por parte de los sectores opositores, teniendo su punto álgido en el denominado "paro petrolero", evento ocurrido en diciembre de 2002.

[24] Golpe de Estado del 11 de abril de 2002 y posteriormente en octubre de ese mismo año la toma de la Plaza Altamira por parte de 14 militares activos que se rebelaron contra el presidente Chávez.

[25] Que se ha mantenido en una lógica de polarización extrema.

[26] En 2003 con Luiz Inácio Lula Da Silva en Brasil y Nestor Carlos Kirchner en Argentina. En 2006 con Juan Evo Morales Ayma en Bolivia, y en 2007 con Rafael Correa en Ecuador. En 2010 con José Mujica en Uruguay.

a USD 55.5 en 2006 (Minpet, 2009, p. 53).[27] Dicho incremento, más allá de los otros factores que inciden en la geopolítica energética mundial, en cierta forma tenía que ver con la política que a nivel petrolero promovió el presidente Chávez para apuntalar el liderazgo de la Organización de Países Exportadores de Petróleo (OPEP), estrategia que de algún modo contradecía los intereses del *lobby* petrolero norteamericano, lo que condujo a que las administraciones de Estados Unidos de América, que siempre objetaron y vieron con mucho recelo la presidencia de Chávez, comenzaran a diseñar e instrumentar estrategias para controlar o boicotear su gestión.

Es así como el auge de los precios del petróleo, el repunte del liderazgo de la OPEP en materia petrolera y el control por parte del gobierno de la empresa estatal Petróleos de Venezuela S.A. (PDVSA), hecho ocurrido luego del fracaso del denominado paro petrolero,[28] le permitieron a Chávez profundizar las Misiones Sociales a través del incremento de la inversión social, es decir, se generó una mayor distribución de la renta petrolera hacia los sectores populares, aunque esa misma renta sirvió también para profundizar la dependencia económica del país respecto del modelo extractivista petrolero o, como lo definen algunos, del muy particular capitalismo rentístico venezolano, lo que contribuyó también a la creación de grupos económicos emergentes que surgieron de la corrupción.

La profundización del Proceso Bolivariano y sus contradicciones (2004-2007)

Una vez sofocado el golpe de Estado de 2002, el paro petrolero de finales de ese mismo año e inicios de 2003, así como el triunfo

---

27 Ministerio del Poder Popular de Petróleo.
28 Se hace referencia a la paralización de la industria petrolera a fines de 2002 como parte de las acciones políticas emprendidas por sectores de la oposición venezolana. Ver: https://bit.ly/3yEazxI (visitado el 22/03/21).

de Chávez[29] en el referéndum revocatorio convocado por la oposición a su mandato, el proceso se fortalece políticamente. Es en enero de 2005, y en el marco del Foro Social Mundial de Porto Alegre, cuando Chávez declara el carácter no solo anti-imperialista del Proceso Bolivariano, sino también socialista, enarbolando las banderas del socialismo del siglo XXI como un claro indicio de pretender diferenciarse de lo que fue el socialismo del siglo XX, aunque no se pudo deslastrar de su carga histórica como quedó demostrado posteriormente.

Durante este período, por demás muy corto, son varios los aspectos que lo caracterizan. Uno tiene que ver con el control absoluto por parte del gobierno de la empresa estatal petrolera (PDVSA) que como pivote central facilitó los recursos necesarios para el desarrollo de las diversas políticas tanto sociales como económicas (internas y externas) que emprendió el gobierno a partir de este momento de profundización del proceso, con una mirada más definida sobre el plano internacional, sobre todo de Latinoamérica[30] y hacia otros países cuyos gobiernos planteaban una política contraria a la de Estados Unidos, como es el caso de Irán, Libia y otros considerados de *economías emergentes*, fundamentalmente Rusia, China y Brasil.

Es así como, en diciembre de 2005, con la derrota que los gobiernos progresistas le propinan, en la IV Cumbre de las Américas, al gobierno de los Estados Unidos y, concretamente, al Área de Libre Comercio de las Américas (ALCA), se perfila con mayor precisión una alianza de los países de Suramérica, que si bien se venía trabajando durante los años previos, empieza a tener mayor perfil a nivel latinoamericano. Surgen así con más fuerza diversas iniciativas de integración regional con una cualidad más política que económica, es el caso concretamente de la Unión de Países del Sur (UNASUR), Petrocaribe[31] y de la Alianza

---

29 Chávez gana con el 59.1% de los votos a su favor.
30 En junio de 2005 se crea Petrocaribe.
31 Alianza petrolera entre Venezuela y algunos países del Caribe.

Bolivariana para los Pueblos de Nuestra América (ALBA). En todas estas iniciativas, el liderazgo que tenía el presidente Chávez fue evidente.

Por otro lado, se avanza en el diseño y en el intento de puesta en marcha de lo que se denominó el primer plan socialista de la nación, cuyo título era Proyecto Nacional Simón Bolívar 2007-2013,[32] el cual a pesar de contener un conjunto de principios sobre los que se sustentaba el Proceso Bolivariano, no llegó a establecer con claridad las estrategias que permitieran sentar las bases de un modelo productivo no extractivista y no estatista; por el contrario, su visión del socialismo estaba muy enmarcada en la lógica Estado-céntrica (Lander, 2017), que acompañó al proceso desde sus inicios. Por otra parte, aunque en su cuerpo teórico se hablaba de la importancia de la democracia protagónica haciendo alusión al pueblo en la toma de decisiones en materia de control y de diseño de políticas, no se planteaba con independencia ni tampoco sobre la base de una discusión plural y abierta, sino de la mano del gobierno nacional o mejor dicho de la burocracia que controlaba al Estado petrolero.

A pesar del apoyo popular que se mostraba como una fortaleza del Proceso Bolivariano, era innegable el conjunto de contradicciones existentes en su seno. Durante este periodo, se comienza a hablar de la conformación de un sector chavista[33] que venía manejando y controlando, de forma inclusive poco transparente, ingentes cantidades de dinero.[34] Se hacen denuncias que a la postre fueron

---

32 Ver: https://bit.ly/3lP5uzb.

33 Denominado como chavismo sin Chávez o boliburguesía.

34 Quien suscribe documentó y denunció ante los órganos competentes casos de corrupción que no fueron investigados en profundidad, donde estaban involucrados altos funcionarios del gobierno de Chávez, siendo un caso emblemático el cobro de sobornos en torno al proyecto denominado "Plan excepcional de desarrollo económico y social para la adquisición de máquinas y equipos en la República Islámica de Irán, a ser asignadas mediante financiamiento sin interés a las Asociaciones Cooperativas Integrantes de la Misión Vuelvan Caras ubicadas en los Núcleos de Desarrollo Endógeno".

minimizadas, porque en el marco de la polarización política, todo aquel que era crítico al proceso era tildado de contrarrevolucionario que "le hacia el juego a la derecha apátrida y al imperialismo".

Es así como, a finales de 2007, un proceso complejo, surgido de una disposición al cambio y a la participación por parte de un pueblo que había perdido la esperanza en un futuro mejor y que, posteriormente, la recobra en el proceso de cambio bolivariano, y, asimismo, en el marco de un país cuya estructura económica estaba determinada por las relaciones que definen al capitalismo rentístico y su vinculación con una geopolítica mundial también compleja y cambiante, comienza a evidenciar síntomas de agotamiento. Dichos síntomas se producen con la pérdida en 2008 de las elecciones regionales en las principales ciudades del país[35] y en lo que fue la no aprobación de la reforma a la Constitución planteada en diciembre del año 2007 por el propio presidente Chávez.

A partir de entonces, se inicia un cambio en el panorama político. La oposición partidista comienza a conquistar, por la vía electoral, espacios institucionales y regionales, situación que se percibe desde el ámbito del gobierno de Chávez y quienes lo apoyaban como una amenaza, por lo que cualquier crítica surgida del propio proceso de cambio es automáticamente anulada, se minimizan los debates y se asume una posición muy pragmática de la política (el fin justifica los medios), cobra fuerza el desarrollo de prácticas clientelares y populistas a todo nivel y se fortalece una relación perversa entre partido (PSUV), gobierno y movimiento popular, que no deja espacio para la crítica ni para la autonomía de los movimientos sociales, y mucho menos para la rectificación de errores y debilidades.

---

[35] En las elecciones regionales del 2008, gana la oposición en los principales estados del país, es decir, Distrito Metropolitano, Miranda, Carabobo, Táchira, Zulia y Nueva Esparta. https://bit.ly/2XdNBQy.

Esta situación de alguna manera va favoreciendo la consolidación de una elite de poder (Ashin, 1987) que, si bien asume el discurso revolucionario y socialista, en la práctica comienza a vivir de ciertos privilegios y de recursos económicos que son producto de una renta petrolera que comienza a llegar a niveles de incremento como nunca antes vistos. Se perfeccionan los mecanismos mafiosos de acumulación de capitales, típico de países del capitalismo rentístico, y se incrementa a partir del año 2007 una fuga y apropiación ilegal de capitales, utilizando para ello el crecimiento de la deuda soberana y de la empresa petrolera estatal[36] con la emisión de bonos con doble denominación.[37]

Es así como gobierno y dirigencia partidista se constituyen en una unidad. Esta última busca permanentemente cooptar a la dirigencia del movimiento popular. A pesar de los diversos discursos del presidente Chávez que hacen alusión a la importancia que como sujeto "protagónico de la revolución"[38] tenía el poder popular autónomo, esto se soslayó por parte de toda la dirección del Partido Socialista Unido de Venezuela (PSUV) y de la mayoría de la cúpula de gobierno. El día siguiente a las elecciones presidenciales, el 8 de octubre de 2012, el presidente Chávez reconvenía a sus ministros y especialmente a su vicepresidente por haber dejado de lado el propósito fundamental de la "revolución" de constituir una nación basada en el "poder popular revolucionario".[39]

En el plano estricto de la política económica, se puede decir que se profundiza el capitalismo rentístico, que sirve de sustento a dos posiciones contrapuestas en los diversos sectores que apoyan al gobierno. Por un lado, un sector

---

36 Petróleos de Venezuela S.A. (PDVSA).
37 Bonos comprados en bolívares pero que su principal interés es pagado en dólares de EE.UU.
38 Ver: https://bit.ly/2VI6KsS (visitado el 22/03/21).
39 Ver: https://bit.ly/3xCbvl8.

heterogéneo[40] con mucho poder, que va adquiriendo perfil propio y desarrolla vínculos expresos con el sector financiero[41] y con empresas productoras e importadoras, así como con empresas surgidas de los convenios que en el plano de la geopolítica mundial va estableciendo el gobierno con países como Brasil,[42] Argentina, China, Rusia, Irán, entre otros. Para este sector, su visión de socialismo del siglo XXI se sustenta en un régimen autoritario donde el Estado debe ejercer control en parte importante de la actividad económica,[43] lo que se manifiesta indefectiblemente en el control de la renta petrolera. Este sector no niega la puesta en marcha de políticas sociales, pero ya no como un derecho que tiene la población, sino como un mecanismo de control social y de clientelismo político para buscar su permanencia en el poder.

Por otra parte, se van alineando también al gobierno ciertos grupos de poder económico tradicionales, que luego de la derrota sufrida durante el paro petrolero, ven necesario seguir recibiendo su cuota de la renta petrolera; un ejemplo de ello es la alianza entre el gobierno de Chávez y el empresario Gustavo Cisneros.[44] Mientras que otros sectores económicos, comprometidos más con la oposición

---

[40] Este sector constituido por hombres y mujeres claves en las decisiones de política económica, donde se puede ubicar a ciertos ministros, militares, directores de empresas estatales y dirigentes del partido.

[41] Revisar la minicrisis financiera de 2009 y quiénes son los representantes de los bancos que cayeron. Ver: https://bit.ly/3CCQZEI.

[42] Emblemático el caso de corrupción en torno a la empresa brasilera Odebrecht. Ver: https://bit.ly/37uD2uf.

[43] Aunque pareciera paradójico al promover el control del Estado en la actividad económica y al controlar estos sectores al Estado, estos controlaban la renta petrolera y por ende su asignación. Esta política permitió en cierta forma la venta (expropiación) de activos de empresas con una importante obsolescencia tecnológica, caso específico de las grandes torrefactoras de café, lo que resultó un negocio muy provechoso para ciertos empresarios que a la postre vendieron chatarra industrial.

[44] Ver: https://bit.ly/3BNtBDc.

política tradicional[45] y emergente[46] y sus vasos comunicantes con grupos de poder en Estados Unidos, continúan en la búsqueda de diversos mecanismos, constitucionales o no, para salir del gobierno de Chávez y ponerle término al denominado Proceso Bolivariano.

Simultáneamente, del lado de quienes apoyaban el Proceso Bolivariano, desde el punto de vista político, existen otros sectores, bastante dispersos y extremadamente heterogéneos, sin poder de decisión en la política económica; de allí se pueden conjeturar dos grandes actores. Uno relacionado con diversos grupos e individualidades (académicos, lideres revolucionarios, del movimiento popular, entre otros) con una visión muy ortodoxa del socialismo del siglo XXI, enclavado en los prejuicios y dogmas de la vieja izquierda, que ubica la lucha en el plano del campismo (enemigo principal y enemigo secundario) y que tiene una concepción de la geopolítica mundial sustentada en que el enemigo a derrotar es el imperialismo norteamericano. Por lo tanto niega la crítica abierta y directa a la concepción e instrumentación de políticas que promueven la creación de grupos económicos (un ejemplo es el sector importador) que se van beneficiando de la renta petrolera y de la relación del PSUV y del gobierno con sectores del capital corporativo nacional tradicional, y asume que esta debe quedar en un segundo plano, ante la lucha que se debe librar contra el enemigo "estratégico fundamental". Este sector lo podemos ver muy en sintonía con quienes conforman el Foro de São Paulo: "Es esta una izquierda que parece permanecer anclada en los tiempos de la Guerra Fría [...]" (Lander, 2019, p. 124).

El otro sector, más débil aun en términos organizativos y mediáticos pero no en términos de contenido, es el que

---

45 Partidos como Acción Democrática (AD), Demócrata Cristiano COPEI, entre otros.
46 Partidos como Primero Justicia, Voluntad Popular, Un Nuevo Tiempo, entre otros.

concibe la construcción de un "proyecto de país" vinculado a una transición sistémica[47] a partir de la autonomía, la organización y la autogestión de los movimientos sociales, capaces de subvertir la lógica del capital y sus diversas modalidades, asumiendo que la construcción de una propuesta distinta es un proceso histórico social que es imposible lograr sin superar el extractivismo, el patriarcado, el antropocentrismo. Que no es posible establecer alternativas a la modernidad colonial (Lander, 2019, p. 14), sin profundizar el desarrollo del poder popular y sin tomar en cuenta la preservación de la naturaleza. Este sector, con muy poco despliegue a nivel nacional, viene planteando la necesidad de una revisión profunda del denominado Proceso Bolivariano, de sus liderazgos (el culto a la personalidad) y del tipo de política que estos han venido encarnando, los cuales no se diferenciaron de la política de los partidos que representan el puntofijismo, cuyo modelo político pretendía superar el Proceso Bolivariano.

Agotamiento y desmontaje de los referentes del Proceso Bolivariano

Con la pérdida del referéndum para modificar la Constitución en el año 2007, y con una correlación de fuerzas favorable en la Asamblea Nacional (AN), el presidente Chávez, a pesar de los resultados electorales desfavorables, decide implementar cambios a través de una Ley Habilitante[48] otorgada por esa misma asamblea, aprobando un conjunto de leyes con las cuales buscaba "profundizar", desde el punto de vista normativo-legal, lo que se pudiera interpretar como referentes del proceso de cambio; se hace mención, concretamente, al tema del desarrollo del poder popular, a la

---

[47] Se refiere al poscapitalismo.
[48] Potestad que le otorga el Poder Legislativo al Poder Ejecutivo para elaborar o reformular leyes.

creación de las comunas como instancias de autogobierno y a las empresas de propiedad social, entre otras.

En el plano internacional, luego de la crisis financiera de 2008, cuyo epicentro fue la economía de los Estados Unidos, los precios del petróleo comienzan a subir hasta lograr máximos históricos que se mantienen durante los años 2011, 2012 y 2013 por encima de los USD 100 por barril, situación que obviamente beneficia las finanzas del Estado petrolero, aunque, paradójicamente, en el marco del control cambiario, se incrementa la deuda total del Estado y se sigue generando la fuga de capitales (Millán, Nuñez y Torrealba, 2017).

Cabe señalar que aunque en Venezuela existió un control cambiario desde 2003, en el país se ha venido produciendo de manera gradual y acelerada una fuga de capitales que llegó a ubicarse entre 1998 y 2013 en un monto estimado de USD 259.234 millones,[49] siendo emblemáticos los años 2008 y 2011, cuyo monto se estima en promedio anual en USD 53.327 y 48.548 millones, respectivamente. Dicho control cambiario estuvo en pleno funcionamiento hasta fines de 2018.[50]

A partir de 2013 confluye la muerte del presidente Chávez con una baja significativa en los precios del petróleo,[51] que pasan estos de USD 96.66 promedio por barril durante 2013 (Minpet, 2014, p. 147) a ubicarse en USD 24.71 por barril durante el primer trimestre de 2016. Esto contribuye a poner de manifiesto una profunda crisis en Venezuela, que como se ha definido a comienzos de este documento, es una crisis compleja de carácter estructural.

La élite de poder que controla la política económica del país y que se expresa en el control nacional que tiene sobre el PSUV, una vez que fallece el presidente Chávez, comienza

---

49 Ver trabajo de investigación: https://bit.ly/3AuQ9rH.
50 BCV, Convenio Cambiario N° 1.
51 Se producen cambios en la geopolítica energética mundial con la entrada del petróleo de esquisto y EE.UU. cobra espacios como productor importante.

a tener perfil propio y pone en marcha el desarrollo de una estrategia que se inicia con el desmontaje de los referentes políticos e institucionales del Proceso Bolivariano, lo cual significa un profundo revés en los logros que en materia social[52] y de derechos humanos[53] había obtenido el proceso de cambio venezolano. Por otra parte, de forma acelerada se va desarrollando una política económica que busca promover y garantizar las inversiones del capital internacional, expresado en una nueva correlación de fuerzas internacional, donde es obvia la importancia y el apoyo de manera abierta y directa que recibe el sucesor de Chávez por parte de los gobiernos de Rusia y China.

En cuanto a los referentes de la revolución, que han sido desmontados progresivamente, se puede mencionar lo relacionado con el tema del poder popular y la creación de las comunas, considerados los "sujetos protagónicos" del Proceso Bolivariano, que se han ido sustituyendo progresivamente, en términos de discurso e importancia, por la construcción de lo que el gobierno denomina Comité Local de Abastecimiento y Producción (CLAP), que no es más que la venta, a los sectores populares de preferencia identificados con el gobierno, de bolsas de comida a precios subsidiados.

Por otra parte, han sido progresivamente eliminados los organismos microfinancieros o por lo menos diezmados en cuanto a su actuación en la política socioproductiva, regulándolos por la Ley de Bancos y supervisándolos a

---

52 Revisar informes de Caritas de Venezuela: Monitoreo de la situación nutricional en niños menores de 5 años, marzo-abril y abril-agosto del presente año. Ver: https://bit.ly/3CDrGCf. Ver también: Situación alimentaria y nutricional en Venezuela, feb. 2017. https://bit.ly/2VISqk7.

53 Un caso emblemático de violación de derechos humanos son los Operativos de Liberación del Pueblo (OLP) instrumentadas durante el año 2015, que convirtieron a los organismos de seguridad del Estado en agentes violadores de derechos humanos. humanos. Ver: https://bit.ly/3lRQReu. Ver también el estudio de Roberto Briceño-León en esta misma publicación (p. 149) [los coordinadores]. Además, ver los informes anuales 2018 y 2019 del Programa Venezolano de Educación Acción en Derechos Humanos (PROVEA).

través del ente que controla al sector financiero bancario;[54] es decir, entran en las normas de Basilea,[55] situación que es totalmente incompatible con la razón de ser de los entes microfinancieros que fueron creados a partir de 1999.[56]

De igual forma, se crean por primera vez en toda la historia republicana del país más de diez empresas asociadas a la Fuerza Armada Nacional Bolivariana (FANB) en una clara mercantilización[57] de esta institución, al margen de su razón de ser y definición, tal como está contemplado en el artículo 328 de la CRVB, lo que lleva a inferir que existe una explícita política dirigida a un proceso de corporativización de la FANB. La función de mercantilización de la FANB se puede revisar en la política asociada al *Motor Industrial Militar* creado el 18 de noviembre de 2014 en el marco del decreto[58] que crea las Zonas Económicas Especiales. Por otra parte, en diciembre de 2016 se excluye a las empresas de la Fuerza Armada Nacional Bolivariana del ámbito de control y supervisión de la Contraloría General de la República,[59] es decir, su actuación administrativa y financiera queda al margen del control estatal, y se le otorga dicha responsabilidad, en un abierto conflicto de intereses, a la Contraloría General de la Fuerza Armada Nacional Bolivariana.[60]

---

54 La Superintendencia de las Instituciones del Sector Bancario (SUDEBAN).

55 Son regulaciones establecidas por el Comité de Basilea para el sector bancario mundial.

56 Quien suscribe formó parte de los equipos técnicos que diseñaron la creación de los entes microfinancieros, como el Banco del Pueblo Soberano (1999), el Banco de Desarrollo de la Mujer (2001) y el Programa de Microfinanzas en el Banco Industrial de Venezuela (2000).

57 Ver: https://bit.ly/2VzpsmZ.

58 Decreto con Rango, Valor y Fuerza de Ley de Regionalización Integral para el Desarrollo Socioproductivo de la Patria, publicado en *Gaceta Oficial Extraordinaria* N° 6151. Ver: https://bit.ly/3yBcWl5.

59 Ver: https://bit.ly/3nwcIcr.

60 Ver sentencia del TSJ: https://bit.ly/3Ac7VAp.

La actual crisis como expresión de un modelo rentístico no superado y de un proceso político agotado

Después de casi veinte años de iniciado el proceso de cambio en Venezuela liderado por Chávez, el país se encuentra en una realidad que, lejos de haber generado unas bases sólidas que permitieran construir una independencia de la renta petrolera o por lo menos un colchón[61] para soportar los vaivenes del mercado petrolero mundial, se evidencia, dado el colapso generalizado de la industria petrolera nacional (Mendoza, 2018) y los efectos que sobre la economía nacional ha tenido la baja internacional del precio del petróleo, que muy poco ha cambiado la estructura económica de Venezuela y que, lamentablemente, en muchos aspectos se han profundizado problemas estructurales, lo cual tiene como corolario una mayor dependencia del modelo extractivista y por ende una situación muy vulnerable al manejo de intereses que se mueven en el ámbito de la geopolítica energética mundial.

Pero también se debe decir que una vez que estalla la crisis con la baja significativa de los precios petroleros a fines de 2013, la élite de poder que controla al Estado[62] termina, en aras de mantenerse en él, enfrentando varias contradicciones y profundizando un sistema de gobierno con cada vez más autoritario.

1. La contradicción entre el mantenimiento de los compromisos internacionales[63] versus la inversión social

---

[61] Se hace referencia a un fondo de ahorros, tipo Noruega. Ver: https://bbc.in/3jFjRTX.

[62] Se hace referencia a la dirigencia del PSUV-gobierno y sus vasos comunicantes con sectores empresariales y grupos que de forma delictiva vienen capturando la renta petrolera.

[63] Se hace mención al pago del servicio de la deuda, de las importaciones, de los convenios internacionales como Petrocaribe y a otros surgidos de la administración de PDVSA.

que hasta 2013 era uno de los grandes logros que había tenido el Proceso Bolivariano. Siendo el Estado el mayor importador de alimentos, según el Instituto Nacional de Estadísticas (INE),[64] durante 2013 el país importó alimentos por la cantidad de USD 10.073 millones, mientras que durante los años 2014, 2015, 2016 y 2017 se importó la cantidad de USD 10.443 millones, USD 6.168 millones, USD 3.951 millones y USD 501 millones, respectivamente, es decir, la importación de comida entre el año 2013 y 2017 en términos monetarios tuvo una disminución de 95%, situación que efectivamente se reflejó en el incremento del índice de escasez de alimentos, el cual llegó a estar por el orden del 80% en 2017.[65] Mientras tanto el presidente Nicolás Maduro declaraba el 25 de agosto de 2017 que su gobierno había pagado, durante los últimos 24 meses, en compromisos internacionales la suma de USD 65.000 millones,[66] aduciendo dudosamente que, a pesar de cancelar dichos compromisos, ello no había significado la reducción de los programas sociales.

2. La otra contradicción que surge entre asumir autocríticamente los errores y debilidades de no haber sentado las bases para cambiar o hacer menos dependiente al país del modelo productivo rentista petrolero, lo que innegablemente conllevaba tener una clara y decidida voluntad política para reorientar la política económica y emprender un proceso firme, transparente y ciudadano para investigar y detener el desfalco a la nación o, lo que efectivamente ocurrió, que fue la evasión de responsabilidades, gracias a la construcción de un discurso donde se le atribuyó toda la responsabilidad de la crisis a una "guerra económica",[67] que al principio se

---

64   Ver: https://bit.ly/3fRRpNA.
65   Ver: https://bit.ly/2VL3yfY.
66   Ver: https://bit.ly/3s6d3CA.
67   Contrario al discurso se producen encuentros con empresarios y se les otorga financiamiento. Ver: https://bit.ly/38VPbsC.

asociaba a los empresarios y al contrabando de extracción[68] de bienes y posteriormente a un sector del pueblo que, como forma de buscar paliar sus mermadas condiciones de vida,[69] empieza a vivir de una economía de arbitraje que se sustenta en el diferencial entre el precio regulado de los productos y el precio que como consecuencia de la escasez –generada por una disminución significativa del total de las importaciones[70] y por ende de la producción nacional– va estableciendo el mercado y la especulación generalizada. Dicha economía de arbitraje se convierte progresivamente en el mecanismo que determina la dinámica de la economía venezolana, muy sensibilizada por el efecto pernicioso que la propia crisis económica y política genera sobre el tipo de cambio y los intereses especulativos y de prácticas de corrupción que en torno al enorme diferencial cambiario se aglutinan por parte de ciertos sectores que tuvieron acceso a dólares preferenciales.[71]

3. La otra contradicción se presenta en torno a la profundización del modelo extractivista versus el principio de soberanía, respeto y preservación de la naturaleza. Es así como ante el evidente agotamiento del modelo rentista petrolero, el gobierno de Nicolás Maduro, en el marco del Decreto que crea las Zonas Económicas Especiales, promulga el Decreto 2.248 de fecha 24 de febrero de 2016, mediante el cual se define la Zona de Desarrollo Estratégico Nacional "Arco Minero del

---

[68] Especialmente con Colombia, lo que origina el cierre de la frontera colombo-venezolana durante varios meses desde 2015 hasta 2016. Ver: https://bbc.in/3fTVQY9.

[69] Convirtiéndose en la plataforma comercial de algunos sectores empresariales.

[70] Entre 2012 y 2016 las importaciones tuvieron una caída del 72% al pasar de USD 54.767 millones en 2012 a USD 15.433 millones en 2016. Datos del INE y el Seniat.

[71] Ver documento entregado por la Plataforma para la Auditoría Pública y Ciudadana contra el Desfalco a la Nación al Consejo Moral Republicano en fecha 18/09/2015: https://www.aporrea.org/ddhh/a214280.html.

Orinoco" (AMO), que contempla un aproximado de 112.000 km^2 del territorio nacional que está siendo entregado para su explotación indiscriminada a empresas transnacionales.[72] Por otra parte, este decreto es un evidente desmontaje de la Constitución de 1999 y de los referentes de los que, en materia de logros en derechos sociales y ambientales, se había, por lo menos discursivamente, sustentado el Proceso Bolivariano, ya que a través de la megaminería a gran escala se dañarán irreversiblemente los frágiles ecosistemas mega-biodiversos protegidos que son patrimonio natural intergeneracional de la nación, y esto afectará (como efectivamente está ocurriendo con la minería ilegal) importantes ríos y cuencas, y dará lugar a una megadevastación forestal y de los suelos. De igual modo, se estima que generará un etnocidio masivo de los pueblos originarios que habitan en esa zona.[73] Es en este contexto que la política económica del gobierno se va orientando a la profundización del modelo extractivista sin detenerse a evaluar el desastre social y ecológico que está ocurriendo en el vasto territorio destinado al Arco Minero del Orinoco (Romero y Ruiz, 2013). En este sentido, se estimula y promueve la compra de oro a través de los instrumentos financieros respaldados en oro,[74] y se llega al paroxismo del extractivismo cuando el gobierno de Maduro anuncia el otorgamiento de una mina de oro a cada gobernación bolivariana.[75]

4. El dilema entre un discurso democrático y revolucionario en defensa de la Constitución y su desmontaje progresivo, lo que profundizó la deriva autoritaria del

---

72 Inclusive empresas como la Gold Reserve Inc., que demandó a Venezuela ante CIADI por la eliminación en 2009 de la concesión que tenía desde 1990 en la mina las Brisas del Edo. Bolívar.

73 Ver admisión por parte del TSJ de la petición de nulidad del Decreto 2248 que crea el AMO: https://bit.ly/38U5INK.

74 Plan de ahorros en oro: https://bit.ly/3fP7pA3.

75 Ver: https://bit.ly/3lSqfKe.

gobierno. Esta situación conduce a la contradicción entre buscar mantenerse en el poder versus respetar el marco electoral que sustenta el Estado de derecho y el orden constitucional a pesar de que los procesos electorales le sean adversos. En este contexto, la oposición partidista gana las elecciones parlamentarias en diciembre de 2015, lo que constituye un quiebre histórico al obtener la coalición de partidos organizados en la MUD[76] las dos terceras partes de la Asamblea Nacional (AN)[77] con 112 diputados de los 167 en total, y el PSUV y los partidos aliados organizados en torno al Gran Polo Patriótico, 55 diputados. A partir de esta situación la crisis política se profundiza, caracterizada por una polarización que queda atrapada en una lógica abierta y permanente de violación, por parte de ambos bandos (gobierno y el sector de la oposición extrema), a la Constitución vigente, de modo que se plantea para el gobierno el dilema de mantenerse en el poder a como dé lugar aunque ello implique, como efectivamente viene ocurriendo, la ruptura del orden constitucional y por ende el desconocimiento del modelo de Estado que está consagrado en la Constitución. En una disyuntiva similar se encuentra un sector de la oposición, al pretender sacar, por cualquier vía, a Nicolás Maduro de la presidencia de la república antes de finalizar su mandato como está contemplado en la propia Constitución. Es en este ámbito de polarización, atrapada en una irracionalidad de exterminio mutuo entre actores políticos, que se suscitaron los siguientes eventos que, de alguna forma, determinaron la profundización de la

---

[76] Mesa de la Unidad Democrática que representó una coalición de partidos de la oposición creada en 2008.

[77] En dichas elecciones con una alta participación nacional de 71.17%, la MUD obtuvo 7.726.066 votos (56.22%), es decir, 112 diputados, y el Gran Polo Patriótico-PSUV obtuvo la cantidad de 5.622.844 (40.91%), es decir, 55 diputados.

crisis político-institucional que hoy en día sigue caracterizando la profunda crisis que tiene el país:

a. Antes de ocurrir la toma de posesión de los nuevos diputados a la Asamblea Nacional (AN), en diciembre de 2015, la AN saliente[78] reestructura el Tribunal Supremo de Justicia (TSJ) al nombrar nuevos magistrados cercanos al PSUV-gobierno, inclusive sin contar estos con las credenciales necesarias para ejercer dicho cargo, es decir, como magistrados del TSJ.[79]

b. Una vez nombrados los nuevos magistrados y al tener el PSUV-gobierno una correlación de fuerzas favorables en el TSJ, este órgano, actuando a petición de la dirigencia del PSUV, declara fraude en las elecciones de los diputados (indígenas) del estado Amazonas, anula así su designación, a pesar de que habían sido juramentados por el Poder Electoral, y dejan sin representación en el Parlamento al estado Amazonas. Esta maniobra logró romper la mayoría calificada que había obtenido la oposición en el Parlamento y que le habría permitido realizar cambios importantes, desde el punto de vista legislativo y en la designación de los representantes en los poderes: Moral, Judicial y Electoral.

Es así como, a partir de estos eventos, se profundiza un proceso progresivo de desmontaje de la Constitución, donde el nuevo TSJ se convierte en la punta de lanza del PSUV-gobierno para impedir el avance político-institucional de la oposición-MUD y, por ende, de cualquier

---

[78] Conformada por la mayoría de diputados afectos al gobierno de Nicolás Maduro.

[79] Ver: https://bit.ly/2VPCZ9T.

factor de oposición al gobierno. En este sentido, se debilita a la AN al declararla en "desacato" por parte del TSJ,[80] se le otorgan poderes extraordinarios al presidente de la república para legislar en materia económica y de toda índole,[81] se impide la realización del referéndum presidencial del año 2016, a pesar de que la oposición había logrado cumplir con los parámetros establecidos para ello, tal como lo definen la Constitución y el marco electoral.[82]

El punto álgido de desconocimiento y de desmontaje de la Constitución y, por ende, de todo el orden constitucional vigente ocurre cuando, en una flagrante violación a los artículos 347 y 348,[83] se convoca a una Asamblea Nacional Constituyente (ANC), la cual se erige a partir del 30 de julio del año 2017 en un poder supra constitucional ilimitado, rebasando en esencia los propios límites que a ella le consagra la vigente Constitución del 99, "[…] con el objeto de transformar el Estado, crear un nuevo ordenamiento jurídico y redactar una nueva Constitución", la que, una vez diseñada, su aprobación (legalización y legitimación) deberá ser mediante el llamado a referéndum popular, tal como lo establece todo el articulado de la propia Constitución, así como el precedente que se sentó cuando esta fue aprobada en diciembre de 1999.

5. Otras de las evidentes contradicciones que se confrontan es la referida a todo el marco legal

---

[80] Este "desacato" se refiere a que la AN no desincorporó, cuando se lo ordenó el TSJ a los diputados de Amazonas cuestionados por supuesto fraude. Hasta la fecha el país no conoce las pruebas de dicho fraude. Ver: https://bit.ly/3jMGyWh.

[81] El país hasta la fecha vive en el marco de un estado de excepción y de emergencia económica que lleva aproximadamente más de 17 meses. De acuerdo con el artículo 337 de la CRBV, se decreta un estado de excepción, entre el Ejecutivo y el Poder Legislativo, cuando el país está severamente amenazado, por lo que se podrán restringir temporalmente ciertas garantías consagradas en la Constitución, salvo las que son atinentes a los derechos humanos.

[82] Ver: https://cnn.it/3iEn8Uw.

[83] Ver: https://bit.ly/3laD0hf.

e institucional (Poder Moral) que se erige como soporte jurídico normativo que da cuenta de la importancia que tiene la defensa de los derechos humanos para el Proceso Bolivariano, y lo que se ha venido documentando como evidencia de su violación sistemática (derechos civiles, políticos, sociales, económicos, ambientales) de la población en general. Un ejemplo de ello son las Operaciones de Liberación del Pueblo (OLP),[84] una política que ha resultado estar en el centro de las diversas denuncias de violación a los derechos humanos que se han venido cometiendo por parte de los cuerpos de seguridad del Estado.[85] También debemos hacer mención a los excesos policiales cometidos durante eventos de protesta por parte de la población, así como a la cantidad de personas civiles y militares[86] privadas de libertad sin el debido proceso, en muchos casos solamente por protestar y exigir mejoras en las condiciones laborales y de vida.[87] La manera como fue acribillado, a pesar de haberse rendido,[88] el agente Oscar Pérez y su grupo, las circunstancias poco transparentes que rodearon la muerte del concejal Fernando Albán Salazar, quien se encontraba bajo la custodia del Estado venezolano, detenido en octubre de 2018 por el Servicio Bolivariano de Inteligencia Nacional, SEBIN,[89] el

---

84 Son operaciones conjuntas de todos los cuerpos de seguridad del Estado dirigidas a "liberar" territorios donde operan grupos delincuenciales. Ver la nota de fin de página 53 de este artículo.

85 Ver trabajos del investigador Keymer Ávila: https://bit.ly/3fPbLqT.

86 El caso del mayor general Miguel Rodríguez Torres, hombre de extrema confianza del presidente Chávez, próximo a cumplir 3 años detenido sin audiencia preliminar.

87 Sindicalistas presos, como el caso de Rodney Álvarez: https://bit.ly/3lQjgSh.

88 Ver: https://www.youtube.com/watch?v=Ik9ZCuNItNE y https://bit.ly/3jK6AJS.

89 Ver: https://bbc.in/38TSrou.

caso emblemático del asesinato del capitán Rafael Acosta Arévalo en manos de sus captores,[90] quienes lo torturaron hasta morir. Todas estas denuncias y muchas otras fueron documentadas en el informe que presentara la Oficina de las Naciones Unidas para los Derechos Humanos sobre Venezuela durante el año 2019.[91]

6. Finalmente, la contradicción que se genera entre el discurso socialista y antiimperialista, mientras se van creando las bases y las alianzas para la consolidación de un proceso abierto de entrega de territorio, de facilidades y de recursos al capital internacional, caracterizado por la nueva correlación de fuerzas que viene ocurriendo en la geopolítica mundial con la activa participación de China y Rusia. Es por ello que, quienes conducen los destinos del país post-Chávez, y partiendo de la lógica Estado-céntrica, buscan promover y consolidar estas alianzas a través, entre otros aspectos, de la puesta en marcha de lo que se denomina las Zonas Económicas Especiales,[92] en general, así como el desarrollo de contratos en el sector petrolero que comprometen la soberanía nacional,[93] buscando convertirse en una opción segura para el desarrollo y la inversión de dichos capitales.[94]

---

[90] Ver: https://bbc.in/3jMJtOJ.

[91] Ver: https://bit.ly/3xBZoEz.

[92] Se hace referencia al Decreto con Rango, Valor y Fuerza de Ley de Regionalización Integral para el Desarrollo Socioproductivo de la Patria, mencionado anteriormente.

[93] Ver: https://bit.ly/3AwsFlY.

[94] Para fines de 2020 se aprobó a través de la Asamblea Nacional Constituyente la Ley Constitucional Antibloqueo para el Desarrollo Nacional y la Garantía de los Derechos Humanos, la cual es objeto de profunda crítica por su carácter anticonstitucional y porque a través de ella se pretende negociar activos de la república utilizando mecanismos muy poco transparentes. Ver https://bit.ly/3fQ3iUg.

La profundización de la actual crisis y la posibilidad de la destrucción del país como república

Hasta aquí se han mencionado las profundas contradicciones del Proceso Bolivariano inherentes a las causas de la crisis venezolana; es menester ahora hacer referencia al camino que ha transitado un sector de la oposición al que se pudiera calificar como oposición extrema.[95] El país está frente a una situación inédita, jamás vivida en toda su historia republicana. Nunca como ahora ha existido una abierta y directa participación de los intereses de la geopolítica mundial con la venia y estímulo por parte de los actores políticos nacionales; se hace mención, por una parte, a los intereses que se juegan entre Estados Unidos y sus aliados, que abiertamente vienen apoyando a un sector de la oposición venezolana que son quienes mantienen el monopolio político como tal, y por otra parte, a los intereses de China y Rusia, que mantienen alianzas muy estrechas con el gobierno de Nicolás Maduro. En medio de esta diatriba compleja y perniciosa, está un pueblo que viene sufriendo los embates de una crisis que no se podrá conjurar mientras no se resuelva el profundo conflicto político-institucional, que termina siendo, a la postre, el sustento de la mega crisis que padece el país.

En este sentido, después de muchos meses solicitando la realización de elecciones presidenciales anticipadas, un sector de la oposición política, una vez fracasado el diálogo de Santo Domingo,[96] donde no hubo acuerdos sobre el tema electoral (fecha de las elecciones presidenciales), así como la designación de un nuevo Consejo Nacional

---

95 Se hace referencia a la oposición que ha militado con salidas anticonstitucionales, donde están algunos actores independientes y otros que se organizan en torno a los principales partidos que formaron parte de la Mesa de la Unidad Democrática MUD, concretamente se hace mención a los partidos Voluntad Popular, Primero Justicia, Vente Venezuela.

96 Diálogo entre el gobierno de Nicolás Maduro y los representantes de la oposición.https://bit.ly/3jK7PJ8

Electoral (CNE), desarrolla una campaña de abstención ante la arbitrariedad del gobierno de Nicolás Maduro de convocar elecciones presidenciales para el 20 de mayo de 2018, utilizando a través del control que tiene sobre el CNE todos los mecanismos para impedir la realización de un proceso electoral: plural, transparente, democrático, competitivo y libre.[97] Sin embargo, otro sector de la oposición, que apuesta por salidas electorales a la crisis, a pesar de la deriva autoritaria del gobierno, decide participar en dichas elecciones presidenciales. El referido evento electoral del 20 de mayo de 2018, muy cuestionado tanto nacional como internacionalmente, se caracterizó, entre otros aspectos, por tener como resultado la reelección presidencial de Nicolás Maduro para un segundo periodo presidencial (2019-2025), en medio de una abstención histórica[98] en Venezuela para ese tipo de eventos y bajo un despliegue de ventajismo y abuso de poder por parte del gobierno de Nicolás Maduro y su partido (PSUV), tal como lo documentó el Observatorio Electoral Venezolano en su Informe de Irregularidades 2018.[99]

Durante 2019, año donde se inicia un segundo mandato presidencial para Nicolás Maduro, ocurren dos hechos inéditos que siguen abonando la profundización de la crisis venezolana. Se hace referencia, específicamente, a la juramentación de Nicolás Maduro ante el TSJ e, inmediatamente después, ante el Alto Mando Militar[100] (lo cual contraviene la Constitución, que exige debe ser ante la Asamblea Nacional), y a la autojuramentación del diputado Juan Guaidó[101] en una plaza pública como "presidente encargado", apelando a una interpretación muy sesgada e interesada de

---

97 Ver: https://bit.ly/2XiDTwa.
98 Una abstención del 54%. Ver https://bit.ly/3AtcYvG.
99 Ver: https://bit.ly/3xImdGx.
100 Ver: https://bit.ly/3jLFiCX.
101 Presidente de la AN para el año 2019.

los artículos 233,[102] 333 y 350 de la Constitución, poniendo en práctica la estrategia para sacar a Nicolás Maduro del poder, definida como "Cese a la Usurpación, Gobierno de Transición y Elecciones Libres". Muy pronto quedó en evidencia que dicha estrategia era una maniobra diseñada desde el Departamento de Estado de los EE.UU. y de los gobiernos aliados, como por ejemplo los que en esa oportunidad se organizaron en torno al denominado Grupo de Lima[103] y algunos países de la Unión Europea. Dicha estrategia para sacar a Maduro del poder buscaba transitar una vía violenta y muy poco democrática y constitucional,[104] la cual quedó develada en los controvertidos hechos que rodearon tanto al 23 de febrero[105] como al 30 de abril de 2019.[106] Todo el escenario anterior que va llevando al país a una escalada de mayor violencia e intolerancia ocurre teniendo como colofón las permanentes amenazas y acciones, al margen del respeto al derecho internacional y de la soberanía de los Estados, por parte del gobierno de los Estados Unidos de América al profundizar las sanciones financieras y económicas contra Venezuela, las cuales pasan de prohibirle al gobierno de Maduro utilizar la plataforma del dólar para emitir nueva deuda,[107] al BCV de utilizar el dólar en sus operaciones financieras, hasta el impedimento

---

[102] Este artículo se refiere a las causas absolutas del presidente o presidenta de la república y quien debe ocupar la responsabilidad como encargado, donde al asumir el presidente o presidenta de la AN lo debe hacer solamente para convocar elecciones presidenciales en un plazo de 30 días.

[103] Ver: https://bit.ly/3ADoDbD (visitado el 22/03/21).

[104] Aquí se pueden mencionar las infinidades de solicitudes por parte del diputado Guaidó de una intervención militar extranjera.

[105] Se trata de lo que ocurrió con el intento de introducir lo que denominaron como "ayuda humanitaria" por la frontera con Colombia: https://bbc.in/3xBqOu7.

[106] Se hace referencia al intento de golpe de Estado: https://bit.ly/3s8jRzK.

[107] Las primeras sanciones financieras y económicas ocurren en agosto de 2016, cuando el Departamento del Tesoro de los EE.UU. emite una resolución donde se le impide al gobierno de Maduro utilizar la plataforma financiera del dólar para reestructurar o emitir nueva deuda. Ver: https://bit.ly/3fVYY2yB.

de que la industria petrolera (PDVSA), y en general las instituciones del Estado, realicen transacciones comerciales en dólares, con el exabrupto de bloquear los activos que a nivel internacional le pertenecen a la nación y reconocer y aceptar una Junta Directiva en la empresa CITGO,[108] filial de PDVSA en EE.UU., designada por el diputado Guaidó como "presidente encargado", con lo cual se impide prácticamente el control financiero y operativo del CITGO por parte de PDVSA casa matriz. Todo ello ocurre en el marco de un permanente discurso belicista, arrogante e intervencionista que hace sistemática referencia a que en el caso de la crisis venezolana "todas las opciones están sobre la mesa",[109] dando a entender que no se descartaba, incluso, una salida de tipo militar.

Conclusiones

Sin lugar a dudas, todos los eventos ocurridos después del quiebre histórico que significaron los resultados electorales del 6 de diciembre de 2015, lejos de generar condiciones para conjurar, por lo menos desde el punto de vista político, la crisis venezolana y abrir cauces que permitan perfilar acuerdos para atender el profundo drama social y económico que tiene el país, han conducido a Venezuela a una encrucijada histórica donde se presentan dos opciones, a saber, buscar un cauce democrático, pacífico y soberano para superar la crisis, o bien profundizarla con los consecuentes efectos que amenazan la estabilidad e integridad de la república.[110] Venezuela se encuentra entonces con un pueblo que está subsumido en un drama social complejo, desmoralizado y cansado, afectado por un proceso de

---

108 Ver: https://bit.ly/3yDXTap.
109 Ver: https://cnn.it/3sakRDi.
110 Se hace referencia a lo que se define como república y que se menciona en el artículo 1 de la CRBV.

emigración histórica que ha fracturado a miles de familias venezolanas; por una dirigencia opositora con vínculos importantes con la élite política y económica mundial que año tras año ha venido desarrollando como estrategia la profundización de la polarización extrema, de la cual también ha sacado provecho la élite que gobierna; y, por último, por un gobierno que, en su afán por mantenerse en el poder, ha desmontado buena parte de lo que habían sido los referentes del Proceso Bolivariano y del modelo político contenido en la Constitución vigente, y así se ha deslizado cada vez más hacia un régimen profundamente autoritario.

Es obvio que tanto ayer como hoy, Venezuela es un país más dependiente del modelo extractivista y, por ende, sigue padeciendo el manejo geopolítico que existe detrás del control petrolero mundial y del reacomodo de la geopolítica que sirve a sus intereses. El gran desafío que confronta al pueblo venezolano con el futuro inmediato, y el tiempo de la carga histórica que significa haberse atrevido, como pueblo, a soñar con la construcción de "otro mundo posible", obliga hoy más que nunca a retomar las banderas de la disposición al cambio y a seguir atreviéndose a soñar, interpelando a la historia reciente sin perder la motivación por la construcción de proyectos alternativos, lo que significa superar la actual crisis, conectando la necesidad de reinstitucionalizar al país, que pasa necesariamente por el respeto a las reglas básicas del juego democrático y al Estado de derecho contenido en la Constitución vigente, con los grandes desafíos que hoy en día enfrenta la humanidad toda en el actual proceso de cambio civilizatorio, caracterizado como afirma Lander por "la crisis terminal multidimensional del patrón civilizatorio moderno-colonial" (Lander, 2019, p. 9).

Referencias

ACNUR (2019). *Situación en Venezuela*. https://bit.ly/3ADqZY1.

Acosta, A. y Brand, U. (2017). *Salidas del laberinto capitalista. Decrecimiento y postextractivismo*. Quito: Fundación Rosa Luxemburgo, Oficina Regional Andina.

Ashin, G. (1987). *Teorías modernas acerca de la élite*. Moscú: Editorial Progreso.

Ávila, K. (2017). Las operaciones de liberación del pueblo (OLP): entre las ausencias y los excesos del sistema penal en Venezuela. *Crítica Penal y Poder*, num. 12. pp. 58-86. https://bit.ly/3fPmfXh.

Banco Central de Venezuela (2018). *Convenio Cambiario N° 1. Nuevo marco cambiario*. https://bit.ly/3s9Fb7X.

Banco Central de Venezuela (2020a). *Información Estadística. Producto interno bruto por clase de actividad económica a precios constantes*. Caracas. https://bit.ly/3iEuuaA.

Banco Central de Venezuela (2020b). *Información Estadística. Consumidor*. Caracas. https://bit.ly/3Atgvdw.

Baptista, A. (2004). *El relevo del capitalismo rentístico hacia un nuevo balance de poder*. Caracas: Fundación Polar.

BBC NEWS (2013). Petróleo de esquisto, el nuevo fenómeno energético. *BBC News*. https://bbc.in/3s6ND7U (visitado el 20/1/2020).

Caritas de Venezuela (2017). *Monitoreo de la situación nutricional en niños menos de 5 años*. Venezuela Distrito Capital – Vargas – Miranda y Zulia. https://bit.ly/3m1-O9D4.

Constitución de la República Bolivariana de Venezuela (CRBV) (1999, 30 de diciembre). Gaceta Oficial de la República Bolivariana de Venezuela, N° 36.860 (Extraordinaria), 24 de marzo de 2000.

Córdova, A. (1999). *Globalización: riesgos y oportunidades para Venezuela*. Caracas: Academia Nacional de Ciencias Económicas.

Córdova, A. (2008). *La crisis económica actual: antecedentes y perspectivas*. Conferencia Anual, Academia Nacional de Ciencias Económicas. Caracas. https://bit.ly/2WYeWpz.

Diccionario de la Real Academia Española. Revolución. https://bit.ly/2U9nVmJ (visitado el 25/1/2020).

Economipedia. Consenso de Washington. https://bit.ly/37wYyOH (visitado el 15/1/2020).

El Programa Venezolano de Educación Acción en Derechos Humanos (Provea) (2019). *Informe Anual 2018*. Caracas. https://bit.ly/3iFsL4N.

El Programa Venezolano de Educación Acción en Derechos Humanos (Provea) (2020). *Informe Anual 2019*. Caracas. https://bit.ly/3iBwKz6.

ENCOVI (2018). *Encuesta sobre condiciones de Vida en Venezuela*. Universidad Católica Andrés Bello, Universidad Simón Bolívar y Universidad Central de Venezuela. Caracas, febrero. https://bit.ly/3jYIQms.

Furtado, C. (1981). *Notas de la economía venezolana y sus perspectivas actuales*. Caracas. Oficina Central de Coordinación y Planificación de la Presidencia de la República, Cordiplan.

Ikonicoff, M. (1989). *De la cultura de renta a la economía de producción*. Argentina: editorial Legasa.

Instituto Nacional de Estadísticas (2020). *Demográficos*. Proyecciones de población. Caracas. https://bit.ly/3jX5-w6F.

Lander, E. (1994). *El impacto del ajuste neoliberal 1989-1993. Neoliberalismo, sociedad civil y democracia*. Ensayos sobre América Latina y Venezuela. Caracas: FACES, Facultad de Ciencias Económicas y Sociales, Universidad Central de Venezuela. https://bit.ly/3CGp06U.

Lander, E. (2017). La experiencia bolivariana en la lucha por trascender al capitalismo, *Aporrea*. Caracas, 28 de agosto. https://bit.ly/3iz6l54.

Lander, E. (2019). *Crisis civilizatoria. Experiencias de los progresismos y debates en la izquierda latinoamericana*. México: Centro María Sibylla de Estudios Latinoamericanos Avanzados en Humanidades y Ciencias Sociales (CALAS), Universidad de Guadalajara.

León, I. (2017). Así fue la Constituyente de 1999 en seis claves. *Efecto Cocuyo*. Caracas, 5 de mayo. https://bit.ly/3jPEcGt.

Márquez, G. (2020). Ley antibloqueo: una oferta engañosa. *Aporrea*. Caracas, 5 de noviembre. https://bit.ly/3yFhqHq.

Mendoza, C. (2018). La política petrolera a la manera de los músicos del "Titanic". *Questión*, 24 de mayo. https://bit.ly/3jEEXlu.

Ministerio del Poder Popular de Petróleo (Minpet) (2009). *Petróleo y otros datos estadísticos (PODE) 2007-2008* https://bit.ly/3A1MGko.

Ministerio del Poder Popular de Petróleo (Minpet) (2016). *Petróleo y otros datos estadísticos (PODE) 2014.* Caracas. https://bit.ly/3CEo3w1.

Ministerio del Poder Popular para el Desarrollo Minero Ecológico (2019). *Presidente Nicolás Maduro aprobó entrega de una mina de oro "Productiva a cada Gobernación Bolivariana".* Caracas, 16 de octubre. https://bit.ly/3s8mode.

Naciones Unidas Derechos Humanos, Oficina del Alto Comisionado (2019). *Informe de la Alta Comisionada de las Naciones Unidas para los Derechos Humanos sobre la situación de los derechos humanos en la República Bolivariana de Venezuela*, A/HRC/41/18 (4 de julio de 2019). https://bit.ly/3gd2N79.

Núñez, P., Torrealba, W. y Millán, O. (2017). *La deuda venezolana, las sanciones del Gobierno de Trump y la salida a la crisis desde una perspectiva revolucionaria.* Caracas., 11 de octubre. https://bit.ly/3s9HhER.

Observatorio Electoral Venezolano (2019). *Informe de Irregularidades 2018: las elecciones del próximo 20 de mayo no son libres ni democráticas.* Caracas. https://bit.ly/3CDDrsm.

Plataforma Ciudadana en Defensa de la Constitución (2018). La crisis se profundiza y el gobierno contribuye cada día con ella. *Aporrea*. Caracas, 16 de agosto. https://bit.ly/3xJYCWk.

Plataforma Ciudadana en Defensa de la Constitución (2019a). Rechazamos a Maduro y también al Estado "paralelo" de Guaidó auspiciado por Grupo de Lima-UE-EE.UU. *Aporrea*. Caracas, 17 de enero. https://bit.ly/3lRsttl.

Plataforma Ciudadana en Defensa de la Constitución (2019b). Rechazamos la intentona golpista de Gaidó!!! *Aporrea*. Caracas, 01 de mayo. https://bit.ly/3yGg9zJ.

Plataforma Ciudadana en Defensa de la Constitución (2020). La farsa democrática en la Asamblea Nacional. *Aporrea*. Caracas, 16 de enero. https://www.aporrea.org/contraloria/a286202.html.

Romero, C. y Ruiz, F. (2018). Dinámica de la minería en pequeña escala como sistema emergente. Dislocaciones y ramificaciones entre lo local y lo nacional. En K. Gabbert y A. Martínez (coords.), *Venezuela desde adentro. Ocho investigaciones para un debate necesario* (pp. 87-144). Quito: Fundación Rosa Luxemburgo. Oficina Regional Andina. https://bit.ly/3jKUXlX.

Telesur (2020). *Presidente Maduro anuncia 9 líneas para recuperación económica de Venezuela*. https://bit.ly/2VPv6kI.

Terán, E. (2020). ¿Dónde están los horizontes? Cinco apuntes sobre el paradójico tiempo político latinoamericano. *América Latina en Movimiento*, 23 de enero. https://bit.ly/3CDMuJZ.

Venezuela Real (2007). Caso MINEP: Oly Millán, "la contraloría social avisó que algo pasaba". *Venezuela Real*. Caracas, 25 de marzo de 2007. https://bit.ly/3AD9EOX.

Ventura-Dias, V. (2017). Los desafíos del capitalismo global para la transformación social-ecológica de América Latina. En V. Ventura-Dias, K. Bodemer, R. Kreimermann y A. Cálix (eds.), *Las aguas en que navega América Latina* (pp. 19-99). México: Fundación Friedrich Ebert.

Wikipedia (2020a). *Principio del tercero excluido.* https://bit.ly/2XeojS5.

Wikipedia (2020b). *Paro petrolero 2002–2003.* https://bit.ly/3xxZg9a.

Wright, M. (2005). *La élite del poder.* México: Fondo de Cultura Económica.

La crisis venezolana y la paradoja epistemológica de los medios digitales

Nelson Camilo Forero Medina

Resumen

El artículo afirma que el efecto principal de la transformación producida por los medios digitales en comparación con los medios de producción y distribución en masa es desnudar las falencias del sistema de conocimiento humano con su paradojicidad inmanente. En otras palabras, no existe certeza alguna para afirmar la existencia de un evento más allá de lo que se percibe directamente por el sujeto. A través del caso de la crisis actual de Venezuela, se señala la manera en que las paradojas toman forma. Esto se debe a la reducción de la desigualdad en la producción y distribución entre el productor y receptor inherente a los medios de masa. Las paradojas se reflejan, primero, en la imposibilidad de construir una línea común de tiempo. Es decir, no existe garantía epistemológica para afirmar un presente común. Existen solo presentes fragmentados para un individuo o un pequeño grupo de personas. No existen los presentes comunes y experimentados al mismo tiempo de los medios de masa. Además, a través de los medios digitales se presentan paradojas espaciales. Cercanía ya es un concepto difuso del cual no se puede aseverar validez absoluta. Estas paradojas han permitido la relativización de la crisis y sus consecuencias sobre la población venezolana. El texto, asimismo, señala las posibles consecuencias para los sujetos y las reacciones que pueden tomar estos frente a las paradojas que se les presentan.

Abstract

The article claims that the main effect of the transformation produced by digital media in comparison with mass media is to reveal the immanent paradox of human knowledge. In other words, there is no certainty to affirm the existence of an event beyond what is directly perceived by the subject. The text also describes the way how the paradoxes are shaped considering the case of the current crisis in Venezuela. This is due to the reduction of the inequality between producer and receiver inherent in the mass media. Firstly, the paradoxes arise in the impossibility of constructing a common timeline. In other words, there is no epistemological guarantee for affirming a common present. There are only fragmented presents for an individual or a small group of people. It exists no such thing as a common present experienced at the same time produced by the mass media. Likewise, digital media produce spatial paradoxes. Proximity is a diffuse concept of which no absolute validity can be asserted. Someone could be nearer, though it is physically far away. These paradoxes have allowed the relativization of the crisis and its consequences on the Venezuelan population. The text also points out the possible consequences for the subjects, and the reactions that they can take facing the paradoxes that are presented to them.

Introducción

El presente texto pretende señalar las transformaciones producidas por el cambio medial desde los medios de producción y distribución en masa hacia los medios digitales. Dicho cambio ha reducido la desigualdad de producción y distribución inherente entre productor y receptor de los medios de masa. A través del análisis del caso venezolano, se señala que los medios digitales producen una paradoja sobre la existencia de los fenómenos, de las líneas temporales y de las relaciones espaciales, esto trae como efecto la paradojización de la crisis actual venezolana: es decir, la imposibilidad de afirmar la existencia de la crisis con toda certeza epistemológica. El texto tiene cinco secciones. La primera señala los medios como condición de posibilidad para la experiencia humana. En la segunda sección se aborda el contexto medial específico de Venezuela durante el gobierno del socialismo del siglo XXI caracterizado por la censura. En la tercera se describe cómo los medios digitales permiten sobrepasar el cerco de censura del régimen. En la cuarta se muestra y afirma la paradoja del conocimiento como efecto esencial de los medios digitales en las sociedades humanas, especialmente en el caso venezolano. Para tal efecto, en esta sección se muestran casos que dan cuenta de ello. Finalmente, se enuncian los efectos de dichas paradojas sobre los sujetos y sus posibles reacciones.

Los medios como condición de posibilidad para la experiencia humana

Desde la oralidad y sus distintas maneras de darse hasta el internet, los medios han jugado un rol preponderante en las sociedades humanas. Son ellos los que permiten la comunicación y le dan forma. Siguiendo al sociólogo alemán Niklas Luhmann (2017), estamos obligados a aceptar que el mundo es comunicación y esta comunicación es siempre mediada. Así, si los medios son aquello que la permite y le da forma, los medios de comunicación son condición de posibilidad para cualquier experiencia humana porque dicha experiencia es irremediablemente comunicativa. Como lo afirmará el filósofo Hans-Georg Gadamer (1990) con la inauguración de la hermenéutica filosófica, "nosotros sabemos aquello que un acto lingüístico produce para llevar a cabo una experiencia. Es como si su fulminante inmediatez [...] se hiciera mediada y fija a la vez" (p. 457). Con ello señala el filósofo, desde la oralidad o la escrituralidad, cómo los medios convierten lo inmediato del mundo en una mediación fija y mucho más estable. Esta mediación es siempre histórica en dos sentidos. Primero, la aparición de un nuevo medio transforma la manera en que la mediación opera. El filósofo Georg Christoph Tholen (2002) muestra la relación intrínseca que existe entre un cambio medial debido a la introducción de un nuevo medio y un cambio de época. A estos cambios los llama cesuras de los medios. Dentro de las cesuras más importantes se podría nombrar el paso de la oralidad a la escrituralidad. Este ejemplo nos lleva al segundo aspecto de la historicidad de las mediaciones.

La introducción de un medio no implica que todas sus funciones se desplieguen desde el principio, sino que las funciones de los medios se van desplegando en el tiempo debido a nuevos avances tecnológicos o nuevos modos de producción y distribución de los medios que no habían sido usados antes por los sujetos. La serialidad tan establecida en la televisión, por ejemplo, no siempre fue uno de los aspectos más relevantes de este medio. En un principio, los horarios de transmisión, nos explica Renato Ortiz y su grupo de investigadores (1988) en la historia de la telenovela en Brasil, no poseían ninguna repetitividad establecida, sino que dependían del buen entender de los dueños de la cadena televisiva. En el caso brasileño, fue el canal TV Excelsior el que estableció una parrilla fija, y de este modo creó la disciplinarización tan característica de los medios de producción y distribución en masa en la audiencia. Así, al analizar los cambios o cesuras producidos por la introducción de un medio, estas transformaciones no se deben señalar en general, sino que corresponden a contextos específicos tanto de introducción como de despliegue de las funciones de un medio determinado en una sociedad específica.

Los medios son condición de posibilidad para la aparición de nuevos fenómenos epistemológicos, sociales, políticos, económicos, etc. No obstante, no se puede afirmar que sean condición suficiente para la aparición de estos nuevos fenómenos. En otras palabras, no se puede aseverar que el populismo de mediados del siglo XX en Latinoamérica haya sido producido exclusivamente por la masificación de la radio dentro de la población. Empero, sin la radio el populismo no habría sido posible en los lugares donde apareció (Guerra, 2009; Varela, 2006). Esto es importante señalarlo para evitar caer en dos generalizaciones falsas: que la introducción de un medio afecta de la misma manera a todas las sociedades y la suposición de que los medios producen todos los problemas por sí mismos. Los medios permiten la experiencia humana, pero los sujetos también tienen agencia en la interpretación de dichas experiencias.[1] De esta manera, el análisis del rol de los medios en la sociedad tendrá dos niveles. Un nivel estructural propio del medio, y otro que será la interacción de las lógicas de operabilidad del medio con la sociedad donde opera.

La introducción del internet implicó una transformación en los modos de producción y distribución en comparación con los medios de producción y distribución en masa. Si bien la discusión sobre la definición de medios de masa es extensa (Adorno y Horkheimer, 2006; Laclau, 2005; Ortega y Gasset, 2014), se pueden entender como los medios que permiten una experiencia epistemológica común dentro de determinada sociedad. Es decir, desarrollan un producto que va a ser consumido al mismo tiempo y de la misma manera por todos los sujetos con una experiencia más o menos parecida. Esta experiencia común podía existir debido a la manera en que los medios de masa

---

[1]   Aquí cabe señalar la distinción entre serialidad sucesiva y reflexiva que he desarrollado en mi investigación de doctorado. En la primera el sujeto recibe la experiencia mediada por el medio, valga la redundancia, sin que él pueda interferir de manera alguna. Le es dada porque así se presenta. En la segunda serialización, ya existe una reflexión por parte del sujeto sobre la serialización sucesiva y ello modifica las serializaciones sucesivas futuras. Lamentablemente, por cuestión de espacio no me puedo detener a explicar con profundidad este punto.

distribuían la información. El programa, ya fuera un noticiero o una telenovela, era presentado a la misma hora para todos los sujetos. Ellos no podían sobrepasar esos tiempos. La información se distribuía en un tiempo específico, el cual era establecido por pocos sujetos, que eran los dueños o gerentes de las cadenas de radio, televisión o grupos de prensa escrita. Existía una alta desigualdad inherente a la producción y distribución de la información en la época de los medios de masa.

Los productores y distribuidores de todo tipo de contenido eran pocos. Esto permitió el origen de la teoría maniquea, como fue el caso de la teoría crítica (Adorno y Horkheimer, 2006), sobre el control de los medios por ciertas élites que volvían moldeables a las masas. Esto, en principio, no es falso, porque ciertas élites controlaban aquello que se producía y se distribuía, pero, sin embargo, no implica que los medios tengan como función que cierto grupo detente el poder. La televisión va más allá de la "caja tonta", la televisión permite la aparición de nuevas experiencias. Las élites no manejaban los medios, estos son en principio inmanejables porque nos preceden, sino que ellas sabían cómo utilizar las funciones de los medios para mantener o conseguir el poder. Asimismo, se puede afirmar que, si bien los medios no buscan que un grupo determinado ostente el poder, los medios de producción y distribución en masa sí poseían una desigualdad intrínseca entre el productor o distribuidor respecto de la audiencia, independientemente de quiénes fueran dichos distribuidores o productores. Esto se debía a la capacidad técnica misma de los medios. Los elementos técnicos como torres repetidoras, satélites, cámaras, etc., eran muy costosos y eso hacía que producir y distribuir contenidos fuera una tarea difícil.

El internet y las nuevas tecnologías digitales, por el contrario, disminuyen esa desigualdad inherente de los medios de masa y permiten que exista una multiplicidad de actores que son productores, distribuidores y consumidores. Las tecnologías digitales (celulares, computadores, cámaras de video) han permitido que cualquier persona con uno de estos dispositivos se vuelva productor de contenido. Solo necesita prender su teléfono celular y puede comenzar a grabar lo que esté ocurriendo a su alrededor. Más aún, no necesita que nada esté ocurriendo porque a través de las mismas herramientas digitales puede crear contenido ficticio. La tecnología digital permitió la aparición de un número inmenso de productores. No obstante, la sola producción de información o contenidos no implica que la desigualdad se haya reducido, sino que es necesaria la transformación. Aquí recae la transformación radical del internet en las sociedades actuales, a saber, la distribución indiscriminada de información y contenidos a través de la web. Ya no son necesarias grandes inversiones, como redes repetidoras, largos cableados o satélites poderosos, para transmitir la información. El internet ha abaratado este proceso a tal punto que una persona con acceso a la web[2] puede subir contenido continuamente a la red. Acá no solo se está hablando de una cantidad gigantesca de información que se distribuye, sino también de la velocidad asombrosa con la que se produce. El internet implica una aceleración de distribución tal, que termina fragmentando el tiempo y las sociedades. Sobre esto volveremos más adelante.

El análisis, como se dijo anteriormente, tiene dos niveles. El primer nivel, a saber, la lógica de la operabilidad del medio que ya fue abordada en los párrafos anteriores. En la era del internet y las tecnologías digitales la desigualdad inherente de los medios de producción y distribución en masa fue drásticamente reducida creando una cantidad

---

2   Resulta importante aclarar que el internet no es de ningún modo neutral. Es decir, existen proveedores de internet que son empresas privadas que se dedican al negocio de la telefonía y son los dueños de la infraestructura por la cual se transportan los datos. Si bien los intereses tanto económicos como políticos son importantes, para el tema del artículo no son especialmente relevantes. Para una discusión a mayor profundidad se puede revisar el texto "El rol de Netflix en el ecosistema de medios y telecomunicaciones: ¿el fin de la televisión y del cine?", de Laura Siri (2016).

enorme de productores y distribuidores. El segundo nivel tiene que ver con la interacción entre el medio y la sociedad donde es introducido. Para ello es necesario hacer un resumido paisaje medial previo a dicha introducción.

Autoritarismo en Venezuela: el Estado se apodera de las cadenas de información y las censura

En al año 1992 se produce un infructuoso golpe de Estado comandado por varios tenientes coroneles del ejército venezolano, entre ellos, habría uno que lograría mayor protagonismo: Hugo Rafael Chávez Frías. Este golpe se produce en un contexto de desgaste de los dos partidos tradicionales, el Comité de Organización Política Electoral Independiente (COPEI o Partido Socialcristiano) y Acción Democrática (AD), el cual se había materializado con el famoso Caracazo en el año 1989 (Martínez Meucci, 2008). El Caracazo fue un levantamiento popular debido a la posible implementación de unas medidas "neoliberales" entre las cuales se encontraban el aumento gradual de la gasolina durante tres años, la eliminación de la tasa de cambio preferencial y el sometimiento a un programa de supervisión bajo el Fondo Monetario Internacional (Honorio Martínez, 2008). En este ambiente hostil frente a las instituciones y partidos tradicionales, el golpe gozó de cierta legitimidad, más aún después de su debacle. Frente a la derrota, Chávez (2015) afirmó: "…por ahora, nuestros objetivos no han sido cumplidos […] asumo la responsabilidad". Como señala el académico Martínez Meucci: "En un país en el que nadie parecía asumir la responsabilidad de nada, ver a un enjuto oficial asumiendo la responsabilidad de su golpe fracasado cautivó la imaginación de muchos" (2008, p. 6). Este imaginario le permitiría años después, luego de su liberación por indulto en el año 1994 por el entonces presidente Rafael Caldera, llegar al poder ya no a través de las armas, sino por medio de las urnas.

En el año 1999 Chávez llega al poder con un apoyo del 56,5% de los electores. Respaldado por diferentes grupos reformistas, la gran promesa de Hugo Chávez fue crear un nuevo acuerdo con la ciudadanía en el cual los viejos vicios y la dependencia del petróleo iban a ser superados (Ramos, 2002). Este nuevo acuerdo se iba a materializar con la construcción de una nueva Constitución nacional que fue aprobada mediante un referéndum el 15 de diciembre de 1999. Poco a poco, el autoritarismo de Hugo Chávez se deja ver y muchos de los que lo apoyaron se van haciendo a un lado.

Para muchos, el punto de quiebre entre el Hugo Chávez reformista, pero apegado a la Constitución, hacia ese autoritario se da después del golpe de Estado en contra de su gobierno en el año 2002. El 10 de diciembre de 2001 Fedecámaras, la asociación que agrupa a pequeños y grandes comerciantes e industriales de Venezuela, desarrolló un paro de 24 horas que fue señalado como un fracaso por parte del gobierno, mientras la oposición lo celebró como un éxito (Martínez Meucci, 2008). Sumado a esto, Chávez despide días después a varios gerentes de PDVSA, lo cual produce un llamado de protesta y movilización a las calles. La protesta se vuelve numerosa. Los manifestantes deciden cambiar de rumbo y deciden dirigirse al Palacio de Miraflores (sede del gobierno) acompañados por la policía de la ciudad de Caracas, la cual era gobernada en aquel momento por la oposición (*ibid.*). Las protestas fueron ampliamente cubiertas por los medios, situación que Chávez intenta evitar haciendo uso de cadenas presidenciales (López, 2010). Estas cadenas son alocuciones presidenciales de transmisión obligatoria por parte de los medios. Las cadenas privadas de televisión decidieron transmitir de manera simultánea la cadena presidencial y los hechos de las protestas.[3] Esto iba en contra de lo establecido por la ley, pero además mostraba el descontento de una parte de la población con

---

3   Un ejemplo de esta transmisión simultánea puede ser encontrado en https://bit.ly/3fQnTI4 (visitado el 20/01/20).

el gobierno de Chávez y reveló los rasgos autoritarios de este último. Luego de sobrevivir al golpe de Estado del 11 de abril de 2002, el gobierno reconoce el rol vital de los medios, y como todo gobierno autoritario decide comenzar una campaña de censura que se cristaliza con la Ley de Responsabilidad Social en Radio y Televisión (RESORTE) aprobada el 7 de diciembre de 2004.

El objetivo de dicha ley según como fue decretada por la Asamblea Nacional (2004) es el siguiente:

> [...] establecer, en la difusión y recepción de mensajes, la responsabilidad social de los prestadores de los servicios de radio y televisión, proveedores de medios electrónicos, los anunciantes, los productores y productoras nacionales independientes y los usuarios y usuarias, para fomentar el equilibrio democrático entre sus deberes, derechos e intereses a los fines de promover la justicia social y de contribuir con la formación de la ciudadanía, la democracia, la paz, los derechos humanos, la cultura, la educación, la salud y el desarrollo social y económico de la Nación, de conformidad con las normas y principios constitucionales de la legislación [...] (Artículo 1, Asamblea Nacional, 2004)

La ley, como se subrayó dentro del texto, tiene como principal objetivo establecer una responsabilidad social para los actores que interactúan con los medios. Esta responsabilidad social se define a través de los principios constitucionales que deberían permitir la libre expresión y en ningún momento se establece la defensa del socialismo del siglo XXI como un principio constitucional. No obstante, la ley se utilizó en un sentido opuesto y se convirtió en una mordaza en contra de las cadenas televisivas, de radio o de prensa escrita que contradecían al gobierno (Instituto Prensa y Sociedad de Venezuela, 2014), amparado en ciertos artículos de la Ley RESORTE, como en el artículo 2, en el cual se afirma que "En todo caso en la interpretación y aplicación de la presente ley, se atenderá preferentemente a su carácter de orden público". Es decir, toda contradicción al gobierno sería juzgada como una incitación en contra del orden público. Esto llevó a una censura por parte del gobierno y autocensura por parte de las cadenas televisivas, de radio y periódicos que limitó profundamente la libertad de expresión. Se generó, además, una voz dominante de un Estado comunicador, el gobierno autoritario de Hugo Chávez, que acallaba otras voces.

Los medios digitales vencen el cerco de la Ley RESORTE

La censura creada a través de la interpretación de la Ley RESORTE fue pensada para los medios de producción y distribución en masa. Si bien la regulación incluye los medios electrónicos, la aplicabilidad y el deber de supuesta "responsabilidad social", esta se dirigía a los grandes emporios de la información en Venezuela. La lógica de los medios de producción y distribución en masa tiene como rasgo la desigualdad entre productor y consumidor; sin embargo, este no es el único de sus rasgos en comparación con los medios digitales. Los medios de producción en masa, debido a dicha desigualdad, producen pocos dueños de cadenas de televisión, radio o prensa escrita a los cuales se les puede adjudicar responsabilidad. De allí que los medios de producción y distribución en masa respondan a una lógica de veracidad. En otras palabras, la legitimidad de las cadenas de información descansa en el principio de informar de la manera más veraz e imparcial posible, aunque esto nunca sucede por completo.

Debido a que la información de los grandes consorcios se debe confirmar antes de su publicación, se les puede imputar responsabilidad social, ética o legal por parte de la sociedad y los gobiernos. Los grandes consorcios no solo venden información, sino información veraz que es respaldada por el nombre del consorcio. Aquí, no obstante, no se debe confundir información veraz con información verdadera en su sentido epistemológicamente estricto. Es decir, la información que distribuyen los consorcios a través de los medios de producción y distribución en masa se supone como confirmada por distintas fuentes. Esto hace creer al público que es cierta, real, y por ello "verdadera". Eso no implica de ninguna manera que no sea posible para los consorcios distribuir información falsa. Empero, si una empresa distribuye información falsa, la existencia misma del periódico, noticiero o programa radial se pone en cuestión porque puede perder su legitimidad. Es poco probable que las personas consuman noticias de un periódico que miente. Sobre los diversos medios de un consorcio se puede decir "el periódico X miente" o "el noticiero Y dice la verdad", algo que en el mundo digital no es necesario. Se puede distribuir información falsa y es difícil rastrear muchas veces al creador de la noticia. Por lo tanto, no es tan fácil para el público saber quién distribuye, según el principio de veracidad, noticias falsas o "verdaderas".

El gobierno de Chávez y luego el de Maduro persiguen a los grandes consorcios de información, porque ellos se hacen responsables de la información publicada. Es un consorcio que firma y afirma lo dicho en el noticiero, en el periódico o en el programa de radio. Los autores pueden ser responsabilizados. Por el contrario, en los medios digitales, los usuarios pueden ser anónimos y fugaces. Encontrar un usuario que no quiere ser descubierto es una tarea difícil si este está preparado para ocultarse. A pesar de la anonimidad del usuario, le es posible distribuir información que queda lejos del cerco impuesto por la Ley RESORTE.

Ahora bien, no es solo en la anonimidad donde radica la imposibilidad de la Ley RESORTE de censurar todo contenido en contra del régimen, sino en el gran número de usuarios que, a su vez, distribuyen un número gigantesco de información que no puede ser revisada segundo a segundo. Todos los usuarios pueden distribuir información y eso hace que, frente a la crisis económica, social, política, alimentaria, de seguridad y de salud que se vive en el país caribeño, al gobierno le sea imposible detener ese flujo enorme de información. Eso no quiere decir que el régimen de Maduro no siga persiguiendo periodistas actualmente, pero ellos son perseguidos porque deciden mostrar sus rostros y funcionar con la lógica periodística que existía en los medios de producción y distribución en masa.

Frente a la imposibilidad de censurar los contenidos que lo perjudican, el gobierno de Venezuela decide apelar a una vieja consigna que es usada desde el siglo XIX, a saber, la prensa mentirosa. En este caso la "prensa mentirosa", como se le llamó por parte del oficialismo en Venezuela,[4] es producida desde el imperialismo estadounidense y sus "lacayos", que quieren distribuir falsa información para debilitar la transformación del socialismo del siglo XXI. Entonces, surge el debate acerca de si la crisis existe o no y quién la produce. Aquí, debido a la existencia de los medios digitales surge la paradoja sobre el conocimiento del mundo.

Los medios digitales producen la paradoja sobre la existencia de la crisis venezolana

Con la llegada de los medios digitales, el contexto medial venezolano cambia. El cerco de censura impuesto por el gobierno de Chávez se filtra y las críticas comienzan a surgir. Según cifras del 6 de noviembre de 2020, el número de migrantes venezolanos en el mundo se acerca a los 5,5 millones (Plataforma para la Coordinación de Refugiados y Migrantes de Venezuela, 2020), lo que posiciona el

---

4   Esto se puede observar claramente en las distintas alocuciones públicas del oficialismo que han quedado grabadas y archivadas en distintas plataformas digitales. Entre otros se pueden encontrar los siguientes: https://bit.ly/3yAcSC2 (visitado el 21/01/21) o https://bit.ly/3jOm53l (visitado el 21/01/21).

fenómeno de la movilidad humana venezolana en el segundo lugar a nivel global, después del éxodo sirio. La inflación en Venezuela cerró en 2019 en 9585%, según el mismo gobierno, lo cual hace la vida de cualquier venezolano o venezolana insoportable (Portafolio, 2020). Este número, aunque ya de por sí grave, tal vez no pueda describir la fuerte crisis alimentaria que ha producido la inflación en la sociedad venezolana. El Centro de Documentación y Análisis para los Trabajadores (CENDA) la describe de una manera más tangible. Una familia venezolana necesita para sobrevivir 116 salarios mínimos al mes, tomando como referencia el salario mínimo y los precios desde el 1 de enero hasta el 30 de abril de 2020 (CENDA, 2020). Esto se debe a que la inflación crece con una aceleración asombrosa que hace necesario revisar los números constantemente. El acceso a servicios públicos, como agua o electricidad, también es difícil (*El País*, 2020). Asimismo, hay escasez de gasolina en un país petrolero (Olmo, 2020).[5] En este contexto, la crisis se hace innegable. No obstante, los intereses del régimen por seguir controlando la sociedad hacen que se niegue la crisis en algunos aspectos. Además, la compleja situación venezolana está enmarcada en intereses internacionales tanto de compañías que se benefician de la explotación como de gobiernos que desean aprovechar la situación para expandir sus negocios o zonas de influencia, como China o Rusia (García Agustín, 2016; Rouvinski, 2019). Además de los intereses políticos también existen intereses ideológicos de actores internacionales.

---

[5] Se ha afirmado desde el gobierno que las causas de la escasez de gasolina y otros problemas económicos surgen a partir de las sanciones económicas de los Estados Unidos. Si bien es cierto que las sanciones tienen efectos negativos en la economía, las principales razones de las crisis provienen del mismo gobierno por la implementación de un sistema que acabó con el poder productivo del país. Lamentablemente, en este texto no me puedo extender en ese tema, además que ya ha sido analizado por otros autores. Para una discusión más a profundidad del tema véase Sutherland, 2019 y Palacios, 2019.

La revolución bolivariana dirigida por Chávez fue uno de los grandes referentes del progresismo a comienzos del siglo XXI. No solo por la creación de un nuevo socialismo latinoamericano, sino por la capacidad económica que tuvo Venezuela gracias a la bonanza petrolera. Se estima que Venezuela entre 1999 y 2014 recibió US$ 960.589 millones por cuenta de la renta petrolera (Bermúdez, 2016), lo cual le daba un inmenso margen de operabilidad al gobierno para llevar a cabo el proyecto del socialismo del siglo XXI (Petit Primera, 2019). Como se mostró anteriormente, a partir de las cifras actuales, la revolución bolivariana fue un rotundo fracaso. No obstante, si los números, la debacle y el sufrimiento son claros, ¿por qué existen personas que la defienden? La primera razón es la incapacidad de algunos sujetos que se inscriben en los movimientos de izquierda de aceptar el estrepitoso fracaso de la revolución bolivariana. El fracaso del chavismo, que contaba con circunstancias muy favorables (recursos, cierta libertad de maniobra), tiende a poner en duda la viabilidad de proyectos revolucionarios en la actualidad. Para muchos, acaba por desacreditar tendencias de izquierda en sentido amplio. De una manera general, sin embargo, hay que mantener una perspectiva diferenciada que distingue entre tendencias autoritarias y proyectos de izquierda, que no se pueden tomar como una sola cosa sin atender a las especificidades y los contextos locales y nacionales. La hipótesis aquí defendida es que, entre otros, los medios digitales y su rol en la producción y distribución de la información ejercen una función importante en este contexto.

Afirmaba Luhmann, en sus estudios sobre los medios de masa, que "aquello que sabemos sobre nuestra sociedad, aquello sobre el mundo en el cual nosotros vivimos, lo sabemos a través de los medios de masa" (2017, p. 9). Esta afirmación sigue siendo válida para los medios digitales. Todo lo que conocemos del mundo que no sea el que experimentamos fenomenológicamente lo sabemos a través de los medios. Es decir, no podemos afirmar como "realmente"[6] sucediendo aquello que sucede lejos del sujeto. Por eso, el grado de cercanía a la crisis implicará una manera distinta de recibir la información, aunque no implique ninguna garantía de que la información se recibirá de una manera "verídica" o "real".

En febrero del año 2019, Arantxa Tirado crea y distribuye un video a través de Twitter –donde afirma ser politóloga–. En él se planteaba el problema del desabastecimiento en Venezuela. En el video se observa a la mujer frente a un McDonald's en un centro comercial de la ciudad de Caracas expresando de manera irónica que "aquí podemos ver a la dictadura comunista de Nicolás Maduro, un McDonald's [...] acá tenemos un montón de venezolanos oprimidos por Maduro consumiendo productos" (Tirado, 2019). Con el video se buscaba señalar que el desabastecimiento en Venezuela era falso y que no existía ningún gobierno autoritario, porque se permitía la venta de productos "imperialistas". En el video, se puede observar a Tirado y personas detrás de ella comprando en el McDonald's, lo cual sería prueba de que la crisis en Venezuela es una guerra sucia de desinformación por parte de los imperialistas y capitalistas.

Otro video, de un *youtuber* llamado Gabriel Herrera, muestra la versión contraria. En el video, grabado también en el mes de febrero de 2019, se ve al joven yendo a un supermercado en busca de productos, donde se evidencia claramente el desabastecimiento y la crisis actual

---

6 Con "realmente" me refiero a un realmente fenomenológico. En otras palabras, aquello que se le presenta a la conciencia como que está sucediendo frente a mí, lo cual no implica de ninguna manera que sea el verdadero acontecer. No son las cosas en sí tal cual como son, sino como se me presentan. Ello no implica que el sentido del mundo surja simplemente de la conciencia, sino, como afirma Edmund Husserl (1976), que "el mundo mismo tiene todo su ser como sentido" (p. 120). Con ello señala el filósofo que el significado ya está dado por el mundo, pero este sentido nunca es uno acabado, sino que "existe una infinidad de maneras de rellenar [con sentido] conocimientos razonables" (p. 121). Sin embargo, lo que se le presenta al sujeto en los medios no es un suceder del aquí y ahora, sino de algo que ocurre más allá de su campo de experiencia directa.

venezolana. Ahora, si bien los videos corresponden a Venezuela, ¿existe o no la crisis? Acá surgen las paradojas de tiempo y espacio. El concepto de paradoja tiene una larga data, pero como afirma Luhmann la paradoja se confinó "a la filosofía que se ocupa del esoterismo, finura lingüística, metáforas rápidas, pragmática trascendental o temas por el estilo" (2003, p. 25). Con ello quiere señalar el sociólogo alemán el rol secundario que se le ha dado a la paradoja como error del aparato de conocimiento y no como un hecho inherente del conocer. El filósofo estadounidense W. V. Quine (1966) define la paradoja como un ser juzgable de verdadero o falso, es decir, como verificable o falsable. En otras palabras, las paradojas no existirían en realidad, sino que serían malos usos de la razón. No obstante, siguiendo a Luhmann, la paradoja se presenta en la imposibilidad de decidir entre aquello que es falso o verdadero. Esto no surge de un uso inadecuado de la razón, sino que surge por la naturaleza misma del conocer. No existe certeza alguna de que el mundo afuera del sujeto exista, pero tampoco se puede afirmar lo contrario. La existencia misma del mundo es paradójica. No obstante, se crean narrativas que olvidan la paradoja, para permitir que la vida continúe. Es una decisión puramente existencial del sujeto; este afirma el mundo, aunque no tenga la certeza de la existencia del mundo afuera, para poder continuar su existencia de manera apacible.

En la época de los medios de producción y distribución en masa era más fácil crear un discurso coherente que creara la ilusión de la no existencia de paradoja. Esto se debía a la desigualdad que se presentaba en estos medios entre productor y receptor. Entre pocos productores y distribuidores era fácil crear un puñado de narrativas que, si bien se oponían, como la oposición entre capitalismo y socialismo, guardaban cierta coherencia. Estas narrativas eran distribuidas a todos los usuarios que tuvieran acceso a las mismas cadenas televisivas o radiales al mismo tiempo, lo que creaba una idea de un presente común. Los medios digitales, como se señaló anteriormente, reducen esa desigualdad y aparece una multitud gigantesca de narraciones que hacen que la paradoja siempre existente, pero poco visible, se vuelva cotidiana. En otras palabras, los medios digitales derrumban nuestro edificio del conocimiento y nos muestran su fragilidad. Nos señalan que existe una imposibilidad para decidir sobre lo que sucede, y que vivimos a tientas en el mundo teniendo muy pocas certezas de lo que nos rodea. Los dos videos mencionados anteriormente son ejemplo de eso. Ahora, podría afirmarse que esto ya sucedía con los medios de masas donde dos cadenas televisivas o radiales afirmaban al mismo tiempo la existencia y no existencia de un fenómeno. Sin embargo, la paradoja no surge de la afirmación misma de la existencia o no de la crisis, sino de la recepción del fenómeno. Si bien dos versiones distintas de un fenómeno que se distribuían al mismo tiempo ya eran posibles en la época de los medios de masa, la lógica de la confirmación de la fuente hacía creer al sujeto que la información transmitida por los medios de masa era más o menos fidedigna. Lo que sucede con los medios digitales es la toma de conciencia latente de que la información puede ser falsa. Toda información puede ser falseable. Todo Tweet, video de YouTube, etc., puede ser potencialmente falso. La posibilidad de falsedad en la consciencia del sujeto es lo que hace evidente la paradoja. Nuevamente, no es que la paradoja surja con los medios digitales, pero ellos la hacen tan evidente que señalan su existencia de manera inherente. No obstante, no todos los receptores son iguales.

En el caso, es necesario distinguir entre tres tipos de receptores de información: personas que se encuentran en Venezuela, personas que no se encuentran en el país y personas con poco o ningún conocimiento sobre lo que sucede en Venezuela.

Para la mayoría de los venezolanos viviendo en Venezuela la crisis es real. La deben vivir todos los días, porque no consiguen alimentos, medicinas o gasolina. Empero, saben que ambos escenarios, el McDonald's y el supermercado vacío, son posibles, porque existe una gran mayoría que debe luchar por su subsistencia día a día, mientras que hay una pequeñísima parte de la población que por alguna razón puede pagar los alimentos que desee. Para los venezolanos viviendo en el exterior es más difícil saberlo. Ellos conocen la crisis a través de sus familias y, tal vez, por la experiencia que tuvieron antes de dejar el país. La paradoja se presenta para aquel que no es familiar con lo que sucede en Venezuela. A esta persona le es imposible determinar si existe o no la crisis.

El 30 de abril de 2019, a tempranas horas de la mañana, Juan Guaidó emitió una declaración desde la base militar La Carlota. El vivo fue transmitido en distintas plataformas virtuales, como Twitter, YouTube, Facebook, etc. Fue una toma cerrada en la que solo se veían él y algunos militares. En el video se llama al levantamiento popular para la liberación de Venezuela del régimen de Maduro, pero en la imagen no se puede observar el número de unidades disponibles. Tampoco se puede distinguir de manera clara si se encontraba ya dentro de la base o se ubicaba afuera. Es decir, si ya tenían control sobre ella. Esto creó incertidumbre sobre lo que estaba sucediendo. Ni siquiera el gobierno sabía qué hacer. Las primeras declaraciones que el autócrata Maduro ofrece se dan muchas horas después. Aquí se retrata la paradoja de la realidad a través de los medios digitales. Nadie podía afirmar qué estaba sucediendo realmente. Ni los venezolanos dentro de Venezuela, ni los que estaban afuera. Más aún, los primeros que se enteraron de lo sucedido fueron muchos venezolanos en el extranjero gracias al uso y acceso a los medios digitales, lo cual señala la paradoja del espacio. Estar más cerca del evento que está ocurriendo no quiere decir que se pueda informar antes. En ese sentido, cercanía espacial no implica cercanía al evento. Así, es difícil determinar qué significa cercanía. Ahora bien, surge además una paradoja temporal, ¿qué estaba ocurriendo en el presente en La Carlota? Solo aquellos que estaban allí y un pequeño grupo informado lo podrían saber. Comenzaron a surgir varias transmisiones y en ellas se mostraban distintas versiones. Los venezolanos y venezolanas no podían afirmar cuál era su presente, aunque lo estuvieran observando.

A diferencia de lo que sucedía con los medios de producción y distribución en masa, los medios digitales ya no presentan un mensaje claro. El filósofo Marshall McLuhan afirma que el medio es el mensaje. Esto es "el cambio de escala, de ritmo o de patrón que se introduce en los asuntos humanos" (McLuhan, 1996, p. 20). El mensaje con los medios digitales es un cambio en el significado de aparecer frente a la pantalla en comparación con los medios de masa. La aparición en televisión o en la radio en una revuelta o en un golpe de estado implicaba el dominio frente al rival. Los sujetos percibían la toma de los medios por parte del grupo insurgente o golpista como una debilidad del gobierno actual y, por ello, salir a apoyar a dicho grupo era una decisión segura. Ahora, con los medios digitales, el salir en las pantallas acompañado de militares, como puede ser en el caso de Guaidó,[7] no implica certeza alguna. La aparición en los medios digitales la puede hacer cualquier sujeto. El valor que se les da a dichas apariciones dista mucho de aquel que se les daba en los medios de masa, y esto tiene una fuerte implicación social y política. Frente a la aparición de Guaidó con los militares, ¿por qué salir a protestar y arriesgar la vida, si no es algo seguro? ¿Es cierto que ellos puedan desafiar el gobierno de Maduro? La paradoja del conocimiento es el mensaje de los medios digitales.

Si bien esto es un producto de los medios digitales, también es la condición específica de la sociedad venezolana. En el segundo apartado se describió la censura desarrollada por el gobierno. Esto creó un contexto de incertidumbre y la información empezó a fluir a través de los medios digitales. La desconfianza de los venezolanos en los medios de producción y distribución en masa es del 74%, mientras

---

7   Si bien los medios digitales juegan un rol central, seguramente existen otros factores que podrían explicar por qué algunos venezolanos y venezolanas no salieron ese día a las protestas.

que con las plataformas digitales es del 64% (Valdez, 2017). En este contexto de desconfianza en el flujo de información se aumenta la capacidad de los medios digitales de crear paradojas de conocimiento. Estas paradojas no son solo juegos de lógica, sino que tienen implicaciones en los sujetos y sus sociedades.

Consecuencias de la paradoja para los sujetos

Frente a la paradoja el sujeto puede tener tres posibles reacciones. Primero, busca determinar el valor de verdad de esa coherencia con otras imágenes del presente y del pasado. En otras palabras, el sujeto trata de incluir ese evento o no en la línea de tiempo ya establecida y aceptada. Busca determinar un rango de conexiones pensables entre el fenómeno que se presenta a través de los medios y aquellos que han sido presentados antes o que son copresentados, y establece qué probabilidad existe de que el fenómeno esté realmente ocurriendo. Este ejercicio complejo es lo que muchos denominan "sujeto informado" (Campbell, 2015; Jenkins y Thorbum, 2003). Si bien este ejercicio sería el más apropiado, este no garantiza el estatus de verdad, porque le es imposible al sujeto corroborar todos los eventos serializados.

El segundo caso puede explicar muchos fenómenos políticos y sociales actuales. Los sujetos ante la paradoja del tiempo deciden ignorarla y siguen adelante, pero a diferencia de la manera del sujeto "bien informado", estos se aferran a una imagen del pasado constituida durante los medios de producción y distribución en masa. Esto hace que el sujeto acepte de manera doctrinal los eventos que correspondan con esa línea de tiempo y niegue la existencia de los eventos que la contradigan. El sujeto que cree en los mensajes de Chávez y Maduro se aferra a la idea de explotación del imperialismo americano, mientras se entrega a la explotación descarnada del Arco Minero por el nuevo gigante económico, a saber, China (Valderrey Billar y Lemus Delgado, 2019).

Finalmente, el tercer caso es el del sujeto que se vuelve inactivo o reaccionario. En este caso, acepta la paradoja del tiempo, es decir la coexistencia de múltiples líneas de tiempo que se proclaman como ciertas y el hecho de que no existen herramientas epistemológicas para decidir entre ellas. Vive de una manera indecisa y el pasado tanto como el presente son difusos para estos sujetos. Ellos se aferran a su presente más próximo y comprobable.

Sin embargo, se puede preguntar: si se afirma en este texto que los medios digitales señalan lo paradójico del conocimiento más allá de lo fenomenológico, ¿por qué el mismo texto afirma la crisis de Venezuela con tanta vehemencia? El mundo digital ha destruido las narrativas estables y coherentes de los medios de producción y distribución en masa. Es necesario aceptar el carácter paradójico del conocimiento, no para llegar a la inacción, como en el último caso, sino para una reformulación más dinámica del conocimiento humano. La emigración de más de cinco millones de personas es un signo de que algo no está bien en Venezuela. Si bien se pueden ofrecer varias causas para la emigración, este es un hecho y es un número gigantesco. Entonces, ¿cuál es la paradoja?

La existencia de la paradoja se da desde el momento mismo en que conocemos, al no poder afirmar que el mundo que percibimos sea verdadero. Esto no es nuevo, se sabe desde la publicación de la *Crítica de la razón pura* de Immanuel Kant. Allí Kant (1917, p. 184) señala la imposibilidad de conocer las cosas en sí: solo podemos conocer los fenómenos. Es decir, la imposibilidad de afirmar algo como "verdadero" en un sentido absoluto. Aunque esto suceda, no por ello los sujetos dejan de vivir. Ellos y ellas desarrollan la paradoja. Luhmann (2003) en su texto *La paradoja del decidir* (*Die Paradoxie des Entscheidens*) señala que el cocimiento es esencialmente paradójico, pero la función de la investigación es desarrollar dicha paradoja. Es decir, el sujeto no se muestra inactivo frente al inherente rasgo paradójico del conocimiento, sino que desarrolla estrategias para eludir dicha paradoja. Reglas como la causalidad, la identidad, etc., no tienen consistencia epistemológica. En otras palabras, no poseen un estatus de verdad absoluta, sino solamente relativa, aunque con el tiempo se van tomando por parte de los sujetos como verdades ontológicas. La causalidad es cierta hoy, pero puede que mañana no lo sea. El filósofo David Hume ya lo había señalado con su ejemplo del sol. Todos los días sale el sol, pero es posible que mañana no salga (Hume, 2007). Esto se da gracias a la fuerza de la costumbre, fuerza que nos hace eludir y olvidar la paradoja. No obstante, pensar que el sol no saldrá mañana es totalmente posible y, así, afirmar que el sol saldrá todos los días nunca será una verdad absoluta. Esto, sin embargo, no hace que la generalización no sea útil para la agricultura o la astronomía. Esto es un desarrollo de la paradoja. La generalización de que el sol sale todas las mañanas no hace que la paradoja desaparezca. Ella sigue ahí, pero como la probabilidad de que el sol salga al próximo día es tan grande la generalización es útil para desarrollar otras actividades humanas. El error consiste en confundir la verdad relativa con la verdad absoluta. Un sistema de ideas, cualquiera que sea, es solo un desarrollo de la paradoja. La elude, pero no la sobrepasa. Los medios digitales nos recuerdan que la paradoja está ahí siempre acompañando al sujeto.

Con este desarrollo de la paradoja se permite que los sujetos sigan viviendo. En este sentido, la paradojicidad del conocimiento no puede hacer que se niegue la crisis en Venezuela, sino que obliga a desarrollar la paradoja y trata de observar qué sucede allí. ¿Cuál sería la ganancia entonces de afirmar la paradojicidad del conocimiento? ¿No se estaría abriendo la jaula, y al ver los horrores del mundo sin verdades absolutas, nos volvemos a meter a la jaula? La ganancia de aceptar de una vez por todas la paradojicidad del conocimiento es aceptar que ninguna teoría, ideología o enunciado es verdadero en términos absolutos. Esto obligaría a un constante desarrollo de las paradojas y a una ausencia de fe fija en alguna teoría o sujeto. Es aceptar que se va a tientas por el mundo, observando a una distancia muy corta. Obliga a un (re)planteamiento constante de todo lo que sucede en el mundo sin ataduras epistemológicas. De esta manera sería más fácil aceptar el fallo de ideologías como el socialismo del siglo XXI, lo cual permitiría solucionar de manera más rápida y eficiente la crisis actual. Los medios digitales nos fuerzan a repensar todas nuestras categorías. Mientras sigamos reacios a hacerlo, seguiremos legitimando sistemas opresores.

Conclusión

Los medios no son solo artefactos o herramientas que usamos para transmitir información, sino que son también la condición de posibilidad para nuevas experiencias humanas. Así, un cambio medial implica un cambio en la manera en que los sujetos experimentan el mundo. El cambio medial de los medios de producción y distribución en masa a los medios digitales produjo una reducción drástica de la desigualdad inherente entre productor-distribuidor y los receptores de productos mediales. Es decir, existe un mayor número de productores debido a las nuevas tecnologías digitales y un número gigantesco de contenido distribuido a través del internet. Esta transformación medial se observa desde las lógicas mismas de los medios, pero es necesario tomar en cuenta el contexto medial de la sociedad en la cual el nuevo medio se insertó. En este artículo se examinó cómo esa transformación medial se produjo en el contexto venezolano. Con el desarrollo de este examen, se observaron las paradojas que producen y señalan los medios digitales, que, si bien les son inherentes, se amplificaron en el contexto político y medial venezolano. Con esta amplificación se ha creado una imposibilidad de afirmar la crisis, lo cual trae profundas implicaciones en la sociedad venezolana que observa cómo se relativiza su dolor. Por ello, es necesario repensar la manera en que está construido nuestro conocimiento y las categorías que lo sostienen. Volver a las narrativas más estables de los medios de producción y distribución en masa en comparación con los medios digitales es imposible. Sin embargo, es necesario desarrollar un conocimiento más dinámico que pueda enfrentar la crisis que nos plantean los medios digitales para evitar caer en la inacción.

Referencias

Adorno, T. y Horkheimer, M. (2006). *Dialektik der Aufklärung*. Fischer-Wissenschaft Frankfurt am Main.

Bermúdez, Á. (2016). Cómo Venezuela pasó de la bonanza petrolera a la emergencia económica. *BBC*. https://bbc.in/3mjtY41. Visitado el 13/07/21.

Campbell, V. (2015). Theorizing citizenship in citizen journalism. *Digital Journalism*, 3 (5), 704-719.

CENDA (2020). Resumen ejecutivo: canasta alimentaria abril 2020. *Cenda*. https://bit.ly/2UshaMX. Visitado el 15/07/20.

El País (2020). Sin luz, ahora en Venezuela también se les acabó el agua. *El País*. https://bit.ly/3APYUwE. Visitado el 13/07/20.

Gadamer, H. (1990). *Wahrheit und Methode*. Tübingen: Mohr.

García Agustín, O. (2016). Venezuela and China: Independency and Dependency in the Context of Interdependent Hegemony. *Journal of China and International Relations*, n° 2016, Special Issue, 104-127.

Guaidó, J. (2019). Mensaje para la liberación de Venezuela. *ABC*. https://bit.ly/3xVm7eV. Visitado el 13/11/20.

Guerra, A. (2009). La difusión política: plataforma pública del gaitanismo en Barranquilla. *Memorias: revista digital de historia y arqueología desde El Caribe*, (10), 11.

Herrera, G. (2019, febrero 27). *Así están los supermercados en Venezuela **¿fin de la escasez?*** [Video]. YouTube. https://www.youtube.com/watch?v=O_PJVP73fbE&t=27s. Visitado el 15/07/20.

Hume, D. (2007). *A treatise of human nature*. (Norton, David Fate, ed.). The Clarendon edition of the works of David Hume. Oxford: Clarendon Press.

Husserl, E. (1976). *Ideen zu einer reinen Phänomenologie und phänomenologischen Philosophie*. Erstes Buch Text Der 1.-3. Auflage: Martinus Nijhoff.

Jenkins, H. y Thorburn, D. (2003). Introduction: The digital revolution, the informed citizen, and the culture of democracy. *Democracy and new media*, 1, 17.

Kant, I. (1917). *Kritik der reinen Vernunft*. (G. Hartenstein, ed.). Leipzig: Leopold Voss.

Laclau, E. (2005). *La razón populista*. Buenos Aires: Fondo de cultura económica.

López, G. (2010). Chávez vs. Medios ¿Una batalla simbólica? *Chasqui. Revista Latinoamericana de Comunicación*, 0 (112), 55-58.

Luhmann, N. (2003). *Die Paradoxie des Entscheidens*. Bielefeld: transcript.

Luhmann, N. (2017). *Die Realität der Massenmedien*. Neue Bibliothek der Sozialwissenschaften. Wiesbaden: Springer Fachmedien Wiesbaden.

Martínez Meucci, M. (2008). Golpes de Estado en Venezuela durante el período 1989-2004: Evolución del conflicto y contexto sociopolítico. *Análisis político*, 21 (64), 3-21.

McLuhan, M. (1996). *Understanding Media: The Extension of Man and Education*. Cambridge, Mass.: MIT-Press.

Monedero, J. C. (2011). Socialismo y consejos comunales: la filosofía política del socialismo en el siglo XXI. *Revista Comuna*, año 3, 97-142.

Olmo, G. (2020). Coronavirus: por qué Venezuela se quedó sin gasolina y qué consecuencias tiene en medio de la crisis por el Covid-19. *BBC*. https://bbc.in/37TRegp. Visitado el 13/07/21.

Ortega y Gasset, J. (2014). *La rebelión de las masas y otros ensayos*. Madrid: Alianza editorial.

Ortiz, R., Simões, S. y Ortiz, J. (1988). *Telenovela: história e produção*. São Paulo: Editora Brasilense.

Palacios, L. (2019). ¿Son las sanciones de Estados Unidos responsables de la crisis venezolana? *Quinto Poder*. https://bit.ly/2XExsUk. Visitado el 15/07/20.

Petit, J. (2019). *La economía política del gasto social en la revolución bolivariana*. Instituto de Investigaciones Económicas y Sociales – Universidad Central de Venezuela.

Plataforma para la Coordinación de Refugiados y Migrantes de Venezuela (2020). *Refugiados y migrantes de Venezuela*. https://bit.ly/3iVR4v7. Visitado el 20/01/21.

Portafolio (2020). Inflación en Venezuela cerró 2019 en 9.585,5%. *Portafolio*. https://bit.ly/3iUozya. Visitado el 13/7/2020.

Ramos, A. (2002). Chávez en el poder. Notas sobre la transición venezolana. *Reflexión Política*, 4 (7). https://bit.ly/2X1CXfq. Visitado el 1/09/2021.

Rouvinski, V. (2019). *Russian-Venezuelan Relations at a Crossroads*. Washington: Wilson Center.

Siri, L. (2016). El rol de Netflix en el ecosistema de medios y telecomunicaciones: ¿el fin de la televisión y del cine? *Revista Hipertextos*, vol 3. https://bit.ly/2UrT8lc

Sutherland, M. (2019). Impacto y naturaleza real de las sanciones económicas impuestas a Venezuela. *Provea*. Visitado el 15/07/20. https://bit.ly/3BXa9nG.

Tholen, G. C. (2002). *Die Zäsur der Medien*. Frankfurt am Main: Suhrkamp.

TeleSurTv. (29/03/2011). Chávez denuncia a medios de comunicación imperialistas. [Archivo de video] https://bit.ly/3AYaje1. Visitado el 20/01/21.

TeleSurTv. (06/8/2012). Critica Chávez a medios de comunicación privados. [Archivo de video] https://bit.ly/2W5bsB8. Visitado el 20/01/21.

Tirado, A. (2019, febrero 6). *La "crisis humanitaria" de Venezuela*. Twitter. https://bit.ly/3k4afT4. Visitado el 13/11/20.

Valderrey Villar, F. J. y Lemus Delgado, D. L. (2019). Minería, movimientos sociales y la expansión de China en América Latina. *Desafíos*, 31 (2), 375-410.

Valdez, M. (2017). 74% de los venezolanos tiene poca o ninguna confianza en medios de comunicación. *Radio Mundial*. https://bit.ly/2W5bHw2. Visitado el 13/07/20.

Varela, M. (2006). Le péronisme et les médias: contrôle politique, industrie nationale et goût populaire. *Le Temps des médias*, (2), 48-63.

III. El proceso de paz en Colombia

¿Cuánta desigualdad aguanta la paz?

Reflexiones en torno al proceso de paz colombiano

STEFAN PETERS

Resumen

El artículo pregunta por el lugar de las desigualdades sociales en los estudios de paz y conflicto. Argumenta que a los debates actuales les falta incluir factores de desigualdades sociales estructurales en su análisis. Sin querer proponer argumentos monocausales, argumenta que el hecho de no tener en cuenta estas desigualdades sociales refleja un vacío importante en los estudios de paz y conflicto. En la segunda parte el artículo discute, sobre la base del estudio de caso de Colombia, diferentes dimensiones de la relación entre el conflicto armado interno y las desigualdades.

Abstract

The article asks for the place of social inequalities in peace and conflict studies. It argues that in current debates lack the inclusion on structural social inequalities in their analyses. Of course, the article does not want to offer a monocausal argument. However, it states that the lack of including these inequalities is a major shortcoming for peace and conflict studies. In the secónd part, the article discusses based on the case study of the Colombian armed conflict different dimensions of the relationship between the armed conflict and social inequalities.

Introducción

A inicios de 2014 los jefes de gobierno de América Latina declararon al subcontinente como región de paz. A primera vista, esto parece casi lógico. La región apenas ha experimentado guerras interestatales desde su independencia hace unos 200 años. Además, en el curso de los procesos de transición de los años ochenta y noventa, América Latina se estableció como un remanso de democracia en el Sur Global, notoriamente planificado por regímenes autoritarios (Cederman *et al.*, 2013, p. 214). Tras la caída de las dictaduras cívico-militares y sus prácticas de terrorismo de Estado, varios procesos de paz también pusieron fin a las sangrientas guerras civiles a partir de los años 90. En 2016, la firma del histórico Tratado de Paz entre el gobierno colombiano y la guerrilla más antigua y más grande de la región, las Fuerzas Armadas Revolucionarias de Colombia – Ejército del Pueblo (FARC-EP), ha recibido especial atención a nivel mundial. El Acuerdo de Paz en Colombia parecía ser el punto final que permitiría entregar el tema de la violencia política en América Latina a los historiadores.

Pero esto es solo una cara de la moneda. Los cantos de victoria contrastan fuertemente con el nivel extremo de violencia en la región. Tomando las tasas de homicidio, América Latina suele encabezar las estadísticas de los lugares más peligrosos del mundo. Según el Consejo Ciudadano para la Seguridad Pública y la Justicia Penal (2019), en 2018, 42 ciudades latinoamericanas –encabezadas por Tijuana, Acapulco y Caracas– se encontraban entre las 50 ciudades con las tasas de homicidio más altas del mundo (véase también: Rettberg, 2020).[1] Además, los periodistas, los ambientalistas y, en general, los activistas sociales de América Latina se enfrentan a amenazas masivas y se convierten en víctimas de la violencia sistemática (Figari Layús, 2020). En resumen, grandes partes de América Latina son el escenario de una situación que puede caracterizarse como "violencia en paz" (Zinecker, 2014). Perea (2019) habla incluso de una situación de "violencia extrema sin guerra" para la región, y Epe (2018, p. 245), centrándose en Guatemala, afirma una situación de "indistinción entre la guerra y la paz".

Sin embargo, América Latina no solo encabeza las estadísticas mundiales de violencia física. La región además grita por la injusticia. Con Galtung (1969), también podemos señalar un alto nivel de "violencia estructural" debido a la pobreza generalizada y a la persistencia histórica de desigualdades sociales extremas. A principios del siglo XXI, la región pudo registrar considerables avances de desarrollo social gracias a la coyuntura favorable del auge de los precios de las materias primas en el mercado

---

[1] Uno de los problemas de las estadísticas sobre los niveles de violencia es la ausencia de un análisis diferencial que permita dar cuenta de la heterogeneidad de las diversas modalidades e impactos de la violencia al interior de los países o ciudades. Después de todo, la violencia no tiene un impacto social neutral. Los hombres jóvenes que pertenecen a sectores marginalizados suelen ser al mismo tiempo las principales víctimas y victimarios de los delitos violentos. A su vez, el uso de estas estadísticas suele tener serias consecuencias políticas. Las respuestas políticas al problema de los delitos violentos con frecuencia son represivas y se manifiestan en prácticas policiales que Wacquant (2003) denomina "penalización de la pobreza". Este tipo de políticas conduce a la criminalización y encarcelamiento masivo de jóvenes provenientes de sectores populares y barrios marginalizados en grandes centros urbanos. Dicha situación se ve agravada, por un lado, por el uso y abuso casi sistemático de la prisión preventiva –que en muchos casos puede prolongarse incluso por años sin una condena definitiva– y, por otro, por las condiciones más que deficientes del sistema carcelario que en la región se caracteriza por superpoblación y tratos denigrantes a los reclusos. Son este tipo de políticas las que terminan convirtiéndose en caldo de cultivo de la violencia y campos de reclutamiento para la delincuencia organizada, y agravan aún más los problemas de seguridad interna (Glebbeek y Koonings, 2016; Dudley y Bargent, 2017; Ambos y Ahoueldahab, 2019).

mundial. Las tasas de pobreza e indigencia disminuyeron notablemente y se observó una reducción moderada de la distribución de los ingresos a partir de la base del índice de Gini. Sin embargo, el fin del auge de las materias primas (2013/14) también detuvo los avances del desarrollo social y la pandemia del coronavirus está actualmente poniendo en evidencia dolorosamente la fragilidad de las mejoras sociales (Peters, 2020a). Además, América Latina –a pesar de las mejoras temporales en los principales indicadores de desarrollo–, junto con el sur de África subsahariana, sigue siendo la región más desigual del mundo. América Latina también puede reivindicar una posición tristemente excepcional en lo que respecta a la concentración de la riqueza y la propiedad de la tierra. Detrás de los indicadores estadísticos están las dinámicas sociales que la investigación reciente ha caracterizado acertadamente como "refeudalización" (Kaltmeier, 2019).

Investigaciones especializadas consideran que las desigualdades sociales son un factor importante para explicar el alto nivel de violencia en la región. De hecho, observaciones cotidianas muestran como plausible que exista una relación entre la brecha brutal entre ricos y pobres, por un lado, y el alto nivel de crímenes violentos, por otro. Sin embargo, al mirar más de cerca los procesos sociales actuales queda en evidencia que las correlaciones no equivalen necesariamente a causalidades. Así pues, la disminución de las tasas de desigualdad a principios del siglo XXI no se reflejó en una reducción de la violencia.

Por supuesto, habrá que discutir qué entendemos por desigualdad, y una parte de la explicación requiere tener en cuenta también procesos de privación relativa para explicar las altas tasas de violencia (Cotte Poveda, 2011; Enamorado *et al.*, 2016). Por otra parte, investigaciones recientes señalan excepciones relevantes –como el nivel comparativamente bajo de violencia en Nicaragua a pesar de la existencia de extremas desigualdades sociales–. También surgen dudas sobre la relación entre desigualdad y violencia teniendo en cuenta datos subnacionales y comparaciones entre municipios dentro del mismo país. En este sentido Zinecker llama a la necesidad de refinar los instrumentos analíticos y de un cambio hacia modelos explicativos aditivos y multicausales (Zinecker, 2014).

No obstante, cabe señalar que las repercusiones de las desigualdades sociales no se limitan a los delitos violentos. Desde los estudios de paz, la conexión entre las desigualdades sociales extremas y los conflictos violentos, así como la estabilización de los procesos de paz, es de particular interés. La presente contribución analiza este tema enfocándose en el actual proceso de paz en Colombia. El artículo comienza con una discusión de los debates relevantes dentro de los estudios de paz. Especialmente en el *mainstream* del debate, se destaca la ausencia de análisis que vinculen la investigación sobre la paz y los estudios de desigualdad. Este vacío teórico se discute luego con un enfoque en el estudio de caso de Colombia. A tal fin, se presentará primero brevemente el conflicto y, en particular, el actual proceso de paz en el país, y a continuación se analizarán las repercusiones de las diversas facetas de la desigualdad social en el proceso de paz. El artículo concluye con una reflexión sobre la importancia de incluir y fortalecer una perspectiva propia de los estudios sobre desigualdad en las investigaciones sobre paz y conflictos.

Estudios de paz sin desigualdad

Incluso una mirada superficial a las páginas de los principales diarios internacionales evidencia la relevancia política de los estudios de paz. La política internacional se caracteriza por una multiplicidad de conflictos latentes o abiertos. De hecho, en muchos países del mundo se ven hoy en día conflictos violentos internos de diversa intensidad. En 2019 el Grupo de Trabajo de Hamburgo sobre las causas de la guerra (Hamburger Arbeitsgemeinschaft Kriegsursachen-forschung) registró 27 guerras y conflictos armados,[2] mientras que el Instituto de Investigación de Conflictos Internacionales de Heidelberg documentó 38 guerras y conflictos armados para el mismo año (HIIK, 2020, p. 10). En contraste, el renombrado Programa de Datos de Conflictos de Uppsala cuenta 52 conflictos armados estatales y 78 conflictos no estatales en todo el mundo durante el año 2018 (Pettersson *et al.*, 2019). En suma, el mundo no es un lugar pacífico y el número de conflictos violentos también está en un alto nivel en comparación con años anteriores. Si se observa la distribución regional de los conflictos violentos, se puede afirmar que en América Latina hay comparativamente pocos conflictos violentos. Sin embargo, los datos de los institutos de investigación sobre la paz tampoco confirman la autodesignación que hicieron los jefes de Estado de América Latina como región de paz. El Instituto Heidelberg para la Investigación de Conflictos, por ejemplo, clasifica las disputas entre los cárteles de drogas ilegales en Brasil y México como guerras y también identifica las guerras limitadas que involucran a grupos paramilitares y/u organizaciones guerrilleras en México y Colombia (HIIK, 2020, p. 100 ss.). El Grupo de Trabajo de Hamburgo sobre las causas de la guerra sigue calificando la situación en Colombia –a pesar del Acuerdo de Paz entre el gobierno y las guerrillas de las FARC– como una de guerra.

Al comienzo de la pandemia del coronavirus hubo voces optimistas que predijeron que el poder del virus no solo iba a paralizar economías enteras, sino que también iba detener –o al menos contener– los conflictos armados en el mundo. Barry Posen (2020) incluso vio una oportunidad para una "Pax Epidemica". Estas esperanzas no eran del todo infundadas: cuando estalló la pandemia, el secretario general de las Naciones Unidas, Antonio Guterres, hizo un fuerte llamado a favor de un cese del fuego mundial, que fue

---

2 https://bit.ly/3mave9v (visitado el 27/06/2020).

bien recibido en la política internacional. Sin embargo, con el paso del tiempo y el avance de la pandemia, estos posibles escenarios futuros optimistas han sido reemplazados por sombríos análisis más realistas: la guerra no puede ser detenida por el virus y las consecuencias para la sociedad civil son desastrosas (Peters y Ritzel, 2020).

Por supuesto, los debates académicos no se conforman con la identificación de los conflictos a nivel mundial. Otro punto fundamental de análisis son las causas que llevan a las guerras civiles. Durante mucho tiempo, las desigualdades sociales, tanto con respecto a los ingresos, a la tenencia de la tierra, como a las formas de privación relativa, se consideraron factores claves que subyacían a los levantamientos armados (Huntington, 1968; Gurr, 1970; Muller y Seligson, 1987; Booth, 1991).[3] Algunas críticas tempranas señalaron que se trataba de explicaciones monocausales a problemas complejos (Skocpol, 1979). Además, estos supuestos fueron rechazados más recientemente por estudios provenientes del campo de la economía del desarrollo con base en el uso de métodos cuantitativos. En el marco del conocido debate sobre codicia (*greed*) y agravios (*grievances*) como factores de las guerras civiles, Paul Collier y Anke Hoeffler (1998, 2004) han rechazado el análisis que proclama las desigualdades como causa de las guerras civiles y más bien señalan las posibilidades de sacar beneficios de la guerra, por ejemplo, gracias a la explotación de recursos naturales, por parte de señores de la guerra (crítico: Cramer, 2002).[4] La popularidad de Collier ha hecho que su tesis reciba amplia atención en el mundo académico, la sociedad civil y la política frente a otros enfoques (Keen, 2012). No obstante, en términos generales el debate sobre la relación

---

[3]   Cabe señalar que hay diferencias entre estas posiciones: mientras que Huntington (1968, p. 375) señala la importancia de las desigualdades respecto de la tenencia de la tierra, Muller y Seligson (1987) rechazan esta perspectiva y afirman que las desigualdades del ingreso son el factor central.

[4]   Esta tesis también llegó a Hollywood y se refleja en la película *Blood Diamond*, con la participación de Leonardo di Caprio.

entre desigualdad y conflictos violentos no ha dado resultados claros y debe considerarse "no concluyente" (Houle, 2016, p. 682). En particular, varias investigaciones recientes identifican las desigualdades horizontales entre los grupos étnicos como causas de la insurgencia armada y las guerras civiles (Stewart, 2008; Cederman *et al.*, 2013), mientras que Boix (2008) subraya la importancia de las desigualdades verticales.

Si bien el tema de las desigualdades se debate de manera controvertida en las discusiones sobre las causas de los conflictos internos violentos y, por consiguiente, está presente, los enfoques actuales sobre la consolidación de la paz se caracterizan por una amplia omisión de la categoría de desigualdad. Esto se debe, entre otras cosas, al uso de los términos "violencia" y "paz". En las ciencias sociales el debate en torno a la violencia suele centrarse en la violencia física (Sofsky, 1996; Reemtsma, 2020) y los estudios de paz se concentran sobre todo en analizar cómo se puede poner fin a los conflictos armados y estabilizar y consolidar las sociedades postconflictos. Por lo tanto, las categorías clásicas de "violencia estructural" y "paz positiva" (Galtung, 1969) han perdido relevancia para la disciplina y, sobre todo, para la práctica política. Así, estos enfoques se encuentran hoy en día mayoritariamente en los estudios sobre las desigualdades (Schroer, 2000).

En consecuencia, los debates políticos y académicos sobre el tema se han caracterizado por una mirada que reduce la paz a la ausencia de conflictos violentos. De igual forma, se suele entender la construcción de paz, principalmente, como una maniobra encabezada por las élites políticas y sus asesores internacionales. Especialmente en las investigaciones orientadas a la formulación de políticas, esto iba acompañado a menudo de un sesgo tecnocrático, que se manifestaba, entre otras cosas, en la presentación de *toolkits* o de "enfoques de Ikea" –es decir, de un conjunto de módulos con fácil instrucción de uso– para la construcción de paz (crítico: Körppen, 2011, pp. 77 ss.; Kappler, 2015, p.

880). Esto dio lugar a una serie de medidas poco exigentes para el éxito de la consolidación de la paz: desmovilización, desarme y reintegración de excombatientes, mecanismos de justicia de transición, así como la promoción de la democracia (liberal) y del imperio de la ley, los cuales deberían allanar el camino hacia la paz.[5]

El paradigma liberal de la construcción de paz no solo ganó influencia científica, sino que también marcó la política de paz internacional. Sin embargo, el éxito de los enfoques liberales de construcción de la paz es aleccionador. Mientras que algunos autores localizan las razones de la falta de éxito en errores de aplicación de las medidas y, por consiguiente, defienden el concepto como tal (París, 2010), las voces críticas articulan fallos fundamentales en su diseño. Según ellos, la persistencia de un enfoque estrecho y vertical bajo supuestos liberales corre el riesgo de complicar o socavar completamente las condiciones para una paz estable y duradera tal como la propagan las Naciones Unidas (Pugh *et al.*, 2008; Richmond, 2010).[6] En primer lugar, el paradigma liberal de construcción de paz, centrado en la reproducción de los modelos occidentales de economía de mercado y de democracia liberal-representativa, que parte de una mirada del individuo liberal-racional, puede socavar la estabilización de las sociedades después de un conflicto e incluso contribuir al surgimiento de nuevos conflictos o al agravamiento de los ya existentes. En segundo lugar, bajo esta lógica el paradigma liberal carece de sensibilidad al contexto en el cual debe llevarse a cabo el proceso de construcción de paz, ya que con frecuencia equivale a un modelo de talla única. En tercer lugar, un enfoque centrado

---

5   A veces también se señala la introducción o el fortalecimiento de una economía de mercado.

6   Para evitar malentendidos: teniendo en cuenta el diario derramamiento de sangre en el marco de conflictos armados es necesario tomar medidas pragmáticas que pueden llevar a la terminación de las guerras y, por lo tanto, salvar vidas. Sin embargo, también hay que tener en cuenta las limitaciones que tienen estos enfoques a mediano y largo plazo.

en la agencia de las élites siempre corre el riesgo de reproducir y fortalecer la exclusión de grupos ya socialmente marginalizados.

De allí que el surgimiento de múltiples críticas al paradigma liberal en los últimos años ha conducido a lo que hoy se conoce como "nueva corriente principal" (Finkenbusch, 2016, p. 248). Como resultado, el propio concepto de "construcción de paz" está siendo cuestionado cada vez más y sustituido por términos que den cuenta de una paz posliberal, local, territorial, híbrida, inclusiva, ambiental y/o sostenible (Richmond y Mitchell, 2012; Mac Ginty y Richmond, 2013; de Coning, 2016; Ide, 2017; Luckham, 2018; Peña, 2019). Los enfoques de la construcción de paz local y la paz territorial en particular destacan la importancia de las especificidades contextuales en contraposición a los conceptos universalistas de la paz y, bajo el epígrafe de "giro social", se apunta a poner el acento en temas de índole contextual y sacando el foco principal de la idea de seguridad (Lee *et al.*, 2016, p. 494). Esto ha ido acompañado de una mayor atención a la inclusión de varios ejes de desigualdad. En este contexto, cabe destacar la Resolución 1325 del Consejo de Seguridad de las Naciones Unidas sobre "Mujeres, Paz y Seguridad" y, por consiguiente, la promoción de la justicia de género en los procesos de paz (Von Gall y Von Messing, 2020; crítico: Wisotzki, 2011). En resumen: en los últimos años se han producido importantes cuestionamientos en los trabajos académicos sobre la paz, los cuales le han provisto a este campo de estudio una mirada crítica y distante con respecto a nociones idealizadas, como la de "construcción de paz", y lo han acercado a perspectivas más integrales que captan de forma diferencial las complejas realidades empíricas de las sociedades en situación de posconflicto o transición.

No obstante, los enfoques que incluyen las desigualdades verticales siguen siendo escasos o tienen una existencia sombría dentro de las investigaciones sobre la paz. Por regla general, esas causas estructurales de los conflictos se desvanecen en los debates en relación con el peligro de que se extienda excesivamente la pretensión y el alcance de los instrumentos de consolidación de la paz. Esto también se aplica, por ejemplo, a los enfoques de la justicia transicional. Cabe señalar que la justicia transicional suele reforzar formas de justicia restaurativa frente a la tradicional justicia retributiva (De Gamboa, 2020) y combina instrumentos jurídicos con instrumentos no jurídicos (como las comisiones de la verdad). No obstante, los debates más recientes en torno a la justicia transformadora, que también, y sobre todo, aborda las causas de los conflictos y, por lo tanto, se esfuerza por cambiar el *statu quo*, siguen estando en la sombra y se consideran poco apropiados para la política práctica (Waldorf, 2012; Gready y Robins, 2014). En cambio, el presente artículo argumenta que la omisión o marginación de las desigualdades sociales verticales representa un vacío central en los estudios de paz.

La importancia de incluir una perspectiva que analice las desigualdades sociales en los estudios de paz se hace evidente ante la observación empírica de los constantes problemas que presentan los procesos de construcción de una paz estable y duradera, o, dicho de otra manera, de una paz sostenible. En otras palabras, la no consideración de una perspectiva que incluya un análisis de las desigualdades sociales no solo representa un problema teórico, sino que también puede –dependiendo del contexto– tener graves consecuencias prácticas, como poner en riesgo la estabilización a mediano y largo plazo de las sociedades postconflicto. El análisis, tanto del conflicto armado en Colombia como de su actual proceso de construcción de paz, proporciona un buen ejemplo de estos riesgos y desafíos, como se ilustra a continuación.

Colombia: guerra y paz en un país desigual

Colombia se caracteriza por una larga historia de conflictos internos violentos, que se remonta al menos a finales del siglo XIX (Guerra de los Mil Días, 1899-1902) y que alcanzó una triste intensificación adicional con la fase de la violencia a mediados del siglo XX. Con la fundación de los grupos guerrilleros Fuerzas Armadas Revolucionarias de Colombia (FARC) y Ejército de Liberación Nacional (ELN) en 1964, se inició un conflicto armado interno que duraría más de cinco décadas y que, en buena medida, continúa luego de la firma del Acuerdo de Paz en 2016. El conflicto en Colombia experimentó diferentes fases y dinámicas. Intervinieron una multiplicidad de actores armados, entre ellos el Estado, diversos grupos guerrilleros y grupos paramilitares. Más allá de sus diferencias en tanto a grado de responsabilidad y alcance, todos ellos han estado involucrados y/o han sido responsables de graves violaciones de derechos humanos y crímenes de lesa humanidad, aunque la dinámica y las prácticas de violencia respectivas difirieron entre los actores. Mientras los movimientos guerrilleros en particular se especializaron en secuestros y abortos forzados, las fuerzas de seguridad han sido responsables de numerosas ejecuciones extrajudiciales y desapariciones forzadas, como las que se dieron en los casos de los falsos positivos,[7] cometidos por los militares bajo la presidencia de Álvaro Uribe Vélez (2002-2010). Los grupos paramilitares, a su vez, son responsables de alrededor del 60% de las masacres cometidas en el país. Según cifras oficiales, el conflicto armado interno se cobró más de ocho millones de víctimas,[8] entre ellas 270.000 muertos, más de 80.000

---

[7] Se trata de ejecuciones extralegales de habitantes generalmente pobres de zonas rurales o distritos urbanos marginales por parte de los militares. Los militares declararon a los civiles muertos como miembros de la guerrilla, lo que generó supuestas pruebas de éxito militar por las que recibieron beneficios especiales.

[8] https://bit.ly/3z6IxLG (visitado el 24/02/2021).

personas desaparecidas, alrededor de 32.000 secuestrados, miles de falsos positivos, víctimas de violencia sexual y más de 7 millones de desplazados. Todo ello ha tenido lugar en el marco de una democracia formal caracterizada por elecciones periódicas, separación de poderes y, desde 1991, una de las Constituciones más ejemplares del mundo (Jaramillo Pérez, 2012; CNMH, 2016). El elevado número de víctimas señala que (casi) todas las familias de Colombia se vieron afectadas por el conflicto. Sin embargo, el conflicto no fue socialmente neutral: la población rural, las comunidades indígenas y afrocolombianas y las personas pertenecientes a sectores social y económicamente marginalizados sufrían (y sufren todavía) de manera desproporcionada diversas formas de violencia. Entre ellas, la violencia de género y, más precisamente, la violencia sexualizada, ha sido utilizada como una práctica sistemática que ha afectado principalmente –aunque no exclusivamente– a miles de mujeres y niñas (Bello, 2016).

Dada la duración e intensidad de la violencia, no cabe duda de que la firma del Acuerdo de Paz en 2016 representa una oportunidad histórica y un requisito previo para el camino del país hacia un futuro mejor. Las imágenes de la firma del Acuerdo de Paz dieron la vuelta al mundo, acontecimiento que fue bienvenido eufóricamente a nivel internacional y plasmado en la condecoración del entonces presidente colombiano Juan Manuel Santos (2010-2018) con el Premio Nobel de la Paz. Frente a un tenso clima en la política internacional, el cual se sigue endureciendo, Colombia fue más que un rayo de esperanza. Más bien, el proceso de paz colombiano demostró que –contrariamente a todas las profecías pesimistas– los conflictos complejos pueden resolverse por medios diplomáticos y, por lo tanto, Colombia pasó a ser un ejemplo del poder de la política constructiva y orientada a la paz. Sin embargo, desde el inicio el entusiasmo de la comunidad internacional contrastaba con el polarizado debate colombiano sobre el proceso de paz. En un plebiscito sobre el Tratado de Paz, una leve mayoría de votantes, agitada por los cristianos fundamentalistas y los militantes de línea dura de la derecha política, rechazó el resultado de las negociaciones. Pero el análisis de una polarización política solo representa una parte de la realidad. Más del 62% de los votantes se abstuvieron. Esto último no puede explicarse únicamente por las fuertes tormentas del día del plebiscito y la tradicionalmente baja participación de los votantes en Colombia. Cabe señalar que la paz con las FARC era simplemente una prioridad secundaria para amplios sectores de la población. Como resultado, se carece de un consenso social mínimo sobre la necesidad de un proceso de paz con esta guerrilla, y la polarización del debate público se expresó también en un estridente debate sobre los contenidos supuestos y reales del Tratado de Paz (Bello, 2016; Esguerra Muelle, 2017; González, 2017).

Con algunos ajustes, el Tratado de Paz entró en vigor por vía parlamentaria, sin un nuevo referéndum. El Tratado de Paz consta de seis secciones: a) Reforma Rural Integral; b) Participación política: apertura democrática para construir la paz; c) Cese al fuego y de hostilidades bilateral y definitivo y la dejación de las armas, incluyendo la "Reincorporación de las FARC-EP a la vida civil –en lo económico, lo social y lo político– de acuerdo con sus intereses" y las "Garantías de seguridad y lucha contra las organizaciones criminales responsables de homicidios y masacres"; d) Solución al problema de las drogas ilícitas; e) Víctimas y los mecanismos de justicia transicional; y f) Mecanismos de implementación y verificación (Acuerdo Final, 2016).

El Acuerdo de Paz colombiano no solo es extenso en comparación a otros acuerdos de paz, sino también ambicioso. La paz es mucho más que el silencio de las armas y requiere ocuparse del pasado violento, así como de las reformas políticas y socioeconómicas (Instituto Kroc, 2020, pp. 21 ss.). Es decir, "contempla crear las condiciones para que Colombia pueda salir de la guerra" (Cortés Rodas, 2020). Aunque el gobierno de Juan Manuel Santos excluyó explícitamente de las negociaciones el modelo económico y de desarrollo, el acuerdo contiene, sin embargo, puntos de partida para cambios sociales de gran alcance, especialmente en el área del desarrollo rural, la profundización de la democracia y, en general, en lo que respecta al concepto de paz territorial introducido por el alto comisionado Sergio Jaramillo en una conferencia en la Universidad de Harvard (Jaramillo Marín, 2014). Además, el Acuerdo de Paz y, en particular, las instituciones de justicia transicional incluyen enfoques diferenciales que reflejan la diversidad del país y las desigualdades horizontales, y de esta manera buscan construir una paz inclusiva. En resumen: el Acuerdo de Paz contiene un potencial considerable de transformación.

Sin embargo, la implementación del Acuerdo de Paz ha producido hasta ahora, en el mejor de los casos, un balance mixto (Instituto Kroc, 2020). No obstante, y a pesar de las críticas, no cabe duda de que el proceso de paz ha dado rápidos resultados y ha permitido mejoras tangibles en muchas partes del país. En primer lugar, cabe mencionar la importante reducción del número de víctimas del conflicto armado a partir de la firma del acuerdo. Además, la desmovilización y el desarme de los excombatientes de las FARC ha sido exitoso, especialmente según los estándares internacionales. Hoy en día, la gran mayoría de los excombatientes se ha pasado a la vida civil. Más aún, después de las elecciones de 2018, el nuevo partido de las FARC, la Fuerza Alternativa Revolucionaria del Común, ha ocupado sus escaños en el Parlamento, como está previsto en el Acuerdo de Paz:[9] el cambio de los Kalashnikovs a las papeletas es sin duda un gran éxito del proceso de paz. Después de todo, las instituciones de justicia transicional se han constituido exitosamente y han comenzado a funcionar a pesar de la fuerte oposición política de la derecha que rodea al expresidente Álvaro Uribe Vélez y al actual jefe de Estado Iván Duque del

---

[9] En el Acuerdo de Paz garantizaron a las FARC cinco curules en el Senado y otros cinco curules en la Cámara de Representantes en los procesos electorales nacionales de 2018 y 2022.

partido Centro Democrático. Además, el complejo sistema de justicia transicional de Colombia ya se ha convertido en una referencia internacional y, con toda probabilidad, pronto será un nuevo producto de exportación colombiano.

Sin embargo, hay un amplio consenso en que el proceso de paz está actualmente en crisis. La implementación del Acuerdo de Paz no parece ser la prioridad del gobierno de Iván Duque. Pero la crisis no puede adjudicarse solamente al cambio de gobierno ya que incluso durante la gestión anterior del presidente Santos, la implementación del acuerdo se caracterizaba por ser bastante parsimoniosa. En primer lugar, la implementación del Acuerdo de Paz está tambaleando en muchas áreas. Esto se evidencia especialmente tanto en la reforma rural integral, en las medidas para fortalecer la participación política como en la ausencia de una solución eficaz al problema de las drogas ilícitas (Instituto Kroc, 2020). Además, aunque el gobierno suele presentarlo como muestra del éxito de la implementación de paz, un análisis profundo y crítico muestra que las medidas de los Programas de Desarrollo con Enfoque Territorial (PDET) como punto central de la paz territorial también tienen serios problemas.[10] Relacionado con estos últimos dos puntos, el proceso de paz se ve ensombrecido por la continuidad de la violencia política. También en pleno proceso de paz, varios actores armados siguen operando en el país y podemos hablar de una "paz incompleta" (Garzón Vergara y Silva Aparicio, 2019). Particularmente en la costa del Pacífico, en el Catatumbo en la frontera con Venezuela, así como en el norte y el sur del país, como en muchas otras zonas, apenas podemos hablar de paz. Al contrario: tras la desmovilización de las FARC, se generó un vacío de poder en esos territorios que se ocupó de forma inmediata por viejos y nuevos actores armados. Allí, la economía de las drogas ilícitas florece. Sumado a ello y al violento accionar

---

10 Conclusiones de un taller de investigación virtual que tuvo lugar el 28 de octubre de 2020.

de los grupos (neo)paramilitares, el ELN y las disidencias de las FARC también se han involucrado en negocios lucrativos e ilegales, como el de la droga y la minería. La continua presencia de actores armados está estrechamente vinculada a un escandaloso aumento de la violencia contra los activistas sociales y los excombatientes de las FARC (Rozo Ángel y Ball, 2019; Naranjo, 2020; Trejos, 2020). Los estudios actuales asumen que entre el Acuerdo de Paz y finales de marzo de 2020 fueron asesinados entre 300 y 817 activistas sociales y más de 190 excombatientes de las FARC.[11] A su vez, el proceso de paz también presenta grandes problemas en otros ámbitos: la restitución de tierras a las víctimas de desplazamiento forzado avanza a paso de tortuga, el apoyo financiero para la reincorporación de los excombatientes es escaso, los campamentos de exguerrilleros se caracterizan por su precariedad económica y social, y la situación de seguridad de los exguerrilleros es sumamente endeble (Rodríguez *et al.*, 2018; Barrios Sabogal *et al.*, 2020). Además, en octubre de 2019 un grupo dirigido por líderes históricos de las FARC (incluyendo a Iván Márquez) se retiró del proceso de paz y reanudó la toma de armas. A finales de ese mismo año, el proceso de paz ya se encontraba en una fase difícil y estas dificultades se agravaron aún más en el contexto de la pandemia del coronavirus (Peters, 2020a).

Las razones de la situación preocupante del proceso de paz en Colombia son múltiples y, por supuesto, no se pueden reducir a explicaciones monocausales. Sin embargo, asombra que la cuestión misma de las desigualdades sociales como causa del camino pedregoso hacia la paz tenga tan poca presencia en los debates.

---

11 https://bit.ly/3ggg1zE; https://bit.ly/2XH3e32 (visitados el 31/3/2020). En Colombia se ha desatado un debate, a menudo polémico, sobre el número de activistas sociales asesinados. Más allá de las cifras precisas, no cabe duda de que el compromiso político y social, especialmente en las zonas rurales de Colombia, implica un alto riesgo para la vida y la integridad física y psíquica de quienes lo llevan a cabo.

Colombia: país de las desigualdades

Esto es aún más sorprendente si se tiene en cuenta que Colombia es uno de los países con mayores niveles de desigualdad en el mundo. La primera mirada para determinar el nivel de desigualdad de una sociedad y su clasificación en los *rankings* internacionales suele recaer en el índice de Gini de distribución de ingresos. Según datos de la Base de Datos de Desigualdad de Ingresos Mundiales de la Universidad de las Naciones Unidas, el índice de Gini de distribución del ingreso de Colombia en 2018 fue de 0,52. Esto lo ubica en el grupo de países con mayor tasa de desigualdad de ingresos en el mundo, detrás del líder indiscutible, Sudáfrica (Gini 0,65), además de Namibia (0,59), Zambia (0,57), Brasil (0,54) y Botsuana (0,53).[12] Además, las desigualdades extremas no son un fenómeno nuevo en Colombia. Más bien el país –como la región latinoamericana en general– se caracteriza por la persistencia histórica de desigualdades sociales extremas (Wehr y Burchardt, 2011).

No obstante, el índice de Gini de la distribución de los ingresos por sí solo puede resultar engañoso por varias razones. En primer lugar, la comparación entre países basada en los datos de Gini sugiere una desigualdad homogénea dentro de los países y reproduce el nacionalismo metodológico tan presente en las ciencias sociales. Obviamente, esto conlleva una serie de problemas y omisiones. En el caso colombiano, por ejemplo, hay diferencias considerables en los niveles de ingresos y el nivel de desigualdad entre los distintos departamentos (Sánchez Torres, 2017, p. 151). Además, un estudio reciente de Sánchez Torres (2017, p. 151) fundado en datos del Departamento Administrativo Nacional de Estadística no proporciona datos sobre el Gini de la distribución del ingreso para ocho de los 32 departamentos del país.[13] Se trata de zonas periféricas del sur y el

---

12 https://bit.ly/3mm9OX7 (visitado el 09/05/2020).
13 Además existe el distrito capital.

sudeste del país, que se caracterizan por haber sido marginalizadas históricamente y por un bajo nivel de presencia estatal. Sin embargo, los puntos ciegos de las estadísticas no solo son un problema para la determinación exacta del índice de Gini en Colombia, sino que son en sí mismos un indicador de las desigualdades en la penetración del Estado, o "poder de infraestructura" (Mann, 1984), y la presencia diferenciada del Estado colombiano (González, 2010). En segundo lugar, el índice de Gini oculta los puntos ciegos de las estadísticas. Suele haber una tendencia a subestimar los ingresos extremadamente altos, lo que causa distorsiones. En Colombia, por ejemplo, el porcentaje más rico de la población concentra el 20% de los ingresos totales (Oxfam, 2016a, p. 39). En tercer lugar, el enfoque de la distribución de los ingresos también es problemático porque no tiene debidamente en cuenta otras dimensiones de la desigualdad social (salud, educación, riqueza, propiedad de la tierra, etc.). A medida que se amplía el enfoque sobre las desigualdades sociales en Colombia, se hace más visible el cuadro de una sociedad extremadamente desigual, lo cual se expresa con mayor claridad en el caso de la desigual distribución de la propiedad de la tierra (Oxfam, 2016b, p. 22). Así, sobre la base del último censo agrícola, se puede constatar que en Colombia el 70,4% de las unidades de producción agrícola –básicamente campesina– poseen solo el 2,0% de las tierras agrícolas, mientras que el 0,2% de las unidades de producción agrícola de más de mil hectáreas –en definitiva, grandes extensiones de tierra– concentran el 73,8% de las tierras agrícolas (Sanabria Ramírez, 2019, p. 25). En cuarto lugar, Colombia no solo es una sociedad extremadamente desigual, sino que estas desigualdades también están cementadas. La movilidad social es prácticamente inexistente. La meritocracia o la igualdad de oportunidades no es ni siquiera una ilusión en Colombia. Un informe de la OCDE del año 2018 dejó claro lo brutal que es la reproducción de la estructura social existente. Según este informe, en Colombia se necesita un promedio de once generaciones para pasar del decil de ingresos más bajos a un nivel de ingresos medios (OCDE, 2018, p. 27). Dicho de otra manera: el camino de la pobreza a la clase media baja lleva unos 300 años.

A la vista de estos datos, no cabe duda de que las desigualdades sociales extremas son un rasgo estructural central de la sociedad colombiana. Al mismo tiempo, un enfoque solo basado en los indicadores estadísticos impide una mirada integral de las múltiples y diversas dimensiones que atraviesan las desigualdades (clase social, género, etnia, lugar de residencia, edad, etc.). Estos determinantes de las desigualdades no pueden simplemente colocarse uno al lado del otro o considerarse de manera aditiva, sino que deben analizarse en sus intersecciones. Por lo tanto, es clave resaltar la necesidad de un enfoque interseccional para comprender la importancia de las desigualdades sociales existentes para diversos procesos económicos, sociales y políticos (Viveros Vigoya, 2016).

El proceso de paz en Colombia y las desigualdades sociales

Dada la magnitud y la persistencia de desigualdades sociales en Colombia, estas deben ser un tema central en el análisis de todos los procesos económicos, sociales y políticos del país. El proceso de paz no es una excepción. A continuación, se analizan las desigualdades sociales como un obstáculo en el camino hacia una paz duradera y estable. Con ese fin, se analizarán dos temas: a) la continua violencia estructural como amenaza para una sociedad pacífica y b) la repercusión de las desigualdades sociales en el tratamiento del pasado en la esfera de la justicia de transición y la memoria colectiva.

Las desigualdades sociales como amenaza a la paz

La historia violenta de Colombia difícilmente puede separarse de la persistencia de las desigualdades sociales. Los actores armados han reclutado a la mayoría de sus combatientes de zonas económica y socialmente marginalizadas y rurales del país. Para muchos de ellos, la lucha armada prometía una salida de situaciones precarias y desesperadas. Esto explícitamente no descarta los motivos ideológicos de las organizaciones guerrilleras (Beltrán Villegas, 2014).[14] Aunque generalizar siempre es simplificar y omitir la complejidad, puede afirmarse *grosso modo* que la base social de los distintos grupos armados es relativamente similar con reclutamiento en los estratos bajos de la sociedad colombiana. En general, diversos factores sociales (bajos ingresos, falta de perspectivas, violencia doméstica, control territorial) han sido clave en la decisión de unirse a luchar con un arma en la mano. A ello se suma el hecho de que el reclutamiento forzoso también tuvo lugar principalmente en la población rural y/o desfavorecida (Theidon, 2007, pp. 75 s.; Villegas de Posada, 2009; Manrique Rueda, 2010, pp. 70 ss.).

Esta situación, con algunas adaptaciones, no es muy diferente en la actualidad. La mayoría de los integrantes de las denominadas bandas criminales (Bacrim) o grupos neo-paramilitares son reclutados entre jóvenes "baratos" de barrios marginales (Nussio y Howe, 2014, p. 858), que se incorporan a los grupos armados por una remuneración apenas superior al salario mínimo, mientras que al mismo tiempo los grupos armados luchan por el control territorial en crisis locales, como condición para la posibilidad de apropiarse de los lucrativos ingresos de las rentas ilegales procedentes del tráfico de drogas y otras actividades ile-

---

14 Véanse también los recuerdos de mujeres excombatientes de las FARC en el volumen de la exposición fotográfica "Der Frieden trägt den Namen einer Frau" (Woehrl y Von Schelling, 2019). Dentro de las FARC, según la guerrilla, alrededor del 40% eran mujeres, otras estimaciones asumen un 20-30% (Gutiérrez Sanin y Carranza Franco, 2017, p. 770).

gales. Es especialmente preocupante que los grupos armados ilegales busquen reclutar combatientes desmovilizados ofreciendo mejoras socioeconómicas (Theidon, 2007, pp. 81 s.; Denissen, 2010, pp. 340 s.; Nussio y Howe, 2014). Aunque también en este caso las explicaciones monocausales no son suficientes, Nussio (2011, p. 154), basándose en investigaciones empíricas con exparamilitares, advierte de los peligros de la marginación económica de los excombatientes: "La situación económica es un motor importante para la reincidencia en la ilegalidad". La continuación de la violencia en los contextos posteriores a la desmovilización puede explicarse, por lo tanto, al menos en parte por la situación social de los combatientes. Las desigualdades sociales permiten, por un lado, el reclutamiento de combatientes "baratos". Por otro lado, los grupos armados se sustentan mediante las posibilidades de apropiarse de los ingresos de las rentas del cultivo de las drogas de uso ilícito, la minería ilegal y demás actividades económicas de los grupos armados.

El negocio de las drogas de uso ilícito, y especialmente de la coca, es una importante fuente de ingresos para varios grupos armados y puede considerarse como un motor de la violencia (Marcy, 2010; Gaviria y Mejía, 2011; Norman, 2018).[15] Colombia es el mayor productor mundial de coca y la superficie cultivada ha aumentado fuertemente (aproximadamente en un 350% del área cultivada) entre 2013 y 2017.[16] Esto puede explicarse en parte como un efecto no deseado de una estructura de incentivos durante las negociaciones en La Habana como expectativa de beneficios de sustitución y/o reducción de la erradicación (López León

---

[15] Centrándose en las FARC, Norman (2018) discute la tesis popular según la cual el conflicto armado en Colombia se debe a motivos económicos. En su cuestionamiento Norman destaca en cambio la relación inicialmente negativa y posteriormente ambivalente de las FARC con la economía de las drogas. Sin embargo, la economía de las drogas ha contribuido sin duda alguna a la dinamización e intensificación del conflicto (Mejía y Restrepo, 2013).

[16] https://bit.ly/2XwLUNY (visitado el 25/06/2020).

et al., 2019). Además, cabe señalar que las razones de la obstinada continuidad de los cultivos de coca en Colombia siguen siendo la marginalización de los territorios remotos y, por ende, las desigualdades socioterritoriales. La gravedad de esta situación se hace más evidente si se considera que el gobierno colombiano ha venido utilizando un apoyo financiero, técnico y militar masivo de los Estados Unidos para combatir los cultivos de coca con diversos métodos (opciones de desarrollo alternativo, fumigación con el herbicida glifosato, destrucción manual de los cultivos de coca).[17] El hecho de que estas políticas no hayan tenido los resultados esperados se debe en particular a la falta de alternativas para los pequeños productores en las zonas de cultivo de coca, caracterizadas por una infraestructura apenas desarrollada. Aunque hay una tendencia a ampliar la superficie promedia de cultivo de coca, en 2018 esta era de solo 1,07 hectáreas y, por ende, de pequeños productores (UNODC 2019, p. 42). Además de los mayores ingresos, el cultivo de coca también resulta atractivo porque las estructuras de la economía ilícita proporcionan un apoyo técnico y logístico que otras entidades, como el Estado colombiano, no ofrecen a los campesinos empobrecidos. Como resultado de este apoyo técnico, hay aumentos impresionantes de la productividad en la economía ilícita: mientras que la superficie dedicada al cultivo de coca está disminuyendo bajo el gobierno de Duque, según las cifras oficiales, la producción de cocaína está aumentando (Ibanez y Klasen, 2017; Dávalos y Dávalos, 2020; UNODC, 2020).

Sin embargo, la financiación de los grupos armados no se basa únicamente en el negocio de la droga. En los últimos años, han cobrado importancia diversos mecanismos para

---

17 Sobre la base de estudios cualitativos, Ramírez (2011) muestra los enormes efectos negativos de la fumigación de las zonas de cultivo de coca con el herbicida glifosato. Este método de erradicación forzosa suele provocar el desplazamiento a otras zonas de cultivo y afectar así otro tipo de flora, mientras que a la vez puede implicar el riesgo general de que aumente el apoyo local a los agentes armados.

desviar los ingresos de las rentas del sector extractivista (petróleo, minería y agricultura de monocultivo, por ejemplo, de palma africana, acaparamiento de tierra, etc.) (Idrobo, Mejía y Tribin, 2014; Rettberg y Ortiz-Riomalo, 2016). A veces incluso se observa una reorientación del cultivo de la coca hacia la minería (ilegal o informal) (Rettberg y Ortiz-Riomalo, 2016, p. 90), hecho que parece tender a revertirse por la caída de los precios de los recursos naturales en el mercado global. Además, la minería ilegal parece estar cobrando importancia para la violencia –que no se restringe a los homicidios– en el contexto del actual proceso de paz (Ortiz-Riomalo y Rettberg, 2018; Hamilton *et al.*, 2020). Lo que es común a la producción de coca por pequeños propietarios y a la minería ilegal o informal es que la actividad económica suele ser llevada a cabo por grupos de población marginados con el fin de mejorar sus precarias condiciones materiales de vida (Rochlin, 2018; Hamilton *et al.*, 2020).

Señalar el problema de la marginalización de las zonas rurales y su vínculo con la violencia no es para nada nuevo. De hecho, este problema también ha sido contemplado durante las negociaciones en La Habana. Hay varios puntos en el Acuerdo de Paz entre el gobierno colombiano y las FARC que pretenden reducir las extremas disparidades socioterritoriales entre las zonas urbanas y rurales, así como la desigual distribución de la tierra. Durante las negociaciones de paz en la capital cubana el primer punto sobre el que se llegó a un acuerdo en el verano de 2013 fue la reforma rural integral (Bedoya Bedoya, 2019, p. 43). Esto incluye brindar seguridad jurídica mediante un sistema de catastro rural de alcance nacional, un mejor acceso a la tierra para los pequeños agricultores y los sin tierra mediante el establecimiento de un fondo de tierras, así como la mejora de la infraestructura y los servicios sociales (educación, salud) en las zonas rurales. Además, la cuestión de la tierra también está estrechamente vinculada al tratamiento del problema del cultivo ilícito de drogas (punto 4 del Tratado de Paz). En resumen, cabe destacar que en el Acuerdo de Paz se abordan las causas estructurales del conflicto. Si bien el punto de la reforma rural integral no equivale a una reforma agraria, apunta hacia un intento de modernizar las zonas rurales. También es cierto que –con toda la precaución debida– especialmente los puntos 1 y 4 del Acuerdo de Paz (Reforma Rural Integral y Solución al problema de las drogas ilegales) contienen un considerable potencial de transformación (Tobón, 2018; Coronado, 2019, p. 12).

Sin embargo, en la práctica la implementación del Acuerdo de Paz parece estancarse precisamente en las áreas con mayor potencial de transformación. Según el actual informe de seguimiento del Instituto Kroc (2020, p. 29; pp. 45 s.), incluso tres años después de la firma del Tratado de Paz, la aplicación de la Reforma Rural Integral (RRI) se encuentra todavía en su fase inicial y existe un peligro concreto de que tambalee. Esto último difícilmente puede ser una sorpresa en vista de la feroz oposición a la RRI por parte de la derecha, de los terratenientes y del *agrobusiness* (Chavez Chaves, 2018, p. 87). Paralelamente al estancamiento de la implementación, puede observarse una tendencia a una mayor concentración de la propiedad de la tierra en ciertos sectores y, por ende, una exclusión del acceso a ella por otros marginalizados. Esto es el resultado de la combinación entre reformas políticas, por ejemplo mediante la ley por la que se establecen las Zonas de Interés de Desarrollo Rural, Económico y Social (ZIDRES) mediante la Ley 1776 de 2016, y dinámicas económicas (Bedoya Bedoya, 2019; Grajales, 2020; Torres-Mora, 2020). Este proceso de concentración de la tierra va acompañado de la continuidad de la deforestación de amplios territorios, en particular en la región amazónica colombiana, y, por consiguiente, de la pérdida de biodiversidad (Otero-Durán y Piniero, 2019, p. 93). En otras palabras, la desigualdad en la propiedad de la tierra y su concentración continúan, no se están llevando a cabo reformas estructurales y, por lo tanto, sigue siendo una de las causas centrales del conflicto en Colombia.

La falta de atención a las extremas desigualdades sociales en el proceso de posconflicto de Colombia puede convertirse rápidamente en un bumerán: el rearme de un grupo de excombatientes de las FARC en torno a líderes de alto rango como Iván Márquez ilustra los peligros de una implementación retrasada o inexistente del proceso de paz (Quinn *et al.*, 2019). Sin embargo, cabe resaltar que la mayoría de los excombatientes de las FARC siguen en el proceso de paz. Pero esto no debe desatender los peligros de que los excombatientes vuelvan a las armas dentro de las estructuras armadas cambiadas o nuevas. Theidon ha resumido de manera muy clara esta relación entre la transición de los combatientes y el contexto social: "¿La ironía? Muchos de estos excombatientes son 'sujetos de transición' –el contexto social no lo es" (Theidon, 2007, p. 77).

Desigualdades en las políticas de afrontar el pasado

El conflicto armado en Colombia causó más de ocho millones de víctimas y las violaciones masivas de los derechos humanos por parte de las fuerzas estatales, varias organizaciones guerrilleras y grupos paramilitares, que formaron parte de la triste y sangrienta vida cotidiana del país. Abordar el pasado mediante procesos de memoria colectiva y diversos instrumentos de justicia transicional sigue considerándose una condición previa para la posibilidad de construir un futuro pacífico. Esta esperanza también se refleja en el actual proceso de paz de Colombia. Más aún: el tratamiento del pasado violento tiene una larga tradición en el país, que comenzó con la obra pionera *La violencia en Colombia* de Monseñor Germán Guzmán, Orlando Fals Borda y Eduardo Umaña Luna en 1962 y, por lo tanto, antes de la fundación de las organizaciones guerrilleras FARC y ELN (Jaramillo Marín, 2014).

La búsqueda de la verdad sobre la violencia acompañaba el conflicto armado y se institucionalizó e intensificó de nuevo, en particular con la fundación del Centro

Nacional de Memoria Histórica (CNMH) en 2011. En los últimos años, el CNMH ha compilado y publicado un gran número de excelentes investigaciones e informes sobre la historia de la violencia y el recuerdo en Colombia (por ejemplo, CNMH, 2013; CNMH, 2016; CNMH, 2017). El CNMH continúa su trabajo después del Acuerdo de Paz. Sin embargo, tras la llegada al poder del presidente Iván Duque, se produjo un giro en la orientación del CNMH, simbolizado por el nuevo director Darío Acevedo. Acevedo es considerado un hombre de línea dura que ha negado durante mucho tiempo la existencia de un conflicto armado en Colombia y sobre el cual muchas organizaciones de víctimas son extremadamente escépticas, si bien su proximidad al expresidente Álvaro Uribe Vélez es algo a lo que atenerse (Alarcón, 2020).

A pesar de que el CNMH haya perdido visiblemente su prestigio académico y su credibilidad social como resultado de la reorientación (Alarcón, 2020),[18] el proceso de abordar el pasado cobró mayor impulso y profundidad después de la firma del Acuerdo de Paz a finales de 2016, a través del cual se creó un complejo sistema de justicia transicional (Sistema Integral de Verdad, Justicia, Reparación y No-Repetición, SIVJRNR). El SIVJRNR está integrado por la Jurisdicción Especial para la Paz (JEP), la Comisión de la Verdad (Comisión para el Esclarecimiento de la Verdad, la Convivencia y la No-Repetición, CEV) y la Unidad de Búsqueda de Personas dadas por Desaparecidas (UPBD), e incluye mediadas de reparación. De esta manera el SIVJRNR combina instrumentos jurídicos y no jurídicos de la justicia transicional. El SIVJRNR ha atraído una gran atención internacional y se considera, con razón, ejemplar y marcador de tendencias.

---

18 Por ejemplo, en febrero de 2020 se suspendió la afiliación de la CNMH a la Coalición Internacional de Sitios de Conciencia y a la Red de Sitios de Memoria Latinoamericanos y Caribeños (RESLAC). Además, varios intelectuales de diferentes países han criticado duramente las posiciones de la CNMH bajo el liderazgo de Acevedo en una carta abierta. (https://bit.ly/381wW4s, visitado el 12/02/2020).

Cabe destacar que en el diseño del sistema de justicia transicional colombiano se pone a las víctimas en primer lugar y se incluyen enfoques diferenciales para los grupos especialmente vulnerables. Dicha perspectiva constituye un instrumento útil al abordar las desigualdades horizontales e incluso potenciales para descolonizar la justicia (De Souza Santos, 2020; González Villamizar, 2020; Vargas, 2020).

A pesar de la larga tradición en afrontar el pasado a través de políticas de memoria y la ejemplar construcción del sistema de justicia transicional en Colombia, debe afirmarse que las desigualdades sociales extremas e históricamente persistentes también se inscriben en la política del pasado. Esto se manifiesta en las diferencias en la atención social que se presta a víctimas de violaciones de los derechos humanos, especialmente en el caso de aquellas pertenecientes a grupos sociales históricamente marginalizados. A ellos se suele privar de sus derechos y del acceso a muchos de los órganos y servicios del Estado, lógica que frecuentemente se reproduce con las instituciones de la justicia transicional (Rivera Revelo, 2020).

En Colombia, decenas de miles de personas fueron víctimas de desapariciones durante el conflicto armado en el país: el Registro de Víctimas de Colombia reporta la cifra de 49.000 desaparecidos, mientras que el Centro Nacional del Recuerdo reporta una cifra de más de 82.998 desaparecidos. Además, ambas instituciones asumen un alto nivel de subregistro (Olarte-Sierra y Castro Bermúdez, 2019, p. 122). Sin embargo, no se trata principalmente de cuantificar con exactitud el número de víctimas. Más bien, el delito de desaparición forzada debe analizarse siempre, independientemente de las cifras, también con respecto a su impacto social y político. Por esta misma razón es aún más sorprendente que las desapariciones forzadas en Colombia jueguen, en el mejor de los casos, un papel subordinado dentro de las políticas para afrontar el pasado violento. Es cierto que en el marco del proceso de paz se creó la Unidad de Búsqueda de Personas Dadas por Desaparecidas como parte de los Instrumentos de Justicia Transicional del país. Sin embargo, esta institución solo se estableció bajo la presión de las víctimas, ha tenido repetidamente problemas con la provisión de fondos por parte del gobierno y ha recibido poca atención pública hasta la fecha. Además, el tema de las personas desaparecidas no es el centro del trabajo de memoria. Las razones de la escasa atención prestada a las desapariciones en la política colombiana sobre el pasado también radican en la composición social de las víctimas y sus familias. En Colombia, las víctimas de las desapariciones violentas son generalmente activistas políticos de izquierda y –como muestra un estudio sobre las desapariciones en Buenaventura, en la costa pacífica colombiana– personas "de bajos ingresos" y provenientes de zonas rurales (CNMH, 2015, p. 227; CNMH, 2016, p. 17; Aranguren, 2020). Esta situación es confirmada por una fosa común recientemente descubierta, a mediados de diciembre de 2019, en Dabeiba, en la provincia de Antioquia. Las exhumaciones de cuerpos desaparecidos de falsos positivos se llevan a cabo aquí por iniciativa del JEP. Las víctimas son jóvenes de los barrios pobres de la gran ciudad de Medellín, habitantes pobres del campo, personas sin hogar y personas con discapacidad. En resumen, se trata de grupos de víctimas cuyos familiares, por lo general y debido a su posición social marginada, apenas encuentran un espacio de resonancia en el debate urbano sobre el pasado.

La posición social es, pues, un factor (a menudo olvidado) para explicar qué crímenes del pasado están presentes en el debate público sobre el pasado y la cultura de la memoria.[19] Cabe señalar que la no presencia de ciertas memorias en el espacio público no debe confundirse con un olvido. Se trata más bien de un silencio –muchas veces– involuntario, que se manifiesta en una baja presencia

---

[19] Entrevista con activista de derechos humanos de Pasto, 14 de octubre de 2020. Entrevista con activista de derechos humanos de Bucaramanga, 17 de noviembre de 2020.

y resonancia de sus recuerdos en el espacio público. Esto es consecuencia del posicionamiento social marginado de los grupos de víctimas y los problemas asociados de articularse dentro de la cultura legítima o de hacerse escuchar (Peters, 2020b).

El reto de incluir memorias no hegemónicas también puede documentarse actualmente utilizando el ejemplo de las instituciones de justicia transicional y las dificultades de llevar a cabo sus enfoques diferenciales y territoriales en su trabajo cotidiano. Las nociones alternativas de tiempo, estructuras narrativas, epistemologías y desafíos metodológicos, por ejemplo, en el trabajo con grupos indígenas, chocan aquí con las normas internacionales de la caja de herramientas de la justicia transicional (González Villamizar, 2020; de Souza Santos, 2020).[20] Esto está estrechamente relacionado con un nuevo desafío tanto para el trabajo jurídico de la JEP como respecto del esclarecimiento no jurídico de la verdad por la Comisión de la Verdad. En ambos casos –como en otros procesos de memoria colectiva– surge el problema de la (posibilidad de) representación de las memorias de grupos subalternos por parte de actores privilegiados. Así pues, es casi inevitable que la narración de los expertos en memoria no refleje la voz de las víctimas o los testigos, sino más bien una versión adaptada a las exigencias de la política de la memoria (Spivak, 1988; hooks, 1990).[21] La atención prestada a los informes académicos de

---

[20] Agradezco a Laura Rivera Revelo por darme esta idea basada en su trabajo de campo en el suroccidente colombiano.

[21] Esto se refiere, por ejemplo, a los problemas de representación de los actores subalternos. En un texto importante del feminismo, bell hooks (1990, p. 24) criticó duramente la apropiación del sufrimiento de los sujetos de género y raza por parte del cuerpo de conocimiento: "No need to hear your voice, when I can talk about you better than you can speak about yourself. No need to hear your voice. Only tell me about your pain. I want to know your story. And then I will tell it back to you in a new way. Tell it back to you in a way that it has become mine, my own. Re-writing you I write myself anew. I am still author, authority. I am still colonizer the speaking subject and you are now the center of my talk".

instituciones políticas como el CNMH o la Comisión de la Verdad, o a la información que cumpla las exigencias jurídicas, por ejemplo en el marco de la JEP, contiene un sesgo hacia los requisitos de las respectivas instituciones. Por lo tanto, es difícilmente resoluble y en parte –por ejemplo, en el caso de los JEP– se rige según el código hermético del lenguaje jurídico. Como resultado, estas formas de asumir el pasado a menudo tienen poca o ninguna importancia para los grupos de víctimas locales en las regiones marginales del país y pueden incluso causar decepciones (Ruiz, 2020; Vargas, 2020). Sin embargo, por otra parte, son precisamente estas instituciones las que tienen la oportunidad de hacer que las violaciones de los derechos humanos, a menudo poco notorias, y los recuerdos de sus víctimas se conviertan en el centro de atención de un público más amplio y de hacerlos visibles en el espacio público de la cultura legítima (Peters, 2020b). De esta manera podría contribuir a combatir la estigmatización que sufren muchas víctimas y a fortalecer la solidaridad y el apoyo para con ellas.

Esta última opción más optimista puede promoverse en particular mediante la labor de las instituciones colombianas de justicia transicional. Las instituciones del SIVJRNR tienen en cuenta la omnipresencia de múltiples ejes de desigualdad y la interseccionalidad. No obstante, en la práctica se manifiestan varios problemas de aplicación. Así, en lo que respecta al acceso al sistema de justicia transicional, puede afirmarse que las desigualdades sociales verticales, la marginación de las zonas remotas y los grupos de población históricamente desfavorecidos se reproducen en la información sobre el sistema y el acceso al sistema de justicia transicional (Rivera Revelo, 2019). A pesar de la territorialización de los JEP y CEV y la presencia de enlaces territoriales de la JEP y Casas de la Verdad de la CEV, el problema de mantener el contacto con las víctimas permanece. La territorialización de las instituciones se manifiesta en su presencia en las ciudades. Sin duda, se trata de un importante avance, pero a menudo la presencia regional del Estado sigue estando precariamente equipada y apenas puede llevar a cabo adecuadamente la labor con los grupos de víctimas que viven en zonas remotas del país. Al mismo tiempo, muchas víctimas no tienen los recursos materiales u organizativos para llevar sus informes y/o testimonios a las instituciones. Esta situación se ve agravada por la inseguridad que viven especialmente aquellos grupos de víctimas que se encuentran en zonas rurales del país, ya que el proceso de paz en la costa del Pacífico, en partes de la región fronteriza con Venezuela o incluso en el norte del país va acompañado de un aumento del control territorial de hecho por parte de diversos actores armados (Rivera Revelo, 2020; Trejos, 2020).

En resumen, cabe resaltar que las instituciones de la justicia transicional logran reconocer las condiciones particulares de las víctimas mediante el reconocimiento de la diversidad, y trabajan de manera inclusiva. Se trata de avances significativos en el ámbito de esta justicia. Sin embargo, al mismo tiempo, las instituciones se enfrentan con desafíos extraordinarios por causa de las extremas desigualdades sociales. Esta situación ha empeorado aún más en el contexto de la pandemia del coronavirus y las restricciones asociadas al confinamiento y la libertad de movimiento. El acceso al sistema de justicia de transición se ha visto gravemente restringido como consecuencia de ello. Aunque existen oportunidades para el trabajo virtual, por un lado, especialmente la población más marginada carece del acceso a los dispositivos y/o a la conexión a internet. Por otro lado, la virtualidad no puede sustituir en todos casos la presencialidad, como en el caso de eventos de reconocimiento de las víctimas o de reconciliación (Peters, 2020b).

Conclusiones

Reducir la explicación de los conflictos violentos únicamente a la categoría de desigualdad social es, en el mejor de los casos, una simplificación que equivale a interpretaciones de un marxismo vulgar. No obstante, perder de vista esta categoría clave del análisis social equivaldría también a una omisión preocupante. Durante las últimas décadas, las investigaciones en estudios de paz han contribuido de manera significativa a perfeccionar el conocimiento sobre las causas y las dinámicas de los conflictos, así como sobre los procesos de construcción de paz. Sin embargo, hoy en día la categoría de las desigualdades sociales –y especialmente de las desigualdades sociales verticales– parece haber quedado en gran medida fuera del debate académico y aún más de las medidas de práctica política. Esto parece problemático desde varios puntos de vista. Por un lado, un factor central de legitimación política de la resistencia (violenta) se desacredita así, al menos implícitamente, como un pretexto. Por otra parte, se subestima la importancia de las causas estructurales de los conflictos en comparación con los factores culturales, identitarios o las motivaciones individuales como el lucro. El ejemplo del proceso de paz en Colombia ilustra, en primer lugar, la importancia que siguen teniendo las desigualdades sociales verticales como factor explicativo y dinamizador de la violencia multicausal. En segundo lugar, el caso colombiano muestra que las desigualdades sociales extremas son también un obstáculo para un proceso de construcción de paz estable y duradera.

Referencias

Acuerdo Final (2016). Acuerdo final para la terminación del conflicto y la construcción de una paz estable y duradera. 26 de junio 2016. https://bit.ly/3stURTC.

Alarcón, D. (2020). La batalla por la memoria. *Arcadia*, 171, 12-17.

Ambos, K. y Aboueldahab, S. (2019). Strafjustiz und Straflosigkeit. En G. Maihold *et al.* (ed.), *Lateinamerika: Handbuch für Wissenschaft und Studium* (pp. 172-183). Baden-Baden: Nomos.

Aranguren, J. P. (2020). Impactos psicosociales de la impunidad en casos de desaparición forzada y ejecuciones extrajudiciales en Colombia. Presentación en la conferencia *Represión política, desaparición forzada y estrategias de resiliencia en contextos de desigualdad* del Maria Sibylla Merian Center for Advanced Latin American Studies (CALAS) en Guadalajara, 26 de febrero.

Barrios Sabogal, L. C. *et al.* (2020). ¡El nivel local sí hace la diferencia! Patrones de cooperación entre reincorporados de las FARC-EP y comunidades afectadas por el conflicto. *CAPAZ Policy Brief* 1-2020. Bogotá: Instituto CAPAZ.

Bedoya Bedoya, M. R. (2019). Luces y sombras en la implementación del Acuerdo de Tierras en Colombia. *Estudios Políticos*, N° 54, 37-58.

Bello, M. N. (2016). Colombia: la guerra de los otros. *Nueva Sociedad*, N° 266, 140-146.

Beltrán Villegas (2014). Las motivaciones de la guerra: una mirada a través de los relatos de vida de guerrilleros de las FARC presos en cárceles colombianos. *Cuadernos de Marte*, Vol. 5 (7), 131-159.

Boix, C. (2008). Economic Roots of Civil Wars and Revolutions in the Contemporary World. *World Politics*, Vol. 60 (3), 390-437.

Booth, J. A. (1991). Socioeconomic and Political Roots of National Revolts in Central America. *Latin American Research Review*, Vol. 26 (1), 33-73.

Cederman, L.-E. *et al.* (2013). *Inequality, grievances and civil war*. Cambridge: Cambridge University Press.

Chavez Chaves, D. B. (2018). Avances y dificultades en la implementación de la Reforma Rural Integral: una deuda pendiente con el campo colombiano. *Revista Colombiana de Sociología*, Vol. 41 (1), 81-103.

CNMH (2013). *Basta Ya. Colombia: Memorias de Guerra y Dignidad*. Bogotá: CNMH.

CNMH (2015). *Buenaventura: Un puerto sin comunidad*. Bogotá: CNMH.

CNMH (2016). *Hasta encontrarlos: El drama de la desaparición forzada en Colombia*. Bogotá: CNMH.

CNMH (2017). *La guerra inscrita en el cuerpo: Informe Nacional de Violencia Sexual en el Conflicto Armado*. Bogotá: CNMH.

Collier, P. y Hoeffler, A. (1998). On Economic Causes of Civil War. *Oxford Economic Papers*, Vol. 50 (4), 563-573.

Collier, P. y Hoeffler, A. (2004). Greed and Grievance in Civil War. *Oxford Economic Papers*, Vol. 56 (4), 563-595.

Consejo Ciudadano para la Seguridad Pública y la Justicia Penal (2019). *Las 50 ciudades más violentas del mundo*. México: Consejo Ciudadano para la Seguridad Pública y la Justicia Penal.

Coronado, S. (2019). Rights in the Time of Populism: Land and Institutional Change Amid the Reemergence of Right-Wing Authoritarianism in Colombia. *Land*, Vol. 8 (8). https://bit.ly/3y3OCqV.

Cortés Rodas, F. (2020, 23 de junio). El acuerdo final en la encrucijada. *El Colombiano*. https://bit.ly/3z3Wk5A.

Cotte Poveda, A. (2011). Economic Development, Inequality, and Poverty: An Analysis of Urban Violence in Colombia. *Oxford Development Studies*, 39 (4), 453-468.

Cramer, C. (2002). Homo Economicus Goes to War: Methodological Individualism, Rational Choice, and the Political Economy of War. *World Development*, Vol. 30 (11), 1840-1861.

Dávalos, E. y Dávalos, L. M. (2020). Social Investment and Smallholder Coca Cultivation in Colombia. *Journal of Development Studies*, Vol. 56 (6), 1118-1140.

De Coning, C. (2016). From Peace-Building to Sustaining Peace: Implications of complexity for resilience and sustainability. *Resilience: International Policies, Practices and Discourses*, Vol. 4 (3), 166-181.

De Gamboa, C. (2020). *La justicia restaurativa en la justicia transicional: una reflexión general para el caso colombiano. CAPAZ Documento de Trabajo*. Bogotá: Instituto CAPAZ.

De Souza Santos, B. (2020). Para una articulación descolonizadora entre la justicia estatal y la justicia propia. *CAPAZ Policy Brief 5-2020*. Bogotá: Instituto CAPAZ.

Denissen, M. (2010). Reintegrating Ex-Combatants into Civilian Life: The Case of the Paramilitaries in Colombia. *Peace & Change*, Vol. 35 (2), 328-352.

Dudley, S. y Bargent, J. (2017). The Prison Dilemma: Latin American Incubators of Organized Crime. https://bit.ly/3mgMAS3. Visitado el 03/04/2020.

Enamorado, T. *et al.* (2016). Income inequality and violent crime: Evidence from Mexico's Drug War. *Journal of Development Economics*, 120, 128-143.

Epe, M. (2018). *Das Konzept des inneren Feindes in Guatemala: Aufstandbeskämpfung, Menschenrechtsverletzungen und Sicherheitspolitiken im Zeitaler der neuen Kriege*. Wiesbaden: VS Verlag.

Esguerra Muelle, C. (2017). Cómo hacer necropolítica en casa: Ideología de género y acuerdos de paz en Colombia. *Sexualidad, Salud y Sociedad*, N° 27, 172-198.

Figari Layús, R. (2020). Schutzregime in Lateinamerika. Sicherheitsparadigmen im Rahmen der politischen Gewalt gegen Menschenrechtsverteidiger*innen: Akteure, Dynamiken und Widersprüche. En S. Peters (ed.), *Gewalt und Konfliktbearbeitung in Lateinamerika* (pp. 101-123). Baden-Baden: Nomos.

Finkenbusch, P. (2016). 'Post-liberal' Peace-Building and the crisis of international authority. *Peacebuilding*, Vol. 4 (3), 247–261.

Galtung, J. (1969). Violence, Peace, and Peace Research. *Journal of Peace Research*, 6 (3), 167-191.

Garzón Vergara, J. C. y Silva Aparicio, A. M. (2019). *La fragilidad de la transición. La paz incompleta y la continuidad de la confrontación armada*. Bogotá: Fundación Ideas para la Paz

Gaviria, A. y Mejía, D. (2011). *Políticas antidroga en Colombia: Éxitos, fracasos y extravíos*. Bogotá: Editorial Uniandes.

Glebbeek, M.-L. y Koonings, K. (2016). Between Morro and Asfalto. Violence, Insecurity, and socio-spatial segregation in Latin American cities. *Habitat International*, 54 (1), 3-9.

González, F. (2010). Un Estado en construcción: Una mirada de largo plazo sobre la crisis colombiana. En Orjuela, L. J. (ed.), *El Estado en Colombia* (pp. 305-341). Bogotá: Universidad de los Andes.

González, M. F. (2017). La 'posverdad' en el plebiscito por la paz en Colombia. *Nueva Sociedad*, N° 269, 114-126.

González Villamizar, J. *et al.* (2020). *Opening Paths to Redress Indigenous Women's Right to truth in Truth Commissions: The Case of Arhuaco Women from the Sierra Nevada de Santa Marta*. Manuscrito inédito.

Grajales, J. (2020). Losing land in times of peace: post-war agrarian capitalism in Colombia and Côte d'Ivoire. *The Journal of Peasant Studies*. Online First.

Gready, P. y Robins, S. (2014). From Transitional to Transformative Justice: A New Agenda for Practice. *The International Journal for Transitional Justice*, Vol. 8 (3), 339-361.

Gurr, T. (1970). *Why Men Rebel*. Princeton: Princeton University Press.

Gutiérrez Sanin, F. y Carranza Franco, F. (2017). Organizing women for combat: The experience of FARC in the Colombian war. *Journal of Agrarian Change*, Vol. 17, 770-778.

Hamilton, D. *et al.* (2020). *Minería, violencia y riesgo social. Un acercamiento cuantitativo al Pacífico colombiano. CAPAZ Documento de Trabajo N° 2-2020*. Bogotá: Instituto CAPAZ.

HIIK (2020). *Conflict Barometer 2019*. Heidelberg: HIIK.

hooks, b. (1990). *Yearning: Race, Gender, and Cultural Politics.* Boston: South End Press.

Houle, C. (2016). Why class inequality breed coups but not civil wars. *Journal of Peace Research*, Vol. 53 (5), 680-695.

Huntington, S. (1968). *Political Order in Changing Societies.* New Haven: Yale University Press.

Ibanez, M. y Klasen, S. (2017). Is the War on Drugs Working: Examining the Colombian Case Using Micro Data. *The Journal of Development Studies*, Vol. 53 (10), 1650-1662.

Ide, T. (2017). Space, discourse and environmental peacebuilding. *Third World Quarterly*, Vol. 3888 (3), 544-562.

Idrobo, N., Mejía, D. y Tribin, A. M. (2014). Ilegal Gold Mining and Violence in Colombia. *Peace Economics, Peace Science and Public Policy*, Vol. 20 (1), 83-111.

Instituto Kroc (2020). *Tres años despúes de la firma del Acuerdo Final de Colombia: hacia la transformación territorial.* Informe 4, Universidad de Notre Dame y Bogotá.

Jaramillo Marín, J. (2014). *Pasados y presentes de la violencia en Colombia.* Bogotá: Pontificia Universidad Javeriana.

Jaramillo Pérez, J. F. (2012). Colombia's 1991 Constitution: A Right's Revolution. En A. Schilling-Vacaflor y D. Nolte (ed.), *New Constitutionalism in Latin America: Promises and Practices* (pp. 313-331). Aldershot: Ashgate.

Kaltmeier, O. (2019). *Refeudalización: Desigualdad social, económica y cultura política en América Latina en el temprano siglo XXI.* Bielefeld: CALAS.

Kappler, S. (2015). The dynamic local: delocalisation and (re-)localisation in search for peacebuilding identity. *Third World Quarterly*, Vol. 36 (5), 875-889.

Keen, D. (2012). Greed and grievance in civil war. *International Affairs*, Vol. 88 (4), 757-777.

Körppen, D. (2011). Space Beyond the Liberal Peace-Building Consensus – A Systemic Perspective. En D. Körppen, N. Ropers y H. J. Giessmann (eds.), *The Non-Linearity of Peace Processes: Theory and Practice of Systemic*

Conflict Transformation (pp. 77-96). Opladen: Barbara Budrich.

Lee, S. Y. *et al.* (2016). Social Peace vs. Security Peace. *Global Governance*, Vol. 22(4), 491-512.

López León, M. *et al.* (2019). *Proceso de Paz con las FARC y cultivos de coca en el periodo 2013-2017*. Documentos Cede N° 32. Bogotá: Universidad de los Andes.

Luckham, R. (2018). Building inclusive peace and security in times of unequal development and rising violence. *Peacebuilding*, Vol. 6 (2), 87-110.

Mac Ginty, R. y Richmond, O. P. (2013). The Local Turn in Peace Building: a critical agenda for peace. *Third World Quarterly*, Vol. 34 (5), 763-783.

Mann, M. (1984). The Autonomous Power of the State: Its Origins, Mechanisms, and Results. *Archives Europeennes de Sociologie*, Vol. 25, 185-213.

Manrique Rueda, G. (2010). *De combattants à ex-combattants: Interprétations des excombattants des groupes paramilitaires colombiens sur leur participation au conflit armé*. Montréal: Université de Montréal.

Marcy, W. L. (2010). *The Politics of Cocaine: How U.S. Foreign Policy Has Created a Thriving Drug Industry in Central and South America*. Chicago: Chicago Review Press.

Mejía, D. y Restrepo, P. (2013). *Bushes and Bullets: Illegal Cocaine Markets and Violence in Colombia*. Documento CEDE N° 53. Bogotá: Universidad de los Andes.

Muller, E. N. y Seligson, M. A. (1987). Inequality and Insurgency. *The American Political Science Review*, Vol. 81 (2), 425-452.

Naranjo, C. (2020). Situación de líderes y lideresas sociales y personas defensoras de derechos humanos en Colombia en el 2019 y su prospección para el 2020. *CAPAZ Policy Brief 3-2020*. Bogotá: Instituto CAPAZ.

Norman, S. V. (2018). Narcotization as Security Dilemma: The FARC and Drug Trade in Colombia. *Studies in Conflict and Terrorism*, Vol. 41 (8), 638-659.

Nussio, E. (2011). *Understanding Ex-Combatants: Central Themes in Lives of Former Paramilitaries in Colombia*. PhD Thesis University of St. Gallen.

Nussio, E. y Howe, K. (2014). When Protection Collapses: Post-Demobilization Trajectories of Violence. *Terrorism and Political Violence*, Vol. 28 (5), 848-867.

OECD (2018). *A Broken Social Elevator? How to Promote Social Mobility*. Paris: OECD.

Olarte-Sierra, M. F. y Castro Bermúdez, J. E. (2019). Notas forenses: Conocimiento que materializa a los cuerpos del enemigo en fosas paramilitares y falsos positivos. *Antípoda: Revista de Antropología y Arqueología*, Vol. 34, 119-140.

Ortiz-Riomalo, J. F. y Rettberg, A. (2018). Minería de oro, conflicto y criminalidad en los albores del siglo XXI en Colombia: Perspectivas para el posconflicto colombiano. *Colombia Internacional*, N° 93, 17-63.

Otero-Durán, I. y Piniero, M. (2019). Avances y retos en el accionar del Ministerio de Ambiente y Desarrollo Sostenible para controlar la deforestación en la Amazonía colombiana. *Espacio & Desarrollo*, N° 33, 91-116.

Oxfam (2016a). *Privilegios que niegan derechos: Desigualdad extrema y secuestro de la democracia en América Latina y el Caribe*. Oxfam: Oxford.

Oxfam (2016b). Desterrados: tierra, poder y desigualdad en América Latina. Oxfam: Oxford.

París, R. (2010). Saving liberal peacebuilding. *Review of International Studies*, Vol. 36 (2), 337-365.

Peña, L. (2019). *Paz territorial: conectando imaginación moral e imaginación geográfica. CAPAZ Working Paper 5-2019*. Bogotá: Instituto CAPAZ.

Perea, C. M. (2019). Extreme Violence without war and its social reproduction implications for building peace in Latin America. *Peacebuilding*, 7 (3), 254-267.

Pérez Sáinz, J. P. (2014). *Mercados y bárbaros: La desigualdad por excedentes*. San José: FLACSO.

Peters, S. (2019). Kolumbien: Friedensprozess in der Sackgasse? *WeltTrends*, N° 157, 10-13.

Peters, S. (2020a). La Paz en Tiempos del Coronavirus. *El Espectador*. https://bit.ly/3j1R2C6.

Peters, S. (2020b). Zwischen Erinnern und Vergessen: Aktuelle Kontroversen zur Bearbeitung der Vergangenheit. En S. Peters (ed.), *Gewalt und Konfliktbearbeitung in Lateinamerika* (pp. 183-210). Baden-Baden: Nomos.

Peters, S. y Ritzel, E. S. (2020). Krieg und Krisen in Zeiten des Coronavirus. *Wissenschaft + Frieden*, Heft 3/2020, 13-15.

Pettersson, T. *et al.* (2019). Organized violence 1989-2018 and peace agreements. *Journal of Peace Research*, Vol. 56 (4), 589-603.

Posen, B. R. (2020). Do Pandemics Promote Peace? Why Sickness Slows the Way to War. *Foreign Affairs*. https://fam.ag/2UwWNOJ.

Pugh, M. *et al.* (2008). *Whose peace? Critical Perspectives on the Political Economy of Peacebuilding*. Basingstoke: Palgrave.

Quinn, J., Joshi, M. y Melander, E. (2019). One Dyadic Peace Leads to Another? Conflict Systems, Terminations, and Net Reductions in Fighting Groups. *International Studies Quarterly*, Vol. 63, 863-875.

Ramírez, M. C. (2011). *Between the Guerillas and the State: The Cocalero Movement, Citizenship, and Identity in the Colombian Amazon*. Durham: Duke University Press.

Reemtsma, J. P. (2020). Der blinde Fleck: Über Gewalt in der Moderne. *Mittelweg 36*, febrero, 5-21.

Rettberg, A. y Ortiz-Riomalo, J. F. (2016). Golden Opportunity, or a New Twist on the Resource-Conflict-Relationship: Links Between the Drug Trade and Illegal Gold Mining in Colombia. *World Development*, Vol. 84, 82-96.

Rettberg, A. (2020). Violencia en América Latina hoy: manifestaciones e impactos. *Revista de Estudios Sociales*, Vol. 73, 2-17.

Richmond, O. P. (2010). Between Peacebuilding and Statebuilding, Between Social Engineering and Post-Colonialism. *Civil Wars*, Vol. 12 (1-2), 167-175.

Richmond, O. P. y Mitchell, A. (2012). *Hybrid Forms of Peace: From Everyday Agency to Post-Liberalism*. Basingstoke: Palgrave.

Rincón-Ruiz, A. *et al.* (2016). Coca cultivation and crop eradication in Colombia: The challenges of integrating rural reality into effective anti-drug policy. *International Journal of Drug Policy*, Vol. 33, 56-65.

Rivera Revelo, L. (2020). *Acceso a la justicia: El caso de las mujeres awá víctimas de violencia sexual en el marco del conflicto armado colombiano*. Quito: UASB. Tesis doctoral. https://bit.ly/3iY0d6E.Rochlin, J. (2018). Informal gold miners, security, and development in Colombia: Charting the way forward. *The Extractive Industry and Society*, Vol. 5 (3), 330-339.

Rodríguez, A. *et al.* (2018). *De las Zonas Veredales Transitiorias de Normalización a la Paz Territorial: Tensiones, conflictos y retos en el suroccidente de Colombia. Ideas Verdes*. Bogota: Fundación Heinrich Boell-Instituto CAPAZ.

Rozo Ángel, V. y Ball, P. (2019). *Análisis de líderes sociales en Colombia: una estimación del universo*. https://bit.ly/2XAjHG1.

Ruiz, G. (2020). Memorias locales y configuración de narraciones conmemorativas. Un caso de estudio en la Ciénaga Grande de Santa Marta, Colombia. *CAPAZ Documento de Trabajo 3-2020*. Bogotá: Instituto CAPAZ.

Sanabria Ramírez, D. C. (2019). El derecho al acceso progresivo a la propiedad de la tierra. *CAPAZ Documento de Trabajo 1-2019*. Bogotá: Instituto CAPAZ.

Sánchez-Torres, R. M. (2017). Desigualdad del ingreso en Colombia: Un estudio por departamentos. *Cuadernos de Economía*, Vol. 36 (72), 139-178.

Schroer, M. (2000). Gewalt ohne Gesicht: Zur Notwendigkeit einer umfassenden Gewaltanalyse. *Leviathan*, Vol. 28, 434-451.

Skocpol, T. (1979). *States and Social Revolutions*. New York: Cambridge University Press.

Sofsky, W. (1996). *Traktat über die Gewalt*. Frankfurt (Main): Fischer.

Spivak, G. C. (1988). Can the Subaltern Speak? En C. Nelson y L. Grossberg (ed.), *Marxism and the Interpretation of Culture* (pp. 271-313). Basingstoke: Palgrave.

Stewart, F. (2008). *Horizontal inequalities and conflict: understanding group violence in multiethnic societies*. New York: Cambridge University Press.

Theidon, K. (2007). Transitional Subjects: The Disarmament, Demobilization and Reintegration of Fromer Combatants in Colombia. *The International Journal of Transitional Justice*, Vol. 1, 66-90.

Tobón, G. (2018). La reforma rural integral y los acuerdos de La Habana en la solución a la problemática de las drogas. En E. Pastrana Buelvas y H. Gehring (eds.), *La problemática del tráfico ilícito de drogas: Impactos regionales y globales* (pp. 453-470). Bogotá: Pontifica Universidad Javeriana – KAS

Torres-Mora, A. G. (2020). Acaparamiento de tierras y acumulación por desposesión en Colombia. El caso de las Zonas de Desarrollo Rural, Económico y Social (ZIDRES). *Forum*, Vol. 17, 7-42.

Trejos, L. F. (2020). Situación de los actores armados en el Caribe colombiano: Del orden armado a la anarquía criminal. *CAPAZ Policy Brief 2-2020*. Bogotá: Instituto CAPAZ.

UNODC (2019). *Colombia: Monitoreo de territorios afectados por cultivos ilícitos 2018*. Bogotá: UNODC.

UNODC (2020). *Resumen Ejecutivo*. https://bit.ly/3DbtWRI. (Visitado el 20/06/2020).

Vargas, J. (2020). Régimen de participación de las víctimas ante la Jurisdicción Especial para la Paz-JEP: Posibilidades y desafíos. *Revista Universitas*, Vol. 69, https://bit.ly/3D12sy1.

Villegas de Posada, C. (2009). Motives for Enlistment and Demobilization of Armed combatants in Colombia. *Peace and Conflict: Journal of Peace Psychology*, Vol. 15 (3), 263-280.

Viveros Vigoya, M. (2016). La interseccionalidad – una aproximación situada a la denominación. *Debate feminista*, Vol. 52, 1-17.

Von Gall, A. y Von Messling, B. (2020). Die Bedeutung der VNSR 1325 für die Friedens-und Sicherheitspolitik in Kolumbien. En S. Peters (ed.), *Gewalt und Konfliktbearbeitung in Lateinamerika* (pp. 125-145). Baden-Baden: Nomos.

Wacquant, L. (2003). Towards a Dictatorship over the poor? Notes on the penalization of poverty in Brazil. *Punishment and Society*, 5 (2), 197-205.

Waldorf, L. (2012). Anticipating the Past: Transitional Justice and Socio-Economic Wrongdoings. *Social & Legal Studies*, Vol. 21 (2), 171-186.

Wehr, I. y Burchardt, H.-J. (2011). *Soziale Ungleichheiten in Lateinamerika: Neue Perspektiven auf Wirtschaft, Gesellschaft und Umwelt*. Baden-Baden: Nomos.

Wisotzki, S. (2011). Feministische Friedens- und Konfliktforschung – neue Ansätze, neue Erkenntnisse? *Femina Politica*, N° 1, 19-29.

Woehrl, A.-C. y Von Schelling, C. (2019). *Der Frieden trägt den Namen einer Frau: Kolumbien im Wandel*. Baden: Lammhuber.

Zinecker, H. (2014). *Gewalt im Frieden: Formen und Ursachen der Gewaltkriminalität in Zentralamerika*. Baden-Baden: Nomos.

Dentro de un laboratorio de paz[1]

Las zonas de desmovilización de las FARC-EP entre excepción y normalidad

ANNA-LENA DIESSELMANN Y ANDREAS HETZER

Resumen

El progreso de la construcción de paz en Colombia, sin duda, depende de la reincorporación exitosa de los desmovilizados de la guerrilla FARC-EP. Este proceso, a su vez, está estrechamente ligado a la implementación de los acuerdos de paz y de la integración de los excombatientes en los campamentos de desmovilización. Entendemos los campamentos como zonas liminales y espacios de un rito de paso que permite a un actor armado volver a la vida civil. Después de un análisis del marco legal de la implementación de las zonas de desmovilización, compartimos los resultados del trabajo de campo en los espacios transitorios de la reincorporación de las FARC-EP como espacios de la construcción de paz, que en cierta manera son el "corazón" de la transformación del conflicto armado en Colombia. Este proceso es por un lado un momento político y social que fue apoyado y observado internacionalmente, pero por el otro lado es un paso muy complejo para cada individuo que hace parte de la reincorporación. Este análisis permite acercarnos también a este nivel personal e íntimo del proceso de paz. El espacio físico de la desmovilización

---

1   Agradecemos la traducción del alemán de algunas partes de este texto a Sebastián Martínez Fernández.

juega un papel central, tanto para garantizar la llegada desde el monte, como la concentración de las y los combatientes, la desmovilización, la entrega de armas y la no repetición: el campamento es el núcleo físico del acuerdo. En este espacio se plasman las diferentes estrategias políticas y sociales alrededor de la paz en Colombia. Identificamos los siguientes criterios de los campamentos comprendidos como laboratorio de paz que ayudan o dificultan la desmovilización: aporte a la cohesión social, posibilidad de generar productividad económica, flexibilidad en la disposición del espacio, presencia de espacios para individualizarse y la posibilidad de separar espacios según su función. La indagación permite deducir la importancia del campamento en el proceso de paz en Colombia.

Este artículo es un resultado del proyecto de investigación "La paz como laboratorio: análisis de las ZVTN[2] y su incidencia en los procesos de normalización de excombatientes de las FARC-EP" entre la Universidad del Valle y la Universidad de Bayreuth, que se desarrolla con el Prof. Dr. José Fernando Sánchez Salcedo y el Prof. Dr. Bernt Schnettler.

Abstract

The progress of peace building in Colombia undoubtedly depends on the successful reincorporation of demobilized members of the FARC-EP guerrilla. This process, is closely linked to the implementation of the peace agreements and the integration of ex-combatants in the demobilization camps. We understand the camps as liminal zones and spaces for a rite of passage that allows an armed actor to return to civilian life. After an

---

2   Zonas Veredales Transitorias de Normalización.

analysis of the legal framework of the implementation of the demobilization zones, we share the results of the fieldwork in the transitory spaces of the FARC-EP reincorporation as spaces of peace building, which in a certain way are the "heart" of the transformation of the armed conflict in Colombia. This process is on the one hand a political and social moment that was supported and observed internationally, but on the other hand it is a very complex step for each individual who is part of the reincorporation. This analysis also allows us to approach this personal and intimate level of the peace process. The physical space of demobilization plays a central role in guaranteeing the arrival from the mountains, the concentration of combatants, the demobilization, the surrender of weapons and non-repetition: the camp is the physical core of the agreement. In this space the different political and social strategies around peace in Colombia are embodied. This space reflects the different political and social strategies around peace in Colombia. We identified the following criteria of the camps understood as peace laboratories that help or hinder demobilization: contribution to social cohesion, possibility of generating economic productivity, flexibility in the disposition of the space, presence of spaces for individualization and the possibility of separating spaces according to their function. The research allows us to deduce the importance of the camp in the peace process in Colombia.

This paper is a result of the research project "Peace as a laboratory: Analysis of the ZVTNs and their impact on the normalization processes of former FARC-EP combatants" between the Universidad del Valle and the University of Bayreuth, developed with Prof. Dr. José Fernando Sánchez Salcedo and Prof. Dr. Bernt Schnettler.

Introducción

En la actualidad surge la pregunta respecto a por qué el proceso de paz en Colombia ha progresado tan lentamente y cuáles son los motivos que llevan a muchos excombatientes de las Fuerzas Armadas Revolucionarias de Colombia – Ejército del Pueblo (FARC-EP)[3] a retomar las armas. Según los informes de seguimiento de los Acuerdos de Paz entre el gobierno colombiano y las FARC-EP llevado a cabo por el Instituto KROC (2019), de los 578 compromisos/disposiciones aproximadamente dos tercios permanecen en avances mínimos o no se ha iniciado su implementación. En muchas partes se intenta dar respuesta a estas preguntas desde un punto de vista político y macrosociológico, principalmente a través de estudios e investigaciones causales globales. Sin embargo, estos análisis dejan poco espacio para conclusiones respecto a lo que efectivamente sucede en la vida cotidiana de excombatientes de las FARC-EP, en concreto en los campamentos de desmovilización, los que, en este contexto, entendemos como "laboratorios de paz". Por esta razón, nos inclinamos por una aproximación microsociológica que se ocupe del mundo de la vida concreta y

---

[3]   El objeto del siguiente estudio es la guerrilla de las FARC-EP, cuyos excombatientes se han sumado al proceso de desmovilización y desarme. Como resultado del punto 2 del Acuerdo de Paz sobre la participación política, se creó el partido de las FARC (Fuerza Alternativa Revolucionaria del Común), el cual tiene participación política legal y está representado en el Congreso y Senado de la República con curules garantizadas. Además, desde el inicio de las negociaciones de paz, ha habido un número no despreciable de guerrilleras/os disidentes que se han resistido al proceso de paz, no han participado en el programa de desmovilización (FIP, 2018) y siguen operando como frentes independientes y como estructuras armadas ilegales en territorio colombiano. En octubre de 2017, "la Defensoría del Pueblo señaló que (...) 800 excombatientes de las FARC-EP, aproximadamente el 11 por ciento, habían formado o habían ingresado a otro grupo armado ilegal o criminal" (Informe anual del Alto Comisionado de las Naciones Unidas, 2018, p. 6). Por último, están las FARC-EP, que se pronunciaron en julio de 2019 anunciando la continuación de la lucha armada en respuesta a la traición del Estado al Acuerdo de Paz de La Habana defendiendo, según ellos, el derecho legítimo a la rebelión armada.

de la organización de los sujetos, que, en el transcurso del proceso de paz en los campos de desmovilización, sufren una transformación de actor beligerante a actor civil.

Tuvimos el privilegio de estar en terreno en Colombia tanto durante las negociaciones de paz como en los primeros años luego de la firma, es decir, durante los primeros años de la implementación del acuerdo. A lo largo de este tiempo, acompañamos la desmovilización con diferentes intereses epistemológicos. En este sentido, analizamos la prensa nacional e internacional, visitamos constantemente varias Zonas Veredales Transitorias de Normalización (ZVTN), registramos material fotográfico y en video, además de que realizamos incontables entrevistas con miembros de las FARC-EP. Asimismo, algunos excombatientes compartieron con nosotros sus documentos y grabaciones privados, lo que permitió ampliar la perspectiva del análisis. Evaluamos estos datos con diferentes grupos de investigación, presentamos los resultados para debatirlos en diversas conferencias y los discutimos tanto con colegas como con excombatientes de las FARC-EP, con expertos en Estudios de Paz y Conflicto y con miembros de las Naciones Unidas, del gobierno y de la Organización de las Naciones Unidas para la Alimentación y la Agricultura (FAO por sus siglas en inglés). Todas estas experiencias nos han permitido una comprensión más profunda de lo que sucede a nivel de los sujetos individuales ubicados en los territorios de desmovilización y reincorporación. Tomando esto en consideración, pensamos que de nuestros análisis y observaciones pueden derivarse tesis más generales sobre el éxito de la transformación del conflicto en Colombia, particularmente respecto a cómo los campos de las ZVTN –como un elemento crucial de la desmovilización en Colombia– pueden aplicarse en otros países.

Es bien sabido que luego de sesenta años de conflicto armado entre los respectivos gobiernos colombianos y las FARC-EP y luego de cuatro años de negociaciones de paz, el acuerdo entre el presidente Juan Manuel Santos y las

FARC-EP fue firmado ceremoniosamente en la ciudad caribeña de Cartagena el 26 de septiembre de 2016. Esto marcó el fin formal del conflicto armado interno más largo del hemisferio occidental, algo que fue aplaudido por la comunidad internacional. El acuerdo se había hecho público en agosto de 2016 y el plebiscito para su aprobación fue fijado para el 2 de octubre de ese año. El resultado de esa votación no solo sorprendió a los negociadores y abogados del proceso de paz, sino a todo el mundo: la campaña por el NO ganó con el 50,21% contra el 49,78% de la opción SÍ. Para evitar que los cuatro años de negociación terminaran en nada, el gobierno de Santos comenzó rápidamente un proceso de renegociación del acuerdo con las FARC-EP, que incluiría ahora a los partidos de derecha y de ultraderecha –quienes se encontraban tras la campaña por el NO–. Este pacto fue firmado finalmente en un acto mucho menos festivo, el 24 de noviembre de 2016, en el Teatro Colón de Bogotá, y llevó el nombre de "Acuerdo Final para la Terminación del Conflicto y la Construcción de una Paz Estable y Duradera" (Charry, 2018, pp. 85-88).

Uno de los aspectos más importantes en este acuerdo fue el establecimiento de las ZVTN, creadas con el fin de garantizar el Cese al Fuego y de Hostilidades Bilateral y Definitivo (CFHBD) y la Dejación de las Armas (DA), iniciar la preparación para la reincorporación de las y los guerrilleras/os a la vida civil y su tránsito a la legalidad. En total, se crearon 23 ZVTN y 7 Puntos Transitorios de Normalización (PTN) en diversas regiones del país previamente acordados entre los actores del conflicto para acoger y concentrar a las y los guerrilleras/os bajo armas. En estas zonas se conformaron campamentos para alojar a las y los combatientes y se estableció como plazo máximo 180 días de existencia. Sin embargo, su tiempo de permanencia ha sido prorrogado dos veces y a partir del Decreto N° 1274 del 28 de julio de 2017 se transformaron en Espacios Territoriales de Capacitación y Reincorporación (ETCR). El propósito de estos espacios era "capacitar a los integrantes de las FARC-EP para su reincorporación a la vida civil, preparar proyectos productivos y atender las necesidades de formación técnica de las comunidades aledañas, en un modelo de reincorporación comunitaria" (Decreto N° 0580 del 28 de marzo de 2018).

En el marco de la desmovilización de un actor bélico –en nuestro ejemplo la organización guerrillera FARC-EP– se desarrolla una transformación del "enemigo del Estado" a un actor político-civil. Una metamorfosis interesante que se demuestra en las relaciones sociales de los miembros del grupo armado en el proceso de su reincorporación a la sociedad colombiana. Por un lado, las relaciones dentro del grupo se transforman al perder la organización jerárquica justificada por el porte y uso de armas. Por otro lado, la forma de relacionarse con otros, con los habitantes de las veredas de los alrededores y con actores estatales y no-gubernamentales, lleva consigo una reinterpretación necesaria por parte de la sociedad de un "grupo terrorista" a un actor político-social legítimo. Sin este reconocimiento no se puede realmente comprender lo que está pasando dentro de los ZVTN/ETCR y el aporte de las FARC-EP a la reincorporación. En este orden de ideas, nuestra pregunta principal en este estudio se enfoca en ¿cómo el campamento de desmovilización, comprendido como laboratorio de paz, ayuda o dificulta el proceso de reincorporación a la sociedad de los excombatientes? Por consiguiente, pretendemos identificar factores favorables y adversos que facilitan o dificultan una posición firme frente a una paz estable y duradera por parte de las y los desmovilizadas/os.

Desde nuestra perspectiva, los campamentos se han convertido en lugares emblemáticos y con múltiples usos en las sociedades contemporáneas. Hay campamentos de excombatientes, como es el caso de nuestro estudio, pero también de refugiados, migrantes, víctimas de desastres, etc., que se han constituido en referentes o modelos de intervención con criterios formales de funcionamiento, como la restricción de entrada y salida, visitas reguladas, reglas internas, instituciones especializadas, y con una relación peculiar con su respectivo entorno. Los campamentos siguen la lógica de apartar personas para luego integrarlas, es decir que funcionan simultáneamente como mecanismos de exclusión y de inclusión. Precisamente por su uso frecuente en diferentes regiones y poblaciones del mundo, la siguiente investigación plantea aportar nuevos argumentos al debate académico internacional sobre su función en los procesos de socialización y configuración de sujetos y subjetividades.

Al mismo tiempo, la presente investigación retoma discusiones de la sociología del espacio y la sociología visual que empezaron a ser utilizados para el análisis de datos visuales grabados en interacciones y prácticas sociales durante varias estadías de campo. El uso de material visual como fuente en las ciencias sociales juega un papel relevante en la antropología visual, donde han desembocado metodológicas diferentes (por ejemplo, Collier y Collier, 1986). Entonces, este trabajo quiere mostrar la plusvalía de utilizar imágenes como herramientas de ampliar la comprensión de los campamentos. El enfoque al tema de la apropiación del espacio por parte de los habitantes de las zonas, las cuales eran contempladas como transitorias, nos ayuda a interpretar esta práctica como una de resistencia con el fin de permanecer colectivamente en la zona e impulsar proyectos productivos como parte de un nuevo plan de vida.

Enfoque y metodología

En este análisis de los campamentos vamos a acercarnos al espacio más íntimo del Acuerdo de Paz, a las viviendas, los espacios habitacionales, laborales, así como a las estructuras que en ellos se erigen En un primer paso, interpretamos el campamento según Giorgio Agamben como "espacialización de la excepción", y, según Arnold van Gennep y Victor

Turner, el proceso de reincorporación de los actores armados a la sociedad civil dentro de este espacio como "rito de paso". Luego, en un segundo momento, pretendemos deducir informaciones relevantes sobre la importancia del campamento dentro del Acuerdo de Paz desde los documentos oficiales y decretos claves del gobierno colombiano. Un tercer paso nos lleva directamente al interior del campamento: el análisis sociológico de cada zona aborda la cotidianidad de las interacciones sociales entre los individuos y cómo cada uno se adapta a la nueva estructura del campamento, es decir, cada individuo tiene que enfrentar los desafíos de una nueva realidad y adaptarse con su hábitos y costumbres al nuevo espacio. Al mismo tiempo, el dispositivo del campamento requiere una adaptación individual y colectiva a las condiciones tanto del entorno natural de cada zona como de la arquitectura cambiante (de carpas a refugios de panelyeso) y a la estructuración del espacio preestablecida. Por último, en el cuarto paso, generamos conclusiones sobre el rol de los campamentos en la transición política y personal de un actor de guerra a un actor civil desde el análisis de los datos generados en los campamentos.

Con el uso de técnicas fotográficas y de video la etnografía ha experimentado cambios fundamentales los últimos años. No solo cambian las técnicas de registro, sino, sobre todo, los métodos de análisis y la riqueza de los datos disponibles. En este sentido, la fotografía "permite la examinación microscópica de detalles mínimos que no se encuentran disponibles con métodos reconstructivos como notas de campo o entrevistas" (Schnettler, 2008, p. 59, traducción propia). Otra ventaja indudable de estas técnicas es que los esfuerzos interpretativos del investigador y la investigadora están mucho menos involucrados, aun cuando el motivo, los ángulos de la toma, la perspectiva, etc., responden a decisiones personales.

Para nuestra pregunta principal consideramos la imagen fija como instrumento de la investigación social cualitativa que facilita la investigación "microscópica" respecto al desarrollo de las interacciones y la construcción del espacio, dada su capacidad de registrar las situaciones en el transcurso en que estas se desenvuelven. De manera inductiva, a través del registro fotográfico descubrimos nuevas prácticas sociales sobre la apropiación del espacio que al entrar a los campamentos por primera vez no habíamos esperado. En este sentido, las fotografías nos ayudaron a profundizar nuestros conocimientos en torno a la transformación espacial del campamento como parte del proceso de paz.

Por consiguiente, recopilamos datos visuales tomados por el equipo de investigación, fotografías publicadas en la prensa y tomadas por las y los excombatientes en tres ZVTN y ETCR. Esto nos permite comparar el registro fotográfico de diferentes puntos de vista y momentos, sobre todo cuando no tuvimos acceso al campamento cuando las y los guerrilleras/os todavía portaban sus armas. El material visual proviene de estadías de campo en la zona "Carlos Patiño" en la vereda La Elvira, ubicada en la zona alta del Norte de Cauca, que acompañamos en el marco de la investigación desde el año 2016. La Elvira es una zona emblemática, por lo que permite reflexionar respecto al funcionamiento de las zonas de desmovilización. La segunda zona, "Simón Trinidad", en la vereda Tierra Grata, en la parte oeste del departamento César, fue visitada varias veces por el equipo de investigación desde 2019, al igual que la zona "Amaury Rodríguez" en la vereda Pondores en la Guajira, en el noroeste del país. Elegimos los diferentes campamentos por sus diferencias con respecto a varias características. Primero, su ubicación y geografía en entornos naturales muy distintos. Segundo, por la diversidad en la estructura entre estos campamentos. Tercero, por la participación de los habitantes de las ZVTN/ETCR en la construcción de las viviendas y los proyectos de vivienda a largo plazo. Cuarto, por las diferencias en la cohesión social y la permanencia de las y los excombatientes en los campamentos hasta hoy día.

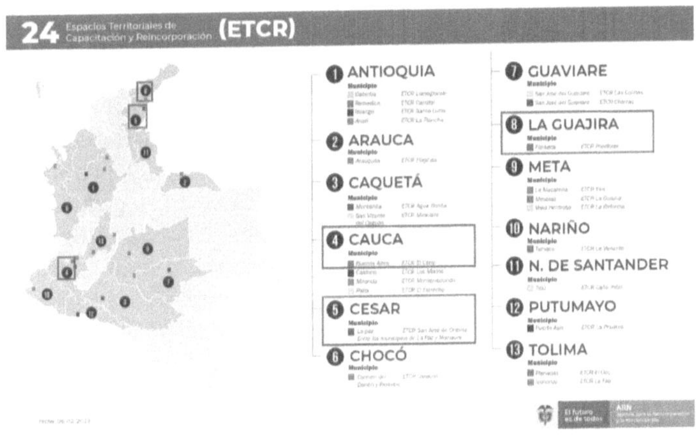

Gráfica 1. Ubicación de los ZVTN/ETCR analizados por el equipo de investigación.
Fuente: Agencia para la Reincorporación y la Normalización (ARN), 06/02/2019, con algunos cambios elaborados por los autores de este artículo. https://bit.ly/3j1ja8t.

Evidentemente, no solo abordamos nuestras preguntas de investigación a través del análisis de material visual. El conocimiento contextual que subyace al análisis de datos ha sido acumulado durante años, a través del compromiso con el proceso de paz y desmovilización. En consecuencia, lo que Schnettler (2008, p. 72) postula para los datos audiovisuales se aplica generalmente al trabajo con fotografías del terreno, a saber, que

[…] el análisis de material en video debe ser aumentado por un trabajo de campo focalizado y otras formas de investigación social (tales como entrevistas, documentos, incluso encuentros). Reducir el análisis exclusivamente al material en video y su interpretación trae consigo el riesgo de llegar a conclusiones que contradigan la situación, por ello, conduzcan al problema metodológico de perder el 'postulado de adecuación'. (Schütz 2004 [1953]) (2008, p. 72, traducción propia)

Por esta razón, la interpretación del material visual se complementa con una triangulación de otros datos, es decir, con la combinación y la yuxtaposición de la interpretación de imágenes con entrevistas grabadas e informales y registros escritos en los diarios de campo. Es imprescindible homologar con debates de grupos y entrevistas a diferentes actores en las zonas para contrastar la interpretación de imágenes. La triangulación es necesaria para que el/la investigador/a pueda "asumir una postura autorreflexiva" y para "tener en cuenta sus presuposiciones subjetivas bajo las que él o ella misma constituye la realidad que él o ella está observando" (Schnettler y Raab, 2012, p. 108).

Primer paso: el espacio y el campamento como zona liminal

Con el fin de comprender el impacto del campamento para la reincorporación de excombatientes a la vida civil abordaremos los campamentos como dispositivos de poder, característicos de las sociedades modernas. Giorgio Agamben (2008, p. 9) define el dispositivo como la red entre los elementos de la realidad social, entre discurso, institución, espacio, marco normativo, medidas de la policía y axiomas filosóficos. Según Agamben (2004), la planificación espacial se usa como un mecanismo para la conversión estratégica del espacio en "micro-espacios", espacios de excepción, entre ellos el campamento como figura más destacada y frecuente. El filósofo italiano define al campamento como el arquetipo del Estado de excepción y argumenta que la condición física y espacial del campamento, o campo, se plasma en las prácticas habituales en su interior. El concepto del campamento como dispositivo no solamente permite entender su interior sino también su entorno. Mientras que para Agamben, como ya se mencionó, el campamento espacializa la excepción, en este estudio, el campamento será abordado como un espacio de transición o normalización, que tiene como fin convertir a un enemigo del Estado, un actor bélico, en ciudadano con nuevas conductas y actitudes.

El interés de Agamben por el campamento se aclara en la posibilidad de desligar la definición del campo de los acontecimientos concretos de su existencia, con el objetivo de "considerar el campo [...] como la matriz oculta" de la biopolítica en la sociedad moderna (Agamben, 2004, p. 175). En el ámbito internacional, los campamentos parecen haberse convertido en un modelo universal para resolver algunos problemas contemporáneos. Es el caso de los núcleos de las misiones de la ONU para solucionar las crisis humanitarias. Algunos de estos campamentos, como el Demobilization and Reintegration Centre Mutobo de la misión de la ONU en Ruanda, tienen como principal objetivo preparar a excombatientes para su retorno al país, educarlos y formarlos como ciudadanos. En Nepal y Somalia también existen campos de desmovilización para excombatientes en un contexto de conflicto interno, similar al del caso colombiano.

Para analizar el campamento en su estructura jurídica y política, Agamben toma en consideración su historia y origen. Desde esa perspectiva, el surgimiento de los campamentos no se dio en el marco de una ley de prisión prolongada, sino que se ubica en la "expansión de un estado de emergencia, con base en una guerra colonial contra una población civil en su conjunto" (Agamben, 2001, p. 43), como la realizada en 1890 en los campos de concentración en Cuba. El establecimiento de los campamentos puede ser entendido solamente desde el derecho de la guerra (*ius in bello*). Esto incluye, por un lado, las leyes de los conflictos intergubernamentales relacionados con la guerra, y, por otro, la ley nacional para ser capaces de imponer el estado de emergencia en caso de peligro.

Siguiendo en la línea de este planteamiento, Carl Schmitt (1996, p. 11) argumenta en *Political Theology* que el estado de excepción es definido por el soberano. Agamben, sin embargo, amplía la conceptualización de Schmitt: "El estado de excepción no es un derecho especial (como el derecho de guerra), sino que, en cuanto suspensión del propio orden jurídico, define el umbral o el concepto de límite" (Agamben, 2004, p. 28). Por lo tanto, el campamento es una relación entre espacio y sociedad. La "excepción" es una práctica hegemónica de territorialización, de demarcación del espacio. El campamento es una forma práctica de la exclusión mediante el ejercicio de la inclusión.

De hecho, el umbral, o el concepto de límite de Agamben, nos llevan a la idea de concebir el campamento como espacio de paso. Retomando a Marín y Espinosa (2017), entendemos la transición de las y los exguerrilleras/os como un rito de paso, conforme a la teoría de los *"rites de passage"* del etnólogo Arnold van Gennep (1909/2013) y el proceso ritual de Victor Turner (1988). Según Gennep, los ritos de paso marcan las transiciones más importantes en la vida humana de la sociedad. Los ritos emblemáticos son el nacimiento, la iniciación, el matrimonio y la muerte, sin embargo, otros procesos marcados de transición pueden ser interpretados como ritos. Ritos que tematizan o, incluso, efectúan un cambio, por ejemplo la transición de un periodo de la vida a otro o un cambio en el estatus social. Los ritos aportan a preservar la estabilidad de la sociedad, mientras codifican la posición del individuo en su estructura. Si bien esta investigación no discute las diferentes objeciones frente al trabajo de Gennep, adopta el concepto de "periodo liminal" de su pensamiento para el análisis de las zonas de desmovilización.

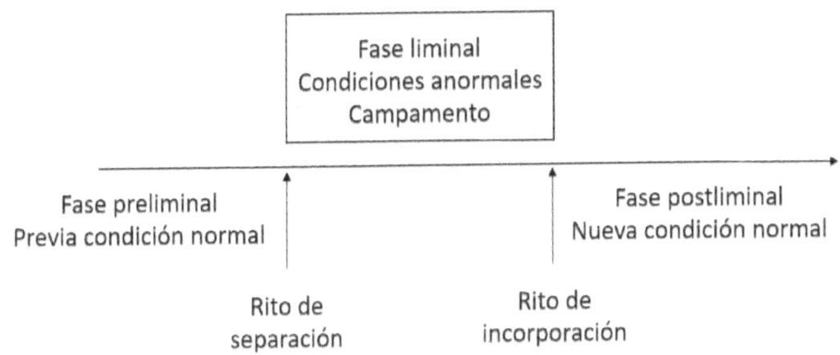

Gráfica 2. El proceso del rito de paso.
Fuente: elaboración propia.

La función principal del rito de paso es el reconocimiento colectivo de las nuevas relaciones sociales. Por consiguiente, para nuestro interés investigativo es contundente una interpretación de imágenes de los diferentes momentos en las zonas de desmovilización y reincorporación. En este sentido, definimos tres momentos del proceso de paz, o, más precisamente, de la reincorporación de las y los excombatientes a la vida civil durante su transición a la "normalidad":

1. La fase preliminal consiste en la separación de los individuos de su estatus previo como guerrillera/o y enemiga/o del Estado. Esta primera fase consiste en un comportamiento simbólico que significa la desvinculación individual o del grupo del estatus que tenía antes del ritual. Este momento corresponde al tiempo antes de la desmovilización hasta el ingreso a las zonas veredales en la así llamada "última marcha" en febrero de 2017. La más clara diferencia en el cambio de estatus consiste en la visibilidad de las y los guerrilleras/os en la esfera pública durante la marcha, es decir, la puesta en escena de un actor que antes vivía escondido en la selva y las montañas colombianas. El rito de separación comienza con la entrada simbólica a la zona, aunque la mayoría de los campamentos todavía no estuviesen construidos o su infraestructura estuviese solo

parcialmente terminada. A pesar de que las y los guerrilleras/os marchan todavía de uniforme portando armas, pasan por territorio del que fuese su enemigo y comienzan su paso a la legalidad bajo condiciones anormales en el campamento. En las fotos de la gráfica 3, proporcionadas por un excombatiente de la ZVTN/ETCR en La Elvira, Cauca, apreciamos el paso desde el Punto Transitorio de Normalización y la marcha en fila india, hábito internalizado durante tiempos de guerra. Finalmente se ve la llegada al territorio donde el campamento apenas se comenzó a construir y donde no se encontraba nada más que un terreno nivelado. Por ello, según el mismo excombatiente, una parte de su frente tuvo que instalar carpas para pasar las primeras semanas en el nuevo terreno, mientras otra parte se vio obligada a regresar al PTN.

Gráfica 3. La fase preliminal en la transición de las FARC-EP. Salida de los PTN y llegada a la ZVTN en La Elvira, febrero 2017.
Fuente: fotografías del archivo personal del excombatiente VE.[4]

---

4   Por la privacidad y seguridad de las personas entrevistadas y consultadas solamente mencionamos la primera letra del nombre de la persona. La segunda letra se refiere a la vereda dónde está ubicado el campamento: La Elvira (E); Pondores (P); Tierra Grata (TG).

2. La transformación a la cual se someten las y los guerrilleras/os culmina en la fase liminal, dentro del campamento. Esta fase se extiende durante el proceso de la desmovilización en el campamento, hasta la entrega de armas y la conversión de las ZVTN en ETCR el 15 de agosto de 2017. Las jerarquías anteriores se descomponen y los individuos reciben formación y capacitación para cambiar su forma de ser, de modo que se transforman de un actor armado a un actor civil. Obviamente este proceso está lleno de contradicciones que pudimos observar durante nuestras estadías de campo, es decir, restos de disciplina y organización militar internalizados hace muchos años se combinan con nuevos comportamientos más adecuados con la vida civil. En las fotos de la gráfica 4, que nos proporcionó el equipo de comunicación de la ZVTN/ETCR en Pondores, se ven las y los excombatientes, en su mayoría en ropa civil, trabajando en la construcción del campamento bajo la supervisión técnica de arquitectos e ingenieros. Esto da cuenta de personas en una posición indeterminada, ni trabajadores regulares y asalariados ni combatientes de uniforme y armas de fuego, individuos que perdieron su estatus anterior sin tener un nuevo estatus definido en la zona liminal del campamento.

Gráfica 4. La fase liminal en la transición de las FARC-EP. Momentos iniciales del campamento transitorio "Amaury Rodríguez" en Pondores (La Guajira) en fase de construcción, febrero de 2017.
Fuente: fotografías del archivo del equipo de comunicación del ETCR Pondores.

3. El periodo postliminal comienza con el rito de reincorporación de las personas a la sociedad civil y conlleva la reagrupación del individuo al nuevo estatus, es decir, en el proceso de la transformación de las ZVTN/ETCR en pueblos o veredas dentro de los municipios e interacciones y actividades con la población civil desde afuera. En la gráfica 5 se ven diferentes momentos de relaciones sociales con la sociedad civil y veredas aledañas que demuestran los avances en la reincorporación. Según Turner (1988), en esta fase el actor entra nuevamente a la "normalidad" social, y vuelve a tener derechos y obligaciones, incluso con un estatus definido en la estructura social. Sin embargo, con respecto a nuestro caso consideramos esta transición todavía en proceso, es decir, indeterminada, debido a que las FARC-EP como "comunidad de características especiales" (BP, 09/04/2019) requieren un

acompañamiento a largo plazo para su reincorporación exitosa y sobre todo las garantías de protección física.[5]

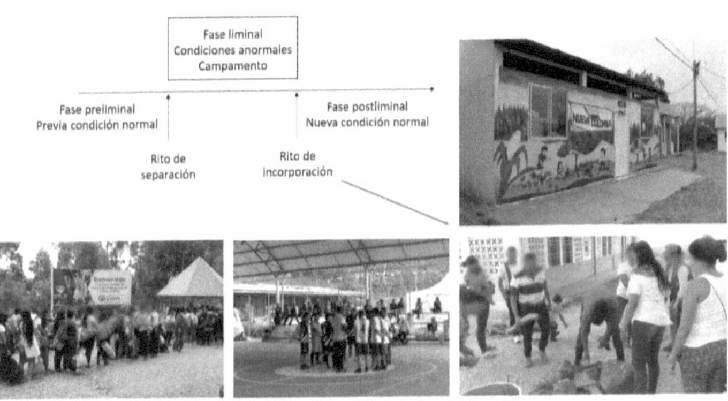

Gráfica 5. La fase postliminal en la transición de las FARC-EP. Diferentes actividades de integración con la sociedad civil. De izq. a la der.: visita de estudiantes en La Elvira, 13/10/2017. Torneo de fútbol entre excombatientes y veredas aledañas en La Elvira, 15/11/2018. Canelazo después de un taller de la ONU en el asentamiento El Mirador con excombatientes de Tierra Grata, 06/04/2019. Jardín infantil en Pondores, 09.04.2019. Fuente: Material propio.

Estos momentos claves en el proceso de paz en Colombia se dejan deducir del itinerario de la desmovilización: la llegada de los miembros de las FARC-EP a los PTN, a los campamentos de concentración y a las ZVTN se cumplió entre el 7 de enero hasta el 18 de febrero de 2017. El 7 de enero llegaron 320 guerrilleras/os (frente 32, 48, 49) a la ZVTN en el norte del Putumayo. El 18 de febrero se realizó el ingreso de los últimos 300 integrantes de las FARC-EP (frente 3, 14 y 15) a la ZVTN "Agua Bonita" en La Montañita, en el departamento Caquetá. Con esta llegada

---

5   Según la Misión de Verificación de la Organización de las Naciones Unidas (ONU) en Colombia, desde la firma del Acuerdo de Paz el 26 de septiembre de 2016, 248 excombatientes han sido asesinados hasta finales del año 2020 (Telesur, 08/01/2021).

se cumplieron los movimientos hacia las zonas donde había un plazo de 180 días para la dejación de armas. Según el acuerdo firmado entre el gobierno y el grupo guerrillero, las armas debían entregarse a miembros de una misión de las Naciones Unidas (ONU) en tres etapas: hasta el 1 de marzo, el 31 de marzo y el 30 de abril de 2017. Finalmente, la dejación de armas completa se aplazó debido a diversos inconvenientes y se realizó en junio de 2017. Después de la entrega de armas, el 15 de agosto de 2017, los puntos y zonas veredales se convirtieron en ETCR. Hasta la fecha, los ETCR siguen existiendo y exmiembros de las FARC-EP se agrupan en estos espacios, a los que convierten poco a poco en pueblos y veredas como resultado de un esfuerzo colectivo. Después de la capacitación y la creación de cooperativas y diferentes proyectos productivos los excombatientes, en el mejor caso, se integran cada vez más a la vida económica del país y establecen relaciones sociales con su entorno regresando a la "normalidad". Aunque estamos conscientes de que este concepto del rito de paso parte de un proceso de paz ideal y las noticias diarias dibujan una perspectiva muy preocupante con respecto a una paz verdadera y duradera, este concepto nos ayuda a ubicar los campamentos en la fase liminal y comprender su funcionamiento dentro de todo un proceso complejo y contradictorio.

Asimismo, las zonas de desmovilización son un ejemplo paradigmático de una realidad contemporánea en cuanto transforman subjetividades –en este caso de desmovilizados– y determinan las prácticas de los individuos en el territorio habitado por ellos. Pese a que estas zonas han sido proyectadas como zonas transitorias, tienden a perdurar como "Camps-villes", tal y como los conceptualiza Michel Agier. El antropólogo francés escribe sobre campos de refugiados en Europa y cómo estos campos "se convirtieron gradualmente en lugares de una organización perdurable del espacio, vida social y sistemas de poder que no existía en ninguna otra parte. Son dispositivos paradójicos, híbridos" (Agier, 2002, p. 322). Estas entidades se construyen con base en un asentamiento, e, incluso, desarrollan sus propias relaciones jerárquicas sociales y económicas que se distinguen de las relaciones del mundo exterior. La totalidad de estas relaciones es el núcleo de la espacialización del campo y tienen la posibilidad de transformar las relaciones de su entorno (Herz, 2008).

El campamento nunca es un lugar herméticamente cerrado y organizado, sino que es un conjunto complejo con una característica común: la clara distancia entre espacios internos y externos como criterio principal (Inhetveen, 2010, p. 18). A través de la presencia de entidades internacionales, los campamentos y entre ellos las zonas de desmovilización en Colombia están ubicados en un régimen global de procesos políticos y relaciones de poder. Inhetveen contrasta el campamento de refugiados con la "institución totalitaria" de Erving Goffman, quien se refiere a la cárcel como espacio que determina enteramente la vida del interno. Según Inhetveen, para entender la diferencia entre esta institución idealizada y el campamento moderno se requiere demostrar la interacción entre la institución y la sociedad, la administración del campamento y su entorno (Inhetveen, 2010, p. 20). Con respecto al caso colombiano, Marín y Espinosa (2017) investigan los campamentos como zona liminal dentro del espacio del conflicto, que preparan los integrantes para la paz, y definen sus peculiaridades en relación con su entorno y las organizaciones sociales locales.

En resumidas cuentas, el espacio no es una categoría absoluta, sino una construcción social, y según nuestra perspectiva, los campamentos de desmovilización "representan el último lugar de la guerra y el primero para la construcción de paz" (Marín y Espinosa Menéndez, 2017, p. 442). El espacio es una categoría relevante en la sociología, empezando con las teorías del urbanismo de Lefèbvre. Según este teórico francés, el espacio es una construcción de sus habitantes, que da los márgenes de las posibilidades y al mismo tiempo es el resultado de "pensamientos, actos de construcción y experiencias" (Lefèbvre y Roeckl, 1972). Según Harvey, otro de los primeros sociólogos que trabajaron sobre la relación del espacio y su construcción, "las formas espaciales son vistas no como objetos inanimados dentro del cual se desarrolla el proceso social, sino como cosas que contienen procesos sociales del mismo modo que los procesos sociales son espaciales" (Harvey, 2009, p. 10, traducción propia). Así, la pregunta principal es ¿cómo se construye el espacio en los campamentos? "La pregunta '¿qué es el espacio?' por ello se reemplaza por la pregunta '¿cómo es que diferentes prácticas humanas crean y hacen uso de diferentes conceptualizaciones del espacio?'" (Harvey, 2009, p. 13, traducción propia). Conforme a Harvey, con la presente investigación intentamos analizar la relación recíproca entre el campamento como espacio predeterminado y las prácticas sociales de los desmovilizados para hacer uso de este espacio y transformarlo (Harvey, 2009, p. 13).

Segundo paso: análisis del marco legal

Según el punto 3.1.4. del Acuerdo de Paz (Adaptación de los dispositivos en el terreno y Zonas), las ZVTN tienen como objetivos "garantizar el CFHBD[6] y DA",[7] "iniciar el proceso de preparación para la reincorporación a la vida civil de las estructuras de las FARC-EP en lo económico, lo político y lo social de acuerdo con sus intereses" y el "tránsito a la legalidad" (p. 62). En las ZVTN se realizará la "reincorporación a la vida civil" que

> [...] será un proceso de carácter integral y sostenible, excepcional y transitorio, que considerará los intereses de la comunidad de las FARC-EP en proceso de reincorporación, de sus

---

6 Cese al Fuego y de Hostilidades Bilateral y Definitivo.
7 Dejación de las Armas.

integrantes y sus familias, orientado al fortalecimiento del tejido social en los territorios, a la convivencia y la reconciliación entre quienes los habitan; asimismo, al despliegue y el desarrollo de la actividad productiva y de la democracia local. (p. 69)

Para ello, las ZVTN "son territoriales, temporales y transitorias, definidas, delimitadas" (p. 62). Lo interesante en estas definiciones es, por un lado, que la reincorporación toma también en consideración a las comunidades alrededor de las zonas de desmovilización y, por otro lado, destaca su carácter temporal y transitorio, pues en principio los campamentos no eran pensados para transformarse en sitios de larga permanencia como veredas o pueblos. Con respecto a la construcción de las ZVTN acorde con la Ley 1779 de 2016,

[...] el Gobierno nacional o los representantes autorizados expresamente por el mismo, podrán acordar con los voceros o miembros representantes de las organizaciones armadas al margen de la ley, en un proceso de paz, y para efectos del presente artículo, su ubicación temporal o la de sus miembros en precisas y determinadas zonas del territorio nacional.

Conforme a lo que acordaron las partes en el marco del proceso de paz, el gobierno al establecer las zonas debía:

1. Precisar la delimitación geográfica de las zonas.
2. Establecer el rol de las instancias nacionales e internacionales que participen en el proceso de dejación de armas y tránsito a la legalidad de las organizaciones armadas al margen de la ley.
3. Establecer las condiciones y compromisos de las partes para definir la temporalidad y funcionamiento de las zonas mencionadas.

Mediante la Resolución 2261 de 2016, aprobada por el Consejo de Seguridad de Naciones Unidas en su sesión del 25 de enero de 2016, se decidió establecer una misión política con un período de 12 meses, como componente internacional y coordinadora del mecanismo tripartito del Mecanismo de Monitoreo y Verificación del proceso de CFHBD y DA. Además, mediante la Resolución 2366 de 2017, el Consejo de Seguridad de Naciones Unidas aprobó una segunda Misión de Paz en Colombia, con la responsabilidad de verificar la reincorporación de los integrantes de las FARC-EP a la vida civil y las condiciones de seguridad en ese proceso.

En el Decreto presidencial 1274 del 28 de julio de 2017 se manifestó que

> [...] se prorroga la duración de las Zonas Veredales de Transitorias de Normalización –ZVTN– y unos Puntos Veredales de Normalización –PTN–, hasta el 15 de agosto de 2017, con el fin de finalizar el proceso de extracción de las armas depositadas en los contenedores por parte del CI-MM&V, se dará por terminado el proceso de dejación de armas.

Para dar seguimiento al proceso de reincorporación, el mismo decreto ordena que "la Zona Veredal Transitoria de Normalización (ZVTN) y el Punto Transitorio de Normalización (PTN), una vez terminados se transformarán en Espacios Territoriales de Capacitación y Reincorporación (ETCR)". El gobierno nacional, a través del Fondo de Programas Especiales para la Paz (Fondopaz), se obliga a disponer todo lo necesario para continuar con la implementación de los compromisos y responsabilidades derivadas del proceso de paz, incluyendo el suministro de ayuda humanitaria integral. La figura de los ETCR no se encuentra en ninguna parte del Acuerdo Final, sino que se pensó en el transcurso del proceso de la dejación de armas para realizar actividades de capacitación y reincorporación temprana. Los ETCR fueron acordados entre los firmantes de la paz y la ONU, según un comunicado de la Oficina del Alto Comisionado para la Paz.

En el siguiente Decreto presidencial 2026 del 4 de diciembre de 2017 se definen los ETCR como

> [...] lugares para el desarrollo de actividades que faciliten la reincorporación a la vida civil en lo económico, lo social y lo productivo de los ex miembros de las FARC-EP debidamente acreditados por la Oficina del Alto Comisionado para la Paz en los términos del artículo 2 del Decreto Ley 899 de 2017 y realizar actividades misionales de las entidades del orden nacional y territorial destinadas a las comunidades aledañas.

Se prolonga la duración de los ETCR por dos años, contados a partir de la fecha establecida en el Decreto 1274. El decreto además obliga al Ministerio de Defensa Nacional, en el marco de sus competencias constitucionales y legales, a realizar las coordinaciones pertinentes para que la fuerza pública adopte las medidas de seguridad en los Espacios Transitorios de Capacitación y Reincorporación, un punto de suma importancia debido a que las y los guerrilleras/os están amenazados por otros grupos al margen de la ley.

Finalmente, el nuevo gobierno de Iván Duque, después del dialogo con los alcaldes de las comunidades donde se encuentran los ETCR, tomó la decisión de comprar la mayoría de los predios, titularlos a nombre de la Agencia de Reincorporación y Normalización (ARN) a fin de, más adelante, otorgárselos a los excombatientes. De esta forma, se establecen las bases para poder incluirlos en los Planes de Ordenamiento Territorial de cada uno de los municipios donde están ubicados. Además, el gobierno de Duque se comprometió "a prorrogar el acceso de los excombatientes a la renta básica que solo estaba pensada para dos años. La diferencia con la nueva resolución es que estará condicionada para aquellos que participen activamente de todo el proceso de reincorporación" (Semana, 30/06/2019). Esto da aliento a los proyectos productivos colectivos iniciados por parte de los excombatientes en muchos territorios. Al mismo tiempo, esta medida se puede interpretar como reacción al hecho de que los campamentos terminarán por transformarse en asentamientos permanentes, gracias a que muchos excombatientes viven en dichas zonas. Más adelante vamos a argumentar con base en los datos visuales de las estadías de campo que la apropiación del espacio en los campamentos juega un papel clave para convertir los ETCR en pequeños poblados, veredas, asentamientos o barrios.

Desde el proceso de negociación, los representantes del gobierno proyectaron el campamento como un espacio transitorio, este elemento se refleja hasta en la denominación ZVTN. Según el plan del gobierno, las y los excombatientes solo se desmovilizaron hasta la entrega de armas en el espacio temporal para salir después a una vida civil.

Tercer paso: análisis del espacio de los campamentos

La zona en su entorno geográfico

El ETCR La Elvira se encuentra en la cordillera occidental de los Andes en una altura aproximada de 2.030 metros en el departamento Cauca, municipio de Buenos Aires. El área completa es de 4,81 hectáreas, de las cuales la parte construida ocupa 14.321 metros cuadrados. La Elvira está ubicada aproximadamente a tres horas desde la última carretera pavimentada, que termina en el pueblo Timba. Desde la ciudad de Cali son casi cinco horas en transporte particular:

> La única conexión es una trocha en muy mal estado, cuando subimos estuvo transitada solamente por motos, dos chivas al día (una en la mañana y una en la tarde, la hora no sabía nadie exactamente) y un carro blindado de la misión de la ONU. Nos contaron los habitantes de una finca en el camino, que después de fuertes lluvias está casi intransitable. (Diario de campo, ALD,[8] 28/03/2017)

---

8   ALD = Anna-Lena Dießelmann.

Al lado de la carretera pudimos observar muchos cultivos de coca, hasta hoy existen, aunque han disminuido. Cuando subimos la primera vez en moto al ZVTN en marzo de 2017, todavía tuvimos que registrarnos en el control del ejército unos 3 kilómetros de distancia del campamento, al cual no pudimos acceder debido a que las y los excombatientes todavía no habían entregado sus armas.

El lote se divide en dos sectores: el sector uno contiene 190 alojamientos, una biblioteca, oficinas de administración, enfermería y primeros auxilios, cocina, comedor general y un área de esparcimiento. El sector dos se encuentra debajo de las montañas y más cercano a la vereda La Elvira. Tiene 102 alojamientos, dos aulas, comedor, cocina y terraplén para cancha deportiva. "Este último sector pertenecía a la empresa Agroforestal El Naya S.A., así que algunas casas de madera quedaron para el uso de las y los excombatientes" (Diario de campo, AH,[9] 13/10/2017). Además, en el transcurso de la desmovilización se construyó el polideportivo que hasta hoy en día se usa para torneos de fútbol y eventos para la integración con las comunidades aledañas. En cambio, la zona alta de viviendas que fue construida completamente de nuevo con panel yeso está bastante apartada. En general, la vida pública sucede en el sector del polideportivo. Observamos que esto tuvo efecto en la división de labor entre diferentes jerarquías de las FARC-EP. Por su ubicación estratégica para organizar el contacto con el público y las instituciones, los comandantes y personas con tareas específicas se mantuvieron en la zona de recepción y algunos de ellos incluso eran alojados en las casas de madera. Al mismo tiempo en la zona de atención al público "se encuentra el restaurante, la tienda, la panadería, el salón para consultas médicas y el carro móvil de capacitación informática" (Diario de campo, AH, 13/10/2017), lo que demuestra una división espacial y funcional muy marcada en este campamento.

---

[9]   AH = Andreas Hetzer.

Foto 1. Vista aérea, Pondores.
Fuente: Oficina de Alto Comisionado para la Paz. https://bit.ly/3kbsCp2.

En comparación con La Elvira, el área de Pondores solamente es de 3 hectáreas, con edificios construidos sobre 8.228 metros cuadrados. Pondores está ubicada a aproximadamente a 17 kilómetros de la cabecera municipal de Fonseca, y a 4 kilómetros del corregimiento de Conejo. De los tres campamentos estudiados es el más compacto, con biblioteca, guardería, oficinas de administración y recepción, enfermería de primeros auxilios, cocina, comedor general, aulas de instrucción y un área de esparcimiento. Todas estas instalaciones quedan muy juntas. Pondores se encuentra en el departamento La Guajira, municipio de Fonseca, con temperaturas altas y una sequía extrema en épocas de verano. Relativamente cercano se encuentra el ETCR Tierra Grata, en el municipio Manaure en el departamento César, entre la Serranía de Perijá y las montañas de la Sierra Nevada. Igualmente, las temperaturas son altas, sin embargo, la zona está en una elevación montañosa donde ventea bastante en las tardes, lo que aporta a un clima mucho más agradable. Este ETCR también está ubicado densamente en un lote de 6 hectáreas, con un área construida de 6.300 metros cuadrados. Tiene casi las mismas instalaciones que los otros dos ETCR.

Foto 2. Vista aérea al campamento de Tierra Grata.
Fuente: Hora724 Noticias, 15/10/2019.

Tierra Grata tiene la ventaja de estar ubicado cerca del aeropuerto de Valledupar, así que es muy accesible. Por esta razón, tanto Pondores como Tierra Grata, que se encuentran en la cercanía de la frontera con Venezuela, fueron visitados por delegaciones nacionales e internacionales de alto rango, como el presidente colombiano Iván Duque y el Alto Comisionado para la Paz, entre otros. En cambio, a La Elvira es mucho más difícil llegar por su ubicación y el mal estado de la carretera, especialmente en épocas de lluvia. En resumen, la ubicación geográfica de cada zona puede explicar que la presencia regular de organismos nacionales (ARN, SENA) e internacionales (Naciones Unidas) varíe significativamente, lo que tiene consecuencias a la hora de sentirse integrados y atendidos, como nos comentaron excombatientes en varias entrevistas. Pudimos observar la presencia más fuerte de instituciones en Tierra Grata, donde personal de la ARN y del Servicio Nacional de Aprendizaje (SENA), así como la delegación de la ONU y la FAO, se mantuvieron permanentemente en el campamento, incluso con oficinas y mesas de consulta.

Muchas de las ZVTN se construyeron en zonas que anteriormente fueron zonas de guerra o "zonas rojas", es decir, regiones con fuerte presencia de las FARC-EP. En el año 2017, pocos meses después de la llegada de las y los combatientes a La Elvira, cuando se preguntó por el campamento de la desmovilización de las FARC-EP, los habitantes de los pueblos en el camino dijeron no saber nada, la respuesta común era "acá no hemos escuchado nada de eso" (Diario de campo, ALD, 28/03/2017). Después de un año, las personas en el camino indicaron cómo llegar y la relación con el campamento parecía mucho más normalizada. Podemos inferir de nuestras observaciones que la ubicación de la zona resulta un factor favorable o adverso para primero, poder permanecer en la zona y volverla un espacio donde vivir colectivamente, y segundo, para desarrollar relaciones con actores externos clave en el proceso de reincorporación.

Infraestructura

Según el Acuerdo de Paz, los campamentos fueron construidos de manera temporal y transitoria, es decir, todas las construcciones son de baja calidad y no perdurables. Incluso, en la construcción no se había pensado el tema de la infraestructura de una forma sostenible. Sin embargo, lo que funciona relativamente bien en cada ETCR es, por un lado, el suministro de energía a través de plantas e interconexiones a la red existente de las poblaciones de los alrededores y, por otro lado, el suministro de combustible a través de tanques de reserva.

El gran problema sigue siendo el suministro de agua; sobre todo en los ETCR en el norte del país ha sido un desafío permanente. En Tierra Grata no hay un acueducto y el agua la llevaron en carrotanques que la ARN les compra a los bomberos. Como nos comenta FTG (04/04/2019), esta cantidad diaria siempre se ha calculado

[...] para las 163 exguerrilleras/os en armas que llegaron al ZVTN a finales de 2016/principios de 2017, pero ahora la comunidad es de 300 personas porque ellos han traído a la familia o forman familia con civiles. Son solo 163 beneficiados, pero toca abastecer a 300.

Por esta razón, las y los excombatientes tienen que racionar el uso de agua para fines personales y no es suficiente para regar los cultivos y cuidar a los animales de los proyectos productivos. A finales del año 2019, las y los habitantes del ETCR Tierra Grata construyeron con la ayuda de la FAO y las poblaciones de alrededor una conexión para llevar agua al campamento. No obstante, esta agua es solamente para regar los cultivos, ya que no es potable.

Foto 3. Carrotanque de los bomberos.
Fuente: material propio, 05/04/2019.

Foto 4. Obra colectiva de tubería.
Fuente: equipo de comunicación Tierra Grata, 28/08/2019.

"Cómo se logró conseguir una conexión de agua traído de las montañas altas en Tierra Grata es un ejemplo de esfuerzo colectivo" (VFAO, 6/4/2019), al igual que la apropiación de un espacio con el objetivo de hacerlo apto para los cultivos. Por la falta permanente de agua empezó el proyecto de integración comunitaria en mayo del año 2018, guiado por la FAO, con recursos del Fondo Europeo para la Paz, acompañado por la ONU, para contribuir a los proyectos productivos que son la base de la futura seguridad alimentaria de las y los excombatientes. Se pensó en construir una escuela, en adecuar una cancha de fútbol y también en el proyecto del agua. Finalmente, la obra se inició en agosto del año 2019, trayendo el agua de los caudales del río en las montañas. Cabe mencionar que las y los excombatientes del

ETCR ya habían empezado antes a recaudar dinero para su proyecto de agua potable. Después de más de 1.000 jornadas entre excombatientes, miembros del ejército y la comunidad se logró traer el agua a esta tierra. Eso fue la primera condición para poder permanecer en la zona y seguir construyendo planes para el futuro de la comunidad.

En la zona árida de Pondores existe el mismo problema, pero según el excomandante BP (09/04/2019) fue un esfuerzo colectivo de los excombatientes el traer el agua de los ríos en las montañas a través de mangueras con el fin de independizarse de los carrotanques y tener agua suficiente para los cultivos. Durante nuestra estadía observamos que por lo menos era suficiente para que las y los excombatientes regaran sus huertas y pequeños cultivos frente a sus casas, al contrario que en Tierra Grata (Diario de campo, ALD, 04/04/2019). Sin embargo, a veces siguen los problemas de agua cuando los tubos se dañan o los ríos se secan en época de verano. Durante nuestra estadía se dio el primer caso, y el campamento no contaba con corriente de agua. Otro desafío en Pondores es la falta de

> [...] tuberías subterráneas, por ende, no hay acueductos o cunetas para el manejo de las aguas sucias. Según los habitantes, esa situación ha traído problemas de salud pública, pues los hedores del mal tratamiento de las aguas negras han ocasionado un sinnúmero de enfermedades. (Sánchez Caicedo, 2019, p. 22)

En el sector de viviendas en La Elvira el suministro de agua no era tan precario. Según informaciones de la Oficina de Alto Comisionado para la Paz, se instalaron los tanques y se conectaron a la PTAP y a la red. Se tiene un volumen de almacenamiento total de 30.000 litros, de la siguiente manera: 5.000 litros en el tanque de la PTAP y 25.000 litros en cinco tanques de 5.000 litros. Además, se construyeron 4 zonas de campos de infiltración, 1 por cada 100 personas. Se instalaron pozos sépticos anaeróbicos de 5.000 litros, cajas de inspección y trampa de grasas. Al principio, cuando subimos la primera vez al campamento de viviendas, los sanitarios eran construidos con chapa ondulada y plásticos en muy mal estado (véase fotografía abajo). Más adelante se los reemplazó por instalaciones mucho más favorables para la higiene del campamento. En el sector cercano a la vereda se aprovecharon las instalaciones existentes debido a que antes era un campamento de trabajadores de la empresa forestal.

Un aspecto interesante de los campamentos es cómo se organizan el mantenimiento y la limpieza de los servicios. En todas las zonas, los baños fueron construidos para el uso colectivo en sitios céntricos o cercanos a las viviendas. Los habitantes nos cuentan que en Tierra Grata y en La Elvira se los organiza todavía de manera colectiva según unidades de vivienda, solo en Pondores se comparte un baño y una ducha entre cuatro/cinco personas (los nombres son escritos en las puertas) que están cerrados con candado (Diario de campo, AH, 07/04/2019). Así que cada uno/a es solamente responsable de su propio baño.

Resolver los problemas de la precariedad es parte de un aspecto más general del papel del campamento para la paz en Colombia. Mientras que el gobierno había pensado el campamento como un lugar transitorio, sin la necesidad de suministrar la infraestructura a largo plazo, las y los excombatientes que permanecen en los ETCR enfrentan la necesidad de organizar y garantizar el acceso al agua y energía permanentemente. Notamos que desde el principio existían iniciativas propias en Pondores y Tierra Grata de independizarse del suministro por parte del gobierno, teniendo en cuenta que sus comunidades siguen creciendo, sea por el nacimiento de niñas/os o por la unificación familiar. La adecuación de la infraestructura puede ser interpretada como un acto de autodeterminación por parte de las y los excombatientes y la búsqueda por una solución colectiva para problemas que afectan a todos. Este punto ilustra claramente el anhelo de los habitantes de los ETCR de permanecer en el territorio y construir un proyecto de vida a largo aliento.

Zonas de recepción y atención al público

En los tres campamentos hay zonas de recepción, empezando con letreros y señalamiento. En Tierra Grata, la entrada desde la carretera principal a la trocha de tierra que dirige al campamento está vigilada por las fuerzas militares de la décima brigada del batallón de alta montaña N° 7. Sin embargo, con el acompañamiento de las y los habitantes de la zona pasamos sin ningún registro el 4 de abril de 2019. Previo a llegar a Pondores existe también un puesto del ejército y uno de la policía nacional, aproximadamente a un kilómetro de distancia del ETCR, por el cual pasamos camino al campamento. Notamos que el ejército hizo varias veces recorridos de control en carro por el campamento sin mayor contacto con los habitantes. En cambio, en La Elvira el ejército muestra presencia con unidades móviles de brigadas de montaña, no obstante, no existe ningún puesto militar permanente (véase fotografía 5). Durante nuestra estadía incluso los soldados entraron a la zona de recepción para cargar sus celulares o comprar víveres de la tienda, sin causar ninguna incomodidad (Diario de campo, AH, 16/11/2018). Preguntando por las relaciones sociales con miembros del ejército, todos los entrevistados en los tres ETCR respondieron unánimemente de forma positiva que se respeta su autoridad y hasta se aprecia su presencia, necesaria para la protección de la comunidad de los ETCR.

Foto 5. Ejército en la carretera contiguo a la entrada a la zona de recepción durante una patrulla, La Elvira.
Fuente: material propio, 16.11.2018.

El papel del ejército para acceder a los campamentos ha cambiado significativamente en el transcurso de nuestra investigación. El 28 de marzo de 2017, cuando estuvimos por primera vez en la ZVTN La Elvira, tuvimos que registrarnos y pasar un retén militar. Al llegar a la zona de recepción nos pararon unos excombatientes y llamaron a un responsable para hablar con nosotros, pero no pudimos entrar a ninguna parte del campamento debido a que todavía no habían entregado sus armas. A partir del agosto de 2017, terminado el proceso de la dejación de armas, la entrada a los ETCR es de libre acceso, no existe ningún tipo de retén, o anillo de seguridad. Entonces nos dio la sensación de acceder a un espacio civil como cualquier otra vereda en Colombia.

Llegando a La Elvira "nos saluda un mapa del sitio en la entrada al campamento de recepción" (Diario de campo, ALD, 13/10/2017). La representación hacia afuera cambió con el tiempo, mientras que al inicio de los campamentos había letreros oficiales de la ONU y del gobierno y el ejército, estos letreros desaparecieron y perdieron la tinta, y nuevos letreros hechos por los excombatientes fueron instalados.

En el sector de recepción en los tres campamentos existe un restaurante, una tienda y un parqueadero. Tenían la función de atender al público y apartar este sector del campamento de la zona de viviendas y de excombatientes bajo armas. Los puestos de control en las entradas para regular el acceso al campamento perdieron su función. Pese a esto, en los tres campamentos notamos todavía ciertas formas de control social sobre quién entra, a través de un registro de visitantes y sus intenciones. En Pondores, por ejemplo, tuvimos que esperar la atención por parte de los comandantes para explicar las intenciones de nuestra estadía y pedir el permiso de recopilar material para nuestra investigación. De hecho, según las coyunturas y la cobertura mediática de los campamentos todavía se regula el acceso de esta manera, por lo menos en Pondores.

Hoy en día la zona de recepción tiene, en cierto sentido, la función de mantener la privacidad de los habitantes, y opera como una separación entre una parte pública y privada del campamento. La Elvira tal vez es un caso especial, porque la zona de recepción con el polideportivo siempre era pensada también para la comunidad, así que las personas entran y salen sin mayor control. Tiene también una panadería y en Tierra Grata se encuentra un tipo de oficina abierta al lado de la tienda colectiva donde se realizan reuniones con la FAO y la ONU, y la ARN atiende a los excombatientes (Diario de campo, AH, 05/04/2019). Es interesante observar que las tres comunidades de las y los excombatientes reacomodan estas zonas de recepción según sus necesidades, precisamente para atender a periodistas, investigadores, estudiantes, trabajadores, turistas, etc., es decir, mantienen las mismas instalaciones para generar ingresos y brindar servicios a los visitantes.

Foto 6. Entrada con restaurante, Tierra Grata.
Fuente: material propio, 04.04.2019.

En resumen, estos sitios de atención tenían una función clave antes de la entrega de armas, porque cumplieron con la tarea del control de acceso por parte de las FARC-EP. Después de la entrega de armas se transformaron en el primer punto de contacto entre actores civiles y las y los habitantes del campamento, aunque siguieron cumpliendo cierta función de organizar el acceso. Hoy día, la mayoría de los campamentos ya no cuentan con límites de ingreso. Por el cambio de la relación con las y los actores civiles, estos sitios perdieron su función inicial y en muchos casos las y los habitantes empezaron a convertirlos en espacios de uso común, en lugares de encuentro, con panadería y polideportivo (en La Elvira), con restaurantes y tiendas (en los tres ETCR) y muchos otros usos.

Vivienda

Un aspecto central de la posibilidad de construir viviendas durables en las zonas es la distribución del espacio entre las casas. En Pondores y Tierra Grata, las y los desmovilizadas/os definieron en conjunto con la empresa constructora la repartición del terreno y la manera de diseñar las casas. M de Tierra Grata nos cuenta (05/04/2019):

> Al principio tuvimos una pequeña lucha con los ingenieros que tenían el contrato de construcción porque ellos pensaban construir todo según su concepto y nosotros tuvimos otra idea. [...] Planteamos nuestro enfoque cultural para que se amoldara a nuestras costumbres como insurgencia, por ejemplo, nosotros estuvimos acostumbrados a aulas muy grandes y los ingenieros construyeron un aula pequeña. Entonces se comenzó a construir el resto de las estructuras en función de las necesidades que tenemos como organización.

En La Elvira no participaron en esta fase de la construcción, aunque las y los excombatientes narran que en cada campamento brindaron la mano de obra para avanzar más rápido en el montaje de las instalaciones, ya que en la mayoría de los casos las ZVTN todavía no estaban terminadas cuando los diferentes frentes llegaron (PE, 17/11/2018).

Foto 7. Casetas en terreno empinado en la parte superior del campamento, La Elvira.
Fuente: material propio, 13/10/2017.

Por consiguiente, en La Elvira, las viviendas están ubicadas a un kilómetro de la otra parte del campamento y, ya después de un año, fuimos testigos del estado de deterioro de estas casas. Al entrar a algunas de las viviendas abandonadas –la mayoría estaba abierta– descubrimos que el agua se había filtrado por las paredes y techos (Diario de campo, AH, 16/11/2018). En la foto 7 se puede apreciar que este problema tiene que ver con el terreno mismo y la construcción de las viviendas en terrazas sin el drenaje adecuado, que en épocas de lluvia permite que se inunden los edificios. Es más, en la siguiente fotografía se puede ver que ni siquiera se alcanzó a terminar la construcción de las viviendas dado que el ETCR estaba planeado para más de 500 personas que nunca llegaron (véase foto 8). Como consecuencia de la salida de muchas/os excombatientes para probar suerte en las ciudades o donde viven sus familias en el transcurso de los años pasados, se mudaron algunas/os de ellos hacia la zona de recepción donde la infraestructura es mejor y la interacción con las veredas vecinas y la asistencia nacional e internacional es mucho más frecuente (Diario de campo, ALD, 16/11/2018). Esto lleva consigo que la parte de arriba queda muy aislada y casi completamente abandonada.

Foto 8. Casetas inacabadas en la parte superior del campamento, La Elvira.
Fuente: material propio, 16/11/2018.

En cambio, Tierra Grata y Pondores tienen más aspecto de pueblos pequeños o veredas tradicionales. Además, la ampliación de las habitaciones en Tierra Grata debido al crecimiento de las familias solo fue y es posible porque desde el momento de la construcción se había pensado dejar espacio alrededor de las casas. De acuerdo con las y los excombatientes, no cortaron los árboles en el sitio para poder construir las casas de forma lineal y geométrica, sino que preservaron las plantas con el objetivo de tener sombra y un espacio menos recto, con más posibilidades de improvisar y adaptarlo a las necesidades. Gracias a la participación en la construcción de las casas, las y los excombatientes decidieron organizar las entradas a las habitaciones a través de pasillos al interior de las construcciones. Según los entrevistados, esto tiene una ventaja: "por un lado, las puertas al interior dan más sombra y permiten el juego de los niños adentro y, por otro lado, facilita el encuentro de las personas y el mantenimiento del colectivo por cada bloque" (SP, 06/04/2019).

Foto 9. Corredores entre las casetas con protectores contra el sol, Pondores.
Fuente: material propio, 07/04/2019.

En Pondores cuentan con 52 módulos. Cada uno de estos tiene cuatro piezas y las casas interiores son organizadas por pasillos hacia adentro, que no estaban cubiertos al principio. Sin embargo, para protegerse del calor, algunos habitantes los arreglaron con materiales improvisados (véase foto 9). Además, las casas permiten juntar dos habitaciones con una puerta o la extracción de una pared, así que las parejas juntaron sus habitaciones privadas para tener más espacio entre dos personas. Para protegerse del calor en el interior de las casas, los excombatientes pusieron unos techos falsos, una adaptación a las condiciones climáticas. Una excombatiente compartió su opinión al respecto: "Al principio era difícil acostumbrarse a dormir en una casa. Hace mucho calor adentro y extraño la brisa en la noche en la selva. Además, nos dio miedo porque no se puede ver lo que está pasando alrededor" (YE, 28/03/2017). Entonces, la adecuación de las casas tiene la función de acostumbrarse al nuevo entorno.

Con respecto a la organización del espacio en Pondores hay que mencionar una característica particular, la cual consiste en el parque o plaza central del pueblo con un árbol gigante y bancos de madera. Durante la construcción, se decidió dejar un espacio libre entre las casas, la biblioteca y la sala de reuniones. Este espacio sirve como punto de encuentro y en la tarde algunas/os excombatientes aprovecharon a disfrutar la brisa fresca (Diario de campo, AH, 07/04/2019). Otro elemento interesante, tanto en Pondores como en Tierra Grata, son los murales y las casas pintadas, algo que en La Elvira no resulta tan común. Adicionalmente, con pequeños jardines, plantas y otras formas de decoración, las y los habitantes de las tres zonas se apropian de su espacio, pero debido al abandono de la zona de vivienda en La Elvira, solamente se lo distingue en el sector de abajo.

Foto 10. Jardines alrededor de las casas, Tierra Grata.
Fuente: material propio, 06/04/2019.

Los campamentos, planeados y construidos para cumplir con la finalidad de dar alojamiento durante 120 días a las y los excombatientes, hoy cumplen una función central en el proceso de paz. Sus habitantes han manifestado la necesidad de tener espacios colectivos donde pueden permanecer a largo plazo. El proceso de re-construir los campamentos en un tipo de veredas y asentamientos formalizados, es un indicador de resistencia en contra de la individualización de las y los excombatientes. La posibilidad de transformar estos campamentos en espacios adecuados para cumplir con las necesidades básicas depende de las condiciones y de la participación en cada ZVTN y ETCR. Donde las FARC-EP participaron de manera proactiva en la planeación del espacio, se han generado condiciones más favorables para diseñar espacios adecuados.

Otra observación que surgió del análisis de las fotografías y que se aclaró en muchas entrevistas es el efecto de la vivienda a la horizontalidad de las nuevas relaciones sociales entre las y los excombatientes. En los campamentos donde las y los excomandantes tienen una vivienda desigual a las demás personas, todavía se mantiene una diferencia más notable entre los rangos sociales, parecidos a los rangos militares, o sea, una estructura más jerárquica. Algo tan básico como la vivienda personal en un campamento puede resultar un elemento de distinción social.

Comedor y cocina

Durante los primeros meses, la preparación y el consumo de las comidas era una tarea colectiva. "Hemos seguido nuestra tradición, entre todos preparamos la comida tres veces al día, hombres y mujeres eran iguales" (RE, 13/10/2017). En todos los campamentos se encuentran cocinas amplias y comedores para cientos de personas. Con la llegada de familiares, las compras individuales y la construcción de pequeñas cocinas en las habitaciones particulares, los comedores van perdiendo su función. En el año 2019, en La Elvira solo se usa para eventos grandes, para visitantes, como una especie de cafetería. En Pondores se usa como sala de encuentro y en Tierra Grata hay todavía unos pocos hombres solteros que contratan a una persona para la preparación de la comida en el comedor. "Hoy cocino para cuatro compañeros, que todavía no han logrado encontrar una mujer" (ITG, 06/04/2019). Estos lugares, al inicio de los campamentos, eran lugares de encuentro y de intercambio colectivo, había turnos de atención para la cocina y televisión. Hoy son lugares un poco abandonados, ya que cada persona tiene su estufa y sus víveres en su habitación privada (véanse fotos abajo). Este hecho se puede interpretar como consecuencia del agrupamiento en habitaciones según parejas o núcleo familiar, lo que representa un desafío para la cohesión del colectivo. Además, en algunas habitaciones detectamos televisores (Diario de campo, AH, 07/04/2019), otro indicador que demuestra el repliegue hacia lo privado.

Foto 11. Cocina abandonada en el sector de viviendas, La Elvira.
Fuente: material propio, 16/11/2018.

Al llegar a los campamentos, las y los combatientes vinieron cargando sus estructuras, dinámicas jerárquicas, formas de organizar la vida cotidiana y más. Estas experiencias de la lucha armada y la vida colectiva predominaron en el diseño de los campamentos donde fue posible participar en la forma de construcción. La costumbre de preparar la comida juntos, tener turnos de cocina, la repartición de tareas para organizar la sobrevivencia en la selva se manifestaron, por un lado, en los espacios y su concepción y, por otro lado, en la apropiación del espacio. Cocinas compartidas y comedores amplios fueron una exigencia durante la construcción de las ZVTN. En los primeros meses, el colectivo mantenía la estructura militar y el reparto de tareas. Sin embargo, con el tiempo empezaron a cambiar los espacios y las relaciones internas entre las y los excombatientes. Se deja observar una interacción recíproca entre la pérdida de cohesión social y política y el abandono de los espacios comunitarios como la cocina y el comedor. La relación social se plasma en el uso de los espacios compartidos y al revés. El espacio de los campamentos hoy día favorece el individualismo.

Hay una dependencia directa entre el espacio y la constelación social, tal vez esta relación puede explicar por qué después de ya varios años en los campamentos, la división de labores está disminuyendo, mientras que la privatización entra a los espacios. Cabe mencionar que también tiene efecto en la equidad de género y el así llamado feminismo insurgente, es decir, en la ideología, pues según nuestras observaciones las personas que hoy día preparan las comidas y lavan la ropa son casi exclusivamente las mujeres.

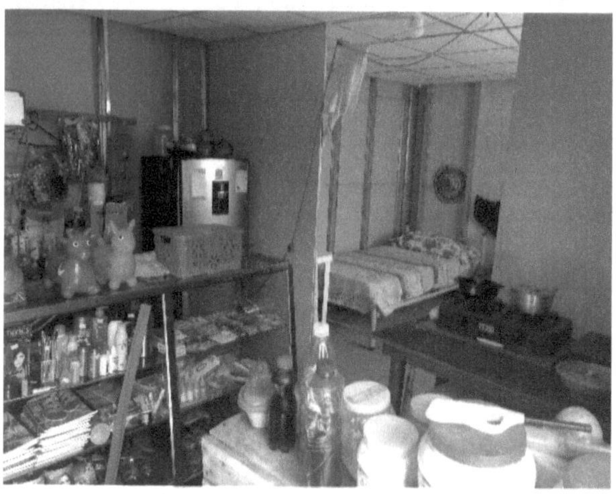

Foto 12. Habitación privada con estufa y nevera, Pondores. Fuente: material propio, 08/04/2019.

Jardín infantil

En Pondores, el jardín infantil es un elemento importante de la integración con la comunidad. Niños y niñas de las veredas vecinas pueden visitar el sitio y así las y los excombatientes han construido un espacio de mucha utilidad para las comunidades aledañas, debido a que en toda la región faltan estos servicios. "Algunos niños vienen en burra desde su vereda" (JP, 08/04/2019), tienen que recorrer varios kilómetros todos los días, no hay servicio de transporte público o escolar. Cabe destacar que el jardín infantil es aprobado y certificado por el Instituto Colombiano de Bienestar Familiar (ICBF), así que paga a las tres personas encargadas y suministra los alimentos para la preparación del almuerzo. El jardín es de suma importancia debido al crecimiento de la comunidad y la cantidad de partos desde que llegaron las y los excombatientes al campamento. Según la maestra del jardín, una excombatiente que hizo su tecnicatura en Pedagogía Infantil con el SENA en la cabecera municipal Fonseca para trabajar formalmente en el jardín infantil, llegaron más de 200 personas en armas a Pondores en febrero de 2017. Hoy son muchos más habitantes y nacieron 20 bebés en la comunidad. Al jardín, que abre entre las 7:00 am y las 12:00 pm, vienen alrededor de 12 a 15 niños del total de 40 entre 1 y 6 años (JP, 08/04/2019).

Foto 13. Niñas y niños del pueblo aledaño visitando el jardín infantil en el campamento, Pondores.
Fuente: material propio, 08/04/2019.

Entonces, "el jardín infantil es imprescindible para la comunidad de excombatientes y el contacto con las comunidades vecinas" (JP, 08/04/2019). Libera a las mujeres de sus obligaciones como madres por un cierto horario del día, durante el cual pueden realizar trabajos en los proyectos colectivos. En cambio, en Tierra Grata, si bien existe un edificio de un jardín infantil, este no está funcionando debido a la falta de certificación por el ICBF. "Muchas excombatientes tienen bebés pequeños y varias mujeres civiles han llegado con hijas e hijos de sus compañeros excombatientes" (JP, 08/04/2019). Cabe destacar que Tierra Grata cuenta con un pequeño parque infantil en la zona de recepción al campamento. La situación más complicada para las familias existe en La Elvira, donde no existía algo así, lo que, según un habitante de la zona, "resulta en la ida de algunos excombatientes a otros lugares donde existen condiciones más favorables para niños" (JP, 08/04/2019). En las visitas de la zona se podía comprobar que en La Elvira existen muy pocas familias con niños a diferencia de los ETCR en el noreste del país. "Muchas/os niñas y niños están jugando en las canchas en Tierra Grata" (Diario de campo, ALD, 05/04/2019).

La fundación de un jardín infantil, con todo el proceso de profesionalización del trabajo con niñas y niños que conlleva, da cuenta de un cambio muy profundo en la estructura interna del grupo de excombatientes. La nueva vida civil demanda una división de las labores y una especialización en varios campos de la cotidianidad que antes en el grupo militar ilegal no era una necesidad. Incluso, la profesionalización de tareas y trabajos de la vida civil puede generar un desequilibrio entre diferentes excombatientes. De un momento a otro, cobran importancia la formación regular, los estudios previos, la flexibilidad de adaptarse, etc. No solamente dan un reconocimiento dentro del propio grupo, sino que facilitan la posibilidad de encontrar trabajo fuera del campamento y generar ingresos estables. Por lo tanto, en primer lugar, el jardín infantil se puede interpretar como la primera institución en el ETCR por esfuerzo propio que cumple con todos los reglamentos legales del Estado nacional, es decir, es una forma de adaptarse a un marco legal existente. En segundo lugar, así se abre la posibilidad de que las mujeres madres puedan dedicarse a otras labores dentro de la comunidad. En resumen, el jardín infantil es uno de los elementos que indican un cambio de la zona de desmovilización a una estructura aldeana. Desde otra perspectiva, es un ejemplo de la descomposición de la unidad del grupo guerrillero, porque este espacio responde a una necesidad de pocas personas. En otras palabras, donde antes los espacios comunes, como el comedor o los baños, correspondían a necesidades compartidas, durante la adaptación a la vida civil, hay un cierto nivel de diferenciación de necesidades y proyectos de vida.

Espacios públicos y de entretenimiento

En los tres campamentos hay espacios para hacer deporte, el fútbol es de suma importancia, como en todo el país: "nosotros excombatientes amamos el fútbol" (PE, 17/11/2018). Tiene un rol importante tanto para el mantenimiento en forma de las y los excombatientes como para el contacto y la interacción con civiles. Hombres y mujeres excombatientes forman equipos e invitan o participan en torneos con otros equipos de su respectiva región. "Participan más equipos de mujeres que de hombres en el torneo en La Elvira, hasta hay equipos mezclados" (PE, 17/11/2018). En Pondores y Tierra Grata se han organizado canchas de tierra en los terrenos en frente de la zona de viviendas. Solamente en La Elvira tienen el privilegio de jugar en el polideportivo de concreto con techo, el cual se usa también para eventos de música o danza. En Pondores la gente usa las trochas alrededor de los baños y viviendas para trotar temprano en la mañana (Diario de campo, ALD, 08/04/2019). "Antes eso era muy importante, existía el deber de estar en un buen estado físico, en la selva nos tocó caminar mucho, con todo el equipaje de mínimo 20 kilos. Éramos muy fuertes físicamente, tanto hombres como mujeres" (VE, 16/11/2018). Hoy día, "a algunos compañeros les cuesta mucho cambiar sus costumbres, así mantienen con la rutina diaria, se levantan a las 4, salen a trotar a las 5…" (EP, 07/04/2019).

Aparte del deporte existen otras formas de entretenimiento que requieren espacios especiales y que influyen en las reglas de convivencia. En Tierra Grata y Pondores construyeron edificios para habilitar un bar donde se puede jugar billar o sapo. Son lugares de encuentro en la noche en los que se permite escuchar música a volumen alto hasta cierta hora. Con respecto a la división del espacio es interesante observar que están ubicados a unos 500 metros de distancia de las viviendas para no molestar a las familias y niñas y niños.

> La creación de la JAC fue el resultado de necesitar normas de convivencia. Tenemos normas aprobadas por la comunidad. Es importante para el buen vivir y participación de la comunidad. [...] Quien no respeta estas reglas y el horario establecido, tiene que pagar una multa. Lo mismo en la zona de esparcimiento donde se permite la parranda de los habitantes. (JTG, 06/04/2019)

Están separados del resto del campamento de la misma manera. También existen canchas de tejo y en Tierra Grata mantenían una gallera. Según el representante de la policía nacional en Tierra Grata "van a retirar la gallera porque piensan que no debe haber un lugar donde se están matando animalitos si esto es un territorio de paz" (PPol, 04/04/2019). Nos comentan además en la tienda y el bar que la venta y el consumo de alcohol son restringidos y limitados a ciertos días y horarios.

Para todas y todos los excombatientes es una experiencia nueva la de dividir el día en horarios de trabajo y horarios de tiempo libre, pues en la vida militar la misión requería una disciplina absoluta del grupo. "Tener tiempo libre es algo que teníamos que aprender. Antes, los comandantes nos dijeron hasta la hora de deporte, hoy se necesita una motivación intrínseca para mantener el estado físico" (IP, 09/04/2019), comparte una excombatiente y explica que antes, en la guerra, el tiempo era controlado más rígidamente, que había momentos de diversión, de cantar juntos y presentar danzas y teatros. Una excombatiente comenta con una sonrisa: "¿No notaron que todos nos engordamos bastante?" (YE, 04/12/2018).

Por consiguiente, con la desintegración de las jerarquías militares, también se transforma el uso del tiempo libre y la diversión. La diversión y la recreación ya no son elementos colectivos de la vida cotidiana, sino que cada quien puede buscar entretenimiento según su necesidad y gusto personal. De ahí vienen nuevos conflictos, antes no conocidos, como conflictos por ruidos de fiestas u otras necesidades divergentes. No obstante, los códigos de convivencia acordados entre todas y todos en las asambleas demuestran nuevas formas de organización con una participación más amplia que reemplazan las instrucciones por parte de las y los comandantes o personas de altos rangos en la vida militar anterior (BP, 09/04/2019). O sea, la vida civil permite crear nuevos espacios que están organizados y regulados por nuevas capacidades organizativas del colectivo. Esto es un ejemplo en torno a la dialéctica de construcción de espacio a través de prácticas sociales, lo que mencionamos en la parte teórica.

Espacios comerciales

Según estadísticas oficiales, alrededor de 1600 miembros del partido FARC tienen empleos formales en instituciones del Estado, como la Unidad Nacional de Protección, la agencia para el desminado, la ARN o en las Unidades de Trabajo Legislativo de las diez curules otorgadas en el Congreso. Pero esas son situaciones excepcionales. La mayoría de las y los excombatientes de las FARC-EP se integra a la vida civil individualmente y, colectivamente, bajo esquemas de cooperativas de trabajo asociado y en forma muy ligada a los territorios donde alguna vez vivieron la guerra.

De hecho, el alto grado de organización colectiva y productiva en Tierra Grata se afirma en el manejo del restaurante y de la tienda del ETCR donde los excombatientes se dividen las tareas y turnos. "Es mejor darles la oportunidad a excombatientes en tareas como administrar la tienda antes que darle la oportunidad a un civil. [...] La tienda aporta dinero para trabajos o eventos que toque pagar en la comunidad" (RTG, 05/04/2019). Así sucede también en el restaurante. Ambas instalaciones se encuentran en el sector de recepción en la entrada al campamento antes de llegar a los edificios de vivienda.

Fotos 14 y 15. Restaurante y tienda colectiva, Tierra Grata.
Fuente: material propio, 04-05/04/2019.

En Pondores hay una tienda de interés colectivo en la zona de entrada al lado del parqueadero y varias tienditas particulares dentro de las habitaciones del campamento. Cabe destacar que en Tierra Grata y Pondores estas tiendas son espacios de encuentro e interacción debido a que hay un televisor y se puede jugar dominó o cartas (Diario de campo, ALD, 08/04/2019). Para el funcionamiento del restaurante en Pondores, que se encuentra en el mismo edificio que la tienda, se contratan civiles de los pueblos cercanos, sobre todo para atender a los visitantes de la zona. Además, existe otro espacio donde en la noche algunas mujeres venden perros calientes y cervezas, es decir, en Pondores existen muchas más iniciativas propias de negocios pequeños e ingresos particulares.

En La Elvira el restaurante y la tienda no cumplen la misma función como lugares de encuentro. La tienda funciona de manera particular y no se mantiene permanentemente abierta. El restaurante se encuentra en una de las cabañas de madera y los ingresos son colectivizados. Igual que en Pondores existen iniciativas propias de ingresos, como la panadería, comida rápida y la peluquería, donde se ofrecen servicios al público y a otras/os excombatientes. En general, estos negocios solamente funcionan cuando hay eventos. En la vida cotidiana no son lucrativos porque casi no vienen personas fuera del ETCR y quedan pocas/os excombatientes en la zona.

Proyectos productivos colectivos

Como parte del proyecto de turismo y de atención a los visitantes que trabajan y pasan las noches en el campamento (por ejemplo, profesores, ingenieros, periodistas, investigadores), todos los tres ETCR disponen de hospedajes. En Tierra Grata es un espacio muy amplio en la entrada a la zona de viviendas en el mismo edificio en el cual está el museo fariano. Hay varias habitaciones con camas y las habitaciones llevan nombres (Diario de campo, ALD, 04/04/2019). En Pondores solo hay dos habitaciones para visitantes, quedan un poco más escondidas dentro de las casas de los excombatientes. En ambos ETCR las y los visitantes pasan la noche en las mismas casas de panel yeso y techos de asbesto que los excombatientes, es decir, se ha utilizado el espacio que era pensado para ellos mismos para atender al público. En La Elvira nos ofrecieron unas carpas grandes con cuatro camas al lado del polideportivo donde también se alojaba un ingeniero. Solamente cuando había grupos grandes se aprovechaba la zona de viviendas arriba, donde hay muchas casas desocupadas.

Como ya hemos visto, en los tres ETCR existen diferentes proyectos productivos colectivos. Hay que distinguir claramente las huertas, jaulas y jardines de pequeña escala que se producen para el autoconsumo. En todos estos casos las y los excombatientes, muchas/os de ellos de origen campesino, se han apoderado de los terrenos disponibles para cultivar verduras o criar gallinas. Según un excombatiente en Pondores (véase foto 16), el trabajo en la finca le sirve para "matar el tiempo" (CP, 09/04/2019) porque no hay nada más que hacer. Quiere decir que no todos están involucrados en proyectos productivos o capacitaciones y todavía aprovechan la renta básica para su sustento.

Foto 16. Cultivos de verduras/plátanos y crianza de gallinas, Pondores.
Fuente: material propio, 09/04/2019.

Aparte de estos pequeños cultivos hay varios proyectos destacados, tal vez los más avanzados son los de Pondores, donde 34 excombatientes y 8 miembros de la comunidad trabajan en una granja de 10 hectáreas, a unos 20 minutos fuera del campamento. La Granja Integral Nueva Colombia es uno de los cinco proyectos que hacen parte de la Cooperativa Multiactiva para la Paz de Colombia –Coompazcol–, que cuenta además con unidades productivas de Confecciones, Abono Orgánico, Ebanistería y Turismo. En la granja producen plátano, tomate, cebollín, maíz, yuca, pimentón, pepino, fríjol y ají. Además de servir para el consumo de las y los exguerrilleras/os de la zona, venden cerca de 680 kilos de esos productos al Programa Mundial de Alimentos (PMA) cada semana, para proveer a centros educativos de La Guajira, departamento que se ha caracterizado por los altos índices de desnutrición infantil. Lo que suena como una historia de éxito enfrenta el desafío de riego en una zona sumamente árida. Además, la finca no pertenece al terreno del ETCR y está alquilado, lo que no da una certeza de ingreso para el futuro (FP, 09/04/2019).

Otro proyecto prometedor en Pondores es el taller de confecciones "Fariana", con sus instalaciones dentro del ETCR. Según el director, en el año 2019 la sastrería todavía no tenía clientes fuera de la comunidad. El proyecto fue financiado por las Naciones Unidas y tiene 12 afiliados, 11 mujeres y un hombre encargado de la comercialización de los productos. Unas mujeres ya sabían coser en su tiempo de combatientes y otras tuvieron que cumplir unas capacitaciones con el SENA (DP, 08/04/2019).

Foto 17. Taller de confecciones "Fariana", Pondores.
Fuente: material propio, 09/04/2019.

Además de estos dos grandes proyectos que cuentan con apoyo internacional, tanto en Pondores como en Tierra Grata las y los excombatientes usan el espacio del ETCR para diferentes cultivos y cría de animales, en la mayoría de los casos no adecuados para su comercialización exitosa. La restricción del agua en Tierra Grata limita el éxito de los intentos de emprendimiento. Salvo por la cuestión comercial, la adecuación del terreno para estas iniciativas es una clara muestra de búsqueda de ocupación y planes de vida para permanecer en el territorio bajo condiciones inciertas.

En el territorio del ETCR La Elvira no existen tantas iniciativas de agricultura como en Pondores y Tierra Grata. En La Elvira igual que en Pondores existe una finca alquilada fuera del ETCR donde trabajan y viven unos 10 a 15 excombatientes que se encargan de los cultivos de café. Como en Pondores y Tierra Grata, en La Elvira las y los exguerrilleras/os y miembros de la comunidad se han asociado para producir. Concretamente, 120 excombatientes de las FARC-EP y varios agricultores se agruparon para producir café orgánico y es uno de los proyectos productivos de la cooperativa CECOESPE. El proyecto busca hacer más rentable para el campesino la producción del grano al eliminar la intermediación en la comercialización y darle control a la comunidad en los esquemas de producción. Por ello, la cooperativa adquirió una molina y empacadora. El café "Un tinto por la paz" recoge el grano de las veredas del municipio y lo trata para venderlo en las ciudades. Lograron un acuerdo comercial con la multinacional italiana Illycaffé para venderle parte de la producción, y están trabajando en otras alianzas (PE, 17/11/d2018).

Cada excombatiente tiene la opción de realizar un proyecto individual para lo cual recibe 8 millones de pesos colombianos, así como está garantizado en los Acuerdos de Paz. No obstante, según nuestra experiencia en los campamentos, hay muchas personas que decidieron inyectar este dinero a las cooperativas existentes con la esperanza de que en un futuro les compense la inversión. Como mencionamos arriba, estas formas de asociarse colectivamente no involucran a todas y todos, debido a que muchos ya han generado ingresos de otra manera. Pero no es ningún secreto que la oportunidad de poder permanecer en el ETCR depende del éxito de estas iniciativas, sobre todo a partir del momento en que el gobierno quite la renta básica a las y los excombatientes. O como lo condensa el excomandante BP (09/04/2019): "Si no alcanzamos a garantizar un futuro económico, nos sale de las manos". Por esta razón es clave comprender que el campamento siempre era y todavía es más que una simple instalación para concentrar a excombatientes de las FARC-EP, porque desde el principio las y los habitantes de los ETCR usaron la tierra disponible en sus alrededores e incluso alquilaron terrenos como intentos de emprendimiento. Entonces, la garantía de tierra en los ETCR para viviendas y cultivos es de suprema importancia para que los laboratorios de paz sigan existiendo. En este marco debemos analizar también la apuesta colectiva de construcción de viviendas en terrenos comprados por las y los excombatientes en Pondores y Tierra Grata.

Museos y espacios de memoria

Foto 18. La casa de la memoria desde afuera, Pondores.
Fuente: material propio, 08/04/2019.

En los tres campamentos existen espacios de memoria que muestran la vida guerrillera y la historia de las FARC-EP. En Pondores y Tierra Grata están en funcionamiento y se encuentran en buen estado. Hay personas responsables del mantenimiento y horarios de atención cuando haya personas interesadas, de tal manera forma parte del proyecto de turismo. En La Elvira había iniciativas de construir un museo parecido, sin embargo, no fue terminado. Pero hay un espacio en una de las casas en el sector de viviendas donde se conservan objetos de la guerrilla.

En los tres campamentos existen otros espacios adicionales de memoria, por ejemplo, para la lucha de las mujeres farianas y para el día de derecho universal de los pueblos a la rebelión armada en Tierra Grata. Son espacios de comunicación interna, para la propia memoria, mientras que el museo es un espacio de comunicación pública para visitantes.

Adicionalmente, en Tierra Grata y Pondores existen reconstrucciones de la vida guerrillera en el monte. En Tierra Grata hay hasta un ejemplo de una letrina. Los sitios que quedan cerca del ETCR se pueden visitar con un guía y hasta se ofrece como hospedaje para grupos. En Pondores, este sitio queda cerca de la finca arriba mencionada. A pesar del espacio limitado para una comunidad creciente, en Tierra Grata y Pondores las y los excombatientes dan mucha importancia a mantener su propia memoria y transmitir su versión de la historia a un público interesado. Cuidan estos lugares como parte de los proyectos de ecoturismo, los cuales no existen de esta forma en La Elvira. Es más, estas reconstrucciones de campamentos en el monte no tienen ninguna función interna para cuestiones de memoria, sino que se dirigen exclusivamente a las y los visitantes: "No le decimos campamento guerrillero sino campamento Tierra Grata Ecotur", resalta el guía exguerrillero F en Tierra Grata (04/04/2019).

Fotos 19 y 20. Reconstrucción de campamentos de las FARC-EP en el monte, Tierra Grata.
Fuente: material propio, 06/04/2019.

La "musealización" de la propia historia y del propio pasado se deja interpretar de varias formas. Por un lado, la conservación de pocos elementos de la vida guerrillera en un espacio explícitamente construido para este fin implica una cierta distancia respecto del pasado y marca un paso en la transformación hacia un nuevo capítulo en la vida del individuo y la organización. En estos museos, la vida durante la guerra contra el Estado adquiere un cierto nivel de normalidad. Por otro lado, la manifestación de un sitio como un museo representa el nuevo sedentarismo de un grupo que antes se tenía que mover mucho por el monte. La organización de los objetos en el museo resignifica estas cosas cotidianas y les da un significado generalizado, es decir, el catre de un compañero en particular ya no es de él, sino que representa de forma general cómo las y los guerrilleras/os han dormido en sus campamentos móviles. La importancia que la mayoría de las y los excombatientes les da a estos espacios de memoria está en contradicción con el estado de mantenimiento de algunos de los sitios, sobre todo en La Elvira. "Es algo nostálgico, ver como todo era antes", explica un excombatiente (ETG, 06/04/2019), "pero ahora hay que ver más hacia el futuro". Otra explicación para el mal estado de varios de los campamentos es la falta de utilidad para el grupo exguerrillero. Fueron construidos para turistas, que hasta hoy día no aparecen en una cantidad significativa en los campamentos.

Conclusiones: el campo como condición para la paz

En general, la indagación permite deducir la suma importancia del campamento en el proceso de paz en Colombia. Tanto en los documentos previos al acuerdo como en el propio Acuerdo de Paz, el espacio de desmovilización juega un papel central. Para garantizar la llegada desde el monte, la concentración de las y los combatientes, la desmovilización, la entrega de armas y la no repetición, el campamento es el núcleo físico del acuerdo. En este espacio se plasman las diferentes estrategias políticas y sociales alrededor de la paz en Colombia. Donde las y los excombatientes permanecen y pueden contar con cierta solidaridad de sus compañeras/os, podemos observar formas de espacialización que aportan a la transformación del campamento en una vereda. Retomando la idea de Harvey, según la cual el espacio es un resultado de prácticas y experiencias sociales consciente o inconscientemente, las y los habitantes del campamento crean una nueva realidad espacial a diario. Por ejemplo, la creación de huertas y cultivos alrededor de las casas o pintar murales es una práctica de resignificar el campamento temporal y transitorio como algo propio donde cada uno configura el espacio según sus necesidades. Al mismo tiempo, el intercambio con las comunidades aledañas supera el concepto del campamento como práctica de la exclusión mediante el ejercicio de la inclusión, según Agamben. El concepto de Agamben nos permite ampliar la perspectiva del campamento como elemento de la excepción, dado que en nuestro caso el campamento representa el limbo entre ilegalidad y legalidad, entre excepción y regularidad, a saber, una transformación espacial desde la excepcionalidad hacia la normalidad. El estado de excepción dentro del campamento al inicio del proceso de paz se viene permeando con momentos de normalidad hasta hoy. Así, paso a paso, se genera un nuevo espacio, que ya no es afuera de la ley, pero, según el excomandante BP, mantiene su peculiaridad como "comunidad especial". En este sentido, la convivencia con civiles en el campamento y los contactos con personas fuera del campamento a través de ejercicios de integración –por ejemplo, torneos de deporte, trabajos conjuntos o los niños que visitan el jardín infantil– aportan cada vez más a "normalizar" las relaciones sociales sin perder de hoy a mañana la identidad guerrillera, como muestran las casas de memoria. Estas relaciones sociales contribuyen a la expansión del campamento –por ejemplo, a través de las fincas– e incrementan la permeabilidad de sus límites. Mientras que al principio las y los guerrilleras/os controlaron estrictamente tanto los contactos hacia afuera como el acceso al campamento y existía un anillo de seguridad vigilado por las fuerzas públicas, en el transcurso de los tres años pasados observamos una apertura paulatina del campamento.

Así, la zona liminal pierde sus características de condiciones anormales y las FARC-EP se asignan un nuevo estatus social como partido y comunidad civil.

Aunque las condiciones de vida y la infraestructura en Pondores y Tierra Grata no son tan favorables, el colectivo se mantiene mucho más cohesionado que en La Elvira. Según las y los entrevistadas/os, un factor clave es la permanencia de los comandantes de alto rango en los dos ETCR hasta hoy en día. Reconocidos ahora como líderes sociales por las y los excombatientes, juegan un papel importante en la organización política, social y espacial del campamento. El sostenimiento de la cohesión social es un elemento esencial. En algunos campamentos fue posible fomentar las relaciones entre los excombatientes y transformar la estructura militar de la guerrilla en una jerarquía política y social, como existe en cada pueblo. No es sorprendente que estas zonas funcionen hasta hoy día mejor que otras. En una de las zonas, por ejemplo, cada mañana a las 5 de la madrugada los comandantes invitan a las y los habitantes del campamento a una lectura de la situación política mundial actual. Este debate es un momento clave en la rutina cotidiana de las y los desmovilizados, además porque durante la militancia en la guerrilla, este análisis era un espacio importante de formación. De esta forma, los responsables no solo intentan guardar un hábito, sino también transformar esta costumbre de la vida de guerra que ha sido importante para los contactos sociales frente al nuevo espacio. En este sentido un excombatiente explicó: "Yo me quedo acá por mi comandante. Nos dicen qué tenemos que hacer" (EP, 07/04/2019).

Entonces, la transformación en una entidad civil es un proceso lento y permeado por los hábitos de la vida anterior, es decir, ciertas formas de jerarquía y autoridad militar se mantienen y brindan seguridad para los bajos rangos. Además, parecen de suma importancia los proyectos colectivos de vida que convencen al individuo frente a opciones individuales fuera de la realidad de los ETCR. Esto hemos encontrado a partir de los proyectos productivos vinculados a la cooperativa que tienen sus huellas espaciales dentro y fuera de los ETCR. Por consiguiente, es evidente la importancia de apoderarse del espacio para tener donde vivir. Como explicó la presidenta de la Junta Acción Comunal en Tierra Grata:

> Desde el primer momento cuando llegamos a la ZVTN como terreno alquilado por parte del Estado decidimos quedarnos y poco después creamos la figura de la Junta Acción Comunal con el fin de participar en espacios políticos oficiales y hacer valer nuestros intereses. (JTG, 06/04/2019)

Partieron del concepto según el cual la vida colectiva en las zonas apoya a la reincorporación personal, y no al revés. O en palabras de otro excombatiente (RTG, 05/04/2019): "Lo que quiere el gobierno es que nosotros cada quien ya se abra a hacer lo que quiera, en cambio la visión aquí es que peleamos juntos, por nuestro futuro de vida, y así es que nos hemos mantenido". Por consiguiente, la organización social del campamento en sus diferentes expresiones –JAC, comité de género, partido FARC, proyectos productivos, asambleas de convivencia, etc.– tiene consecuencias para el control social y de la misma manera para la división de labores, es decir, la estructura funcional del campamento en transición hacia una vereda. En retrospectiva, la participación de las y los excombatientes de Pondores y Tierra Grata en la construcción de las viviendas se convirtió en una práctica colectiva de poder adaptarse al terreno y ajustar el espacio a las propias necesidades. Con esta afirmación se puede entender la apropiación del espacio como forma de resistencia frente a soluciones individuales y temporales. Los campamentos se han convertido en unos campos de la lucha cotidiana por la solución colectiva[10] del conflicto y la sobrevivencia política y económica de las FARC-EP.

---

[10] Tal cual como mencionamos en la introducción del artículo quizás el punto más importante del proceso de desmovilización de las FARC-EP es la apuesta colectiva de transición a través de los campamentos, pues históricamente los procesos de paz con otras guerrillas o Grupos Armados Organizados al Margen de la Ley favorecían más bien una reintegración o reincorporación individual.

En este orden de ideas, el proyecto de construir vivienda duradera en Pondores y Tierra Grata parece como otra medida que continúa la transformación del campamento en una vereda y la posibilidad de salir de la fase liminal del proceso de paz. Proponemos debatir el concepto de Gennep y Turner con respecto al "rito de paso" teniendo en cuenta la realidad del rito no terminado en nuestro caso. Mirando retrospectivamente el proceso de paz, se podría considerar la entrega de armas como el rito de paso –aunque por propia voluntad de las FARC-EP sin una puesta en escena pública– hacia la normalización de las relaciones sociales y del propio campamento. No obstante, de manera crítica problematizamos que este rito solamente concierne a la transición militar, pero no a la reincorporación y normalización política, económica y social de las FARC-EP. Analizando los decretos oficiales, el gobierno consideraba al inicio este rito y el tránsito a la legalidad como objetivo principal del campamento, sin embargo, un proceso tan complejo como la reincorporación requiere varios pasos más[11] para hablar realmente de la fase postliminal.[12] Durante la desmovilización y la apropiación del campamento podemos observar los aspectos del rito de paso, con la diferencia de la infinidad espacial. En vez de salir del campamento como de un *blackbox*, la propuesta de las y

---

[11] Sin embargo, durante la existencia de los campamentos el gobierno ha cumplido algunos de sus compromisos del punto 3 del Acuerdo de Paz en torno a la importancia de la reincorporación socioeconómica de las y los excombatientes, hecho que resalta el último informe del Instituto KROC (2019, pp. 5-6): "el proceso de reincorporación socio-económica de los exintegrantes de las FARC-EP, tras varios retrasos y dificultades, está empezando, tímidamente, a tomar velocidad. En los últimos meses se ha acelerado el proceso de aprobación de proyectos socio-económicos colectivos e individuales de reincorporación". De hecho, la Agencia de Reincorporación y Normalización (ARN, sin fecha) distingue entre medidas "de corto, mediano y largo plazo, que les permitirá a las FARC incorporarse a la vida civil".

[12] Por cierto, en nuestra opinión lo mismo puede decirse del término 'postconflicto', el cual el propio gobierno colombiano y muchas/os representantes internacionales intentaban determinar en el discurso público sobre el proceso de paz.

los excombatientes de permanecer en ellos conlleva una prolongación del último paso del rito. En este sentido, en septiembre de 2019 se presentaron los diseños definitivos de las viviendas que construirán las y los excombatientes de las FARC-EP de los ETCR de Pondores y de Tierra Grata en el marco del proyecto Ciudadelas de Paz, apoyado por el Fondo Europeo para la Paz. Según los planes, este proyecto tiene contemplada la construcción de 350 viviendas, de las cuales 150 serán en Tierra Grata (César) y 200 en el corregimiento de Conejo (La Guajira). Esto significa que en el caso de Tierra Grata se quedan en el mismo territorio después de la construcción del acueducto y en el caso de Pondores salen a otro predio empezando con una ciudadela nueva. En marzo de 2020, empezaron con la preparación del terreno y la construcción.

En resumen, a la pregunta ¿cómo el campamento de desmovilización comprendido como laboratorio de paz ayuda o dificulta el proceso de reincorporación a la sociedad existente?, podemos contribuir con diferentes criterios para responderla.

- El campamento como dispositivo ayuda a la reincorporación siempre y cuando aporte a la cohesión social del colectivo, y brinda de esta manera la oportunidad de un proyecto de vida permaneciendo en el territorio.
- El éxito depende de la posibilidad de generar productividad económica para poder independizarse de manera colectiva de los subsidios del Estado. Sobre todo, las personas que no cuentan con posibilidades individuales de formalizar su estudio o vida laboral, por el tiempo prolongado de pertenencia a la guerrilla, o por hacer sido privado de la libertad por mucho tiempo, necesitan una perspectiva de estabilidad en la vida legal.
- El espacio requiere de una cierta flexibilidad para dejarse adaptar a las nuevas necesidades que ocurren en el transcurso de la transformación, como el cambio

de comedores colectivos a cocinas privadas, construcción de jardín infantil, etc.

- La transformación de un actor guerrillero enq un actor civil conlleva la profesionalización de trabajos y carreras. Mientras que en la guerra todas y todos eran primeramente soldados de las FARC-EP, ahora importan mucho más los intereses personales. El campamento tiene que brindar espacios para individualizarse, como talleres de madera o costura, etc.
- El campamento debe contar con la posibilidad de separar espacios según su función, como para descansar, entrenamiento y diversión, etc.

Desde luego, esta explicación da por sentado que las y los excombatientes en la mayoría de los casos estuvieron mucho tiempo de su vida en la región donde se encuentra el ETCR, y así se identifican de cierta forma cultural y geográficamente con el territorio. Los frentes que reclutaron personas de todo el país y eran enviados a los ETCR lejos de su territorio de acción militar tienen muchas más dificultades de adaptarse y arraigarse en los nuevos territorios. Como planteamos al inicio, pretendemos exponer con este artículo que el análisis sociológico del espacio requiere datos visuales para observar detalles que enriquecen el trabajo comparativo. Aprovechamos las estadías de campo que nos dan la oportunidad de atravesar el espacio y experimentarlo de primera mano. Sin embargo, para evitar conclusiones equivocadas en la interpretación de la imagen lo triangulamos con informaciones secundarias de otros informes y de entrevistas guiadas y narrativas con los excombatientes que habitan el territorio. Estamos convencidos de que este acervo de material empírico nos dio buenos resultados en torno a la comprensión del papel del campamento para el proceso de paz en Colombia y otros países. Para futuras investigaciones esperamos trabajar de manera comparativa procesos similares en otras regiones con el fin de llegar a conclusiones más amplias para la resolución de conflictos armados.

En conclusión, la creciente desintegración de los campamentos en muchos ETCR es un importante indicio de la pérdida de la cohesión colectiva de las FARC-EP y del fracaso del proceso de paz con las FARC-EP en su conjunto, lo que se demuestra de manera clara dado el número de disidentes y el rearme de algunos frentes. Según el censo socioeconómico de las FARC-EP presentado en julio de 2017, había 8.185 personas en las ZVTN y PTN, mientras que según la ARN en abril de 2020 no más de 2.877 personas todavía residen en los antiguos ETCR. Estas cifras demuestran la falta de perspectivas en los ETCR. Justamente por esta razón comparamos los diferentes campamentos con el objetivo de identificar factores favorables y adversos para una posición frente la paz por parte de las y los desmovilizadas/os. Si los ejemplos positivos de los campamentos en Pondores y Tierra Grata también fracasan y decaen, otra condición fundamental para una paz estable y duradera estará en riesgo de no ser cumplida. Precisamente por esta razón, el gobierno de Duque diseñó en 2019 una política de reincorporación a largo plazo con el objeto de finalizar la etapa transitoria de los antiguos ETCR y brindar soluciones permanentes a las y los excombatientes que decidieron permanecer en la legalidad. El gobierno nacional se dio cuenta de la importancia de adquirir los predios para una reincorporación exitosa, a fin de generar arraigo socioeconómico por medio del acceso a la tierra, la vivienda y proyectos productivos. Supuestamente va a correr mucha más agua por el río hasta que los ETCR restantes se hayan transformado completamente en corregimientos.

Referencias

Documentos oficiales

Acuerdo Final para la Terminación del Conflicto y la Construcción de una Paz Estable y Duradera, ed. por la Oficina del Alto Comisionado para la Paz, Bogotá 2017.

Decreto Presidencial N° 1274 del 28 de julio del 2017.

Decreto Presidencial N° 2026 del 4 de diciembre 2017.

Decreto Presidencial N° 0580 del 28 de marzo del 2018.

Informe anual del Alto Comisionado de las Naciones Unidas para los Derechos Humanos sobre la situación de los derechos humanos en Colombia del 2 de marzo de 2018. Consejo de Derechos Humanos, 37° período de sesiones, N° A/HRC/37/3/Add.3, traducción no oficial.

Ley 1779 del Congreso de la República de Colombia del 11 de abril 2016.

Resolución 2261 del Consejo de Seguridad de Naciones Unidas del 25 de enero de 2016.

Resolución 2366 del Consejo de Seguridad de Naciones Unidas del 10 de julio de 2017.

Entrevistas

Representante de la Policía:
PPol, 04/04/2019.
Representante de la FAO:
VFAO, 6/4/2019.
Excombatientes:
FTG (encargado de Ecotour), Tierra Grata, 04/04/2019.
MTG (equipo de comunicación), Tierra Grata, 05/04/2019.
RTG (encargado de la tienda), Tierra Grata, 05/04/2019.
JTG (Junta Acción Comunal), Tierra Grata, 06/04/2019.
STG (Comité de Género), Tierra Grata, 06/04/2019.
ETG (excombatiente), Tierra Grata, 06/04/2019.
ITG (simpatizante venezolana), Tierra Grata, 06/04/2019.

SP (excombatiente), Pondores, 06/04/2019.
EP (expreso político), Pondores, 07/04/2019.
FP (campesino y fundador del programa de turismo), 08/04/2019.
JP (maestra jardín infantil), Pondores, 08/04/2019.
DP (director de la sastrería), Pondores, 08/04/2019.
CP (campesino y excombatiente), Pondores, 09/04/2019.
IP (excombatiente), Pondores, 09/04/2019.
BP (excomandante), Pondores, 09/04/2019.
YE (expresa política), La Elvira, 28/03/2017 y 04/12/2018.
RE (excombatiente), La Elvira, 13/10/2017.
LE (responsable de formación), La Elvira, 13/10/2018.
VE (excombatiente y panadero), La Elvira, 16/11/2018.
PE (excomandante y representante de proyecto productivo), La Elvira, 17/11/2018.

Bibliografía

Agamben, G. (2001). *Mittel ohne Zweck. Noten zur Politik.* Freiburg i.B.: Diaphanes.

Agamben, G. (2004). *Ausnahmezustand. Homo sacer II.1.* Frankfurt a.M.: Suhrkamp.

Agamben, G. (2008). *Was ist ein Dispositiv?* Zürich, Berlin: Diaphanes.

Agier, M. (2002). Between War and City: Towards an Urban Anthropology of Refugee Camps. *Ethnography* 3 (3), pp. 317-341.

ARN – Agencia de Reincorporación y Normalización (sin fecha). Glosario de reincorporación. https://bit.ly/37ZUs1Q. Visitado el 25/3/2020.

Charry Joya, C. A. (2018). Rastreando la paz. Medios de comunicación y formación de opinión pública en torno al proceso de paz en Colombia. En C. A. Charry Joya (ed.), *Ciudadanías conectadas. Sociedades en conflicto. Investigaciones sobre medios de comunicación, redes sociales y opinión pública* (pp. 85-140). Bogotá: Universidad del Rosario.

Collier, J. y Collier, M. (1986). *Visual Anthropology: Photography as a Research Method*. Albuquerque: University of New Mexico Press.

FIP – Fundación Ideas para la Paz (FIP) (2018). *Trayectorias y dinámicas territoriales de las disidencias de las FARC*. Serie Informes N° 30. Bogotá.

Harvey, D. (2009). *Social justice and the city*. Ed. rev. Athens: University of Georgia Press (Geographies of justice and social transformation, 1).

Herz, M. (2008). Refugee Camps – or – Ideal Cities in Dust and Dirt. En I. Ruby y A. Ruby (eds.), *Urban Transformation* (pp. 276-289). Berlin: Ruby Press.

Inhetveen, K. (2010). *Die politische Ordnung des Flüchtlingslagers. Akteure – Macht – Organisation. Eine Ethnographie im Südlichen Afrika*. Bielefeld: Transcript.

KROC – Instituto Kroc de Estudios Internacionales de Paz (2019). *Estado efectivo de implementación del Acuerdo de Paz de Colombia diciembre de 2016 a abril de 2019. Resumen ejecutivo*. Universidad de Notre Dame. https://bit.ly/3xX9HTL. Visitado el 25/3/2020.

Lefèbvre, H.y Roeckl, U. (1972). *Die Revolution der Städte*. München: List.

Marín, K. X. y Espinosa Menéndez, N. (2017). Normalización sin transición: la dimensión territorial del proceso de paz en la Zona Veredal de Transición y Normalización (ZVTN) de La Macarena. *Ágora U.S.B.* (17), pp. 441-461.

Sánchez Caicedo, L. M. (2019). *Sembrando en el desierto: Pondores, Territorio de Paz*. Trabajo de Grado. Pontificia Universidad Javeriana, Facultad de Comunicación y Lenguaje, Comunicación Social.

Schmitt, C. (1996). *Politische Theologie*. 7. Aufl. München: Duncker & Humblot.

Schnettler, B. (2008). Vision and Performance. The Sociolinguistic Analysis of Genres and Its Application to Focussed Ethnographic Data. *Qualitative Sociology Review* 4(3), pp. 59-83.

Schnettler, B. y Raab, J. (2012. Análisis visual interpretativo: avances, estado del arte y problemas pendientes. *Paradigmas* (4), pp. 79-122.

Semana (2019). Informe especial. La Farc llegó para quedarse. *Semana*, 30 de junio de 2019. https://bit.ly/3mh1h-Ex. Visitado el 25/3/2020.

Telesur (2021). ONU comparte informe sobre excombatientes asesinados en Colombia desde la firma de los acuerdos de Paz. *Telesur*, 08/01/2021. https://bit.ly/382kFwE. Visitado el 13/4/2021.

Turner, V. W. (1988). *El proceso ritual. Estructura y antiestructura*. Madrid: Taurus.

Van Gennep, A. (1909/2013). *Los ritos de paso*. Madrid: Alianza editorial.

IV. Represión estatal, desapariciones forzadas y resistencias pacíficas en Nicaragua y México

Las Iglesias ante la violencia estatal en las protestas contra el gobierno sandinista en Nicaragua (desde abril de 2018 hasta la actualidad)

Álvaro Augusto Espinoza Rizo

Resumen

Desde 2007, con el regreso de Daniel Ortega y el Frente Sandinista al poder, las relaciones entre el gobierno y los diferentes grupos religiosos han sufrido profundas transformaciones que han trastocado el campo político y el campo religioso nicaragüense como los conocíamos. Mientras las relaciones con la Iglesia católica se han venido deteriorando progresivamente, las relaciones con el sector evangélico aparentemente se han vuelto más estrechas. Desde el estallido social de abril de 2018 en Nicaragua, todos los sectores de la sociedad nicaragüense se vieron afectados y obligados a tomar posturas claramente definidas, incluyendo las instituciones religiosas. La violencia estatal llevada a cabo por la policía, "grupos de choque" y paramilitares forzó una intervención más directa por parte de algunos grupos religiosos para preservar la vida de personas que se manifestaban de forma pacífica para exigir la derogación de leyes injustas impuestas por el gobierno, por un cambio de sistema y la salida de quienes detentan los poderes del Estado, lo que finalizó con una polarización del país que aún dos años después se muestra estancada y sin una salida clara. En este artículo, analizaré las posiciones de la Iglesia católica y las Iglesias evangélicas ante el inicio de la crisis, el uso de la violencia por parte del Estado y, brevemente, el rol que han tenido y que posiblemente tendrán las instituciones religiosas en el futuro en Nicaragua.

Abstract

Since 2007, with the return of Daniel Ortega and the Sandinista Front to power, relations between the government and different religious groups have undergone profound transformations that have disrupted the Nicaraguan political and religious fields as we knew them. While relations with the Catholic Church have been progressively deteriorating, relations with the evangelical sector have apparently become closer. The 2018 Nicaraguan Protests affected all sectors of society, including religious institutions, and forced them to take clearly defined positions. The state violence exercised by the police, "shock groups" and paramilitaries forced a more direct intervention by some religious groups to preserve the lives of people who were peacefully demonstrating in favor of the repeal of imposed (and unjust) laws and subsequently of a change of government and of the political system, ending with a polarization of the country that even two years later shows itself to be stagnant and without a clear way out. In this article, I will analyze the positions of the Catholic Church and Evangelical churches at the beginning of the crisis, the use of violence by the state and, briefly, the role that religious institutions have had and possibly will have in the future in Nicaragua.

Introducción

La investigación y resultados que presento en este artículo se enmarcan en mi proyecto doctoral titulado "Reconfiguración de los espacios sagrados en Managua (1972-2020). Enfoques de Bourdieu y Lefebvre". Durante el proceso de planificación del trabajo de campo de mi tesis doctoral, nació la necesidad de comprender mejor el contexto actual y de qué forma la crisis de 2018 tuvo consecuencias en el comportamiento urbano de creyentes cristiano-evangélicos en la ciudad de Managua. Adentrarme en el entendimiento de la crisis y la participación en ésta de actores religiosos ha sido muy útil tanto para la investigación principal como para entender las reconfiguraciones en el campo político y el religioso nicaragüenses.

El trabajo de campo fue programado para realizarse entre marzo y septiembre de 2020, y lleva hasta este momento un total de 80 entrevistas semiestructuradas, principalmente a líderes y miembros de las Iglesias católica y evangélicas, a activistas políticos y académicos, además de una revisión bibliográfica y hemerográfica desde 2014 hasta la actualidad. Sin embargo, en el presente trabajo solo añadiré algunas citas de las entrevistas realizadas, resaltando la voz de los actores (los nombres han sido cambiados por seudónimos por motivos de resguardo de la privacidad).

En este texto, describiré primero las relaciones entre el gobierno sandinista y la Iglesia católica y las Iglesias evangélicas antes de la crisis, siguiendo con un análisis de las reacciones de los diferentes grupos religiosos al inicio de la crisis en abril de 2018, para, finalmente, llevar a cabo una descripción de la situación actual y de los posibles escenarios futuros.

Para acercarme a analizar dichas relaciones utilizo la propuesta de la multidimensionalidad de la violencia de Johan Galtung, para intentar clasificar las acciones del régimen desde las diferentes dimensiones y en distintas intensidades.

Me enfocaré en analizar el periodo en que el Frente Sandinista ha estado en el poder, es decir, 2007-actualidad (2020). Con base en lo dicho me propongo como objetivo general estudiar de qué manera el régimen de Daniel Ortega ha ejercido violencia en el periodo 2007-2020 y, en particular, desde el inicio de la crisis en abril de 2018 hasta la actualidad, y de qué forma las instituciones religiosas han reaccionado ante este ejercicio de la violencia y sus consecuencias en las relaciones futuras entre gobierno e Iglesias.

El regreso del Frente Sandinista al poder: violencia e Iglesias

Desde el regreso de Daniel Ortega al poder en 2007, se puede identificar un incremento lento pero constante en el ejercicio de la violencia que ha resultado ser causa y consecuencia del deterioro progresivo de mecanismos de la democracia nicaragüense.

En esta sección me interesa estudiar, desde la propuesta de Galtung (1998) sobre la multidimensionalidad de la violencia, las formas en que el régimen ha incrementado e intensificado su ejercicio de la violencia en Nicaragua y de qué forma las instituciones religiosas han sido avaladoras, críticas e incluso víctimas de parte de la violencia ejercida por el Estado.

Galtung (1998) hace una diferenciación entre la violencia directa, que es visible y puede ser física y/o verbal contra las personas o la propiedad, y la violencia cultural y estructural, que son invisibles o difícilmente reconocibles.

La violencia estructural es definida por Serbín (2008) como la más extendida y relacionada con las causas más profundas y menos visibles en el iceberg del conflicto social, porque se sustenta en la distribución desigual de la riqueza y el poder. La violencia estructural es ejercida por un pequeño grupo dominante o hegemónico y se encuentra arraigada en las estructuras de las instituciones políticas, económicas, sociales y culturales desde las cuales generan o ejercen otras formas de violencia (Sánchez *et al.*, 2015)

En el caso de Nicaragua, desde 2007 se pueden ver ejercicios de la violencia estructural por parte del Estado a través de la vulneración de los derechos de grupos ya históricamente marginados, por ejemplo, de las mujeres, lo que intensifica la condición de vulnerabilidad a la que este grupo se ha visto expuesto. En este sentido, previo a las elecciones presidenciales de 2006 se promovió la penalización del aborto terapéutico, y se garantizó que "no se legalizará el matrimonio entre personas del mismo sexo, el Ministerio de Salud no ha promovido el uso de preservativos para prevenir el contagio con VIH, labor que ha descansado en organizaciones no gubernamentales" (CINCO, 2014, p. 2).

Más tarde se reforzó la idea de la familia tradicional y se impidió la reforma al Código de la Familia, que pretendía extender el concepto de familia. Anteriormente el concepto de pareja heterosexual y su estado civil (matrimonio o unión de hecho) era homologado al concepto de familia, que excluía a parejas homosexuales y de la diversidad sexual, que en la práctica han formado familias, pero no son reconocidas por la ley y por lo tanto discriminadas y privadas de sus derechos (Jiménez, 2015).

También se aprobaron las reformas a la Ley 779 o Ley integral contra la violencia hacia las mujeres, en vigencia desde julio de 2012. La reforma de esta ley en septiembre de 2013 introdujo la posibilidad de mediación en los casos más graves de violencia. Sin embargo, resultó paradójico, a la vez que evidencia de que la ley no tenía un efecto real inmediato, el hecho de que, como resultado de una mediación fundada en esta nueva ley, un acusado de violencia contra la mujer terminara cometiendo un feminicidio contra su expareja luego del proceso (Solís, 2013).

Siguiendo el enfoque de Galtung, las leyes que implican una reformulación de los roles de género tradicionales y que atentan contra los derechos de las mujeres son expresiones de violencia estructural, además de ser una forma de violencia cultural.

Igualmente, se aprobaron leyes que buscaban la concentración y eternización en el poder de la pequeña cúpula del Frente Sandinista. Fue así como en 2011 se emitió la sentencia N° 504, donde los artículos constitucionales 147 y 178, que prohibían la reelección en más de dos ocasiones y la reelección continua, se declararon sin aplicación. Así, Daniel Ortega logró presentarse de forma continua e indefinida a las elecciones presidenciales en 2012 y 2016 (aparentemente, también será el caso en 2021). En las elecciones de 2016, Rosario Murillo, esposa de Daniel Ortega, formaba parte de la candidatura, siendo la actual vicepresidenta de la república, con lo cuyal se centralizaba aún más el poder en la familia presidencial.

El Frente Sandinista consolidó su poder cada vez más, llegó incluso a aprobar sin consulta previa al pueblo, y con un solo día de debate en la Asamblea Nacional, la Ley N° 840 o Ley del canal interoceánico, que implica una fuerte vulneración del territorio nacional, dado que otorga millonarios beneficios a una empresa china (HKND) en total detrimento de los derechos e intereses de los nicaragüenses, en general, y de los habitantes de la costa atlántica nicaragüense, en particular. Quienes se han manifestado más fuertemente contra esta ley son los campesinos, por lo cual sufren persecución y ataques directos de grupos progubernamentales (López, 2014).

Como resultado de estas leyes, poco a poco la población va identificando restricciones y amenazas a sus derechos y a su frágil estilo de vida, lo que llevó a que iniciaran protestas que se incrementaron y masificaron fuerte y rápidamente. Fue necesario, entonces, la aplicación de la violencia directa, ya que "la violencia directa refuerza la violencia estructural y cultural" (Galtung, 1989, p. 16).

Es así como el régimen ha acallado y reprimido cualquier intento de protesta o manifestación de oposición, ejerciendo la violencia directa antes de 2018 a través de tres grupos, a saber, (1) las fuerzas de choque, conformadas por militantes y simpatizantes del partido de gobierno; (2) la policía nacional en las manifestaciones masivas, donde las fuerzas de choque no son suficientes, por ejemplo, las marchas de los campesinos, y (3) asesinatos selectivos del ejército contra campesinos y líderes en zonas rurales abiertamente opositores. Casos que muestran cómo se han venido dando arbitrariedades y abusos de la policía han sido:

> [...] la masacre de El Carrizo, en el 2011; la masacre de Las Jaguitas, en el 2015; el caso de los hijos de la señora Elea Valle en el 2017 y el del campesino Juan Lanzas en el 2018. Hasta ahora ningún policía o civil de los grupos de choque ha sido investigado, enjuiciado o castigado por ninguna denuncia de esa época. (CINCO, 2019, p. 2)

Esto sin contar las represiones a marchas. Entre enero de 2016 y marzo de 2018 hubo 568 protestas, 145 tuvieron presencia policial, en 14 hubo aprehensión de manifestantes, en 22 se usó la fuerza directa contra manifestantes y en 2 hubo saldos fatales (Cabrales, 2020).

Las Iglesias siempre han sido actores claves en las luchas políticas. En este contexto, ya desde 2009 la Conferencia Episcopal de Nicaragua (en adelante CEN) venía haciendo anuncios sobre el incremento de la violencia por parte del gobierno hacia detractores del régimen. El año 2014 fue decisivo para la vida política y religiosa de Nicaragua, ya que marcó los primeros pasos de una Iglesia católica más abiertamente crítica y claramente posicionada ante el Estado: dejó de ser una Iglesia que hace recomendaciones en medios de comunicación para ser una institución capaz de llamar al gobierno a tener un encuentro con ellos y "decirle las cosas en su cara".

Este diálogo fue convocado por la CEN, que mostró a la Iglesia católica como una institución consciente de la situación nacional. Como resultado del diálogo se presentaron, en un extenso documento al gobierno, temas de interés nacional "agrupados en 6 temáticas: (1) familia, (2) problemática social, (3) derechos humanos, (4) situaciones en el Vicariato Apostólico de Bluefields, (5) el trabajo de evangelización y algunas políticas del gobierno, y (6) la institucionalidad" (CINCO, 2014, p. 3).

En dicho documento, la CEN explicaba más detalladamente sus preocupaciones en cada punto, algunas de estas menciones fueron:

> [...] la actuación parcializada de la Policía Nacional, las violaciones a los derechos laborales, la discriminación en los programas gubernamentales, el deterioro de los recursos naturales, la falta de libertades civiles y de expresión, el monopolio de los medios de comunicación, la falta de transparencia informativa del gobierno, los problemas derivados del proyecto canalero para los pueblos indígenas y comunidades étnicas en la Costa Caribe y el grave déficit de institucionalidad del país. (CINCO, 2014, pp. 3-4)

El diálogo entre la CEN y el gobierno en 2014 concluyó con dos propuestas de parte de la CEN: (1) la realización de un "Gran Diálogo Nacional" con participación de todos los sectores del país, en la búsqueda de un entendimiento que asegurara la estabilidad general al país, y (2) garantizar en 2016 unas elecciones presidenciales transparentes, con observación nacional e internacional, y reformas y cambios de fondo al Consejo Supremo Electoral (CSE), los cuales serían negados en menos de 24 horas por Roberto Rivas, presidente del Consejo Supremo Electoral, quien afirmó que era imposible hacer los cambios recomendados (CINCO, 2014).

Además, el régimen se encargó de la repartición de prebendas entre funcionarios religiosos. En el sector evangélico, el gobierno concedió fondos, otorgo y legalizó terrenos, dedicó obras públicas y facilitó actividades de predicadores nacionales e internacionales. Mientras que en el sector católico otorgó prebendas a varios clérigos de la Iglesia para asegurarse su respaldo y activismo, haciéndolo completamente al margen de las diócesis (CINCO, 2014).

En este sentido, me atrevo a sugerir dos observaciones. La primera, que los puntos mencionados por la CEN como preocupantes en el diálogo de 2014 serían catalizadores de la crisis de 2018, tales como amenazas a la democracia, consolidación del poder en pocas manos, el tema del medio ambiente (que se muestra posteriormente en el descontento social por la situación de las Reservas Indio Maíz y Bosawas), etc. La segunda, que muchas veces la gente sostiene que existía una división en el interior de la Iglesia católica, toda vez que se observaba, por un lado, a personajes como el cardenal Obando avalando las posiciones del gobierno y, por otro, a la CEN criticando fuertemente al gobierno.

Para el gobierno era necesario el apoyo de los sacerdotes y los pastores, pues era una forma de, en el sentido que propone Galtung (1989), hacer aceptables las violencias directa y estructural a través del ejercicio de la violencia cultural. Así fue como incluso se llegó a "bendecir" la aprobación del proyecto del canal interoceánico, refiriéndose a este como un milagro y dando gracias a Dios, la virgen y los santos, mientras simpatizantes ondeaban pancartas con la frase "Dios bendiga el canal" (Pérez-Baltodano, 2015).

El gobierno se definió como cristiano, cambió el discurso oficial y añadió a todas sus actividades, ritualidad, emblemas, símbolos, imágenes y lenguaje propios de la Iglesia católica y, en menor medida, de las Iglesias evangélicas. Organizó sus propios "rezadores de las rotondas" con empleados públicos obligados a realizar esa representación y dispuso imágenes religiosas en sitios públicos (CINCO, 2014). Todo esto sucede cuando la relación entre la Iglesia y el Estado es tan cercana que el Estado es religión y la Iglesia es poder, así el Estado protege a la religión con su poder y la Iglesia consagra al Estado con su legitimidad (Hernández Pico, 2010). Lo que se buscó y obtuvo fue que funcionarios religiosos avalaran las acciones del gobierno, así se redujo la confrontación y crítica, y se facilitó el ejercicio de la violencia estructural a traves de la violencia cultural y, de ser necesario, la aplicación de la violencia física directa.

La violencia contra la Iglesia católica desde abril de 2018 a la actualidad (2020)

Desde el inicio de la revuelta cívica en abril de 2018 la Iglesia católica optó por apoyar y proteger la vida de aquellos que se manifestaban de forma pacífica contra el gobierno. Es así como las Iglesias de Nicaragua se han convertido en un símbolo de la resistencia contra Ortega. Los sacerdotes abrieron las puertas de los templos para recibir a quienes escapaban de la persecución del régimen y utilizaban misas para exigir el fin de la violencia contra los opositores al régimen (Salinas, 2019).

Desde abril de 2018 la Iglesia católica como institución y sacerdotes individuales se vieron envueltos y forzados a tomar una postura más activa, crítica y participativa ante las circunstancias, apoyando y mostrando su solidaridad con quienes protestaban (principalmente los estudiantes) (Cabrales, 2019). Hasta ese momento, el mayor signo de validación de la protesta cívica de los estudiantes fue dado por Silvio Báez en la catedral:

> [...] yo quisiera agradecerles en nombre de la Iglesia porque ustedes son la reserva moral de este país, gracias porque ustedes han despertado a esta nación. No se dejen llevar nunca por la violencia, su protesta es justa y la Iglesia los apoya, y no solo los apoya. Los animamos a que no cesen en su protesta por una causa justa. (Confidencial, 2018)

Luego de revocar la reforma al seguro de seguridad social (o fondo de pensiones o de retiro), que fue el último detonante de inicio de las protestas, Ortega invitó a los obispos de la CEN para ser garantes del diálogo entre el Ejecutivo, el sector privado y los manifestantes. La CEN aceptó estar en carácter de mediadores y testigos, y convocar a las partes que estarían en la negociación (Cabrales, 2019, p. 13).

Este primer diálogo nacional está marcado por el simbolismo religioso, empezando por el lugar del encuentro, el Seminario Nuestra Señora de Fátima, un seminario de retiro y formación de la Iglesia católica. La tensión escaló rápidamente y las posturas se radicalizaron, a pesar de lo cual se logró un momentáneo enfriamiento de los conflictos. Sin embargo, el principal logro apreciable fue la unión de todos los sectores sociales contra el gobierno, lo que significó la unión de grupos históricamente antagónicos. Solo así se explica, por ejemplo, ver en un mismo frente a feministas y la Iglesia católica reunidos, algo que evidenció que el régimen estaba siendo acorralado, por lo cual se vio obligado a sentarse a dialogar.

Los constantes eventos de protesta que la Iglesia católica avaló llevaron a que el 19 de julio de 2018 Ortega expresara: "Yo pensaba que (los obispos) eran mediadores, pero no, estaban comprometidos con los golpistas. Eran parte del plan con los golpistas" (Cabrales, 2019, p. 14).

Esta sería la mayor declaración oficial del gobierno en la que se veía abiertamente su postura combativa hacia la Iglesia católica, en la cual se arremetía contra esta en un intento por debilitar el sentimiento de unidad contra el régimen, deslegitimar la lucha y, principalmente, atemorizar a la Iglesia católica para que no se involucrara en apoyar a los grupos de protestas; todo esto no tuvo los resultados esperados. En particular, desde junio de 2018 se incrementaron los ataques directos a templos y clérigos de la Iglesia católica de Nicaragua por grupos afines al gobierno (Velásquez, 2018a).

Siguiendo el esquema de la multidimensionalidad de la violencia de Galtung se puede observar que la violencia contra la Iglesia católica se lleva a cabo desde todas las dimensiones: violencia directa ejercida contra templos y clérigos, violencia estructural mediante la suspensión de fondos para parroquias y festividades, y violencia cultural mediante la desacreditación e intento de usurpación de festividades religioso-folclóricas.

En cuanto a la violencia directa del régimen hacia la Iglesia católica (clérigos y templos) desde abril de 2018, se pueden mencionar algunos casos destacados en las entrevistas que he realizado:

- Ataque a la iglesia Divina Misericordia: realizado el viernes 13 de julio de 2018 en el contexto de la operación limpieza, paramilitares y policías con armas de alto calibre aracaron a estudiantes que se refugiaban en el interior del templo por más de 12 horas hasta que fueron evacuados por una caravana de la Iglesia católica identificada con banderas del Vaticano y la Cruz Roja (Edición Digital, 2018b, 2019; Nicaragua investiga, 2019a, 2020).

- Agresiones contra obispos en Diriamba (julio 2018): altos jerarcas de la Iglesia católica de Nicaragua quedaron atrapados en el templo luego de recibir agresiones físicas al intentar socorrer a personas que quedaron atrapadas en él; consiguieron salir horas después luego de negociaciones telefónicas del cardenal y el nuncio apostólico directamente con la presidencia (Edición Digital, 2018a; Tijerino y Cruz, 2019; Velásquez, 2018b).

- Ataque durante la misa de Sandor Dolmus: un año después del asesinato de Sandor Dolmus, un joven monaguillo de 15 años que participó en las protestas y que fue asesinado por un francotirador el 14 de junio de 2018, se celebró una misa de aniversario en su honor en la catedral de León presidida por el obispo Bosco Vivas. La misa sufrió primero hostigamientos y posteriormente un ataque directo de un grupo de manifestantes progobierno acompañados de policías y paramilitares, que provocó el cierre del templo al iniciar el ataque (García y González, 2019; Medina Sánchez, 2019; Mogollón, 2019a; Munguía, 2019).

- Ataque en la catedral de Managua y sitio contra la iglesia de San Jerónimo en Masaya: en noviembre de 2019 se dieron dos ataques de forma simultánea por parte del régimen hacia la Iglesia católica, sus clérigos y sus creyentes. El primero fue el sitio contra la iglesia de San Jerónimo, en Masaya, donde el padre Edwin Román y 10 madres de presos políticos que decidieron hacer huelga de hambre, reunirse y consagrarse en este templo fueron cercados por la policía por 8 días, impidiéndose también el paso de cualquier alimento, agua o medicina. De este suceso nace el denominado grupo de los aguadores, un grupo de 13 presos políticos, miembros de la Unidad Nacional Azul y Blanco, cuyo único crimen fue tratar de llevar agua a quienes estaban atrapados/as en la iglesia San Miguel (Álvarez, 2019; Cruz y Calero, 2019; Nicaragua investiga, 2019b; Tórrez García, 2020; Torréz García y Álvarez, 2019; Velásquez, 2019).

- El otro suceso ocurrió en la catedral de Managua el 19 de noviembre de 2019, cuando simpatizantes del Frente Sandinista ingresaron a ella al anochecer y agredieron físicamente a un sacerdote y una religiosa, esto en completa complicidad de la policía, y mantuvieron encerrados en una sala de la catedral a un grupo de madres de presos políticos que en una declarada huelga de hambre exigían la liberación de sus hijos; este acto además fue en solidaridad con las otras madres asediadas en Masaya, también en huelga de hambre junto al sacerdote Edwin Román (López y Bow, 2019).

- Ataque a la Catedral de Managua (julio de 2020): parecía que los ataques directos del régimen a templos y clérigos católicos habían cesado y continuaban meramente en lo discursivo, sin embargo, en la última semana de julio, ocurrieron tres ataques directos a templos, durante los que se profanaron el 25 y 29 de julio dos parroquias en el departamento de Masaya, lo que supuso robo y destrucción de ornamentos religiosos y mobiliario. Ello culminó el 31 de julio de 2020 cuando se detonó una bomba en la catedral de Managua, afortunadamente sin víctimas fatales. El acto ha sido catalogado por autoridades del clero católico como un acto terrorista que estaba completamente planificado. El gobierno por su parte justifica el último incidente como un incendio producto de las velas que ponían los feligreses y entraron en contacto con las cortinas, siendo esto desmentido por el obispo Brenes, quien argumentó que dentro de la capilla no hay veladoras y tampoco cortinas (Mendoza y Torréz, 2020; Miranda, 2020).

En estos actos de profanación no ha habido una sola persona identificada como responsable y, por lo tanto, tampoco ha habido procesados.

Como parte de la violencia cultural se toma la suplantación del Estado a la Iglesia en las celebraciones religiosas. La más reciente fue la festividad de Santo Domingo de Guzmán. La ceremonia fue llevada a cabo sin autorización de la Iglesia católica, sin la imagen original y por aparentes devotos que realizaron el recorrido tradicional con un fuerte resguardo de la Policía Nacional, sin tomar las medidas de protección contra el Covid-19 (Álvarez, 2020a; Cruz, 2020; Vega Sánchez, 2020).

Carácter urbano de las protestas. La importancia de las marchas en la ciudad

Las protestas en 2018 adquieren un formato muy particular. Sus luchas y métodos son enteramente urbanos, y en particular en Managua la localización y forma de protesta es reactiva al diseño de esta ciudad.

En los últimos años Managua ha entrado en un proceso de "haussmanización", descrito por Rodgers (2012), proceso que busca principalmente la reconfiguración del sistema vial para facilitar el acceso de las clases acomodadas al centro de la ciudad. Además, limita las entradas y salidas de las clases más pobres a estos nuevos subcentros generados, pero también crea facilidades urbanas para desplegar la violencia directa; crear vías amplias significa la posibilidad de un despliegue más fácil de fuerzas de represión –policía, ejército– y mucho más complicado para el levantamiento de barricadas. Estos dos puntos son muy importantes para entender las protestas en 2018.

La protesta busca hacerse notar al tomar los espacios vitales de la ciudad, es así como se destacan tres puntos: (1) los centros simbólicos del poder tradicional, (2) las entradas y salidas a la ciudad, y (3) los puntos de tránsito importante con centros simbólicos en las cercanías.

Si se quiere entender el primer punto sobre los centros simbólicos del poder tradicional, Agudelo y Martínez (2020) explican cómo al inicio de la crisis en abril la indignación por el mal manejo del gobierno del incendio de la Reserva Biológica Indio Maíz provocó un gran poder de convocatoria entre la población en general. La primera muestra de ello se dio cuando decenas de estudiantes auto-convocados a través de redes sociales tomaron el 12 de abril la Plaza de las Victorias –el cruce de la avenida Cardenal Miguel Obando y la Carretera a Masaya en el nuevo centro de Managua–, que es el espacio donde el "oficialismo" hace sus concentraciones desde 2008 (Agudelo y Martínez, 2020). Las autoras añaden en una nota a pie de página: "La toma y ocupación de distintos espacios públicos, antes controlados por el partido de gobierno, fueron parte de la contienda" (p. 23).

Al comenzar a perder el control sobre los espacios simbólicos y relevantes en la ciudad y posteriormente el de las calles, se hizo evidente la progresiva pérdida del poder del Frente Sandinista y su capacidad de proyectar ese poder en el espacio público. Desde ese momento, el Frente Sandinista ha sido incapaz de convocar grandes aglomeraciones en las calles como lo hacía en años anteriores. Sin embargo, el núcleo más fiel y disciplinado aún permanece ligado al partido y es por eso que todavía conserva cierto grado de fortaleza que le ha permitido resistir y mantenerse en el poder. A eso se suma el uso de las fuerzas de represión, que solo han servido para dispersar manifestaciones de la población civil opositoras. Esto sería una prueba de que

Ortega ha perdido uno de los pilares que lo mantenían en el poder, que se basaba en cierto grado de cohesión social que lo apoyaba y se manifestaba de forma voluntaria en las calles. La pérdida de apoyo popular devino en la dependencia total de mecanismos represivos para mantenerse en el poder; en palabras del sacerdote diocesano y defensor de la teología de la liberación Edgard Parrales: "Ortega tiene el poder por la fuerza" (Cruz, 2019).

¿Cómo se añaden las Iglesias a esta lógica de protestas en la ciudad de Managua? Para responder a esto, es menester analizar los puntos (2) entradas y salidas a la ciudad y (3) los puntos de tránsito importante con centros simbólicos. Un entrevistado planteaba algo interesante al respecto:

> ¿Una ciudad puede ser entendida sin las iglesias? ¿Un barrio puede ser entendido sin sus iglesias? Hay una lógica hasta urbana en relación con el usar atrios, el estar cerca de las iglesias, eso es inevitable… en determinado momento la gente hace sus cálculos "vamos a la iglesia para evitar que algo sea demasiado brutal, demasiado salvaje". Por eso es que el caso de la [Iglesia] Divina Misericordia es tal vez el caso de los más icónicos, porque a estos majes [la policía] les valió verga, agarraron a balazos a gente que estaba refugiándose en la Iglesia, toda esta gente estaba desarmada. (Comunicación personal, Hamlet, abril de 2020)

Basados en este comentario se muestran dos cosas: 1) las iglesias están profundamente enraizadas en el diseño urbano de las ciudades, Managua no es la excepción y en este caso templos católicos en general y algunos pocos templos evangélicos ocupan lugares estratégicos en las ciudades, que también son centros simbólicos y tradicionales del poder, y 2) el uso de los templos como refugios tiene un doble propósito, son lugares fáciles de sellar, y resguardarse, pero también tienen esa mística de ser de alguna forma una estructura santa que no sería profanada y, por lo tanto, un verdadero refugio.

Las entrevistas muestran que las Iglesias evangélicas en general son percibidas por varias personas como aliadas del régimen, y se hacen referencias a sucesos como persecuciones a protestas donde estas Iglesias no dieron refugio a quienes protestaban, como el caso de la Comunidad de Renovación Familiar Hosana, cerca de la pista Jean Paul Genie, otro centro importante de Managua donde hubo protestas, y el caso de la iglesia Ministerio Internacional Ríos de Agua Viva, cercano también a la Carretera Norte, otra entrada/salida importante de la ciudad. Aunque en varias entrevistas también se menciona que en ambos casos los templos permanecían cerrados al público en general o no estaban abiertos porque no había servicios en ese momento y que no fue un cierre dirigido hacia ellos por motivos políticos.

Fácilmente se podría pensar que existen correlaciones entre la localización de los templos y la localización de las protestas basadas en la pertenencia religiosa y su aparente afinidad política. Es necesario hacer varias aclaraciones al respecto.

Primero, en Managua existen más de 70 templos católicos distribuidos por la ciudad, muchos de ellos cercanos a los "centros" donde tuvieron lugar las protestas, por lo que las posibilidades de que una marcha o protesta pasaran cerca de uno de estos es mucho más alta.

Segundo, en el caso de las Iglesias evangélicas es necesario diferenciar las grandes iglesias, denominadas como "mega-templos", estructuras arquitectónicas grandes y lujosas, claramente visibles y cuyos líderes son referencia a nivel nacional, de la gran mayoría de iglesias evangélicas localizadas a nivel de barrio o iglesias locales, muchas veces difíciles de identificar por las características del templo (en ocasiones son casas particulares de día y fungen como templos de noche) y que, como se menciona en algunas entrevistas, sí se involucraron a la lucha, aunque de forma clandestina a favor del pueblo o a un alto precio.

Marchas y tranques[1] fueron algunas de las formas más emblemáticas de luchas y su análisis resulta relevante. La importancia de las marchas (y el derecho a marchar) es expresada claramente por Hamlet:

La lógica de marchar, de salir a las calles, es un anhelo, es una lógica de catarsis, un derecho a transitar en la ciudad… el Frente [FSLN] decía "las calles son del pueblo", sí, pero el pueblo del Frente, de ellos. Pero con abril fue una lógica distinta: "las calles también son de nosotros [los que protestan, los opositores] y tenemos que hacer uso de ellas", es decir, la ciudad, el espacio público. Quizás el principal símbolo o la principal señal de que la oposición piensa que en Nicaragua hay dictadura es porque hay represión y ¿cómo se traduce la represión? En que "no nos dejan ir a las calles, en que no nos dejan usar el espacio, en que no nos dejan que nosotros nos manifestemos en esto que es común. No te lo formulan así, pero así es". (Comunicación personal, Hamlet, abril de 2020)

En particular destaca la marcha convocada por la Iglesia católica el 28 de abril, la cual pasó por la catedral de Managua. Miles de nicaragüenses se aglutinaron en una de las marchas más grandes vistas en los últimos años con mensajes claros de apoyo a la institución religiosa y abiertamente de repudio al gobierno.

Cabe destacar que los evangélicos también realizaron su marcha el 27 de mayo, sin embargo, fue menos concurrida que la convocada por la Iglesia católica. Esta marcha colabora con romper el mito de que el evangélico es aliado del gobierno, aunque es interesante notar la ausencia de los liderazgos mediáticos y que los mensajes escritos en las pancartas tienen un tono más general en contra de la injusticia, a favor de la paz y menos crítico o señalador contra el gobierno.

A nivel nacional en 2018, entre abril y julio, hubo 1907 protestas. De esas, 254 fueron marchas (Cabrales, 2020).

---

[1] Así se denominan popularmente en Nicaragua las barricadas callejeras.

Mientras que "los tranques se convirtieron en la forma de protesta más popular de esta oleada de movilización existiendo en mayo 327 tranques; en junio, 667; y en julio, 180, mes en que fueron erradicados mediante la operación limpieza" (Cabrales, 2019, p. 11).

En particular se puede plantear la pregunta respecto a por qué los tranques fueron levantados principalmente en los barrios mientras las marchas eran desplegadas en las vías principales. Los tranques no deben ser analizados solo como forma de lucha, sino también como punto de expresión de religiosidad, donde símbolos religiosos son integrados a la lucha como forma de protesta.

Símbolos religiosos y luchas: altares "vandálicos" y vírgenes en los tranques

Resulta interesante la incorporación de elementos religiosos a los tranques, en este caso el uso de vírgenes. Salinas (2018b) relata cómo en la ciudad de Granada vecinos crearon un altar con la imagen de la Virgen y la bandera de Nicaragua sobre una de las barricadas que se han alzado para protegerse de los paramilitares. En el texto se leía: "en Nicaragua la Virgen María también se ha atrincherado", la imagen de la Virgen en la barricada, con los vecinos alrededor rogándole protección, es símbolo de resistencia y de coraje frente al terror desatado por los grupos de paramilitares.

La incorporación de símbolos y elementos religiosos en las barricadas, tranques y otros espacios de protesta responde a dos factores: la búsqueda de protección proveniente de "lo divino" y, en el caso del uso de imágenes de vírgenes, la solidaridad con la Iglesia católica, una de las instituciones más golpeadas por su abierta colaboración con los detractores del régimen.

Es así como la protesta se incorpora a la expresión religiosa y la expresión religiosa se politiza, uno de los casos más emblemáticos ha sido la transformación de "la gritería".

La gritería es una tradición estrictamente popular y enteramente nicaragüense que data de inicios del siglo XVIII con orígenes en León y actualmente celebrada a nivel nacional todos los 7 de diciembre. Según la tradición, fieles y devotos recorren las calles de las ciudades y pueblos realizando rezos y cantos a altares donde es colocada una imagen de la Virgen María. Los altares son hechos en templos, pero principalmente en garajes, porches y aceras de casas particulares. Aquellos que vienen a cantarle a la virgen reciben un "brindis", que es una pequeña ofrenda o paquete con dulces.

A estos altares los creyentes han añadido simbología propia de las protestas, lo que dio origen a los "altares vandálicos"; estos los entenderé como altares político-religiosos donde se manifiestan y mezclan expresiones populares de la religiosidad y tradición católica con el sentimiento de desaprobación de la población a la violenta represión del régimen de Ortega, lo cual otorga a la fiesta religiosa un tinte político para evidenciar que nada está normal, como el gobierno pretende mostrar.

Menciona Débora, quien ha organizado altares vandálicos desde 2018:

La tradición la inició mi abuela, Graciela Mora, cuando tenía 12 años, al igual que la mayoría de gente, ella combinó una promesa con su devoción y la tradición de gritarla cada 7 de diciembre y así, las siguientes generaciones de mi familia crecimos celebrándola.

A raíz de la represión gubernamental iniciada en abril 2018 (en la cual participamos activamente en el levantamiento de tranques y barricadas en los barrios aledaños a la Universidad Politécnica de Nicaragua UPOLI, así como llevando víveres y medicinas) el sentimiento mariano estuvo presente y aún más cuando el 13 de junio de ese mismo año mi abuela fallece; de ese momento a diciembre, durante la operación limpieza, los asesinatos de ciudadanos a manos de policías y paramilitares se contabilizan en centenares a lo largo y ancho del país.

Al acercarse la gritería, decidimos hacerlo como un homenaje a las víctimas mortales, encarcelados, desplazados y torturados, respetando la tradición de celebrarla de manera abierta de modo que, aunque el altar estaba dentro de la casa, la gente viene sin necesidad de invitación.

En el altar 2018 utilizamos algunos símbolos que estuvieron presentes durante el levantamiento cívico, tales como bandera nacional invertida como sinónimo de la alerta que estábamos enviando a nivel internacional, fotografías de presas y presos políticos, bloques apilados en forma de barricada y globos azules, blancos y amarillos en muestra de agradecimiento al acompañamiento brindado por la Iglesia católica. (Ver imágenes 1 y 2)

En 2019, durante una huelga de hambre de familiares de presos políticos a quienes se les sumó el padre Edwin Román en la iglesia San Miguel de Masaya, un grupo de ciudadanos opositores se dirigió a dicho lugar llevándoles agua y medicina, a lo cual la policía reaccionó de manera violenta y apresó a 16 de ellos la noche del 14 de noviembre, serían conocidos como "la banda de los aguadores" y en honor a ellos/as, para ese 7 de diciembre [de 2019] colocamos en el altar de la virgen, 16 botellas de agua con los respectivos nombres de los apresados por la dictadura, así como 16 veladoras en petición a la virgen por su libertad y la de cientos más que en ese momento el régimen tenía en sus mazmorras, los colores azul y blanco de la bandera, las luces y flores fondearon como cada año el altar vandálico. (Ver imágenes 3 y 4). (Comunicación personal, Débora, julio de 2020)

Los altares vandálicos son muestra de resistencia y sólida desaprobación al régimen. Quienes los hacen son personas creyentes y agradecidas a Dios y a la Iglesia católica por su actuar durante la violenta represión. Los altares vandálicos realizados por todo el país tienen una decoración completamente individual pero contextualizada, todos portan banderas azul y blanco volteadas, imágenes de presos políticos, bloques o adoquines para formar el altar representando las barricadas y desde 2019 botellas de agua. Esta es una muestra de cómo la tradición religiosa se ha transformado en otra expresión de protestas y resentimiento contra el régimen, aprovechando cada espacio posible para hacer la lucha (Agüero, 2019; García Peralta, 2019; Luna, 2018; Ocaña, 2019; Staff Niú, 2018).

Cambios socio-religiosos en Nicaragua: "Soy evangélico, pero apoyo a la Iglesia católica"

Hay una percepción muy generalizada que tiende a identificar a las Iglesias evangélicas como aliadas del gobierno (basada también en el lenguaje del discurso oficial) y a la Iglesia católica como opositora al régimen. Sin embargo, abril de 2018 provocó y mostró efectos notorios al interior de las Iglesias evangélicas.

En términos generales, al preguntar en las entrevistas sobre ¿cómo valora el rol de las Iglesias evangélicas y la Iglesia católica durante la crisis de 2018?, las respuestas son muy variadas, entre las que se dilucidan cuatro posturas:

1. Líderes y/o miembros de Iglesias evangélicas que abiertamente apoyan al régimen: tienen una visión muy negativa de la Iglesia católica, la acusan no solo de enseñar doctrinas erróneas, sino de ser una institución meramente política y en búsqueda de poder, aliada con "los golpistas" y claramente parcializada a favor de los grupos que protestaban o de oposición.
2. Líderes y/o miembros de Iglesias evangélicas que no apoyan al régimen, pero su postura contra la Iglesia católica se radicalizó a raíz de la crisis, por considerar su participación en demostraciones, protestas y el diálogo nacional como participación política y, por lo tanto, negativa, toda vez que el mundo de la política tiene una connotación negativa para estas Iglesias.

3. Líderes y/o miembros de Iglesias que se desentienden de la situación política. En este grupo se considera que en términos generales las instituciones religiosas no debían de posicionarse o actuar durante la protesta, sino que su rol como Iglesias era estrictamente orarle a Dios para que Él solucione la crisis de violencia y los conflictos entre ambos bandos. Así, muchos de los entrevistados mencionan haber realizado un excelente trabajo de oración constante por la nación para que la situación se calmara y la violencia por ambas partes cesara. Quienes tomaron esta postura ven con excelentes ojos a las Iglesias evangélicas y muy negativamente a la Iglesia católica.

Es interesante la percepción de este grupo sobre Daniel Ortega, dado que desaprueban su gestión, pero lo reconocen como una autoridad elegida por Dios y que, por lo tanto, debe ser respetado y obedecido a pesar de todo.

4. Líderes y/o miembros de Iglesias que apoyan a la Iglesia católica. En este grupo de miembros y líderes de Iglesias evangélicas existe una ruptura interesante en la persona entre el "yo creyente" y el "yo ciudadano", según la cual se da una justificación de su participación política en las protestas y en todo el proceso de oposición. Normalmente estos entrevistados hablan de forma muy abierta de que no tomaron una posición pasiva y de oración frente a los sucesos, sino que se involucraron de forma directa en las marchas y protestas, e identifican además a la Iglesia católica como una institución que ha defendido al pueblo de Nicaragua.

La diversidad de estas posturas la planteaba un pastor de esta manera:

A lo interno de las iglesias evangélicas cambiaron las relaciones entre las mismas congregaciones. Cada congregación tuvo su fractura. Es que esto partió de forma vertical y de forma horizontal a toda la sociedad. Porque hubieron dentro de mi congregación personas que se retiraron porque se dieron cuenta que yo estaba apoyando las protestas, que yo me iba a las protestas e incluso que a veces en mis mensajes dejaba entrever algunas cosas que estaban ocurriendo y que no debían ocurrir y no pasó solamente en mi iglesia, pasó también con personas que incluso estaban así entre ser cristiano evangélico, pero todavía simpatizó con la Iglesia católica y hubo personas que terminaron completamente convencidas de que la Iglesia católica era la iglesia que estaba al lado del pueblo. (Comunicación personal, pastor Evangélico, Simón, abril de 2020)

Las posturas de las Iglesias evangélicas son tan variadas como el número de Iglesias. En este sentido, para el año 2009, "según el Rev. Sixto Ulloa, Procurador de Participación Ciudadana, cerca de 800 denominaciones evangélicas se inscribieron en el Ministerio de Gobernación, en su mayoría de tradición pentecostal" (Aguirre y Araica, 2010, p. 46). Este número se ha incrementado considerablemente, y existe gran cantidad de Iglesias no registradas. Debido al número de Iglesias con diferentes posturas doctrinales y posturas frente a la política y los gobernantes, no existen posicionamientos o declaraciones claros a cargo de las pocas instituciones que buscan organizar o representar la voz evangélica, como lo son el Consejo Nacional de Pastores Evangélicos de Nicaragua (CNPEN) o la Alianza Evangélica.

La crisis de 2018 provocó un distanciamiento del movimiento pentecostal de los liderazgos mediáticos, presuntamente más representativos, identificados como aliados al régimen. Estos liderazgos famosos por los medios han sido fuertemente criticados por buena parte de los entrevistados.

Por otro lado, muchos miembros y líderes de iglesias pequeñas y locales de barrio sí se involucraron de forma más activa en marchas, refugiando personas, pero no tienen la capacidad de proyección, la fuerza, ni los mecanismos de defensa de la Iglesia católica, y esto también se nota en el número de pastores exiliados (más de 16) que fueron perseguidos por el régimen por su participación política. Esta participación no fue de forma unida como Iglesia, sino a nivel individual por parte de miembros o líderes.

Considero importante enfocarme en este artículo en el cuarto grupo, porque creo que este contexto de lucha y protesta política, donde las instituciones religiosas han sido tan mencionadas o se han involucrado a diferentes niveles, ha permitido una especie de acercamiento entre creyentes católicos y evangélicos. De entre todos los testimonios rescataré aquí dos:

> Fue diferente a la guerra de los 70 y los 80 las cuales viví, porque en ese momento ambos bandos tenían armas. En el 2018 solo un bando tenía armas. Lo que pasó en la Divina Misericordia fue una masacre (ver imágenes 5 y 6, Iglesia de la Divina Misericordia a 2 años del ataque, agosto 2020), los desalojos de los tranques fue una "matanzinga",[2] se usó toda clase de armamento y se señaló a personas inocentes". Tampoco estoy de acuerdo con los ataques a los templos católicos, me quedé impactada de ver lo que les hicieron a los sacerdotes, al padre Román, a ellos que estaban con el pueblo, con las madres de los presos políticos, y cuando estaban en Diriamba y quebraron todos los bancos de la iglesia, le pegaron a los Padres de ahí y todo lo que estos hacían era ayudarle al pueblo… Para mí el papel que jugó la Iglesia católica fue excelente, hizo lo que el Señor mandó, apoyaron a su pueblo, estuvieron siempre y en todo momento apoyando a su país. Nosotros también apoyamos con oraciones, pero nos pasaban vigilando. Nosotros como cristianos [evangélicos] nos refugiamos en la oración, pero sí hicimos lo que Dios nos mandó, no se afectó para nada la credibilidad en ninguna de las iglesias, pero sí muchos cristianos [evangélicos] iban a la Iglesia católica a apoyar, pero tienen en su iglesia [evangélica]. (Comunicación personal, miembro de iglesia evangélica, Ana, julio de 2020)

---

2   Matanzinga: matanza, masacre.

El segundo testimonio es de un miembro de una iglesia evangélica que participó de forma muy activa en las protestas:

> [...] cuando yo veo cómo el sistema comienza a agredir a sacerdotes y destruir las iglesias, eso me da rabia, y comienza mi primera jornada en apoyar como evangélico. Yo hice eso porque como nicaragüense no podría permitir esa confusión, si mis pastores no quisieron salir a la calle a defender a sus hermanos católicos, yo decía: "algún día este mismo agresor va a agredir las iglesias evangélicas y vamos a necesitar a esos sacerdotes". Me encontré a muchos evangélicos en las marchas, algunos con máscaras y otros tapándose la boca y me dicen, "hermano, nosotros somos evangélicos como usted, pero no podemos dar la cara porque le trabajamos al Estado", y eso a mí me dio una fuerza grande, yo nunca había entrado a una catedral y mucho menos con un cartel que dijera que era evangélico, qué hace un evangélico metido en una catedral y eso me dijo que realmente Nicaragua entró a una nueva etapa, no en el sentido del Papa de un acercamiento ecuménico sino de vernos como nicaragüenses... (Comunicación personal, miembro de iglesia evangélica, Pedro, junio de 2020)

Estos testimonios muestran que existe un punto donde evangélicos se acercaron a la Iglesia católica, hay que siempre recordar que estos creyentes no han transformado sus creencias doctrinales y su aprobación es en términos políticos y sociales mas no religiosos.

Las Iglesias ante la crisis sanitaria del Covid-19

La situación de Nicaragua es dantesca. Poco antes de cumplirse el segundo aniversario del inicio del levantamiento popular en Nicaragua en abril de 2018, "se anuncia el 18 de marzo de 2020 el primer caso de un paciente con Coronavirus en Nicaragua" (Corriols, 2020, p. 38). El coronavirus entra en Nicaragua en un contexto de crisis irresuelta, la crisis sociopolítica que inició en abril de 2018, que ya había socavado la credibilidad de la población en la efectividad del gobierno y minado el tejido social de Nicaragua, avanzaba sin una clara respuesta estatal (Deutsche Welle, 2020; Ortega Hegg, 2020; Osorio *et al.*, 2020).

Actualmente, sería correcto decir que Nicaragua se encuentra en un escenario de múltiples crisis, que amplifican sus efectos sobre la población ya violentada por el régimen autoritario de Daniel Ortega (Osorio *et al.*, 2020).

El coronavirus se convirtió en otro elemento a añadir a los discursos políticos de ambos grupos que buscan desacreditarse mutuamente frente a un cercano escenario electoral. Las estrategias planteadas frente a este virus fueron totalmente correspondientes a la posición política.

Por un lado, el gobierno optó por una negación de la realidad: advirtió que el daño en Nicaragua sería mínimo y que el sistema de salud del país estaba más que preparado para atender a los posibles casos positivos de coronavirus. El régimen de Ortega-Murillo optó por desacreditar, descalificar y hasta desprestigiar las medidas de prevención generales dictadas por la OMS y promovidas por grupos de oposición, alegando que son parte de la estrategia de los que intentaron darle un golpe de Estado en 2018. Además de argumentar que tiene un plan de "inmunidad del rebaño" (Ortega Hegg, 2020).

Por otro lado, grupos de la sociedad civil y otros independientes, muchos de estos miembros de organizaciones o grupos de oposición, al notar la falta de seriedad y de acciones preventivas contra la pandemia por parte del gobierno, tomaron la iniciativa y llamaron a que se lleven a cabo medidas, como la cuarentena, el confinamiento, el distanciamiento físico, el cierre de escuelas y universidades, moratorias de pago de impuestos o de servicios al gobierno, y promovieron la campaña #QuedateEnCasa (Ortega Hegg, 2020).

De hecho, el gobierno es incapaz de tomar las principales medidas de prevención sencillamente porque el Estado nicaragüense no tiene los recursos para promover y asumir el costo de esas medidas, como retraso de pagos de impuestos, etc., además de que la mayor parte de la población económicamente activa en Nicaragua se desempeña en trabajos del sector informal, es decir, depende enteramente del trabajo "día a día", por lo que promover una campaña de cuarentena y permanencia en casas resulta completamente inviable en Nicaragua, y esta necesidad del régimen de mantener la economía circulando y de aparentar un ambiente de normalidad los ha llevado a promover incluso eventos masivos (FUNIDES, 2020).

Esto ha tenido consecuencias graves entre la población general, y tampoco se puede confiar en los datos generados por el gobierno. De hecho, "a 2 de junio, el Gobierno reporta una mínima fracción de lo que está pasando realmente en Nicaragua: 1118 casos, incluyendo 46 defunciones (Luna, 2020). El Observatorio (2020) reporta 5027 casos sintomáticos y 1015 muertes sospechosas" (Corriols, 2020). El Observatorio Ciudadano Covid-19, al que se hace referencia en la cita, es un esfuerzo colaborativo de un equipo que está conformado por profesionales de la medicina, comunicación, investigación, ingeniería, informática y estudiantes que trabajan de forma voluntaria para combatir la desinformación promovida por el gobierno y salvar vidas (Observatorio Ciudadano Covid-19, Nicaragua, 2020).

A nivel de las instituciones religiosas, nuevamente se ven rupturas y pareciera que las posturas de cada sector están ligadas a sus visiones político-históricas, siendo así que la Iglesia católica, que no es miembro oficial de la oposición pero está identificada como un grupo abiertamente crítico y contrario al gobierno, optó desde el inicio por el cierre de templos y suspensión de ceremonias masivas, mientras que las iglesias evangélicas, identificadas como aliadas del régimen, han permanecido en muchos casos abiertas, lo que les permitió ser interpretadas como colaboradoras con el intento de normalización del régimen.

Así se ve entonces que la Iglesia católica tomó desde el inicio medidas de prevención y decidió cerrar sus templos de forma indefinida. La Conferencia Episcopal de Nicaragua, a través de un comunicado, advirtió que desde el 26 de marzo de 2020 las celebraciones litúrgicas se llevarían a cabo sin la presencia de fieles (Galo, 2020). Aunque templos y capillas del Santísimo Sacramento permanecieron abiertas como signo de una Iglesia samaritana, e invitaron a la feligresía a vivir cada celebración litúrgica uniéndose a los medios de comunicación de la Iglesia (CEN, 2020).

Consciente del precario sistema de salud de Nicaragua y la inaptitud del gobierno, el monseñor Álvarez, obispo de Matagalpa, preparó un proyecto de salud en su diócesis para prevenir el contagio y atender los casos sospechosos y confirmados que pudieran darse en el territorio. El proyecto estaba integrado por médicos voluntarios y otros profesionales de la salud y contemplaba la creación de un Centro de Prevención Médica (CPM) y un centro de atención telefónica para que la población pudiera comunicarse con personal de salud o personal capacitado y aclarar dudas en cuanto a la prevención y tratamiento de la enfermedad (100% Noticias, 2020a; Álvarez, 2020b; Artículo 66, 2020). Sin embargo, esta iniciativa fue denegada por el gobierno de Nicaragua a través del Ministerio de Salud (Minsa), que impidió no solo el trabajo de las potenciales clínicas, sino también el del centro de atención telefónica (Corriols, 2020; Silva, 2020; Vatican News, 2020).

Por otro lado, dentro del sector evangélico se tomaron principalmente tres posturas dependiendo del grado de (in)dependencia y fortaleza de cada organización religiosa, siendo estas: 1) las iglesias evangélicas que cerraron definitivamente sus templos hasta que el peligro de contagio masivo pasara, 2) las iglesias evangélicas que cerraron parcial o temporalmente y 3) las iglesias evangélicas que nunca cerraron sus templos. Empezaré analizando las iglesias que asumieron la tercera postura.

En este grupo se encuentran aquellas iglesias con un fundamentalismo religioso exacerbado, que sacralizan todo, o dan una lectura religiosa a hechos comunes, incluso la salud, argumentando que el enfermarse o mantenerse sano es algo que será determinado por Dios sin importar si estos están expuestos o no al virus, así han mantenido cultos y ceremonias masivas abiertos. Esto lo comprobé en visitas de campo, donde incluso se promovían los abrazos y no se tomaban medidas como uso de mascarillas o distanciamiento social.

Estas son las iglesias menos sólidas y pequeñas a nivel de barrio, enteramente dependientes de su membresía (normalmente inferior a los 40 miembros) para su existencia y el mantenimiento de un templo (alquiler de un local). Muchos de sus miembros vienen de contextos más vulnerables y necesitan un mayor acompañamiento de parte del pastor para sobrellevar las dificultades del día a día, y esa imposibilidad de cerrar el culto es lo que ha hecho que muchas iglesias evangélicas sigan abiertas y que exista un mayor número de pastores fallecidos producto del contagio. Según un registro detallado de la Alianza Evangélica Nicaragüense, entre el 12 de abril y el 15 de junio de 2020, al menos 44 pastores habían fallecido (Álvarez, 2020), sin embargo para el 29 de junio de 2020, luego de una actualización de sus registros, 16 pastores fueron añadidos a la lista, mientras que la Iglesia católica solo registraba el fallecimiento de tres sacerdotes y un obispo (López B., 2020).

Dentro de las iglesias que sí cerraron sus templos (primera posición) se encontraban, por ejemplo, las Asambleas de Dios. Su junta directiva anunció en mayo el cierre de los templos en las principales ciudades del país, por un periodo limitado y sometido a una evaluación posterior para extender o suspender esta medida, si bien mantuvo interesantemente abiertos los templos que están "menos expuestos por su posición geográfica" preservando las recomendaciones de limpieza y distancia social (Baltodano, 2020). Otras grandes denominaciones también cerraron sus templos por periodos similares, como la Convención Bautista, la Asociación de Iglesias de Dios, la Fraternidad de Iglesias Evangélicas Misión Centroamericana de Nicaragua, entre otras (100% Noticias, 2020b).

Dentro del segundo grupo se encuentran las denominaciones independientes que no están afiliadas a grandes grupos como las Asambleas de Dios, sino que representan a un tipo especial de iglesias, los ejemplos más claros son las iglesias Ríos de Agua Viva y Ministerio Apostolar Centro Cristiano, las cuales cerraron durante algunos meses, pero cuyos miembros seguían reuniéndose en el formato de células, su estructura de cobertura de las ciudades de forma escalonada permite el monitoreo constante.

Algunas de estas denominaciones independientes poseen grandes templos y al momento de reabrirlos lo hicieron con mayores medidas de seguridad, por ejemplo distanciamiento de 1,5 metros, un lavado de manos adecuado, imposición de la mascarilla. Tal es el caso de iglesias como Ríos de Agua Viva y Ministerio Apostolar Centro Cristiano.

En este sentido, puedo afirmar que no existe en el caso de las Iglesias evangélicas (salvo alguna que otra excepción) una correspondencia entre postura política y la decisión de cerrar los templos. Estas reacciones tan diferenciadas responden a otros factores, es más una cuestión de análisis de riesgos, beneficios y condiciones. La pandemia del Covid-19 trastocó nuevamente las relaciones de fuerza de las instituciones religiosas en un contexto ya de estrés para estas, donde existe una clara disparidad entre la diversidad de Iglesias evangélicas y la Iglesia católica que está evidentemente mejor dotada de recursos financieros, tecnológicos, arquitectónicos y a partir de la crisis de 2018 fortalecida en términos de legitimidad por su actuar. Debido a su solidez y estabilidad, cobertura y recursos logró trasladar todas sus ceremonias a un formato virtual sin miedo a que su membresía o simpatizantes puedan migrar hacia otros templos o expresiones religiosas.

El rol de las Iglesias en el futuro: la reconciliación

Como se mencionó antes, Nicaragua se encuentra actualmente en una doble crisis irresuelta. El año 2021 será tal vez el año electoral más contendido desde 1990, nuevamente será necesaria la unidad de todos los sectores[3] y fuerzas políticas para derrotar al Frente Sandinista de Daniel Ortega si se dan las elecciones.

Hay que considerar que existe siempre una ilusión de transformación inmediata luego de unas elecciones o un cambio de gobierno. En un escenario imaginario donde el Frente Sandinista es derrotado se heredarán varios problemas económicos, legales y sociales; en cuanto a participación de las Iglesias en este escenario destaca el tema de la reconciliación. Varios de los entrevistados mencionan al respecto el problema del odio y la necesidad de trabajarlo para la reconstrucción del país.

> La iglesia va a jugar un rol más importante en el tema de la reconciliación porque ese va a ser el canal más duro, porque el país está quebrado, está muy fraccionado, hay mucho odio, un odio promovido por el gobierno sobre todo, pero también del lado Azul y Blanco hay mucho odio también y en un país con esos niveles de odio no haces nada. Creo que la iglesia es la llamada, ellos tienen su compromiso a involucrarse a ese tema de la reconciliación, tema del perdón, tema del entendimiento, cohabitación. Yo no veo otro actor, yo siento que ellos también quieren serlo, los otros actores ven esos temas espinosos y es difícil tomarlos. (Comunicación personal, Hamlet, abril de 2020)

La percepción de Hamlet, quien es activista, no está alejada de la realidad, puesto que se confirma en las entrevistas a clérigos y pastores. Al hablar con un sacerdote que estuvo en medio

---

[3] La oposición no es homogénea. Está conformada por diversos grupos en muchos casos antagónicos, por ejemplo, grupos feministas e Iglesia católica, sector empresarial, sector campesino, exmiembros del partido FSLN, actualmente organizados en el MRS (Movimiento de Renovación Sandinista), un partido político conformado por disidentes del FSLN, entre otros.

de los combates y que trabajó en mediación de conflictos él mencionaba:

> Yo me veo a mí mediando siempre, yo me veo a mí repartiendo paquetes siempre, me veo a mí predicando en la misa que todos somos hermanos, que podemos reconstruir la Nicaragua menos polarizada, me veo a mí animando al paramilitar y al joven diciéndole que empecemos un proceso de justicia, un proceso de sanación, de reconciliación en el sentido profundo de la palabra… de antemano te digo, no vamos a promover una reconciliación donde el victimario siga con las armas… (Comunicación personal, sacerdote católico, Elías, julio de 2020)

Por su parte, las Iglesias evangélicas parecen haber crecido precisamente en este contexto de crisis, toda vez que el Estado no tiene (o no tuvo) como prioridad sanar las heridas sociales dejadas por los conflictos del pasado, un rol que bien pudo ser suplido por estas instituciones religiosas en ciertos sectores de la sociedad.

En este contexto, los mismos entrevistados afirman que estas tendrán un papel importante, diferenciando entre el pueblo evangélico y los liderazgos mediáticos:

> Las iglesias evangélicas tienen que asumir algún rol porque también ellos son parte del pueblo y tienen mucha parte del pueblo como sus ovejas, como sus miembros de sus iglesias y gente que está comprometida con la lucha, porque tenemos muchísimos evangélicos, como nosotros decimos, de los pata en el suelo como nosotros que están del lado del pueblo. (Comunicación personal, madre de expreso político con altar vandálico, María, agosto de 2020)

Definitivamente, esta será la tarea más grande y próxima para las instituciones religiosas en apoyo a los próximos gobiernos y en especial a la sociedad nicaragüense, la superación de rencores y el odio a lo interno de la sociedad. Posiblemente también por eso experimentarán otro crecimiento en su membresía, aunque podría ser menor que en casos anteriores.

Conclusiones

Quiero mantener mis conclusiones en un nivel muy general, toda vez que faltan muchas informaciones y detalles que no pudieron ser presentados en el texto.

Como primera conclusión considero que el régimen de Daniel Ortega en un inicio buscó actores que también necesitaban fortalecimiento y apoyo, con los cuales se alió, tratando de mantener alianzas con algunos personajes particulares de la Iglesia católica y en general con los liderazgos mediáticos del movimiento evangélico. Al llegar al poder continuó con su política de prebendas y favores legales y monetarios que de alguna forma comprometieron el actuar de muchas Iglesias evangélicas, y les impidió tomar una postura más distante al régimen luego de la crisis.

La crisis generada en 2018 catapultó a la Iglesia católica nuevamente en Nicaragua; aunque no recupere su presencia en el campo religioso en términos de membresía, en términos de credibilidad está mucho mejor posicionada para las próximas décadas, considerando que quienes iniciaron la lucha más visible y reconocible fueron los jóvenes en abril de 2018 y que estos tienen una visión más positiva de la Iglesia católica en general.

La construcción del poder del régimen no solo se debe a un control y dominio histórico de las fuerzas de represión, sino también al uso de la violencia estructural y alianzas con figuras y grupos religiosos para poder ejercer violencia cultural y facilitar el uso de violencia estructural por medio de los discursos de aprobación de leyes.

Los fraccionamientos entre Iglesias evangélicas se han intensificado, anteriormente el oponente o enemigo común era la Iglesia católica por su "idolatría y doctrinas falsas o equivocadas". Sin embargo, la participación de sus clérigos desvió el foco de atención de las doctrinas como elemento para ser juzgado y en su lugar, la participación política y rol social se convirtió en un elemento integrador y decisivo para que sea percibido positivamente, incluso dentro del sector evangélico.

La participación de sacerdotes y la Iglesia católica provocó una radicalización de algunos evangélicos que consideraban que cualquier forma de participación política es contraria a la vida cristiana, pero también provocó acercamientos entre buena parte del sector evangélico hacia la Iglesia católica. Es necesario aclarar, y es lo más interesante, que los mismos creyentes evangélicos que apoyan a la Iglesia católica no cambian su fe, aunque sientan respeto y agradecimiento por ella por el compromiso social que mostraron.

El gobierno no ha cesado sus ataques, y la presencia policial en las calles es permanente. Sin embargo, esto es muestra de un debilitamiento progresivo del mantenimiento del poder, además, los ataques directos contra templos corresponden a una estrategia desesperada por infringir miedo en el grupo más sólido de críticos a su permanencia en el poder; no obstante, este intento de deslegitimación y constante asedio cada vez posee menos recepción entre la población.

Debido a su participación tan activa y visible, el poder y la credibilidad de la Iglesia católica han sido restituidos y consolidados; no sería de extrañar que se convierta en una de las más poderosas de América Latina en los próximos años.

Considero que la Iglesia católica y las Iglesias evangélicas en muchos casos se enfocarán directamente en la reconciliación visible y directa de las partes en conflicto, es decir, en solucionar las consecuencias de la violencia directa, que fue causada, como ya se ha dicho, por la violencia cultural y estructural. En este sentido, la transformación de las estructuras que generan violencia deben ser también cambiadas por estructuras que generen paz y así también es necesario "sustituir una cultura de violencia por una cultura de paz" (Galtung, 1998, p. 72), y en ese caso el rol de las Iglesias será tan interesante como determinante y evidente, tanto en la transformación de estructuras y promoción de leyes y políticas públicas, como en su defensa con base en valores morales tradicionales.

Imagen 1 (derechos del autor).

Imagen 2 (derechos del autor).

Imagen 3 (derechos del autor).

Imagen 4 (derechos del autor).

Imagen 5 (derechos del autor).

Imagen 6 (derechos del autor).

Referencias

100% Noticias (2020a, abril 5). *Diócesis de Matagalpa anuncia Centros de Prevención Médica para disminuir los contagios por Covid-19.* 100noticias.com.ni; 100% Noticias. https://bit.ly/3muEOnC.100% Noticias (2020b, mayo 13). *Iglesias evangélicas anuncian cierre de templos para prevenir el contagio Covid-19.* 100noticias.com.ni; 100% Noticias. https://bit.ly/3y9oCKF,

Agudelo Builes, I. y Martínez Cruz, J. (2020). Revueltas de abril: Narrativas, redes y espacios en disputa. En *Nicaragua 2018. La Insurrección cívica de abril.* UCA Publicaciones, Universidad Centroamericana (UCA).

Agüero, A. (2019, diciembre 7). Altares vandálicos azul y blanco: Una nueva manera de seguir resistiendo contra el dictador. *La Prensa.* https://bit.ly/2WgiJOG.

Aguirre Salinas, C. y Araica, A. (2010). *Pentecostalismo en transición y globalización en Nicaragua: Influencia de las nuevas corrientes religiosas en la praxis social y política de las iglesias pentecostales.* Centro de Estudios Internacionales.

Álvarez, L. (2019, diciembre 21). Presos políticos: La historia de "Los aguadores de a pie" de Masaya. *La Prensa.* https://bit.ly/3moHeEq.Álvarez, L. (2020a, febrero 1). Al menos 500 personas realizan su propia procesión de Santo Domingo. *La Prensa.* https://bit.ly/3jbKkJO.Álvarez, L. (2020b, abril 7). Funides se pone a disposición de la Diócesis de Matagalpa para apoyar la iniciativa del obispo Rolando Álvarez. *La Prensa.* https://bit.ly/3jbKP6E.Álvarez, W. (2020, junio 18). Más de 40 pastores evangélicos han fallecido en el contexto de la pandemia en Nicaragua. Estos son los departamentos más afectados. *La Prensa.* https://bit.ly/3jagGoe.

Artículo 66 (2020, abril 5). La Iglesia católica toma iniciativa de atención a personas con Covid-19 Monseñor Rolando Álvarez instalará centro médico. *Artículo*

66. https://bit.ly/3B7RDs3.Baltodano, I. (2020, mayo 13). Asambleas de Dios anuncian el cierre de templos en Nicaragua como medida ante el Covid-19. *La Prensa*. https://bit.ly/3zfY1gy.

Cabrales Domínguez, S. M. (2019). *Terremoto sociopolítico en Nicaragua: Procesos, mecanismos y resultado de la inesperada oleada de protestas de 2018*. Pittsburgh: University of Pittsburgh.

Cabrales Domínguez, S. M. (2020). *Sismología Social: Observatorio de Protestas Nicaragua*. https://bit.ly/3sJ3RnY.

Centro de Investigaciones de la Comunicación (CINCO) (2014). La reunión entre los obispos y el gobierno: Sin "selfie" ni foto de familia. *PERSPECTIVAS*, N° 83.

Centro de Investigaciones de la Comunicación (CINCO) (2019, septiembre). Las nuevas formas de la violencia en Nicaragua. *PERSPECTIVAS*, No 136.

Conferencia Episcopal de Nicaragua (2020). *Comunicado 23.03.2020. Conferencia Episcopal de Nicaragua.*

Confidencial (2018, abril 21). *Monseñor Báez: "Su causa es justa y la Iglesia los apoya"*. https://bit.ly/3jfOIHX.Corriols, M. (2020). Determinantes sociales de la pandemia de Covid-19 en Nicaragua. En *Covid-19, el caso de Nicaragua. Aportes para enfrentar la pandemia*. (Segunda edición, pp. 37-47). Academia de Ciencias de Nicaragua.

Cruz, A. y Calero, M. (2019, noviembre 14). Al menos 13 detenidos por la Policía Orteguista por intentar llevar víveres a la Iglesia San Miguel Arcángel en Masaya. *La Prensa*. https://bit.ly/3yb6e49.

Cruz, E. (2019, enero 6). Edgard Parrales: "Ortega tiene el poder por la fuerza". *La Prensa*. https://bit.ly/3zhb-SD4.Cruz, J. D. (2020, agosto 1). Desobedecen a la Iglesia y sacan procesión de Santo Domingo. *Despacho 505*. https://bit.ly/3koALGG.

Deutsche Welle (2020, junio 29). *Nicaragua "carga con dos cruces", dice obispo católico*. DW.COM. https://bit.ly/2UIwRjg.

Edición Digital (2018a, julio 9). Así te contamos como fue el asedio a los obispos en Diriamba, Carazo. *La Prensa*. https://bit.ly/3mIl93Z.

Edición Digital (2018b, julio 15). Así quedó la parroquia Divina Misericordia tras el ataque de paramilitares. *La Prensa*. https://bit.ly/3muUyY2.Edición Digital (2019, julio 12). Policía orteguista asedia la iglesia Divina Misericordia, en Managua. *La Prensa*. https://bit.ly/38gqyXb.FUNIDES (2020). *Nicaragua. Informe de Coyuntura. Abril 2020*. Fundación Nicaragüense para el Desarrollo Económico y Social (FUNIDES).

Galo, J. E. (2020, abril 23). Iglesia católica suspende misas presenciales de Semana Santa para evitar contagio por coronavirus. *La Prensa*. https://bit.ly/38bk2kM.Galtung, J. (1989). *Violencia cultural (Documento N°14)*. Bilbao: Gernika Gogoratuz.

Galtung, J. (1998). *Tras la violencia, 3R: reconstrucción, reconciliación, resolución: Afrontando los efectos visibles e invisibles de la guerra y la violencia*. Bilbao: Gernika Gogoratuz.

Garcia, E. y González, J. L. (2019, junio 16). CIDH condena ataque a feligreses en catedral de León. *El Nuevo Diario*. https://bit.ly/388Ejr1.García Peralta, M. (2019, diciembre 8). Fotogalería | Protesta azul y blanco en "altares vandálicos" de la Gritería. *Niú*. https://bit.ly/3sIyBpe.Hernández Pico SJ, J. (2010). *No sea así entre ustedes: Ensayo sobre política y esperanza*. El Salvador: UCA Editores.

Jiménez, J. (2015). El Código de la Familia es el último eslabón de un proyecto de control social. *Revista Envío*, 398. https://bit.ly/3mt9Hc8.

López, l. y Bow, J. C. (2019, noviembre 19). Turbas orteguistas profanan Catedral de Managua y golpean a sacerdote. *Confidencial*. https://bit.ly/3mt9JRi.López B, L. (2020, junio 29). Iglesia evangélica llora a otros 16 pastores fallecidos en el contexto de la pandemia. Ya suman 64 líderes muertos. *La Prensa*. https://bit.ly/3myirOb.

López Baltodano, M. (2014). Canal Interoceánico: 25 verdades, 40 violaciones a la Constitución. *Revista Envío 382* . https://bit.ly/3BebG8x.

Luna, Y. (2018, agosto 15). Celebran "Gritería chiquita" en Nicaragua con altares azul y blanco. *Niú*. https://bit.ly/2Wm7nZR.

Medina Sánchez, F. (2019, junio 23). Ataques y saqueos a iglesias en Nicaragua: El régimen de Daniel Ortega revive su pelea de los 80. *Infobae*. https://bit.ly/3lc1HtF.

Mendoza, Y. y Torréz, C. (2020, julio 31). Cardenal Brenes sobre ataque en la Catedral de Managua: "Este fue un acto planificado… es un acto de terrorismo". *La Prensa*. https://bit.ly/2Wn6obD.Miranda, W. (2020, julio 31). Un atentado con bomba molotov incendia la capilla de la Catedral Metropolitana de Managua. *El País*. https://bit.ly/386sBgG.Mogollón, A. (2019, junio 15). Orteguistas atacan la catedral de León, donde se realizaba un homenaje al monaguillo asesinado. *La Prensa*. https://bit.ly/3gscUF0.Munguía, I. (2019, junio 16). Turbas atacan en catedral de León, durante misa por Sandor Dolmus. *Confidencial*. https://bit.ly/3kk4T6i.

Nicaragua investiga (2019a, julio 12). La Divina Misericordia permanece cercada por la Policía Nacional. *Nicaragua Investiga*. https://bit.ly/2WkYa40.

Nicaragua investiga (2019b, noviembre 22). Una ambulancia ingresa al templo San Miguel Arcángel, en Masaya y rescata a familiares de presos políticos. *Nicaragua Investiga*. https://bit.ly/3yXgJIO.

Nicaragua investiga (2020, julio 13). Crónica de un día bajo fuego: Ataque a la iglesia Divina Misericordia. *Nicaragua Investiga*. https://bit.ly/2VyF9La.

Observatorio Ciudadano – Covid-19 Nicaragua (2020). *Observatorio Ciudadano – Covid-19 Nicaragua*. https://observatorioni.org/

Ocaña, D. (2019, diciembre 8). Nicaragüenses transforman tradición religiosa en una forma de protesta. *Voice of America–Spanish*. https://bit.ly/3ycoVV9.

Ortega Hegg, M. (2020). Covid-19: La lógica oculta de los actores sociales. En *Covid-19, el caso de Nicaragua. Aportes para enfrentar la pandemia.* (Segunda edición, pp. 55-61). Academia de Ciencias de Nicaragua.

Osorio, H., Sánchez, M. y Dinarte, J. (2020). Política y vida en el contexto de la pandemia en Nicaragua. En *Covid-19, el caso de Nicaragua. Aportes para enfrentar la pandemia.* (Segunda edición, pp. 62-67). Academia de Ciencias de Nicaragua.

Pérez-Baltodano, A. (2015). Providencialismo y discurso político en Nicaragua. *Nueva Sociedad*, N° 260, 67-80.

Rodgers, D. (2012). Haussmannization in the tropics: Abject urbanism and infrastructural violence in Nicaragua. *Ethnography*, 413-438. https://bit.ly/3mq3u0F.

Salinas, C. (2018, junio 11). Nicaragua se alza en barricadas contra Ortega. *El País*. https://bit.ly/3jdkMMD.

Salinas, C. (2019, noviembre 18). El cerco policial de Ortega a una parroquia rebelde en Nicaragua cumple cinco días. *El País*. https://bit.ly/389svop.

Sánchez, M., Castro, D. y Rodríguez, R. (2015). *Ciudadanía y violencia: Una aproximación a sus múltiples expresiones en Nicaragua.* Centro de Análilsis Sociocultural. https://bit.ly/2UOZb3G.Silva, D. (2020, abril 6). Rechazo e indignación por decisión del Minsa de bloquear Centros Médicos en Matagalpa. *Despacho 505*. https://bit.ly/2Wn5WtW.Solís, A. (2013). La Ley 779 tiene una larga historia de lucha y su reforma envía a la sociedad un mensaje muy negativo. *Revista Envío*, 380. https://bit.ly/3ydsL0l.Staff Niú (2018, diciembre 7). Altares "vandálicos" para la gritería de una Nicaragua en crisis. *Niú*. https://bit.ly/3Dee0hv.

Tijerino, J. y Cruz, A. (2019, julio 9). Llamada del nuncio detuvo ataque a obispos en Diriamba. *El Nuevo Diario*. https://bit.ly/3zdYP5q.Tórrez García, C. (2020, noviembre 20). Ocho días de intimidación y asedio policial en la iglesia San Miguel Arcángel de Masaya. *La Prensa*. https://bit.ly/3yeEFa7.

Torréz García, C. y Álvarez, L. (2019, noviembre 19). Se mantiene el bloqueo policial a Catedral de Managua y a la iglesia San Miguel Arcángel de Masaya. *La Prensa*. https://bit.ly/3sIDY7S.

Vatican News (2020, abril 6). Nicaragua. Impiden a obispo creación de centro médico para combatir Covid-19. https://bit.ly/3yfdMTE.Vega Sánchez, L. (2020, julio 31). Resguardan imagen de Santo Domingo ante ataque a la Catedral. Vostv.com.ni; *Vos TV*. https://bit.ly/388H2AC.Velásquez, U. (2018a, julio 10). Saquean parroquia en Jinotepe. *El Nuevo Diario*. https://bit.ly/2Wjxmkq.

Velásquez, U. (2018b, julio 10). Turbas golpean a obispos. *El Nuevo Diario*. https://bit.ly/3zrbdyY.

Velásquez, U. (2019, noviembre 16). Madres en huelga de hambre claman por agua y Edwin Román pide comida. *Despacho 505*. https://bit.ly/3DgorBh.

Desaparición forzada en México, el caso Ayotzinapa

Carmen Chinas

Está muy fuerte lo que van a ver, le quitaron el rostro a su compañero, prácticamente lo hicieron cuando él estaba con vida todavía".
Dice: "Lo torturaron, fue una tortura muy tremenda".

Antillón Najlis, 2018

Resumen

Este trabajo se centra, principalmente, en el proceso legal que se llevó a cabo en México con relación a la desaparición de 43 estudiantes normalistas de la Escuela Rural "Raúl Isidro Burgos", ocurrida en septiembre de 2014, la respuesta inicial de autoridades locales ante el señalamiento de desaparición forzada y la intervención de la Comisión Interamericana de Derechos Humanos (CIDH) que, atendiendo el reclamo de los familiares, instó al gobierno de México a establecer el paradero de los 43 futuros maestros, preservar su derecho a la vida y la integridad personal. Asimismo, pondera los aportes que realizó a la investigación el Grupo Interdisciplinario de Expertas y Expertos Independientes (GIEI) desde una perspectiva de derechos humanos y centrada en las víctimas, asumiéndolo como un proceso que resulta inédito en la historia de la legislación mexicana en materia de crímenes contra los derechos humanos, algo que, sin embargo, no ha resultado suficiente para dar con el paradero de las víctimas ni responder a las demandas de justicia de sus familias.

Abstract

This paper focuses on the legal process that took place in Mexico concerning the disappearance of 43 students from the "Raúl Isidro Burgos" School in September 2014, the initial reactions of the local authorities, and the intervention of the Inter-American Commission on Human Rights (IACHR) which, responding to the claim of the victims' relatives, urged the Mexican government to establish the whereabouts of the 43 students, preserving their right to life and integrity. The paper also considers the contributions made by the Interdisciplinary Group of Independent Experts (GIEI in Spanish) from a human rights and victims-focused perspective, which is an unprecedented process in the history of Mexican legislation on crimes against human rights. Nevertheless, these contributions, and the compromise of the new government of Manuel López Obrador in terms of strengthening the human rights policies, have not been enough to find the victims nor to respond to the demands for justice of their families.

Las desapariciones en los setentas

La desaparición forzada es un crimen de lesa humanidad que se utilizó de manera recurrente en el contexto de dictaduras latinoamericanas como mecanismo de terror y control de población por parte de regímenes militarizados de Centro y Sudamérica. En el caso de México, si bien no hubo gobiernos de corte militar en las décadas de los sesenta y setenta, la desaparición forzada también fue un mecanismo de persecución hacia las personas que reivindicaron la lucha armada, la guerrillera o el pensamiento político de izquierda. El Estado mexicano nunca reconoció que existiera desaparición forzada, pero los colectivos de familias, como el Comité Eureka, denunciaron ante instancias internacionales esa práctica como medida de represión.

La desaparición forzada se erigió en una práctica dirigida hacia un sector de la población: activistas y guerrilleros. De acuerdo con Bonilla (2015), del primero de enero de 1969 al 13 de septiembre de 1999, se registró la desaparición forzada de 480 personas en 17 entidades de la república; en el 62% de los casos (296), elementos del ejército mexicano estuvieron involucrados; 61% de las desapariciones (293) ocurrieron en el estado de Guerrero, 9% en el Distrito Federal (44), 8% en Jalisco (38) y 5.4% (26) en Sinaloa (Bonilla, 2015).

Para Zamora (2009), el ataque contra los guerrilleros fue sistemático y cubrió todos los planos. No solo se recurrió al argumento jurídico para fincar la persecución contra los militantes de la guerrilla, sino que la descalificación ideológica también jugó un papel importante. Se tildó de "amenaza roja" a los grupos armados como expresión de las fuerzas transformadoras, y se ligó la lucha de los guerrilleros con intereses ajenos que buscaban arruinar al país.

Por su parte, la investigadora Leticia Carrasco, especialista en el tema de la guerrilla y desaparecidos en Jalisco, en entrevista con Díaz Betancour (2006) señala, respecto a la indagación sobre los guerrilleros de El Zapote (nueve jóvenes que se unieron a las fuerzas revolucionarias y están dentro de la lista de los desaparecidos de Guadalajara), que el relato de sus acciones "documenta la responsabilidad que el Estado tenía en su política de exterminio a la guerrilla tanto urbana como rural, y la responsabilidad del Ejército y de las corporaciones policiacas y organismos paramilitares creados para este fin" (Díaz Betancourt, 2006).

Si no existía reconocimiento por parte de las autoridades mexicanas sobre la práctica de la desaparición de personas, tampoco había un mecanismo legal para atender los casos de los sesenta, setenta y principios de los ochenta.

Cuando surge la Comisión Nacional de Derechos Humanos (CNDH) en 1990, la Secretaría de Gobernación le entrega los expedientes, se abre en la CNDH una investigación que dura más de diez años y se emite una recomendación con relación a la desaparición forzada. Por primera vez hay una investigación sistemática sobre el tema, aunque diversos colectivos califican su alcance como limitado.[1]

La Comisión Nacional de Derechos Humanos crea en 1990 el Programa Presuntos Desaparecidos, para conocer e investigar quejas relativas a personas de las que se desconoce su paradero y cuya desaparición presuntamente involucra la participación de alguna autoridad o servidor público, además de coadyuvar con los órganos de procuración de justicia en la búsqueda de los agraviados (CNDH, 2014).

En 1999 se realizó un balance sobre el programa y se clasificaron los casos documentados por la CNDH. Hasta ese momento, se establecieron 308 desapariciones en zona rural y 174 en zonas urbanas. La CNDH realizó trabajo de campo, investigaciones y documentó violaciones a derechos fundamentales, acciones de tortura, tratos crueles, inhumanos y degradantes. Al concluir la revisión e investigación de 532 expedientes de queja sobre desapariciones forzadas ocurridas durante la década de los setenta y principios de los ochenta, se emitió una recomendación a quien fuera presidente de la república entre los años 2000 y 2006, Vicente Fox, de otorgar garantías de no repetición y la

---

[1] Informe Conjunto al Comité contra las Desapariciones Forzadas en el marco de la adopción de la lista de cuestiones durante la Séptima Sesión del Comité (15-26 de septiembre de 2014), presentado el 31 de mayo de 2014. Centro de Derechos Humanos Miguel Agustín Pro Juárez; Fundar, Centro de Análisis e Investigación; H.I.J.O.S. México (Hijos por la Identidad y la Justicia contra el Olvido y el Silencio, México); Comisión Mexicana de Defensa y Promoción de los Derechos Humanos; Fundación Diego Lucero; Asociación de Familiares de Detenidos Desaparecidos y Víctimas de Violaciones a los Derechos Humanos en México; Comité 68; Unión de Madres con Hijos Desaparecidos de Sinaloa; Comité de Madres de Desaparecidos Políticos de Chihuahua; Nacidos en la Tempestad; Red Nacional de Organismos Civiles de Derechos Humanos "Todos los Derechos para Todas y Todos". Puede consultarse completo en https://bit.ly/3zdTCe4.

instalación de una fiscalía especial que investigue y sancione los delitos que resulten procedentes (CNDH, Recomendación 26/2001).

Atendiendo esa recomendación, el gobierno de Vicente Fox firmó el acuerdo por el que se disponían diversas medidas para la procuración de justicia por delitos cometidos contra personas vinculadas con movimientos sociales y políticos del pasado, señalando entre otros argumentos que "el Gobierno de la República asumió el firme compromiso de defender y promover los derechos humanos y de combatir la impunidad" (DOF, 27/11/2001).[2]

Derivada de dicho compromiso, se crea la Fiscalía Especial para Movimientos Sociales y Políticos del Pasado (FEMOSPP), que surge con los siguientes propósitos:

> Concentrar y conocer de las investigaciones, integrar las averiguaciones previas que se inicien con motivo de las denuncias o querellas formuladas por hechos probablemente constitutivos de delitos federales cometidos directa o indirectamente por servidores públicos contra personas vinculadas con movimientos sociales o políticos, así como de perseguir los delitos que resulten ante los tribunales competentes y, en general, resolver conforme a derecho proceda. (DOF, 27/11/2001)

Su trabajo los lleva a presentar un primer informe sobre la situación en México con relación a la represión del Estado, el que nunca se hizo público de forma oficial. Sin embargo, se dio a conocer un primer borrador inicial a través del portal del National Security Archive, de la Universidad George Washington (2006), el cual aún puede ser consultado en su base de datos[3] y en el que se encuentran

---

2   Diario Oficial de la Federación (27/11/2001). Acuerdo por el que se disponen diversas medidas para la procuración de justicia por delitos cometidos contra personas vinculadas con movimientos sociales y políticos del pasado. Capítulo 1, artículo 1. https://bit.ly/2Wjz9pE.
3   Informe Documenta sobre 18 años de "Guerra Sucia" en México. The National Security Archive, 26 de febrero de 2006. https://bit.ly/2WjLmuv.

listas con nombres y datos específicos de los desaparecidos por región del país.

La FEMOSPP se disolvió en marzo de 2007 sin haber conseguido una sola sentencia condenatoria por delitos cometidos durante los acontecimientos del 2 de octubre de 1968 y del 10 de junio de 1971 (Méndez, 2007).

El caso de Rosendo Radilla y la tipificación de la desaparición forzada

La inclusión del tipo penal (delito) de desaparición forzada en México deriva de la sentencia de la Corte Interamericana de Derechos Humanos (CIDH) en contra del Estado mexicano (noviembre 2009) que se refiere a la desaparición forzada del Sr. Rosendo Radilla Pacheco. La desaparición del Sr. Radilla habría tenido lugar el 25 de agosto de 1974 a manos de efectivos del ejército en el Estado de Guerrero, México.

En la sentencia de la CIDH, por primera vez se condena al Estado mexicano por el delito de desaparición forzada y se ordena armonizar la legislación para que se reconozcan las obligaciones de las autoridades en todos sus niveles con relación a la protección de los derechos humanos (DOF, 09/02/2010).[4]

En el caso de Radilla Pacheco contra México,[5] la sentencia de la Corte Interamericana de Derechos Humanos determinó que los tribunales nacionales debían ejercer el

---

[4] Diario Oficial de la Federación (09/02/2010). Acuerdo por el que se ordena la publicación de los párrafos uno a siete, cincuenta y dos a sesenta y seis, y ciento catorce a trescientos cincuenta y ocho de la Sentencia emitida el veintitrés de noviembre de dos mil nueve, por la Corte Interamericana de Derechos Humanos, en el caso número 12.511, Rosendo Radilla Pacheco vs. Estados Unidos Mexicanos. https://bit.ly/3zeqqUh.

[5] Puede consultarse todo el proceso en "Corte Interamericana de Derechos Humanos. Escritos principales: Caso Radilla Pacheco vs. México". https://bit.ly/38c0VXy.

control de convencionalidad, es decir que los tribunales locales y federales del Estado mexicano no deben limitarse a aplicar solo las leyes locales o federales, sino que quedan también obligados a aplicar la Constitución, los tratados o convenciones internacionales y la jurisprudencia emitida por la Corte Interamericana de Derechos Humanos.

La sentencia de la CIDH estableció que "[a] más de 33 años de los hechos, existe total impunidad ya que el Estado no ha sancionado penalmente a los responsables, ni ha asegurado a los familiares una adecuada reparación" (p. 2).[6] En los resolutivos de la sentencia, el numeral 11 señala que el Estado deberá adoptar, en un plazo razonable, las reformas legislativas pertinentes para compatibilizar el artículo 215 A del Código Penal Federal con los estándares internacionales en la materia y de la Convención Interamericana sobre Desaparición Forzada de Personas.

Comisión de la Verdad del Estado de Guerrero

Antes de los crímenes de Iguala de septiembre de 2014, en los que desaparecieron los 43 estudiantes normalistas de Ayotzinapa, ya se había iniciado una investigación sobre desapariciones forzadas ocurridas en el Estado de Guerrero. El Poder Legislativo de esa entidad creó, en abril de 2012,[7] una Comisión de la Verdad que presentó su informe en octubre de 2014.[8] El texto documenta los antecedentes de la llamada "Guerra Sucia", el registro de personas y comunidades afectadas por la violación a los derechos,

---

6 Corte Interamericana de Derechos Humanos. Caso Radilla Pacheco vs. Estados Unidos Mexicanos, sentencia del 23 de noviembre de 2009 (*Excepciones Preliminares, Fondo, Reparaciones y Costas*). https://bit.ly/3jb1abS.

7 Ley número 932 por la que se crea la Comisión de la Verdad para la investigación de las violaciones a los derechos humanos durante la Guerra Sucia de los años sesenta y setenta del Estado de Guerrero. https://bit.ly/2WezOJm.

8 Comisión de la Verdad del Estado de Guerrero. Informe Final de Actividades (octubre 2014). https://bit.ly/3yc0nLR.

la situación de familiares y sobrevivientes de desaparición forzada y diversas propuestas de medidas para la reparación integral del daño y de no repetición.

El informe de la Comisión de Verdad del Estado de Guerrero (2014) registra los casos de desaparición forzada en los siguientes términos: se daba seguimiento especial a toda persona que fuera relacionada con ideas de oposición, "el comunismo o ideas comunistas" (p. 10). No solo se trató de un "exterminio de la guerrilla" sino que la represión y exterminio fue masivo y ampliado al sector urbano, especialmente, en los estudiantes tanto en Guerrero como en otros estados, que por el simple hecho de ser estudiantes eran sospechosos de apoyar o abastecer a la guerrilla (p. 34).

El informe detalla la cantidad de entrevistas, testimonios y archivos que fueron consultados para establecer una relación de personas detenidas-desaparecidas en el estado de Guerrero y los procedimientos o mecanismos a través de los cuales se les privaba de la vida o la libertad. Destacan los llamados vuelos de la muerte que, a semejanza de las dictaduras del Cono Sur, transportaban en pequeñas aeronaves los cuerpos de las personas ejecutadas extrajudicialmente para arrojarlos al mar.

También se señala que "la represión en Guerrero, durante la Guerra Sucia, fue sistemática toda vez que queda demostrado que no se trató de represión casual o al azar, sino que se debió a un patrón regular y preconcebido, donde se utilizaron recursos públicos" (p. 43). El informe es un intento por establecer la responsabilidad del Estado con relación a lo sucedido con líderes guerrilleros, sociales y comunitarios del estado de Guerrero que fueron perseguidos por las autoridades de los diferentes niveles de gobierno al considerar que sus acciones pondrían en riesgo la estabilidad de la región. Ofrece una lista de personas que de acuerdo con datos proporcionados por sus familiares y los registros de autoridad se encuentran desaparecidas, realiza un intento por acercarse a las víctimas, presenta algunas opciones para la reparación del daño y otorgar garantías de no repetición.

La investigación oficial sobre el ataque a los normalistas de Ayotzinapa

Con relación a las numerosas agresiones que sufrieron los estudiantes normalistas de Ayotzinapa entre la noche del 26 y la madrugada del 27 de septiembre de 2014, al principio hubo confusión en torno a lo que estaba sucediendo, no se sabía cuantas personas habrían perdido la vida o la cantidad de estudiantes que se encontraban en condición de desaparecidos.[9] Las primeras informaciones de los medios de comunicación respecto al caso hacían referencia a un grupo de normalistas que se encontraba en la población de Iguala, en Guerrero, esperando partir en autobuses hacia la Ciudad de México, y que fueron atacados con armas de fuego poco antes de iniciar el viaje.

Las primeras versiones entregadas por autoridades, como la Procuraduría General de la República (PGR) a través de su titular el Sr. Murillo Karam,[10] pretendieron señalar que los normalistas, en complicidad con el crimen organizado, buscaban sabotear el informe de actividades de la presidenta de la institución municipal denominada Desarrollo Integral de la Familia (DIF), en Iguala. La investigación inicial corrió a cargo de la Fiscalía del Estado de Guerero y el propio presidente de la república señaló que

---

9   Ver, por ejemplo, la nota del periódico español *El País* del 30 de septiembre de 2014 que se refiere a "Decenas de estudiantes desaparecidos tras un ataque de la policía en México". En el subtítulo del artículo dice: "Tras el estallido de violencia del pasado fin de semana en Guerrero, estado del sur de México, decenas de estudiantes de magisterio llevan desaparecidos 72 horas". https://bit.ly/3yoZkZr.

10   Boletín 198/14. Conferencia de Prensa del Procurador General de la República Jesús Murillo Karam sobre sucesos en Iguala, Guerrero. 22 de octubre de 2014. https://bit.ly/2UIHp1Q.

desde el gobierno federal se colaboraría con las autoridades locales para la investigación de los hechos.[11] Sin embargo, los familiares de los jóvenes estudiantes, con la orientación por parte de organismos defensores de derechos humanos (Centro de Derechos Humanos Miguel Agustín Pro Juárez y Tlachinollan, Centro de Derechos Humanos de la Montaña), acudieron a instancias internacionales para demandar la búsqueda y localización de 43 normalistas que a finales de septiembre ya se señalaban como desaparecidos.

Solo con el paso del tiempo ha sido posible establecer una línea narrativa para describir y reconstruir los hechos, tanto desde la mirada institucional como desde el trabajo sustentado en derechos humanos y atención a las víctimas de diferentes organismos que han apoyado la investigación a petición de los familiares de los 43 estudiantes desaparecidos.

Intervención de la Comisión Interamericana de Derechos Humanos

El 30 de septiembre de 2014, la Comisión Interamericana de Derechos Humanos (CIDH) recibió una solicitud de distintos organismos defensores de derechos humanos para que le pida al Estado mexicano proteger la vida e integridad de 43 personas presuntamente desaparecidas en el marco de los hechos de violencia que habían sucedido una semana antes en Iguala (Resolución 28/2014, medida cautelar 409-14).[12] La CIDH consideró que la información presentada demostraba que los estudiantes se encontraban con

---

[11] Mensaje a medios del presidente Peña Nieto sobre Iguala, Guerrero, emitido en directo el 6 de octubre de 2014. Canal Presidencia Enrique Peña Nieto. https://bit.ly/3sJYTrg.

[12] Comisión Interamericana de Derechos Humanos. Resolución 28/2014, Medida cautelar 409-14. Estudiantes de la escuela rural "Raúl Isidro Burgos" respecto del Estado de México. https://bit.ly/3ziIMmX.

riesgo en su vida e integridad y pidió al Estado medidas para determinar la situación y paradero de los 43, así como para proteger la vida y la integridad personal de los heridos, además de acordar las acciones que debían adoptarse con beneficiarios y representantes, e informe de los avances. Las medidas cautelares buscaban evitar un daño irreparable y preservar el ejercicio de los derechos humanos (punto 14 de la Resolución 28/2014).

En el texto de la resolución, la CIDH consideró que se acreditaron tres elementos para dictar las medidas cautelares: gravedad de la situación, urgencia y daño irreparable. La gravedad se fundamentaba en el uso de fuerza excesiva de autoridades estatales en los hechos del 26 de septiembre de 2014; la urgencia derivaba del hecho de que después de más de 5 días se deconocía el paradero de los 43 estudiantes, y la ausencia de medidas de protección, algo que, con el paso del tiempo, podía generar lesiones a los derechos de las personas afectadas; finalmente, la CIDH consideró que habría irreparabilidad ante el riesgo de afectación al derecho a la vida e integridad personal. Se estableció que el gobierno mexicano debería informar avances en diez días a partir de la emisión de esas medidas cautelares.

Además de la solicitud de la CIDH –que puso a andar acciones de gobierno para cumplir las peticiones–, la presión social se hizo presente expresándose inicialmente en marchas y movilizaciones; para principios de octubre los padres y familiares de los normalistas convocaron a una acción global para exigir la presentación con vida de los estudiantes, hubo solidaridad expresada de diversas maneras e incluso muchas universidades cerraron los planteles en una acción solidaria.[13] También la Universidad de

---

[13] El 8 de octubre de 2014 los padres convocaron a un primer acto público para exigir la presentación con vida de sus hijos; puede referirse en diversas notas de prensa de la época, por ejemplo, en el periódico *El País*: "Las calles de México, con los normalistas desaparecidos". https://bit.ly/2UKMczZ. Para mayor información que documenta el apoyo social hacia los normalistas, puede consultarse el texto *Reflexiones sobre Ayotzinapa en la perspectiva*

Guadalajara realizó paros de labores y emitió un comunicado en el que se exigía saber el paradero de los estudiantes, así como investigar las agresiones sufridas.[14] Posteriormente, la movilización popular llevó a la Procuraduría General de la República a presentar resultados de las investigaciones en el mes de noviembre.

La "verdad histórica" de la Procuraduría General de la República (PGR)

Cuando había transcurrido un mes y medio de la desaparición de los estudiantes normalistas, la Procuraduría General de la República (PGR) presentó en conferencia de prensa los avances de la búsqueda, señalando que los jóvenes fueron detenidos por una agrupación criminal que los llevó a un basurero localizado en el municipio de Cocula, Estado de Guerrero, donde incineraron sus cuerpos utilizando llanas y basura.[15] Como prueba se presentó una pieza dental de uno de los 43 estudiantes normalistas desaparecidos, Alexander Mora, en la que fue posible identificar su rastro genético y confirmar la identidad. La investigación de la PGR señalaba que autoridades municipales coludidas con el crimen organizado así como algunos policías locales habían sido los autores del crimen, y se ordenó la captura para los supuestos responsables.

Esta explicación, que se conoció públicamente como "la verdad histórica", pretendió terminar la investigación y dar la búsqueda por concluida. Sin embargo, el relato resultó

---

nacional (2015), Biblioteca Clacso, particularmente los textos "Ayotzinapa: el proceso político del movimiento y las nuevas formas de participación política en México" (Islas), "Nos faltan + 43 +. Nunca más una lucha aislada" (Robertson). "Ayotzinapa, herida abierta" (Ochoa), https://bit.ly/38aYYLa.

14 Universidad de Guadalajara, 10 de octubre 2014. https://bit.ly/3gv7HfB.

15 Conferencia de Prensa del Procurador, Jesús Murillo Karam (Ayotzinapa). Emitido en directo el 7 de noviembre de 2014. https://bit.ly/3sHxJBp. Canal: Presidencia Enrique Peña Nieto. https://bit.ly/3jdyLC3.

inverosímil tanto por la imposibilidad de la quema en las condiciones en que se describía por parte del procurador Murillo Karam, como por una narrativa temporal que presentaba inconsistencias. Las familias no estuvieron conformes con el cierre de la investigación, y acudieron de nuevo a la CIDH para pedir apoyo en la búsqueda de los normalistas y considerar otras líneas de investigación distintas a la única que presentó la PGR, de modo que se llegó al acuerdo para la incorporación de asistencia técnica internacional desde la perspectiva de derechos humanos dentro de las medidas cautelares MC/409/14.[16] Así, llegaría el Grupo Interdisciplinario de Expertos Independientes para apoyar, de 2015 a 2016, la investigación sobre el caso.

El Grupo Interdisciplinario de Expertas y Expertos Independientes (GIEI) surgió de un acuerdo formalizado entre la Comisión Interamericana de Derechos Humanos, los representantes de las víctimas de Ayotzinapa y el Estado mexicano, y tenía por objetivo proporcionar asistencia técnica para la búsqueda de los 43 estudiantes de la escuela normal rural de Ayotzinapa.

De 2014 a 2018, la versión de la Procuraduría General de la República se centró en intentar demostrar que los cuerpos de los estudiantes desaparecidos fueron incinerados en el basurero de Cocula, atribuyendo la responsabilidad al crimen organizado, en complicidad con la autoridad del municipio. Los expedientes de la investigación de la PGR se hicieron públicos en un portal denominado "Expediente del Caso Iguala" donde se acumularon cientos de miles de páginas de la investigación oficial,[17] sin embargo, los jóvenes estudiantes no fueron localizados y las autoridades se concentraron en una sola línea de investigación, de hecho, el presidente de la república saliente Enrique Peña

---

16 Acuerdo para la Incorporación de Asistencia Técnica Internacional [...] MC/409/14, 18 de noviembre de 2014. https://bit.ly/2XIgEf1.
17 Expediente Caso Iguala de 2014 a 2018 a cargo de la Procuraduría General de la República. https://bit.ly/3yfeaRO.

Nieto volvió a señalar, casi al término de su mandato (agosto de 2018), que los jóvenes fueron incinerados[18] y que no había más que investigar.

Hallazgos del GIEI

El Grupo Interdisciplinario de Expertos Independientes (GIEI) estuvo en México un año, entre 2015 y 2016, y presentó los avances de su trabajo en dos informes de actividades. Su primer informe, de septiembre de 2015,[19] destaca la falta de rigor con que se siguieron las investigaciones por la PGR y señala la imposibilidad de incinerar 43 cuerpos en el basurero de Cocula, "[...] el GIEI se ha formado la convicción que los 43 estudiantes no fueron incinerados en el basurero municipal de Cocula" (p. 156).

En el primer informe del GIEI (documento de 560 páginas) se realizó una amplia descripción de los hechos de septiembre de 2014, el contexto en que sucede la llegada de los normalistas a la población de Iguala, la toma de autobuses por parte de los jóvenes, en los que se trasladarían a Ciudad de México para participar de una marcha en recuerdo de la represión estudiantil de Tlatelolco del 2 de octubre de 1968. En el documento, los hechos se describen como de "reacción extremadamente violenta y carácter masivo del ataque" (p. 321), a la vez que se desarrolla la versión de las autoridades mexicanas (Procuraduría General de la República) sobre el supuesto destino de los normalistas. Además, se aborda el proceso de investigación y búsqueda que había hasta ese momento, la experiencia de los familiares y las víctimas, se analizan las posibles causas de los hechos, y

---

18 Ayotzinapa. Presidencia Enrique Peña Nieto. 29 de agosto 2018. https://bit.ly/3jbQLfR.

19 Comisión Interamericana de Derecho Humanos. Informe Ayotzinapa. Investigación y primeras conclusiones de los desaparecidos y homicidios de los normalistas de Ayotzinapa. https://bit.ly/3muRQ4I.

se finaliza con una serie de recomendaciones en cuanto al proceso e investigación del caso Ayotzinapa, pero también se refiere a recomendaciones generales en torno a la desaparición de personas en México.

En este primer informe se destacan también las pocas posibilidades de acceso a la justicia del grupo de familiares de los 43, pues, dado su origen campesino, las condiciones de pobreza en que se encuentran, y que muchos de ellos vienen de comunidades indígenas en condición de pobreza extrema, exclusión y marginación social, difícilmente podrían acceder a los procedimientos judiciales que parecieran estar reservados a quienes tienen los recursos para pagar asesoría. El informe señala que los padres y familiares de los 43 han podido mantener la exigencia y búsqueda de justicia por su capacidad de mantenerse juntos y actuar como un colectivo, la solidaridad y acompañamiento de los movimientos sociales e instituciones de derechos humanos que, dentro y fuera de México, han estado respaldando la exigencia de verdad y justicia (pp. 267 a 270; 304 a 306).

El segundo informe (608 páginas) se centra en detallar la reconstrucción de los hechos, señalar la actuación de policías estatales y del ejército con relación a los eventos de Iguala, los avances de la investigación, los peritajes de las dos principales escenas de los hechos que se conocen hasta ese momento, la búsqueda, atención a víctimas y sobrevivientes. Asimismo, se agrega un informe sobre tortura y, a manera de conclusión, se establecen una serie de recomendaciones para la implementación de una ley general sobre personas desaparecidas para México, así como los problemas identificados por el GIEI en la investigación de violaciones de derechos humanos en México.

El segundo informe se presentó en abril de 2016[20] y los expertos casi de inmediato se retiraron del país al no renovarse el acuerdo de asistencia técnica que tenían con el gobierno mexicano. El trabajo de los expertos permitió un acercamiento

---

[20] Comisión Interamericana de Derechos Humanos. Informe Ayotzinapa. Investigación y primeras conclusiones de los desaparecidos y homicidios de los normalistas de Ayotzinapa. https://bit.ly/2WghNua.

y dar voz a las víctimas. En sus recomendaciones presentó algunos elementos a considerar para llevar a cabo una investigación con perspectiva de derechos humanos, a saber, mejorar la calidad y el método de toma de declaraciones, potenciar la capacidad analítica de las pruebas, realizar análisis de contexto que permitan investigar patrones y responsabilidades, evitar que las violaciones de derechos humanos se juzguen bajo el rubro de delincuencia organizada, integrar las averiguaciones que eviten la fragmentación de los proceso, promover un sistema de información periódica a las víctimas, investigar eventuales responsabilidades superiores –y no solo de autores materiales–, evitar la revictimización y criminalización de las víctimas, realización de informes médicos que se adecúen a estándares internacionales, y, finalmente, la necesidad de una actitud cooperativa frente a asistencia internacional.

El GIEI hizo hallazgos trascendentes para el caso, como la existencia de un quinto autobús que no aparecía en las investigaciones de la Procuraduría General de la República (PGR) y que podría ser la razón del ataque,[21] estableció una línea de tiempo con relación a los hechos del 26 y 27 de septiembre de 2014 que hasta ese momento seguían siendo confusos, evidenció también la destrucción de pruebas, la falta de procesamiento y de resguardo de muchas evidencias. Su labor contribuyó a mostrar que los estudiantes no tenían vínculo alguno con grupos criminales, de hecho el informe señala que, para ingresar a estudiar en la escuela

---

[21] Este punto es importante, ya que podría explicar la violencia del ataque a los normalistas. En el informe del GIEI (pp. 322 a 325) se explica que las investigaciones oficiales (PGR) señalaban cuatro autobuses tomados por los normalistas que habrían sido atacados, pero los testimonios de los estudiantes se refieren a la existencia de un quinto autobús que no aparece en el informe oficial. Con las investigaciones del GIEI se muestra la existencia de ese quinto autobús que en su momento no fue resguardado como evidencia por parte de la autoridad (PGR), el grupo de expertas y expertos establece la hipótesis del tráfico de heroína ya que según lo que ellos establecen como información pública, una parte de ese tráfico se haría mediante el uso de algunos autobuses que esconden dicha droga de forma camuflada. Los estudiantes al tomar los autobuses pudieron haberse llevado (sin que fuera su propósito), uno de los camiones que contenían la droga.

normal rural de Ayotzinapa, los jóvenes debían presentar una carta de policía donde se consignara que no tenían antecedentes penales.

Una vez que salieron del país, varios de los integrantes del GIEI realizaron una publicación conjunta para proponer una metodología de búsqueda en el contexto mexicano.[22] En el texto llama la atención el recuento de los obstáculos que enfrentaron para el establecimiento de los hechos de Iguala:

1. La PGR nunca reconoció que se trataba de desaparición forzada y lo llama secuestro agravado, por tanto, se minimiza la responsabilidad del Estado.
2. La contaminación u omisión de las pruebas que pudo ser a propósito o de forma negligente.
3. La fragmentación de la investigación oficial.
4. La falta de acceso a información clave, de forma particular a entrevistas a miembros del ejército.
5. La PGR y las autoridades mexicanas nunca han considerado como línea de investigación el posible trasiego de droga oculta en los autobuses, en este punto el GIEI en su segundo informe establece esa hipótesis al confirmarse la existencia de un quinto autobús que hasta antes de la investigación del grupo de expertos no aparecía en la narración de hechos de la Fiscalía de Guerrero o de la PGR.
6. Que el hallazgo de la bolsa con restos óseos en el cauce del río, en donde se encontró el molar de Alexander Mora y que se ofrece de máxima prueba para afirmar la incineración en Cocula, carece de cadena de custodia.[23]

---

22 Beristain, C. *et al.* (2017).
23 En materia forense, para la validez de una prueba pericial se requiere que se cumplan los protocolos o lineamientos establecidos para evitar que sea manipulada, se contamine o haya dudas en torno a la forma en que fue recabada, este proceso se establece en la legislación de cada país. Para el caso de México, la cadena de custodia inicia con el hallazgo en el lugar (*in situ*), que debe ser documentado con videos, fotografías, resguardo de la zona, el debi-

Mecanismo de seguimiento

Ante la salida del GIEI, la Comisión Interamericana de Derechos Humanos (CIDH) creó el 29 de julio de 2016[24] una instancia de seguimiento para vigilar las medidas cautelares del caso Ayotzinapa (Resolución 42/16). Dicho mecanismo presentó un plan de trabajo inicial y realizó en 2018 el balance de su ejercicio. El plan de trabajo del mecanismo especial de seguimiento para el caso Ayotzinapa señaló que se guiaría por los principios de transparencia y centralidad en la situación de los familiares de las 43 personas desaparecidas y seguimiento a las tareas iniciadas por el GIEI, señalando como objetivos específicos monitorear el avance de la investigación, asesorar y apoyar el proceso de búsqueda, asegurar la atención integral a las víctimas y familiares, e impulsar las medidas estructurales a que hubiere lugar para la resolución de este asunto y evitar su repetición.[25]

El balance del mecanismo especial de seguimiento para el caso Ayotzinapa (junio de 2018) destacó que aún sigue pendiente determinar por parte de las autoridades mexicanas el grado de participación en los hechos de la policía federal, el ejército, las policías municipales y las autoridades estatales. Con relación a las víctimas reconoce la resiliencia y fuerza de los familiares y de las víctimas en la búsqueda

---

do registro del hallazgo y el traslado de la prueba hasta el centro de depósito. Esa prueba tan importante (la pieza molar del normalista Alexander Mora) en la que se sustentó la supuesta hipótesis de la quema de los cuerpos en el basurero de Cocula no fue acompañada con el registro de la cadena de custodia. Sobre este tema puede revisarse el acuerdo oficial A/009/15 sobre las directrices que deben observar los servidores públicos que intervengan en materia de cadena de custodia. https://bit.ly/2XXLKQd.

24 Comisión Interamericana de Derechos Humanos. Resolución 42/16. Resolución de seguimiento de la medida cautelar 409-14. Asunto estudiantes de la escuela rural "Raúl Isidro Burgos" respecto de México (29 de julio de 2016). https://bit.ly/3zhPQjH.

25 Comisión Interamericana de Derechos Humanos. Plan de Trabajo "Mecanismo especial de seguimiento del asunto Ayotzinapa". https://bit.ly/2Wn-Yuyr.

de la verdad y justicia, alienta al Estado a cumplir con todas sus recomendaciones y con las del GIEI.[26]

En su Informe del Mecanismo Especial de Seguimiento al Asunto Ayotzinapa de noviembre de 2018, la CIDH señala la falta de consignación por el delito de desaparición forzada, y que debe seguirse investigando la línea que estableció el GIEI sobre el posible trasiego de drogas en autobuses de pasajeros. En este sentido, el informe afirma que

> La Comisión considera importante seguir investigando estas líneas de autobuses con la finalidad de encontrar elementos de prueba que fortalezcan la línea de investigación respecto al uso de líneas de autobuses para el trasiego de drogas y la relación que ello pueda tener con la desaparición de los estudiantes. (p. 105, punto 258)[27]

Ley general sobre personas desaparecidas

> Nos condenaron a caminar entre los montes y meter las uñas en la tierra para buscar a nuestros desaparecidos. (Irma Leticia Hidalgo Rea, FUNDENL)

A la par de las movilizaciones nacionales en solidaridad con los familiares de los estudiantes de Ayotzinapa y las exigencias de diversas instancias internacionales para avanzar en la investigación que determinara el paradero de los 43, se fue haciendo visible que en México el problema de la desaparición era grave. Para el año 2014 la Comisión Nacional de Derechos Humanos estimaba que había alrededor de 27.000 personas desaparecidas.

---

26 Informe de Balance. Seguimiento al asunto Ayotzinapa realizado por el Mecanismo Especial de Seguimiento de la CIDH (junio 2018). https://bit.ly/3mtRU4x.

27 Informe Final: Mecanismo Especial de Seguimiento al Asunto Ayotzinapa (CIDH). 25 de noviembre de 2018. https://bit.ly/2UK8AcB.

Gracias al trabajo de colectivos que se crearon incluso antes de 2014 en distintas regiones de México y muchos más que se fueron conformando a partir de ese momento, se puso en evidencia una crisis nacional en materia de derechos humanos, se enfatizó que no se estaba reconociendo el problema de la desaparición de personas, no existían los mecanismos legales apropiados para orientar y hacer la búsqueda, y tampoco se estaba considerando a las víctimas en los procesos que recién se implementaban;[28] así, los grupos de búsqueda de las diversas regiones comenzaron a agruparse en un movimiento identificado como Movimiento por Nuestros Desaparecidos en México.[29]

De esta manera, ante la ausencia de un marco legislativo apropiado y de la inacción por parte de autoridades, los colectivos de familiares que buscan a sus desaparecidos fueron un factor decisivo para crear una legislación en materia de desaparición de personas, que se puso en vigor solo en 2018, en que se inició el proceso para instrumentarla a través de distintas instancias que precisarían un protocolo homologado y recursos suficientes para hacer las búsquedas.

La ley aprobada se denominó "Ley General en Materia de Desaparición Forzada de Personas, Desaparición Come-

---

[28] El trabajo de las Rastreadoras del Fuerte en Sinaloa, Colectivo Solecito en Veracruz, los "otros" desaparecidos en Iguala, Fuerzas Unidas por Nuestros Desaparecidos en Nuevo León (FUNDENL), Familias Unidas por Nuestros Desaparecidos en Jalisco (FUNDEJ), Por Amor a Ellxs (Jalisco), Grupo Vida (Coahuila), Colectivo Madres Buscadoras de Sonora, Ciencia Forense Ciudadana y Milynali Red CFC, A.C. (Tamaulipas), Colectivo Familias Unidas por Nayarit, entre muchos otros grupos de búsqueda en México, ha sido documentado tanto en investigaciones de periodismo como en la academia; por ejemplo en el portal "A dónde van los Desaparecidos", https://bit.ly/3Do9HjV, del grupo de periodistas *5º elemento* (https://bit.ly/3sLG9Yd), o textos como "Nos llaman las locas de las Palas. El papel de las mujeres en la búsqueda de sus familiares desaparecidos" del Centro de Derechos Humanos Miguel Agustín Pro. https://bit.ly/2WpWWo1.

[29] Las actividades del Movimiento por Nuestros Desaparecidos en México pueden seguirse en su página oficial: https://movndmx.org y en redes sociales, como Facebook (https://bit.ly/2Wic5HG) y Twitter (https://bit.ly/3sKzdL3).

tida por Particulares y del Sistema Nacional de Búsqueda de Personas". Esta ley constituyó un triunfo del Movimiento por Nuestros Desaparecidos en México, el cual insistió en su implementación desde que el gobierno federal se comprometió a promulgarla en 2015. La publicación de esta ley abrió un camino en la búsqueda, reconociendo la importancia de las familias en el acompañamiento del proceso. Parte de esa experiencia se recoge en el documento "El movimiento por nuestros desaparecidos en México y su camino hacia la incidencia legislativa. Una apuesta por la esperanza", publicado en agosto de 2018 por el Centro de Colaboración Cívica y el Senado de la República.[30]

La Ley General en Materia de Desaparición Forzada de Personas, Desaparición Cometida por Particulares y del Sistema Nacional de Búsqueda de Personas (DOF, 17/11/ 2017) tiene, entre sus objetivos centrales, los siguientes: establecer los tipos penales en materia de desaparición forzada de personas y cometida por particulares; crear el sistema nacional de búsqueda de personas; crear la Comisión Nacional de Búsqueda y ordenar la creación de comisiones locales; garantizar la protección integral de los derechos de las personas desaparecidas hasta que se conozca su suerte, así como otorgar asistencia, reparación del daño y garantías de no repetición; y crear el registro nacional de personas desaparecidas.

En el caso de la desaparición de personas en México, la labor de los colectivos ha ido más allá de exigir a las autoridades el cumplimiento de sus funciones en materia de seguridad y de sus responsabilidades con relación a la búsqueda de las y los desaparecidos. En diversas regiones las familias son las que han tenido que tomar la iniciativa para salir a buscar en los cerros y parajes apartados, donde han

---

30 García, A. *et al.* (agosto de 2018). El movimiento por nuestros desaparecidos en México y su camino hacia la incidencia legislativa. Una apuesta por la esperanza. Centro de Colaboración Cívica y Comisión de Derechos Humanos del Senado de la República. https://bit.ly/3gw4xZ3.

localizado cientos de fosas clandestinas de las que se han recuperado cuerpos y partes de estos. El estado de impunidad e inseguridad, la falta de acceso a la justicia y la ausencia de mecanismos efectivos de búsqueda llevó a las madres y familiares a convertirse, en la práctica, en peritos forenses que se destacaron como buscadoras y rastreadoras, armando con sus propios medios los equipos humanos y materiales necesarios para intentar localizar a sus seres queridos.

Militarización de la seguridad y la llamada "guerra contra el narcotráfico"

Las fuerzas armadas de seguridad tuvieron un proceso gradual de militarización, iniciado en 2006, durante el cual la función constitucional de estas fuerzas ha sido modificada, pasando de ser garantes de seguridad nacional en términos de soberanía a tener funciones de vigilancia policiaca, inteligencia y persecución al crimen organizado, aún sin tener facultades legales para hacerlo. Esa estrategia fue conocida como "guerra contra el narcotráfico".

Durante ese periodo, la Comisión Nacional de Derechos Humanos (CNDH) documentó alrededor de diez mil denuncias de abusos por miembros de fuerzas armadas durante el periodo de 2006 a 2016, por lo que se expidieron recomendaciones de organismos defensores de derechos humanos, nacionales e internacionales, que reclamaban sacar al ejército de las calles, profesionalizar a las policías civiles y atender la prevención de la inseguridad. Por ejemplo, en noviembre de 2017 se extendió la recomendación 54/2017 de la CNDH a la Secretaría de la Defensa Nacional (SEDENA) al haberse acreditado violaciones a derechos humanos ocurridas contra habitantes de Tepatitlán de Morelos, en Jalisco, por cateo ilegal, detención arbitraria, tortura, violencia sexual y ejecución arbitraria.

Respecto al rol del ejército y las policías, la oficina del Alto Comisionado de las Naciones Unidas para los Derechos Humanos observó que la estrategia implementada, y el marco legislativo orientado hacia la militarización de la seguridad, no aportaría elementos que llevaran a afrontar los retos de la inseguridad, ya que reduciría los incentivos en la profesionalización de las instituciones civiles de seguridad, favorecería un paradigma militar sometiendo a la autoridad civil al mando militar, lo que provocaría una indebida regulación del uso de la fuerza, ausencia de transparencia, posible inconstitucionalidad e inconvencionalidad, así como falta de protección y garantía de los derechos humanos.[31]

Existe una sentencia de la Corte Interamericana de Derechos Humanos conocida como caso Alvarado (2018) sobre la desaparición forzada de una familia, en el contexto de la inseguridad y violaciones de derechos humanos derivados de la implementación de esa estrategia.[32] El cuerpo de la sentencia, que condena al Estado mexicano por desaparición forzada, explica que la participación de las fuerzas armadas habría implicado el despliegue operativo en distintas partes del territorio nacional de miles de militares que efectuaban tareas propias de las autoridades civiles, como retenes, revisiones en carreteras y caminos, detenciones, retenciones, registro de casas, individuos y automóviles, muchas veces sin tener la orden correspondiente.

En el análisis de contexto del cuerpo de la sentencia de la CIDH se abordó el riesgo de la militarización considerando la "preocupación por el creciente número de denuncias de violaciones de derechos humanos a manos de elementos castrenses en los lugares en que se encontraban desplegados para garantizar el orden público" (punto 59, p. 20)

---

31 México: Proyecto de Ley de Seguridad Interior supone riesgo para los derechos humanos y debe ser rechazado, advierten expertos y expertas de la ONU (diciembre de 2017). https://bit.ly/3sRlylC.
32 Caso Alvarado Espinosa, Sentencia de la Corte Interamericana de Derechos Humanos (CIDH), 28 de noviembre de 2018. https://bit.ly/2X2bZEr.

y recomendó que las tareas relacionadas con la seguridad pública y las investigaciones de denuncias de violaciones a los derechos humanos fuesen de competencia exclusiva de las autoridades civiles.

Durante el periodo comprendido entre 2006 y 2018 hubo casos documentados de uso de integrantes del ejército para la represión del movimiento social y de fuerza excesiva debidamente documentados, como el caso de Tlatlaya en Guerrero (2014) en que militares realizaron 15 ejecuciones extrajudiciales contra civiles (Recomendación 51/2014, CNDH).

El Programa de Naciones Unidas para el Desarrollo (PNUD) realizó un informe en 2014 denominado "Seguridad Ciudadana con Rostro Humano", en el que analiza las políticas implementadas por América Latina para la atención de la inseguridad. En el caso de México señala que las políticas de mano dura tuvieron efectos negativos, hace referencia a la llamada "guerra contra el crimen organizado", la cual evidencia que México no logró disminuir niveles de violencia y delito en el país y que, por el contrario, hubo un aumento significativo en la visibilidad y la brutalidad de la violencia asociada al enfrentamiento entre las estructuras criminales, así como que secuestros y extorsiones se convirtieron en una parte central del escenario de inseguridad en el país. Como conclusión señala que las políticas adoptadas en México "no lograron detener los avances de la delincuencia organizada y, por el contrario, coincidieron con una severa agudización de la violencia" (PNUD, 2013, pp. 183-184).

El informe de PNUD reconoce que las políticas de mano dura para resolver los problemas de inseguridad fracasaron en el propósito de disminuir los niveles de violencia y delitos pero en cambio han tenido un impacto negativo en la convivencia democrática y el respeto a los derechos humanos:

[...] basadas en un enfoque punitivo que privilegia la represión, el aumento en la severidad de las penas y el uso de la fuerza, las políticas de mano dura han tenido repercusiones negativas, muchas de ellas inesperadas, en la seguridad ciudadana de América Latina. (PNUD, 2013, p. 200)[33]

Una de las consecuencias de esta estrategia de seguridad es la cantidad de muertos. A este respecto, instancias oficiales han señalado que como consecuencia del contexto de violencia durante los años 2006 y 2018 perdieron la vida entre 40.000 y 60.000 personas,[34] pero investigaciones independientes señalan que el costo en vidas de la fallida estrategia de seguridad pudo llegar a ser de 250.000 personas asesinadas.[35] La información de 2019 a 2021 no revela una disminución significativa en la cantidad de homicidios; el Instituto Nacional de Estadística, Geografía e Informática (INEGI), que muestra los datos institucionales, señala que en 2019 hubo 17.776 asesinatos y en 2020 17.123, con una tasa de 13 homicidios por cada 100.000 habitantes, siendo la principal causa registrada la agresión con disparo de arma de fuego.[36]

Desaparecidos y fosas clandestinas

En el periodo conocido como de "guerra contra el narco" la cantidad de personas desaparecidas se estimó en alrededor

---

33 PNUD, Informe Regional de Desarrollo Humano 2013-2014 (2013). Seguridad ciudadana con rostro humano: diagnóstico y propuestas para América Latina. html https://bit.ly/3zgQxtt.

34 Camarena, S. La guerra contra el narco en México ha causado 47.515 muertes violentas (enero de 2012). https://bit.ly/3B9E6Aw.

35 Pardo, J. 13 años y 250.000 muertos: las lecciones no aprendidas en Mexico (28 de octubre de 2019). https://wapo.st/3D7bf1k.

36 INEGI. Comunicado de Prensa N° 27/21 (26 de enero de 2021). https://bit.ly/3yccQPF.

de 60.000[37] y diversas investigaciones de la prensa independiente hablan de la existencia de más de 2.000 fosas clandestinas. En el trabajo de investigación periodística denominado "El país de las 2 mil fosas" [38] se señala que entre 2006 y 2016 fueron descubiertos casi 2.000 entierros ilegales en los que criminales desaparecieron a sus víctimas. Se destaca el hecho de que tan solo en la región de Jalisco se exhumaron, del sector llamado El Mirador en Tlajomulco de Zúñiga, 171 cuerpos de una fosa, mientras que del fraccionamiento Los Sabinos, en el Municipio de El Salto, se recuperaron 115 cuerpos a principios de 2020.

El marco de impunidad existente en el país de 2006 al momento actual, la llamada "guerra contra el narcotráfico" y la militarización de la seguridad son el contexto en que suceden las nuevas formas de desaparición forzada, que, a diferencia de la década de los setenta, en las que se podía identificar un componente claramente político, no poseen un perfil que permita identificar quiénes son las personas que han sido y pueden ser eventuales víctimas. En el clima de inseguridad que prevalece, cualquier persona puede ser desaparecida, lo que deriva en un estado general de vulnerabilidad que afecta, principalmente, a mujeres y hombres jóvenes, pues, de acuerdo con los registros o base de datos implementados después de los hechos de Ayotzinapa, el 75% por ciento de personas desaparecidas tendría entre 15 y 30 años de edad.[39]

---

[37] Ferri, P. México eleva la cifra de desaparecidos de la guerra al narco a más de 60.000 (7 de enero de 2020). https://bit.ly/3DdgiNU.

[38] Guillen, A *et al*. El país de las 2 mil fosas (noviembre de 2018). La investigación ganó el Premio Breach/Valdez de Periodismo y Derechos Humanos en 2019 y el Premio "Gabo" 2019 en la categoría de cobertura. https://bit.ly/3gwrmvU.

[39] El registro de personas desaparecidas se puede consultar en el siguiente portal: https://bit.ly/3DcywPr.

Verdad, memoria y justicia

Existen numerosas resoluciones judiciales sobre el caso Ayotzinapa, en este punto destaco aquellas que han ordenado ampliar la investigación e inclusive crear una comisión de verdad para estudiar a fondo lo sucedido en septiembre de 2014 con los estudiantes normalistas desaparecidos.

El Primer Tribunal Colegiado de Circuito del Décimo Noveno Circuito con sede en Tamaulipas resolvió, en junio de 2018, el Amparo en Revisión 203/2017, 204/2017, 205/2017 y 206/2017, que fue promovido por detenidos en el caso Iguala que argumentaron haber hecho sus confesiones bajo tortura. La resolución cuestionó fuertemente la investigación de la PGR, señalando que ha sido lenta, que las víctimas no han sido consideradas, que no se apega a estándares de derechos humanos, que ha negado la inclusión de nuevas líneas de investigación distintas a la incineración en Cocula y que, por tanto, debe reponerse. Además, señala como necesario crear una comisión de verdad y justicia en la que se incluya a los familiares y a los organismos de derechos humanos que los acompañan en esta comisión.

A petición de actores institucionales, el 18 de julio de 2018, el Tercer Tribunal Unitario del Décimo Noveno Circuito Judicial, con sede en Reynosa, Tamaulipas, luego de numerosos amparos promovidos por la PGR y otras instituciones, resolvió que existía imposibilidad jurídica para crear la Comisión de la Verdad que tendría como fin investigar el caso Iguala. Se argumentó que únicamente el Ministerio Público tiene la facultad de investigar y perseguir delitos. En este sentido el primer punto de la resolución señaló que existía imposibilidad jurídica para cumplir la sentencia protectora pronunciada el 31 de mayo de 2018[40] dentro de

---

40 Imposible, la Comisión de la Verdad de Ayotzinapa, resuelve otro tribunal (19 de julio de 2018). Periódico de Guerrero *El Sur*. https://bit.ly/3sHdcN6. También puede verse una actualización de la investigación en el expediente del Semanario Judicial de la Federación. Décima Época. Boletín 29160. Tri-

los autos del juicio de amparo en revisión 204/2017, en relación con el apartado donde se ordenó la constitución de la Comisión de Investigación para la Verdad y la Justicia y las facultades concedidas en la investigación de delitos a dicha comisión.

De forma contraria, en septiembre de 2018, en el Amparo en Revisión 203/2017 relacionado con 204/2017, 205/2017 y 206/2017, el Tribunal Colegiado del Décimo Noveno determina que no hay imposibilidad jurídica y que sí existe un sustento legal para conformar la Comisión de Verdad. El punto 1131 precisa lo siguiente:

> La referida comisión se podrá fortalecer con la integración y participación de otras organizaciones de derechos humanos, tanto nacionales como internacionales, tales como la Organización de las Naciones Unidas, entre otras, lo cual será decisión de los representantes de las víctimas y de la Comisión Nacional de Derechos Humanos.

La sentencia reitera los señalamientos del GIEI respeto a la gravedad de los hechos ocurridos el 26 y 27 de septiembre en Iguala señalando que es necesario que la sociedad se concientice sobre la extrema gravedad de las situaciones ocurridas a los 43 estudiantes desaparecidos y a las seis personas que perdieron la vida, así como a los daños provocados a los lesionados y a las familias de todos los afectados.

En 2018, se realizó el proceso electoral para la presidencia de México que tuvo como ganador a un candidato que durante su campaña cuestionó fuertemente las decisiones en materia de seguridad de los gobiernos anteriores. Andrés Manuel López Obrador resultó electo por un partido político de nueva creación llamado MORENA (Movimiento de Regeneración Nacional). En septiembre de ese año, López Obrador tuvo una reunión con familiares de las víctimas de Ayotzinapa de la cual surgieron tres

---

bunales Colegiados de Circuito. Publicación: viernes 22 de noviembre de 2019. https://bit.ly/3muXFPC.

compromisos que asumiría en su gobierno con relación a la desaparición de los 43, a saber, que habría comisión de verdad y justicia, que su gobierno pediría ayuda en la investigación a instancias internacionales como la ONU y la CIDH, y que la administración pública en todos los niveles de gobierno debía cooperar con la investigación.[41]

Los padres que intervinieron para informar de los acuerdos que se tomaron con el presidente electo manifestaron, en un comunicado público, que finalmente "hay una luz de esperanza para nosotros" y que

> [...] es un día emblemático para todos los padres y madres que hemos sufrido juntos, hemos pasado hambre, hemos pasado frío, hemos pasado lluvia y nos hemos llenado de rabia porque no hemos tenido un gobierno que se haya preocupado por los 43 [...] [ahora] sentimos una gran esperanza.[42]

El mecanismo establecido para dar seguimiento al caso en la nueva administración pública integró una comisión en la que los familiares están presentes, son informados periódicamente de los avances y se reintegra al Grupo Interdisciplinario de Expertos Independientes como apoyo en la investigación. El primer acto de gobierno de López Obrador fue publicar un decreto (DOF, 04/12/2018) mediante el que se instruye establecer condiciones materiales, jurídicas y humanas efectivas para fortalecer los derechos humanos de los familiares de las víctimas del caso Ayotzinapa a la verdad y acceso a la justicia.

Bajo la nueva administración federal, la investigación ha sido enfocada como desaparición forzada, se reconoció

---

41 Reunión en el Museo de la Memoria y la Tolerancia. Se puede ver el video de la declaración final del presidente electo y lo familiares de los 43 en distintos medios de comunicación, este enlace es de HuffPost México, publicado el 26 se septiembre 2018: https://bit.ly/3ycHfxp. Visitado el 09/01/2021.
42 Reunión en el Museo de la Memoria y la Tolerancia. Se puede ver el video de la declaración final del presidente electo y lo familiares de los 43 en distintos medios de comunicación, este enlace es de HuffPost México, publicado el 26 se septiembre 2018: https://bit.ly/3mC39rA. Visitado el 09/01/2021.

la competencia del Comité de Naciones Unidas sobre Desaparición Forzada en México y se han capturado a algunos de los responsables de los hechos de septiembre de 2014. Con todo, desde la perspectiva de los familiares no ha sido suficiente, toda vez que lo sucedido a los estudiantes de Ayotzinapa continúa sin conocerse.

Avances recientes de la investigación sobre el caso Ayotzinapa

Desde el cambio de administración en la presidencia de la república y a partir de los compromisos asumidos por López Obrador con las familias de los 43, el proceso de investigación se ha seguido en dos momentos clave, a saber, la promulgación del Decreto Presidencial para fortalecer los derechos humanos de los familiares de las víctimas del caso Ayotzinapa a la verdad y al acceso a justicia, y el informe de septiembre de 2020.[43]

Con un fuerte simbolismo por los agravios que ha representado para la sociedad la desaparición de los normalistas, el primer acto de gobierno de López Obrador –ya como presidente electo– fue promulgar un decreto por el que se instruye establecer condiciones materiales, jurídicas y humanas para fortalecer los derechos humanos de los familiares de las víctimas del caso Ayotzinapa a la verdad y al acceso a justicia. Con ello se marcó, desde el discurso, una clara distancia con relación al gobierno anterior, en el sentido de reconocer la importancia de la resolución del caso y no dar por cerrada la investigación (DOF, 04/12/2018).

El decreto inicia señalando el compromiso del Ejecutivo de la república

---

[43] Versión estenográfica. Informe a seis años de la desaparición de 43 normalistas de Ayotzinapa, en Palacio Nacional. 26 de septiembre de 2020. https://bit.ly/3gtkoYC.

frente a la sociedad en general y de los familiares del caso Ayotzinapa en particular, de proveer, dentro del marco de la legalidad, todo lo que se requiera para esclarecer lo que sucedió la noche del 26 de septiembre y la madrugada del día siguiente, del año 2014, en el Estado de Guerrero.[44]

en los considerandos se señala que la desaparición de los 43 estudiantes y muerte de seis personas (entre ellos tres normalistas) trascendió en el ámbito internacional como una de las más graves violaciones de derechos humanos y que diversos organismos como el GIEI o el Alto Comisionado de Naciones Unidas cuestionaron la investigación realizada en su momento por la Procuraduría General de la República.[45]

Mediante el decreto se instruye a toda la administración pública federal para que, dentro de sus competencias, implementen mecanismos necesarios a efecto de fortalecer el ejercicio del derecho a la verdad que los familiares de las víctimas del caso Ayotzinapa tienen y se establece una comisión que deberá ser integrada por familiares de los estudiantes desaparecidos, un representante de las Secretarías de Gobernación, de Relaciones Exteriores, y de Hacienda y Crédito Público, así como por expertos profesionales y técnicos que se requieran con el propósito de conformar un equipo de trabajo autónomo interdisciplinario, que otorgue la asistencia que los familiares de las víctimas del caso Ayotzinapa requieran, a fin de garantizar acceso a la justicia y al conocimiento de la verdad.

---

44 Diario Oficial de la Federación (4/12/2018). Decreto por el que se instruye establecer condiciones materiales, jurídicas y humanas efectivas, para fortalecer los derechos humanos de los familiares de las víctimas del caso Ayotzinapa a la verdad y al acceso a justicia. Aquí: "Antecedentes. Primero". https://bit.ly/38aBHZM.

45 Diario Oficial de la Federación (4/12/2018). Decreto por el que se instruye establecer condiciones materiales, jurídicas y humanas efectivas, para fortalecer los derechos humanos de los familiares de las víctimas del caso Ayotzinapa a la verdad y al acceso a justicia. https://bit.ly/3y9MOwt.

Por su parte, la Secretaría de Gobernación (SEGOB) publicó en febrero de 2019 los lineamientos para el funcionamiento de la Comisión para la Verdad y Acceso a la Justicia del Caso Ayotzinapa (CoVAJ-Ayotzinapa), derivada de ese decreto presidencial.[46] Esta comisión debiese sesionar cada mes con la presencia de las familias de los 43, o quienes ellos acuerden designar en su representación, y tendría las siguientes funciones específicas:

I. Implementar mecanismos necesarios a efecto de que las investigaciones se realicen sin sesgos, con independencia, imparcialidad y en estricto apego a la legalidad.

II. Diseñar lineamientos para la implementación de medidas de protección o de colaboración para aquellas personas que apoyen en la búsqueda de la verdad y el esclarecimiento de los hechos.

III. Celebrar, mediante la Secretaría de Relaciones Exteriores, los convenios o acuerdos que permitan la asistencia y cooperación de la Comisión Interamericana de Derechos Humanos, la Oficina del Alto Comisionado de las Naciones Unidas para los Derechos Humanos, así como con cualquier otro organismo, autoridad o experto internacional que pueda coadyuvar en la investigación del caso.

IV. Colaborar con las instancias encargadas de la atención a víctimas para asegurar que las víctimas y sus familiares reciban la atención a la que tienen derecho.

V. Efectuar entrevistas y diálogos con autoridades vinculadas con el caso y con cualquier persona que pueda otorgar información relacionada con él.

VI. Realizar visitas a lugares e instalaciones oficiales que puedan estar relacionadas con los hechos del caso.

---

46 SEGOB: Lineamientos para el funcionamiento de la Comisión para la Verdad y Acceso a la Justicia del Caso Ayotzinapa. https://bit.ly/3ye7Eej, https://bit.ly/3jbYdrl.

En consecuencia, con la instalación de la CoVAJ-Ayotzinapa, en abril de 2019 se creó un acuerdo entre la Secretaría de Relaciones Exteriores de los Estados Unidos Mexicanos y la oficina del Alto Comisionado de las Naciones Unidas para los Derechos Humanos para brindar asesoría y asistencia técnica a la Comisión.[47]

En el primer informe semestral de la comisión (septiembre de 2019),[48] se habla de incluir el concepto de justicia transicional, siendo la primera vez en un documento oficial del caso que se hace referencia a esa visión, a que la define como:

> [...] toda la variedad de procesos y mecanismos asociados con los intentos de una sociedad por resolver los problemas derivados de un pasado de abusos a gran escala, a fin de que los responsables rindan cuentas de sus actos, servir a la justicia y lograr la reconciliación. (p. 5)

El informe señala, además, que se solicitó una reunión con la persona titular de la Fiscalía General de la República (FGR) –antes PGR– a petición de los representantes legales de los padres y madres de los estudiantes desaparecidos de Ayotzinapa para saber sobre el seguimiento del caso, y que se han establecido tres operativos de búsqueda, georreferenciación de zonas de interés, a la vez que se busca ampliar a nuevas líneas de investigación.

---

[47] Acuerdo entre la Secretaría de Relaciones Exteriores de los Estados Unidos Mexicanos y la Oficina del Alto Comisionado de las Naciones Unidas para los Derechos Humanos para brindar asesoría y asistencia técnica a la comisión conformada por el decreto por el que se instruye establecer condiciones materiales, jurídicas y humanas efectivas, para fortalecer los derechos humanos de los familiares de las víctimas del caso Ayotzinapa a la verdad y acceso a la Justicia. https://bit.ly/3guVebU, https://bit.ly/3klao4B.

[48] CoVAJ-Ayotzinapa. 1er informe semestral. Comisión para la Verdad y Acceso a la Justicia en el Caso Ayotzinapa. https://bit.ly/2XT2p7o, https://bit.ly/38cwb8S.

El mensaje de la presidencia de la república, de septiembre de 2019,[49] a seis años de los hechos de Ayotzinapa, reitera el compromiso para llegar a la verdad, pero no se presentan avances específicos en la investigación, de forma general se habla de liberar órdenes de captura contra aquellas personas identificadas como responsables de lo sucedido a los normalistas y que se encuentran prófugas de la justicia.

Como parte de los acuerdos de la CoVAJ-Ayotzinapa se suscribió en noviembre de 2019 uno mediante el cual se establecieron lineamientos que regirán la planeación, ejecución y evaluación de medidas de asistencia, atención y posibles reparaciones a víctimas; se retoman así el estudio y las recomendaciones del informe de impacto psicosocial del caso Ayotzinapa denominado "Yo solo quería que amaneciera", estableciendo que aun cuando "hay dimensiones del daño a las víctimas de estos hechos que son irreparables" (p. 3) se confirma la disposición de enmendar la relación del Estado con las víctimas y reconstruir la confianza entre las partes.

Este acuerdo concreto es importante porque sería la primera vez desde 2014 que se establece una estrategia integral para atención a los familiares, diferenciando las particularidades y necesidades específicas de las familias, una ruta clara de atención a los heridos sobrevivientes, medidas urgentes si fueran necesarias para menores de edad y el establecimiento de un mecanismo para atender de forma integral y continua la salud de las víctimas que así lo requieran, incluyendo la atención psicosocial.

La CoVAJ-Ayotzinapa[50] tuvo diez reuniones ordinarias y seis reuniones extraordinarias de 2019 a 2020, entre los acuerdos tomados en las sesiones se encuentra la decisión

---

[49] López Obrador. Versión estenográfica. Informe a seis años de la desaparición de 43 normalistas de Ayotzinapa, en Palacio Nacional. (En el sitio web está el acceso al video completo de la transmisión). https://bit.ly/2Wgpkcq.
[50] Comisión para la Verdad y Acceso a la Justicia del Caso Ayotzinapa. https://bit.ly/3DeR69K.

de crear un grupo para búsqueda en vida y en fosas, avances en las rutas de atención a víctimas, asistencia técnica internacional y retomar la solicitud de audiencia con la Secretaría de la Defensa Nacional. Las sesiones extraordinarias contaron con la presencia del presidente de la república, quien señaló su voluntad de mantenerse al tanto de los avances y refrendar la decisión de su administración de esclarecer los hechos.

Por su parte, la Fiscalía General de la República (FGR) mediante acuerdo A/010/19 creó la Unidad Especial de Investigación y Litigación para el caso Ayotzinapa (UEIL-CA) enfocada particularmente al proceso penal vinculado con los eventos que originaron la desaparición de los 43 estudiantes de la Escuela Normal Rural "Raúl Isidro Burgos".[51]

Una acción que resalta en las investigaciones de la Unidad Especial de la FGR es la identificación de los restos de un normalista en un lugar distinto al basurero de Cocula donde, de acuerdo con la investigación anterior (PGR), los normalistas supuestamente habrían sido incinerados. Según la Unidad Especial de la actual Fiscalía (FGR), en noviembre de 2019 se realizó una acción de búsqueda en un punto ubicado en el Municipio de Cocula, Guerrero, conocido como "Barranca de la Carnicería", ese lugar se encuentra a casi un kilómetro del que se refirió en la llamada "verdad histórica" de la pasada administración.[52] En ese lugar se recuperaron 15 indicios y junto con el apoyo del Equipo Argentino de Antropología Forense (EAAF) se eligieron seis fragmentos óseos para enviar a la Universidad de Innsbruck, en Viena. Dicha institución informó en junio de 2020 que uno de los restos correspondía al normalista Christian Alfonso Rodríguez Telumbre. A su vez, el equipo

---

51 Acuerdo A/010/19 por el que se crea la Unidad Especial de Investigación y Litigación para el caso Ayotzinapa. https://bit.ly/3zhgARk.
52 Fiscalía General de la República. Mensaje emitido por Omar Gómez Trejo en directo el 7 de julio de 2020. https://bit.ly/2WjPVoC.

argentino dio su dictamen en el mes de julio, que fue coincidente con el informe de Innsbruck.

Esta información se comunicó a los padres de Christian directamente por el encargado de la Unidad Especial de la FGR, Omar Gómez Trejo, quien antes de dar a conocer la noticia a los medios, fue a explicar a la familia del normalista las circunstancias del hallazgo y el proceso de identificación con objeto de reducir los efectos de la revictimización.

Al presentar la noticia, el titular de la Unidad Especial señaló que este hallazgo terminó de derrumbar la llamada "verdad histórica".[53] La Unidad mantendría el caso abierto y se reafirmaba el compromiso por la verdad con el apoyo del Grupo Interdisciplinario de Expertos Independientes; resaltó en esa intervención que no se apresurarían resultados o conclusiones anticipadas y que se estaba preparando junto el Equipo Argentino otro envío de restos óseos a la Universidad de Innsbruck.

Por otro lado, en el informe de 2020 intervinieron el titular de la CoVAJ-Ayotzinapa y el titularde la Unidad Especial de Investigación y Litigación del Caso Ayotzinapa. Asimismo, participaron representantes del Grupo de Expertos y Expertas Independientes, el fiscal general de la república, de familiares de los estudiantes y el presidente López Obrador.

El subsecretario de Derechos Humanos de la Secretaría de Gobernación, Alejandro Encinas, encargado de la CoVAJ-Ayotzinapa, señaló que las solicitudes de información que en su momento hizo el GIEI respecto a la Secretaría de la Defensa Nacional finalmente se habían cumplido y que por parte del ejército se brindó toda la información

---

[53] Fiscalía identifica restos de normalista Christian Alfonso Rodríguez Telumbre, uno de los 43 estudiantes de Ayotzinapa (8 de julio de 2020). https://bit.ly/3B6YTEG.

solicitada. Además, Encinas visitó junto con familiares las instalaciones del 27 Batallón de Infanteria.[54]

El subsecretario Encinas explicó que hasta ese momento se habían realizado 30 acciones de búsqueda en campo, en las que se revisaron 270 puntos de interés en la región en seis municipios de Guerrero. En cinco de esas búsquedas se registraron hallazgos y se recuperaron cuerpos, pero correspondían a personas distintas a los normalistas. Alejandro Encinas señaló que el hallazgo del resto óseo de Christian Alfonso Rodríguez Telumbre en la "Barranca de la Carnicería" marcó un importante precedente en la nueva investigación porque cuestionaba las circustancias de modo, tiempo y lugar sobre las que se fundó la "verdad histórica" que señaló al basurero de Cocula como el destino final de los 43 normalistas. En este sentido, afirmó que "la verdad histórica se ha colapsado". Como resultado de la investigación se realizó el análisis genético de 245 cuerpos recuperados de fosas clandestinas entre 2014 y 2020 de esa región del estado de Guerrero, cuyas búsquedas han contado con el valioso apoyo de colectivos de familiares para el trabajo en campo.

Entre los avances más importantes de la Unidad Especial de la FGR se encuentra el haber liberado más de 70 órdenes de aprehensión vinculadas al caso, quizá la más importante de ellas la que se ejerció contra un alto funcionario del gobierno anterior (Tomás Zerón Lucio), quien dirigió la investigación del caso de los 43 normalistas desaparecidos el 26 de septiembre de 2014 y es acusado por alterar y fabricar pruebas, y por los delitos de tortura y desaparición forzada.[55]

---

[54] A seis años de la desaparición de 43 normalistas de Ayotzinapa | Gobierno de México. Emitido en directo el 26 de septiembre de 2020, minutos 1:47 a 26:58. https://bit.ly/3sKdhjg.

[55] A seis años de la desaparición de 43 normalistas de Ayotzinapa | Gobierno de México. Emitido en directo el 26 de septiembre de 2020, minutos 26:59 a 44:14. https://bit.ly/3sKdhjg.

Compromisos internacionales

La Comisión Interamericana de Derechos Humanos y el Estado mexicano firmaron, en mayo de 2020, un acuerdo para la reinstalación del Grupo Interdisciplinario de Expertos Independientes (GIEI) para el caso Ayotzinapa.

En el acuerdo internacional se estableció que el GIEI sería reinstalado con las personas que lo integraron en su primera etapa y brindaría asistencia técnica en la investigación del caso, participaría en la elaboración de planes de búsqueda, el análisis técnico y coadyuvancia en las investigaciones, el seguimiento a la implementación de posibles reparaciones para las víctimas y sus familiares, la identificación de patrones de tortura y el análisis de las garantías de independencia para la investigación.

En el informe de septiembre de 2020, el GIEI, a través de Francisco Cox, señaló que a partir de la llegada de las nuevas autoridades ha existido un cambio sustancial en la forma en cómo se trabaja en el caso Ayotzinapa, "la PGR y el Ejecutivo anterior construyeron y respaldaron un relato a partir de declaraciones obtenidas bajo tortura y la tergiversación de la verdad" (el informe se transmitió en vivo). Del mismo modo señaló como avances la investigación y judicialización de funcionarios que se dedicaron a crear y dar una información distorsionada de la realidad y ocultar el paradero de los normalistas. En este sentido, Cox señaló que el desafío es romper los pactos de silencio y encontrar el paradero de los estudiantes, que es una investigación sumamente compleja y que la digna lucha de los padres y madres debe ser reconocida, que, a pesar de la necesidad de los padres de saber la verdad, no se pueden forzar narrativas hasta que no estén corroboradas por evidencia,[56] toda vez que no hay respuesta a las cuestiones y demandas

---

[56] A seis años de la desaparición de 43 normalistas de Ayotzinapa | Gobierno de México. Emitido en directo el 26 de septiembre de 2020, minutos 44:15 a 52:04. https://bit.ly/3sKdhjg.

centrales del caso: "dónde están los muchachos y una historia que incluya su paradero y destino, pero la verdad no se puede forzar".

En octubre de 2020, México reconoció la competencia del Comité contra la Desaparición Forzada de la Organización de las Naciones Unidas (ONU); el reconocimiento de la competencia del Comité contra la Desaparición Forzada para recibir y examinar las comunicaciones individuales había sido una demanda de familiares de personas desaparecidas en México, los gobiernos mexicanos anteriores no habían declarado el reconocimiento de la competencia de este comité. Con esta acción, se permite a familiares de personas víctimas de desaparición forzada acceder a vías adicionales de la justicia internacional para que sus casos puedan ser analizados.

Consideraciones finales

El caso Ayotzinapa puso en evidencia la falta de sensibilidad de un gobierno que terminó su sexenio, el año 2018, en un contexto generalizado de violencia e inseguridad nacional. No hubo voluntad política para resolver el caso y la atención que logró tener fue gracias a la presión de los colectivos que apoyaron la lucha de las familias en la búsqueda de justicia.

Hubo miles de páginas en informes, recomendaciones y sentencias formuladas por el Grupo de Expertos Independientes, la Comisión Nacional de Derechos Humanos, los organismos internacionales como el Comité de Naciones Unidas Contra la Tortura y la propia Comisión Interamericana de Derechos Humanos, que dieron cuenta de las deficiencias en la integración de la investigación oficial y la poca voluntad de poner en el centro de la atención a las víctimas y su derecho a justicia y verdad.

Ayotzinapa es una herida abierta llena de dolor porque la sociedad entera ha sido vulnerada al evidenciarse que aquellos que debieran proteger y garantizar su seguridad se encontraban coludidos con el crimen organizado e hicieron desaparecer a 43 jóvenes estudiantes sin que hasta hoy se sepa su paradero. Las consecuencias en las familias y los sobrevivientes se encuentran registradas en el mencionado informe sobre los impactos psicosociales.[57] Sin embargo, y a pesar del tiempo, los padres, madres y familiares no han dejado de exigir avances en las investigaciones hasta saber el paradero de sus hijos, así como pedir sanciones para quienes resulten responsables.

El marco político de la desaparición de los 43 fue el del gobierno federal de Enrique Peña Nieto, durante el que se cometieron graves violaciones en materia de derechos humanos en un contexto de violencia e inseguridad general en el país provocada, principalmente, por la llamada "guerra contra el narcotráfico".

Con el cambio de administración, se espera que el caso Ayotzinapa tenga la oportunidad de investigarse bajo otra perspectiva, que ponga a los derechos humanos de las víctimas y sus familiares en el centro de la atención. Los compromisos asumidos por el gobierno de López Obrador alientan la posibilidad de que se establezca la verdad y con ello se ponga fin a la impunidad. La justicia es un tema pendiente para las familias de los 43 y la memoria un deber que tiene la sociedad ante crímenes de lesa humanidad, así como la exigencia de castigo a los responsables y la implementación de medidas para la no repetición.

A pesar de que el gobierno de López Obrador se haya comprometido a reconocer a las víctimas y señalar que el delito contra los estudiantes es el de desaparición forzada, que haya emitido órdenes de captura y que se hayan

---

[57] "Yo solo quería que amaneciera" (2018). Informe de Impactos Psicosociales del Caso Ayotzinapa. Centro de Análisis e Investigación FUNDAR. https://bit.ly/3y8OG8Q.

realizado nuevas búsquedas en campo, en un comunicado de diciembre de 2020 el Comité de Padres, Madres y Familiares afirma que, si bien reconocen avances, aún existe incertidumbre:

> [...] El dolor de las y los desaparecidos continúa y no se vislumbra en lo inmediato ruta de verdad y justicia. Para nosotros es difícil afrontar estos días de tradición y convivencia familiar. En nuestra mesa yace una silla vacía y eso lacera nuestra existencia.
>
> El presente año obtuvimos avances importantes como las 80 órdenes de aprehensión [...], así como la identificación de los restos de Cristian Alfonso Rodríguez Telumbre. Reconocemos la voluntad política del gobierno federal y el presidente de la República, sin embargo, esta no es suficiente para lograr verdad y justicia.
>
> Exigimos continuar con los trabajos de búsqueda e investigación, así como las reuniones con el Presidente de la República Andrés Manuel López Obrador de tal manera que este mecanismo de diálogo sirva para ir evaluando los avances y obstáculos que nos permite mayores avances hasta lograr dar con el paradero de los 43.
>
> No se pueden apresurar teorías de caso sin sustento probatorio, es menester saber la verdad mediante una búsqueda provista de información previa objetiva y una investigación exhaustiva, profesional, pronta e independiente.
>
> En todo este tiempo padres y madres han muerto sin saber de sus hijos y más de la mitad nos encontramos enfermos y deteriorados físicamente. Sin embargo, seguiremos en esta lucha hasta encontrar a nuestros hijos. Para ello, solicitando su apoyo y acompañamiento como lo han hecho en estos seis años de batallas incansables por la presentación con vida de los 43.[58]

---

[58] Comunicado Padres y Madres de los 43 normalistas de Ayotzinapa. "Entre la esperanza y la incertidumbre" (diciembre de 2020). https://bit.ly/3mC90gy).

Referencias

Antillón Najlis, X. (14 de marzo de 2018). *Yo solo quería que amaneciera. Informe de Impactos Psicosociales del Caso Ayotzinapa.* https://bit.ly/3muCPjh.

Beristain, C. M., Valencia, A., Buitrago, Á. y Cox, F. (2017). *Metodologías de investigación, búsqueda y atención a las víctimas. Del caso de Ayotzinapa a nuevos mecanismos en la lucha contra la impunidad.* FLACSO-México.

Bonilla, M. (16 de agosto de 2015). *Desaparecidos. "Guerra sucia" deja 480 víctimas.* https://bit.ly/38aUkwA. Visitado el 10/7/2028.

Chinas, C. H. (15 de octubre de 2017). *Hasta encontrarles.* https://bit.ly/3jfT9m6.

Comisión de la Verdad del Estado de Guerrero (15 de octubre de 2014). *Informe Final de Actividades.* https://bit.ly/3jcnLog. Visitado el 9/7/2018.

Comisión Nacional de los Derechos Humanos (27 de noviembre de 2001). *Recomendación 026/2001.* https://bit.ly/3gNC1m7.

Corte Interamericana de Derechos Humanos (2009). *Caso Radilla Pacheco vs. Estados Unidos Mexicanos. Sentencia del 23 de noviembre de 2009.* https://bit.ly/3klTnXZ. Visitado el 10/7/2018.

Comisión Interamericana de Derechos Humanos (2014). Resolución 28/2014, medida cautelar 409-14. Estudiantes de la escuela rural "Raúl Isidro Burgos" respecto del Estado de México. 3 de octubre de 2014. https://bit.ly/3kCDe0H.

Díaz Betancourt, J. (20 de marzo de 2006). *La Guerra sucia tiene nuevas betas.* https://bit.ly/3niyEHO.

EAAF (febrero de 2016). *Dictamen sobre el basurero Cocula.* https://bit.ly/2YIvBOQ. Visitado el 11/7/2018.

GIEI – Grupo Interdisciplinario de Expertos Independientes (2016). *Informe Ayotzinapa II: Avances y nuevas conclusiones sobre la investigación, búsqueda y atención a las víctimas.* https://bit.ly/3zcSebs. Visitado el 10/7/2018.

Méndez, A. (27 de marzo de 2007). La Femospp se extingue sin conseguir que se castigue a presuntos represores. https://bit.ly/2WnIDQY.

OEA (1994). *Convención Interamericana sobre Desaparición Forzada de Personas.* https://bit.ly/388X2Ts. Visitado el 10/7/2018.

Oficina del Alto Comisionado de las Naciones Unidas para los Derechos Humanos (2013). *Informe de Misión a México. Grupo de Trabajo sobre Desapariciones Forzadas e Involuntarias.* Ciudad de México: Naciones Unidas.

Oficina en México del Alto Comisionado de las Naciones Unidas para los Derechos Humano (marzo de 2018). *Doble injusticia. Informe sobre violaciones de derechos humanos en la investigación del caso Ayotzinapa.* https://bit.ly/3tqCaRr. Visitado el 10/7/2018.

Poder Judicial de la Federación (1 de junio de 2018). *Amparo en revisión: 203/2017.* https://bit.ly/3C19Hop. Visitado el 7/7/2018.

Presidencia de la República (27 de noviembre de 2011). Acuerdo por el que se disponen diversas medidas para la procuración de justicia por delitos cometidos contra personas vinculadas con movimientos sociales y políticos del pasado. https://bit.ly/3899Wkp.

Procuraduría General de la República (2016). Expediente Caso Iguala. https://bit.ly/3gzmvd8. Visitado el 10/7/2018.

Zamora García, J. (2009). Guerrilla y autoritarismo en la Guadalajara de los setenta. https://bit.ly/3mvRkmV. Visitado el 7/7/2018.

Zamora García, J. (2014). Revisión histórica de la Guerrilla en Guadalajara: Las Fuerza Armadas Revolucionarias del Pueblo (1972-1982). https://bit.ly/2XVYjeJ. Visitado el 7/7/2018.

Anexo: documentos legales del caso Ayotzinapa

Considero de utilidad para estudiosos del derecho y personas interesadas en la defensa de los derechos humanos, enlistar una serie de documentos e informes que son clave para la comprensión legal del caso Ayotzinapa y el contexto de la desaparición de personas en México; pueden consultarse en línea y el orden es cronológico:

27/11/2001. Recomendación 026/2001 de la Comisión Nacional de los Derechos Humanos en casos sobre las quejas en materia de desapariciones forzadas ocurridas en la década de los 70 y principios de los 80. https://bit.ly/3jfLQuB.

27/11/2001. DOF 27/11/2001. Secretaría de Gobernación. Acuerdo por el que se disponen diversas medidas para la procuración de justicia por delitos cometidos contra personas vinculadas con movimientos sociales y políticos del pasado. https://bit.ly/3kmimuq.

23/11/2009. Corte Interamericana de Derechos Humanos. Caso Radilla Pacheco vs. México. Excepciones Preliminares, Fondo, Reparaciones y Costas. Sentencia. https://bit.ly/2UL5GnY.

15/10/2014. Informe Final de Actividades de la Comisión de la Verdad del Estado de Guerrero. Congreso del Estado de Guerrero. https://bit.ly/3sJSXhQ.

23/07/2015. Estado de la Investigación del "Caso Iguala" (observaciones y propuestas formuladas a diversas autoridades). Comisión Nacional de los Derechos Humanos. https://bit.ly/3jfMgkF.

06/09/2015. Informe Ayotzinapa: Avances y nuevas conclusiones sobre la investigación, búsqueda y atención a las víctimas. GIEI – Grupo Interdisciplinario de Expertos Independientes. https://bit.ly/3grVgRV.

10/10/2015. Expediente Caso Iguala. Procuraduría General de la República. https://bit.ly/3gvKxGe.

Febrero de 2016. Dictamen sobre el Basurero de Cocula. Equipo Argentino de Antropología Forense EAAF. https://bit.ly/3sLBIg2.

24/04/2016. Informe Ayotzinapa II: Avances y nuevas conclusiones sobre la investigación, búsqueda y atención a las víctimas. GIEI – Grupo Interdisciplinario de Expertos Independientes. https://bit.ly/2WpDffX.

07/09/2017. El Caso de Ayotzinapa: Una cartografía de la violencia. Forensic Architecture, Equipo Argentino De Antropología Forense EAAF, Centro De Derechos Humanos Miguel Agustín Pro Juárez (Centro Prodh). https://bit.ly/3nj7OiQ.

14/03/2018. "Yo solo quería que amaneciera". Informe de Impactos Psicosociales del Caso Ayotzinapa. Centro de Análisis e Investigación FUNDAR. https://bit.ly/3zc9Fcd.

15/03/2018. "Doble injusticia". Informe sobre Violaciones de Derechos Humanos en la Investigación del Caso Ayotzinapa. Oficina del Alto Comisionado de las Naciones Unidas para los Derechos Humanos. https://bit.ly/3BcK6II.

04/06/2018. Amparo en revisión: 203/2017. Relacionado con los amparos en revisión 204/2017, 205/2017 y 206/2017. Poder Judicial de la Federación. https://bit.ly/3zZKjyK.

25/11/2018. CIDH. Informe Final: Mecanismo Especial de Seguimiento al Asunto Ayotzinapa. https://bit.ly/3Df2-LFr.

28/11/2018. Caso Alvarado Espinoza y otros (Sentencia). Corte Interamericana de Derechos Humanos. Carmen Chinas://bit.ly/3zk6UFL.

04/12/2018. DOF. Decreto por el que se instruye establecer condiciones materiales, jurídicas y humanas efectivas, para fortalecer los derechos humanos de los familiares de las víctimas del caso Ayotzinapa a la verdad y al acceso a justicia. https://bit.ly/3sJosJ3.

20/02/2019. SEGOB. Lineamientos para el funcionamiento de la Comisión para la Verdad y Acceso a la Justicia del Caso Ayotzinapa. https://bit.ly/2WpF4sZ.

8/04/2019. Acuerdo entre la Secretaría de Relaciones Exteriores de los Estados Unidos Mexicanos y la oficina del Alto Comisionado de las Naciones Unidas para los Derechos Humanos para brindar asesoría y asistencia técnica a la comisión conformada por el decreto por el que se instruye establecer condiciones materiales, jurídicas y humanas efectivas, para fortalecer los derechos humanos de los familiares de las víctimas del caso Ayotzinapa a la verdad y acceso a la Justicia. https://bit.ly/3Bc7Gp2.

26/09/2019. CoVAJ-Ayotzinapa. 1er informe semestral. Comisión para la Verdad y Acceso a la Justicia en el Caso Ayotzinapa. https://bit.ly/3sPFp4r.

1/11/2019. Acuerdo mediante el cual se establecen los lineamientos que regirán la planeación, ejecución y evaluación de medidas de asistencia, atención y posibles reparaciones a víctimas en el caso Iguala y/o caso Ayotzinapa. SEGOB, Secretaría de Salud, Comisión Ejecutiva de Atención a Víctimas, Gobierno del Estado de Guerrero. https://bit.ly/3mwpnvb.

26/09/2020. López Obrador. Versión estenográfica. Informe a seis años de la desaparición de 43 normalistas de Ayotzinapa, en Palacio Nacional. (En el sitio web está el acceso al video completo de la transmisión). https://bit.ly/3sJlPH4.

7/05/2020. La CIDH y el Estado mexicano firman acuerdo de reinstalación del Grupo Interdisciplinario de Expertos Independientes (GIEI) para el caso Ayotzinapa. https://bit.ly/3gyJ69P.

04/10/2020. SRE, Comunicado N° 292. El Gobierno de México reconoce formalmente la competencia del Comité contra la Desaparición Forzada de la ONU https://bit.ly/3DqItcr.

26/12/2020. Comunicado Padres y Madres de los 43 normalistas de Ayotzinapa. "Entre la esperanza y la incertidumbre". https://bit.ly/3kpGXyd.

Violencia de la paz y resistencia de las vidas en México

Reflexiones acerca de la zona de indeterminación entre violencia y paz

Vittoria Borsò

Resumen

Conceptos como "paz positiva" implican la inestabilidad de estados de paz. La paz no es un ser, sino que "deviene" y se conforma como relación. Necesita un empeño continuo por parte de cada actor singular. Mi artículo parte de la observación del doble movimiento en la relación entre violencia y paz: la violencia de la paz y la paz de la violencia, esto es, la violencia latente en estado de paz y la latencia de la paz en estado de violencia, haciendo énfasis en la topología subyacente a este doble movimiento: la zona de indeterminación. Es menester aplicar un acercamiento biopolítico doble, esto es, capaz de a) sacar a la luz la violencia latente en la paz (tanatopolítica y necropolítica), y b) de hacer emerger fuerzas vitales que resisten a la violencia e instauran las condiciones de la paz (biopolítica afirmativa). Se trata de relaciones ecológicas en el sentido de una relacionalidad fundamental entre entidades vivientes (humanos y no humanos). La reflexión crítica de la violencia se hace desde las prácticas de la literatura, el cine y las artes visuales (Juan Rulfo, Elena Garro, Amparo Dávila, Rosario Castellanos, Margo Glantz). Con respecto a las técnicas de instauración de la paz se analizan dos tipos de "inoperosidad": a) la renuncia a la acción como suspensión de la violencia (Agamben), b) técnicas insurreccionales (Nancy), y operaciones de desobramiento del poder (Bataille, Blanchot, Deleuze) que hacen inoperable, es decir, aniquilan el valor simbólico de la violencia, desconectando los discursos y las formas de vidas narradas de la topografía del poder, liberando fuerzas vitales, autorizando actores a producir prácticas en común. Lo mismo vale para dos tipos de crisis: a) como suspensión y conservación de la norma (por ejemplo revolución) o b) como hesitación o incertidumbre, esto es, conflicto entre inercia y acción, como momento en el que actores políticos se enfrentan a la responsabilidad de actuar (Koselleck) según las exigencias vitales. En la dimensión temporal se distingue entre dos diferentes operaciones que interrumpen la violencia: la catástrofe y el desastre.

Abstract

Concepts as "positive peace" imply the instability of peace. Peace is not a being; it is rather a becoming as a form of relation. It requires a continuous engagement by each singular actor. Starting from the observation of a double movement within the relationship between violence and peace, i.e. the violence of peace and the peace of violence (the violence which is latent in peace and the latency of peace within violence), my paper focuses on the topology that underlies this double movement: the zone of indeterminacy. A double biopolitical approach is, hence, required which a) makes visible the violence that is latent in peace (thanatopolitics, necropolitics) y b) lets emerge vital forces that resist to violence, instituting conditions for the establishment of peace (affirmative biopolitics). These conditions are ecological relations in the sense of a fundamental relationality between living beings (humans and not humans). In this paper the critique of violence is made from the viewpoint of practices of literature, cinema and visual arts (Juan Rulfo, Elena Garro, Ámparo Davila, Rosario Castellanos, Margo Glantz). Concerning the technique of instituting peace, two forms of « inoperosity » are explored : a) the renouncing to action as a means of suspending violence (Agamben); b) Insurrectionary techniques (Nancy) and operations of « disworking » (Bataille, Blanchot, Deleuze) that enact the unworking of the symbolic value of violence. They disconnect discourses and narrated life forms from the topography of power and eventually enhance vital forces, authorizing actors to produce common practices. This concerns also two types of crisis: a) as suspension and conservation of rules (i.e. revolution) or as hesitation and insecurity, i.e. as a conflict between inertia and action, as a moment where political actors deal with the responsability of acting (Koselleck), responding to vital urgencies. With reference to the temporal dimension two different operations that fracture violence are to be distinguished: catastrophe and desaster.

Acotaciones preliminares

> El México posrevolucionario dio comienzo luego de la promulgación de la Constitución el 5 de febrero de 1917. La reconstrucción del país implicó la cimentación de un nuevo régimen político que creó las bases para la configuración de un Estado moderno y democrático que proporcionó paz y estabilidad política y social a la nación, que salía de una gran revolución.

Así reza actualmente la narrativa nacional de la historia moderna de México (Aguilar Casas y Serrano Álvarez, 2012, p. 7). La matanza de Tlatelolco por los militares estatales (masacre de miles de estudiantes en la plaza de las Tres Culturas el 2 de octubre de 1968) sería, según esta narrativa, la ruptura de una historia de paz y estabilidad. La narrativa de la paz mexicana compensa los traumas fundacionales de

Colonia e Independencia, así como de la Revolución entendida como la emergencia de la nación "democrática" posrevolucionaria.[1] Es una historia acompañada por escenas de violencia revolucionaria (1910-1917) y contrarrevolucionaria (Guerra Cristera, 1926-1929)[2] que se extienden hasta la narcoviolencia actual. Además esta narrativa encubre la violencia padecida por los sujetos enajenados: las culturas indígenas y las masas populares, excluidas del devenir del Estado moderno (Basave Benítez, 1992).[3] Solamente a partir de los años 80 del siglo pasado, en los ensayos de intelectuales mexicanos se abandona el apego a la mexicanidad (Bartra, 1987), pues se opta en favor de la opción por la hibridez constitutiva de las culturas (García Canclini, 1989), y se focalizan los recursos locales entrelazados con lo global (Monsiváis, 2005; Borsò, 2010a). A pesar de estos desplazamientos, en el imaginario nacional la mediación mítica de los traumas históricos sigue encubriendo la repetición de la violencia concreta que fundamenta la teología política de los gobiernos mexicanos. Según Juan Villoro (2011), algo que sostienen otros historiadores y escritores mexicanos actuales, "a los cien años de la Revolución mexicana los objetivos que la motivaron parecen seguir ahí" (Borsò y Gerling, 2017).[4] La narrativa de la nación pacificada se vale,

---

[1] En 1977 el historiador mexicano O'Gorman constata que la Revolución "ya con mayúscula" fue transfigurada "en un ente metafísico" combinado con "un patológico nacionalismo" y "una complaciente autoestimación" que encubren y repiten el trauma de la doble ausencia en el conflicto entre modernidad y tradición (O'Gorman, 1977, pp. 99-107).

[2] Aguilar Mora subraya la dificultad de delimitar la revolución cronológicamente, la obscuridad e inestabilidad de los "partidos", la imposibilidad de definirla ideológicamente que han hecho que la historia del término "Revolución mexicana" sea parte del hecho histórico mismo (Aguilar Mora, 2011).

[3] Basave Benítez critica los discursos de concientización nacional bajo el sello de la "mexicanidad" cuyos mitos fundacionales son el mestizo, la familia, la Revolución. Son mitos que compensan los traumas históricos con "la esencia del mexicano" y bajo utopías políticas irrealizables.

[4] La demanda de justicia social, especialmente con respecto a las reivindicaciones de indígenas, queda insatisfecha, mientras que, paradójicamente, esta misma insatisfacción sigue siendo un argumento de legitimización política para los gobiernos.

en definitiva, del mito de los héroes del patriotismo, acompañados por el estereotipo del ciudadano machista, violento, que delega su destino a un gobierno fuerte.[5] Precisamente esta figura se transformó en el mito del narcohéroe, alimentado por la "mediosfera" de la "narcocultura" (Villoro, 2011; Borsò, 2018). Son mitos tanatológicos, basados en la lógica de la muerte, que conllevan violencia (Esposito, 2004). Estas breves acotaciones demuestran la existencia en México de las condiciones de lo que podemos llamar la violencia de la paz. La necrópolis de Comala está en el país. Estamos literalmente rodeados de muertos, constata Cristina Rivera Garza en su ensayo introductorio a la necroescritura en *Los muertos indóciles* (2013), y Rosa Beltrán cita en el último capítulo de *Efectos secundarios* (2012) la primera frase de *Pedro Páramo* ("Vine a Comala porque me dijeron que acá vivía mi padre; un tal Pedro Páramo") señalando que la novela es un modelo de cómo escribir en tiempos de narcoterror, mientras que Comala, el lugar ficticio donde tiene lugar la novela, es el espacio de la violencia como "modo de existencia".[6]

La violencia de la paz demuestra que la relación de paz y violencia ya no se puede configurar desde un concepto de paz entendido como "simple" ausencia de guerra. De hecho, a partir de los años ochenta (Galtung, 1969, 1998; Galtung, O'Brien y Preiswerk, 1980; Preiswerk, 1977) se configuró, además del concepto "negativo" de paz entendido como prevención de conflictos por medio de negociaciones entre naciones o diversidades socioculturales o como

---

[5] El machismo fomenta los mitos del héroe narco. De la violencia del caudillo se hace un signo de valentía, manteniendo el trauma mediante el mito (Zunzunegui, 2014, con referencia a Erich Fromm 1997).

[6] *Efectos secundarios* de Rosa Beltrán es la exploración de la escritura en tiempos en los que "nos hemos convertido en un rencor vivo"; así termina el texto en el último capítulo, en el que México se ha convertido en Comala. En este espacio las mujeres son todas Dorotea, "que perdió a su hijo y por eso la ve así, siempre cargando un molote en su rebozo y diciendo que es su hijo" (Beltrán, 2012, p. 106). Remito a mi análisis de cómo escribir en tiempos de narcocultura (Borsò, 2018).

implantación de derechos humanos en campo internacional, también un "concepto positivo" de paz que pone "al ser humano y sus necesidades esenciales en el centro de su atención" (Preiswerk, 1977, p. 58). Sin embargo, la mayoría de los estudios entienden la paz positiva como un proyecto pedagógico que propaga una ética de conciencia y de conducta humana tanto individual como colectiva basada sobre la supuesta racionalidad del ser humano suponiendo que es capaz de conformar, si se le educa, estrategias de cambio de la violencia a la paz.[7] Este enfoque pedagógico no es suficiente. Precisamente la violencia latente y manifiesta en la historia contemporánea de México requiere un giro biopolítico que proporcione métodos para a) arrojar luz respecto a la captura de la vida por regímenes políticos y por la violencia implícita de "artes de gobiernos" que administran el cuerpo social, incluso liberalismo y neoliberalismo, tratados por Foucault en *Naissance de la biopolitique* (2004), las lecciones en el Collège de France entre enero y abril de 1979, y b) métodos capaces de hacer emerger o instaurar fuerzas vitales que resisten a la violencia. La urgencia de un análisis biopolítico aumenta en la bioeconomía actual,[8] precisamente a causa del dominio del poder financiero sobre las vidas, que, ahora, está intrínsecamente conectado con las narcofinanzas en escala mundial, como lo ha demostrado, entre otros, Roberto Saviano en *Gomorra* (2006) y especialmente en su ensayo investigativo *Zero Zero Zero* (2013). Así el rol de la biopolítica para el estudio de la "violencia de la paz" es sumamente importante. Antes

---

7   La paz positiva es dinámica y requiere una acción constante. El cambio es constitutivo de la paz.

8   Es un tema tratado por la bioeconomía en Italia, cuya labor crítica se dirige a la explotación cognitiva (Fumagalli, 2015), al trabajo inmaterial y afectivo (Lazzarato, 2005), a la destrucción de la subjetividad por la desmaterialización del deseo (Bazzicalupo, 2013). La bioeconomía captura las vidas concretas reconfigurando los estilos de vida con base en la lógica del incremento del capital. Es una forma de financiación de las vidas (Marazzi, 2011). Véanse la colección de ensayos sobre este tema *Die Kunst, das Leben "zu 'bewirtschaften'. Bíos, Ökonomie, Ästhetik* (Borsò y Cometa, 2013).

de desarrollar esta tesis, quiero recordar la otra cara de la medalla: la paz de la violencia, esto es, el devenir de la paz en el medio de la violencia o, dicho de otra manera, cómo de la violencia puede surgir la paz. De hecho, de la violencia de Tlatelolco el 2 de octubre de 1968 se formó un nuevo espacio de prácticas políticas de las que emergió la sociedad civil que luego se organiza durante el terremoto de 1985 estableciendo las condiciones que hubieran podido llevar a la paz social -precisamente a estos procesos dedica Monsiváis *Entrada libre. Crónicas de la sociedad que se organiza*-. En el medio de la catástrofe de la planificación modernizadora del D.F. por parte del Estado (catástrofe que se manifiesta en 1968 con la matanza de Tlatelolco y en 1985 con el terremoto), en el medio de la crisis, emergen fuerzas "transversales" de sujetos singulares que, con prácticas en común, demuestran la derrota del Estado y hacen visibles las fuerzas vitales de la "cultura popular" en México.[9] Es el modelo de prácticas "postsociales" que prefiguran el pasaje de la "justicia social" a *justice centrée sur le sujet* [justicia centrada en el sujeto] descrito también por el sociólogo francés Alain Touraine.[10]

Casi 10 años más tarde, en *Rituales del caos* (1995), relacionado con los medios de masa y los espacios urbanos, Carlos Monsiváis describe los flujos mediáticos y caóticos de la megalópolis como una zona de indeterminación y tensión entre rituales que capturan la vida y relajo, entre imposiciones e interrupción, entre poder y resistencia.[11] A finales del siglo, y aún hoy en día, la organización de la resistencia es efímera, contingente, siempre al límite del

---

9 Carlos Monsiváis: *Días de guardar. Sueños sin olvido. Historia de unos días* (1970); *Entrada libre. Crónicas de la sociedad que se organiza* (1987). *Los rituales del caos*. México (1995).

10 "Ce choix entre le point de vue du système sociale et celui du sujet commande le mouvement de mon analyse" (Touraine, 2006, p. 236).

11 Los rituales del caos son espacios de permanente reproducción y de libertad, de reorganización y caos, de globalismo y singularidad –una globalización urbana que se interrumpe, para encontrar efímeros espacios singulares–.

fracaso, sin embargo siempre es fuente de fuerzas vitales. En *Rituales del caos* Monsiváis demuestra que en los umbrales del siglo XXI la paz social ya no es dada, sino que es una práctica continua, acompañada por la posible catástrofe, y ello requiere un empeño personal constante,[12] opuesto a la actitud política de simple protesta –un preciso diagnóstico que prefigura la extrema tensión que funda la relación entre violencia y paz social en la actualidad–.

Cabría también señalar la importancia de las crónicas como género narrativo –Monsiváis llama su densidad sensual y acústica "el son de lo vivido" (2000, p. 37)–.[13] Y, de hecho, en las crónicas la fruición sensual del sujeto singular que deambula y narra horada el simbolismo de la violencia y deja brotar energías vitales que expresan la resistencia de los vivientes. Hoy en día, en el contexto de la narco-violencia, relatos investigativos de periodistas (por ejemplo Magali Tercero) cumplen con las tareas de hacer presente la cercanía y la experiencia de vidas en peligro (cf. Borsò, 2018) desde el discurso de las víctimas (Villoro, 2008).

Sobre la base de estas acotaciones preliminares, es menester constatar lo siguiente: existe un espacio interme-dio, indeterminando, en el que se decide la relación entre paz y violencia. La inestabilidad de la paz puede ser tam-bién una zona de indeterminación en la que se negocia la relación entre violencia y paz –una relación siempre más compleja a raíz de las influencias multilaterales del capita-lismo y de los flujos mediáticos globales–. En consecuencia, la paz no se define como un "ser", sino como un devenir, un proyecto constante. En el "arte de gobernar", la violen-cia contra las vidas concretas es latente; la relación entre violencia y paz necesita reflexiones biopolíticas. Cabe ahora

---

12 El relajo abre espacios personales y a la vez es la reproducción de la dictadu-ra del espectáculo uniforme de las diferencias sociales.

13 El capítulo "El son de lo vivido" comienza con la frase: "¿A qué suena una sociedad? ¿Cómo se oye?" (2000, p. 37). Como en las crónicas de Monsiváis, las voces marcan extrañezas contingentes y casuales que irrumpen en siste-mas de identidad y los perturban.

reflexionar sobre las siguientes preguntas: a) ¿qué tipo de biopolítica necesitamos para pensar la resistencia de las vidas que tengan el poder de poner en marcha el pasaje de la violencia a la paz? ¿Cómo se configura la relación entre violencia y paz? y b) ¿cuáles son las operaciones, prácticas, actores y los ensamblajes que transforman y desplazan las asimetrías entre política y vida, entre violencia y paz?

La biopolítica es por lo tanto no solamente imprescindible en las vertientes que analizan las actuales escaladas de la violencia en el globo, como la "narcomáquina tanatológica" o la "máquina del trabajo de muerte" (con referencia a Deleuze y Guattari, 1980),[14] precisamente según Achille Mbembe (2003, 2011), una biopolítica anclada a procesos coloniales. La crítica del biopoder y de su deriva tanatopolítica no es suficiente. Necesitamos también un concepto afirmativo de la biopolítica si queremos pensar la vida como fuerza activa, más allá de la captura por la política (o la epistemología) y –por supuesto– también más allá de la metafísica del vitalismo. Un problema irresuelto en la mayoría de las vertientes de la biopolítica es la semántica misma de *bíos*. En el compuesto de bio-política, el primer elemento, el *bíos*, no ha sido elaborado por Foucault (Esposito, 2004, p. 39). La vida queda capturada por la política. Esto vale también para los seguidores de Foucault –hasta Agamben y Butler– que no reflexionaron sobre un problema de fondo formulado por Roberto Esposito en *Bíos* con la siguiente pregunta: ¿existe un saber *de* la vida, que escapa a la captura de la vida, esto es, al poder de la política? (Esposito, 2004, p. 39). ¿Existe un poder de la vida, un poder de organización inmanente a la vida misma, una vida cuyo reconocimiento no dependa del poder del duelo y de la violencia? (Butler, 2004). ¿Cuáles son las operaciones que desestabilizan la violencia contra la vida e instituyen la paz social desde las fuerzas vitales de los vivientes? Y añado yo: ¿existe una lectura atenta a un semejante poder de la vida?

---

14 Cf. también Deleuze, 2003.

Teniendo en cuenta estas preguntas, me enfocaré en lo sucesivo en narrativas literarias que nos enfrentan con la zona de indeterminación entre violencia y paz y con la manera en que la vida se manifiesta.

Más allá de la racionalidad del proceso de paz – la relacionalidad entre los vivientes

En el siguiente apartado la reflexión crítica con respecto a la política y la sociedad se hace desde la fruición y desde las prácticas de los sentidos que la música, la literatura, el cine, las artes visuales pueden sugerir.

El imaginario que más nos enfrenta con la zona de indeterminación entre violencia y paz se encuentra en la estética llamada "fantástica", y para la América Latina del siglo XX, precisamente en la literatura neofantástica (sobre todo en Argentina) así como en el realismo mágico.[15] La indeterminación de este imaginario con su frágil frontera entre el mundo de los vivos y el de los muertos requiere una lectura que se desprenda de sus propias certezas afrontando el desafío de la materialidad de la forma. Es un desafío debido a la coexistencia de una dimensión material, cercana a lo real, y a la vez una dimensión extraña, "imposible" para el mundo racional, una dimensión a veces fantasmal y aterradora. Es precisamente esta paradoja la que nos acerca a una lectura política de este imaginario. La literatura de lo insólito cumple con las condiciones que hacen posible acercar la vida en sus propios derechos sin capturarla con conceptos ajenos a la singularidad del vivir. Lo *imposible* y hasta *"unheimlich"* (extraño) desfamiliariza lo que nos parece

---

15 Para una crítica de los discursos del realismo mágico véase Vittoria Borsò (1994). Para un análisis detallado de la tensión entre aniquilación de las vidas en el páramo y relaciones ecológicas con el ambiente como resistencia de las vidas contra la obra de destrucción remito a mi análisis de *Pedro Páramo* (Borsò, 2020c).

familiar, desnaturaliza lo que creemos natural. El efecto es doble: hace visible la violencia de las relaciones sociales y políticas y a la vez abre líneas de fugas hacia las potencialidades de otra política,[16] otra relación con el mundo.[17] ¿En qué sentido esta estética es relevante para el análisis de la violencia? Fracturando los códigos lingüísticos y formales del simbolismo, lo extraño estropea la técnica lingüística que sostiene la violencia, pues todos los otros niveles de la violencia –también el subjetivo y el sistemático– son mediatizados por el lenguaje, como lo propone el filósofo esloveno Slavoj Žižek (2008). Por medio de la erosión del simbolismo, se hace visible lo aterrorizante y lo siniestro en la política de la vida y en el arte de gobernarla, en un mundo que es a la vez México y el mundo actual en escala global. Además de ser un análisis de la violencia,[18] la fractura del simbolismo que captura la vida es por ende la condición para que emerjan fuerzas vitales que, como veremos, se organizan como relación (social o ecológica). No es sorprendente decir que las dos obras maestras de Juan

---

[16] Sánchez Prado señala también que la manera en la que Rulfo resiste a la causalidad es la expresión de potencialidades que se deben asumir (2017, p. 196).

[17] Tras la sugerencia seminal de Carlo Blanco Aguinaga en "Realidad y estilo en Juan Rulfo", lecturas más recientes buscan la "reterritorialización de los temas universales" (Chanady, 1998), así como la interrupción de utopías y mitos. Véase también Sánchez Prado (2017, pp. 188-189). Schmidt-Welle denomina la reterritorialización de la escritura de Rulfo un "regionalismo no nostálgico" que, a diferencia del regionalismo tradicional, no tiene ningún elemento de paisajismo o de idilio, más bien huellas evidentes de marginalización y degeneración debidas a problemas de modernización (Schmidt-Welle, 2017, p. 297). Este paradigma se podría desarrollar y enganchar al cuestionamiento político y epistemológico que abordamos con la cuestión de la sensibilidad terrenal y la ecología.

[18] La violencia se produce en dos polos: por un lado, textos e imágenes mediáticos participan en la producción simbólica de la violencia; por el otro, regímenes de poder tanatológicos transforman la vida en mero "material", nuda vida en el sentido de Agamben, material que puede ser aniquilado sin que esto entre en la esfera de lo punible. Acerca del concepto de nuda vida, véase Agamben (1998, p. 180).

Rulfo, *Pedro Páramo* y *El llano en llamas*, son trascendentes para nuestras preguntas.

En Rulfo el desanclaje del lenguaje simbólico ocurre por medio de una narración desde la muerte y esto es, dicho sea de paso, una técnica experimental que Maurice Blanchot llama "escritura del desastre" (1980). Aniquilando todas las creencias en algo transcendental (des-astre, caída de los astros), la escritura del desastre abre las sendas para pensar la vida en su calidad más elemental (Deleuze dirá *"une vie"*, una vida cualquiera) (Deleuze, 2006; Borsò, 2018a). La radical erosión de lo simbólico desde la muerte abre en Rulfo líneas de fuga hacia lo terrenal y lo viviente. Un ejemplo es el fragmento 37 de *Pedro Páramo* (1955), en el que Juan Preciado narra precisamente su propia muerte: "[...] Allí donde el aire cambia el color de las cosas; donde se ventila la vida como si fuera un murmullo; como si fuera un puro murmullo de la vida" (Rulfo, 1997, p. 235).

La frase (una cita de los recuerdos de Dolores en la memoria de Juan) empieza con una dimensión referencial, sensible –en toda la obra de Rulfo los agentes atmosféricos son signos indexicales (como en la fotografía) de intensidades sensibles–. Luego, la vitalidad del aire y del viento está presente en el material lingüístico de "ventila".[19] Ahora bien, la repetición de "la vida como si fuera un murmullo" en la siguiente oración ofrece en la diferencia lingüística un significado distinto, debido al eco de la frase con diferente sintaxis: en la primera parte ("como si [la vida] fuera un murmullo") el símil hace de la vida un sujeto silenciado. Aquí la vida es sujeto, es una cosa sujeta al poder que la silencia. En otras palabras: en la política real la vida solo se ventila como murmullo; la vida debe acontecer en sordina. En la segunda parte, el murmullo es una acción *de la vida*[20]

---

19 En este pasaje, la transformación es debida a la antimetábola.
20 La deconstrucción de la metafísica subyacente a los conceptos de vida y a la vez la afirmación de la vida desde su propia política –entendida como voluntad de expansión y de negación de sí misma– son la fórmula desarro-

que, en el genitivo subjetivo, gana fuerza. Aquí la sonoridad de "murmullo" (por las asonancias de las labiales), además de expresar la densidad corpórea del gesto de decir, da cuerpo al signo indexical de la vida. La acción de la vida es ventilarse como "puro murmullo" y tiene una calidad según el adjetivo puro, esto es, sencillo, natural, limpio, purificado. El texto subraya la fragilidad de esta calidad vital, pues en la primera parte de la frase "solo" se entiende según el adverbio "solamente" como si la vida fuera "solo un murmullo", indicando una acción silenciada. Ahora bien, el subjuntivo en el segundo símil "como si fuera" expresa el modo de la irrealidad de la calidad pura, sencilla, natural del murmullo, índice de vida, silenciada bajo la presión del poder.[21] En el texto de Rulfo, el poder de la vida se constituye como diferencia con respecto al poder destructor, y a la vez engendra líneas de fuga hacia otras potencialidades.

La última frase de *Pedro Páramo*, "y se fue desmoronando como si fuera un montón de piedra" (Rulfo, 1997, p. 307), referida al cacique, es una operación de resistencia porque vacía el centro del poder y pone en escena toda su inanidad, dejando espacio a una energía insurgente –y uso el término "insurgente" en el sentido de una irrupción contra la autoridad sin formar un nuevo orden político (como, en contra, lo hace la revolución) según la definición de Jean-Luc Nancy (2007, p. 46)–. La lectura simbólica de la novela y de la revolución se desmorona, como lo observa también Jorge Aguilar (Aguilar Mora, 2011; Borsò, 1994, p. 266, y 2007), mientras que, por esta rebeldía insurgente, el lenguaje se desconecta a la vez de la topografía de la violencia. Lo que también resulta de esta lectura de ambas

---

llada por el filósofo italiano Roberto Esposito como base de una "biopolítica afirmativa" (Esposito, 2004; Borsò, 2014).

[21] Los símiles hacen referencia a acciones o sensaciones fantasmales y desplazan la semántica de acciones y situaciones repetidamente conectadas con la violencia. Las similitudes no son convencionales, su función es hacer incierta la descripción inscribiendo una diferencia que puede provocar una disociación de las representaciones simbólicas.

obras de Rulfo –y no puedo detenerme más sobre esto– es la calificación de la violencia en México que se manifiesta como el vaciamiento de las relaciones sociales y ecológicas entre las personas y el mundo, y su substitución por el sentimiento de culpa inculcado por la religión, el gobierno y la ley, pues en las narraciones de Rulfo, "la ley penal, la ley divina, la ley de la costumbre no coinciden ni estatuyen nada que garantice la Justicia".[22]

La indeterminación del lenguaje "insólito" o extraño, que recuerda a Kafka (*Das Urteil*, 1913; *In der Strafkolonie*, 1919), produce entonces una zona de indeterminación que tiene un doble movimiento. Por un lado, la indeterminación se manifiesta como teología política según Carl Schmitt. Rulfo demuestra, de hecho, que precisamente la indeterminación debida a la suspensión de las normas democráticas funda el estado de excepción que se establecerá a partir de la tensión entre la norma y la decisión, y requiere pues la decisión del soberano.

Aquí la violencia es "mítica"[23] en el sentido de Walter Benjamin, es decir, instaura la ley con vigor absoluto, sin

---

22 Remito al análisis de Florence Olivier con respecto a "En la madrugada", "El hombre", "Cuesta de las comadres", etc.

23 En su complejo ensayo *Para una crítica de la violencia* (1921) Benjamin hace un análisis que pone la violencia en relación con el derecho y la justicia, y se pregunta "por una violencia pura e inmediata capaz de refrenar la violencia mítica" (Benjamin, 2009, p. 55). Si la violencia "divina" tiene la justicia como fin, la mítica es instauradora y mantenedora del derecho, castiga y expía, es mítica pues tiene un poder de instauración absoluto: "Lejos de abrir el acceso a una esfera más pura, la manifestación mítica de la violencia inmediata se muestra idéntica en lo más profundo a toda violencia de derecho" (Benjamin, 2009, p. 57). La violencia divina es, por el contrario, "*entsetzend*", esto es, descompone y pone en cuestión la instauración de la ley frente a la trascendencia divina entendida como el momento mesiánico. El pasaje que a mi modo de ver justifica esta interpretación (Borsò, 2006) y que suscitó tantas controversias (desde Derrida a Agamben, Butler y Žižek) reza: "Si la violencia mítica funda derecho, la violencia divina lo destruye. Si la primera establece límites, la segunda los destruye de forma ilimitada. Si la violencia mítica culpa y expía al mismo tiempo, la divina solo absuelve. Si una amenaza, la otra golpea. Si aquella es sangrienta, la segunda es letal sin derramar sangre" (Benjamin, 2009, pp. 57-58). La ambivalencia de la palabra alemana *Gewalt*, que significa tanto violencia como autoridad o poder, pone ya de manifiesto

que se pueda cuestionar. La violencia mítica, que en el mundo de Rulfo actúa en el nivel de las relaciones entre los personajes, de los personajes con el entorno, y mutuamente del ambiente con los personajes (p. ej. La violencia del viento en "Luvina"), conlleva la destrucción de la socialidad y el vaciamiento de las relaciones ecológicas. Ahora bien, además de posibilitar el análisis de estructuras de violencia análogas al estado de excepción, haciendo extraño lo familiar, la narración invierte la dinámica de la política del Estado mexicano que Carlos Monsiváis había denominado "la normalización de la tragedia", pues desfamiliariza justamente esta normalización.[24] Y es así como pone de relieve la "ilegalidad" del estado paupérrimo de los marginados. La zona de indeterminación califica el umbral entre violencia y paz social como un *milieu*, es decir, como un espacio intermedio en el que se genera un doble movimiento: por un lado, la violencia política, por el otro, la interacción entre los entes (Stengers, 2005), y esta interrelación, conllevando una mutua inclusión (Manning y Massumi, 2014), hace posibles la formación de espacios de paz. Si miramos los textos de Rulfo desde este ángulo, nos percatamos de que la ubicuidad del vacío en el páramo o en el llano[25] ha sido producida como efecto de la violencia política. Es un vacío debido a las operaciones de vaciamiento del tiempo y del espacio, ya que las relaciones sociales colapsaron y no tienen anclaje al lugar. Lo que en Rulfo fue interpretado como un espacio atemporal y mítico es más bien un efecto de la violencia político-económica, cuya estructura corresponde a la violencia mítica y destructora, descrita por Walter Benjamin. Su poder simbólico solo se apaga en el límite de la

---

el íntimo vínculo entre poder, violencia y el establecimiento de la ley (Žižek, 2008, p. 195).

24 Carlos Monsiváis (2006, p. 507). Cf. también Oswaldo Estrada (2017, p. 28).

25 Un ejemplo de "Nos han dado la tierra" reza: "No, el Llano no es cosa que sirva. No hay ni conejos ni pájaros. No hay nada. A no ser unos cuantos huizaches trespeleques y una que otra manchita de zacate con las hojas enroscadas; a no ser eso, no hay nada" (Rulfo, 1997, p. 11).

muerte. Desde el límite de la muerte se abren líneas de fuga hacia una experiencia terrenal, relacionada con la tierra y la corporeidad. En toda la novela son la tierra, el ambiente, los elementos que poseen la vida y dan signos de vida. Si bien estos signos en el páramo son silenciados, las sonoridades de los murmullos son "insurgentes" en el sentido mencionado arriba, porque desenmascaran la impotencia de Pedro Páramo, el cacique. Así que *Pedro Páramo* no es una novela sobre la impotencia de los "vencidos", sino que deja vislumbrar por los sentidos la fuerza de la resistencia,[26] expresada, por ejemplo, mediante las campanas que suenan a deshora, los sueños de Susana o las quejas de los muertos. En *El Llano en lamas*, uno de los pasajes más reveladores de este doble movimiento de la zona de indeterminación se encuentra en "Nos han dado la tierra":

> Uno ha creído a veces, en medio de este camino sin orillas, que nada habría después, al final de esta llanura rajada de grietas y de arroyos secos. [...] Hay un pueblo. Se oye que ladran los perros y se siente en el aire el olor del humo, y se saborea ese olor de la gente como si fuera una esperanza. (Rulfo, 1997, p. 7)[27]

Oír, gustar y oler engendran percepciones sinestésicas (sentir en el aire el olor del humo, saborear) que subrayan la cercanía del cuerpo al ambiente y su mutua interacción. Es aquí que se ventila la potencia de relaciones y prácticas sociales. El texto hace percibir la posibilidad de este espacio sensible "como si fuera una esperanza" –un espacio ausente en la economía política, o sea aniquilado por la violencia del

---

[26] En esta novela, también según Monsiváis, la "desesperanza" que aparece temáticamente como "trágica y monstruosa" ni se exagera metafísicamente ni se realza estéticamente. Así, Comala es el espacio en el que se instauran las fronteras del poder y, al mismo tiempo, se pone de manifiesto su impotencia (Monsiváis, 1980).

[27] Perus subraya igualmente el olor como indicio de vida en el medio de la ausencia de vida en "Nos han dado la tierra" (2003, p. 580).

poder–. En la zona de indeterminación se vislumbran pues mundos alternativos a la violencia.

Veamos otro caso de "zona de indeterminación" como efecto de un texto llamado "mágico-realista": *Los recuerdos del porvenir* (1963) de Elena Garro. Es un texto que, al elaborar la memoria y la temporalidad pasado-presente (Michael, 2017) de la conciencia mexicana, demuestra, como Rulfo, la violencia del estado de excepción y además pone en la mesa de operación las condiciones bajo las cuales a) emerge y se instituye una posible comunidad pacífica en el medio de la regencia de Francisco Rosas, general sanguinario, y de sus militares, b) cuya violencia destruye esta potencialidad y así demuestra a la vez que c) dicha violencia es, como en el caso de Pedro Páramo, la transformación degeneradora de un sentimiento vital –el general hostiga al pueblo después de haber sido abandonado por su querida–. Es peculiar el cambio de narración, que no ocurre desde la muerte como en Rulfo, sino desde un pueblo vivo, Ixtepec, un pueblo del sur de México que representa la colectividad. La zona de indeterminación entre violencia y paz teje toda la topografía de la novela, pues la paz puede de pronto convertirse en violencia y al revés. La voz del narrador, el pueblo mismo, pone en escena desde el comienzo esta indeterminación entre violencia y paz o biopoder destructivo y vida. El pueblo se ve en su memoria como un teatro abierto en el que podría tener lugar (y ha tenido lugar) la diversidad y equilibrio con el ambiente. Debajo de la petrificación o más acá de ella, el texto deja vislumbrar la potencialidad de la vida:

> Aquí estoy, sentado sobre esta piedra aparente. Solo mi memoria sabe lo que encierra. La veo y me recuerdo, y como el agua va al agua, así yo, melancólico, vengo a encontrarme en su imagen cubierta por el polvo, rodeada por las hierbas, encerrada en sí misma y condenada a la memoria y a su variado espejo. La veo, me veo y me transfiguro en multitud de colores y de tiempos. Estoy y estuve en muchos ojos. Yo solo soy memoria y la memoria que de mí se tenga. [...] Desde esta altura me contemplo: grande, tendido en un valle seco. Me

rodean unas montañas espinosas y unas llanuras amarillas pobladas de coyotes. Mis casas son bajas, pintadas de blanco, y sus tejados aparecen resecos por el sol o brillantes por el agua según sea el tiempo de lluvias o de secas. Hay días como hoy en los que recordarme me da pena. Quisiera no tener memoria o convertirme en el piadoso polvo para escapar a la condena de mirarme. (Garro, 1963, p. 8)[28]

En el valle de Ixtepec la multitud de colores y de tiempos se perdió por las pautas de la violencia de la historia. La narración que, de hecho, culmina en la muerte, explora el devenir de la violencia a pesar de la vitalidad inmanente. También aquí, las condiciones de la paz se vislumbran en prácticas culturales comunes, como la fiesta en la primera parte de la novela –que, contrariamente a lo que opina Octavio Paz en *El laberinto de la soledad* con respecto a la fiesta revolucionaria, no se transforma en política, sino que solo suspende el tiempo y el orden racional y jurídico de una realidad basada en el estado de excepción instaurado por Rosas–.

La novela demuestra que, con referencia al teatro, la fiesta destituye la vigencia de la realidad y desmonta pues la doble violencia real, esto es, la violencia que instaura y la que conserva las normas del poder (Walter Benjamin). Sin embargo, también es evidente que la comunidad y la paz no

---

28 La historia de México se encamina hacia la petrificación de la vida. La segunda parte de la novela nos demuestra por qué teatro y utopía no tienen materialmente lugar en la cruenta historia de la revolución. Julia y Hurtado desaparecen "mágicamente". El texto opone a la libertad del teatro la perversión brutal de la fiesta que sigue en la segunda parte llevando a cabo una contundente crítica de la mitificación de la revolución como "fiesta" y ritual que, según Paz, devuelve a México los antiguos derechos indígenas –es el eufemismo de *El laberinto de la soledad* con respecto a la Revolución mexicana–. Paz habla de "devolución" y de la "vuelta al origen" (1987, p. 235). La crítica de Elena Garro a esta utopía fundamenta la novela que aparece en 1963, el año de su divorcio de Octavio Paz, y es también una respuesta personal de la autora. Isabel Moncada toma en la segunda parte el rol de Julia. La vemos inmóvil y muda en la recámara del general. Su mutismo es una denuncia, su inmovilidad, con su vestido rojo, es la exposición de la violencia que ella, su hermano, ejecutado, y el pueblo sufren por mano del general.

logran estabilizarse. Por ende, queda clara en la novela la imposibilidad del devenir de la paz a partir de la mera suspensión del *nómos* que instaura la ley de la diferencia –entre *zoè* y *bíos* así como entre *nómos* y *physis* (Borsò, 2010)–. Si justamente esta es la lógica que fundamenta la crítica de la violencia contra la vida por parte de Giorgio Agamben en su proyecto *Homo sacer*, resulta de nuestra lectura que la suspensión de la lógica de la violencia no es suficiente. Son más bien necesarias prácticas insurgentes capaces de vaciar y derrumbar la racionalidad misma del poder y de la violencia –regresaremos sobre este punto–.

Los textos del llamado "realismo mágico" proponen distintas variantes de la zona de indeterminación y de la relación entre violencia y paz. Es un vaivén entre espacios cerrados, o "tomados", como diría Cortázar, lugares muertos y signos de vida de un ambiente en que la naturaleza actúa y se percibe como fuente de vida.[29] Amparo Dávila elabora estas tensiones en topografías privadas y públicas. Los lugares de los cuentos de *Árboles petrificados* (1977) son umbrales entre lo abierto y lo cerrado, siendo lo último la metonimia de una violencia latente. La táctica de Dávila es la hesitación[30] (Vogl, 2007), por ejemplo, frente al jardín de

---

[29] Tanto la memoria como la percepción interior del mundo de Susana San Juan están llenas de vida. Susana es el personaje femenino enfermo de pasión por su amante muerto, deseada por el cacique al que ella resiste hasta el final, un deseo que destruye al cacique Pedro Páramo, quien caerá como un montón de piedras al final de la novela. También en punto de muerte, incorporada sobre sus almohadas, "las manos sobre el vientre, prendidas a su vientre como una concha protectora" (p. 140), dice el texto: "Había ligeros zumbidos que cruzaban como alas por encima de su cabeza. Y el ruido de las poleas en la noria. El rumor que hace la gente despertar" (p. 140). La muerte de Susana y el acto de comulgar antes de la muerte recuerdan el gesto de relacionarse con la inmanencia de la vida que Flaubert describe para Emma Bovary: "Susana San Juan, semidormida, estiró la lengua y se tragó la hostia. Después dijo: 'Hemos pasado un rato muy feliz, Florencio'. Y se volvió a hundir entre la sepultura de sus sábanas" (pp 141 142).

[30] Para la función de la hesitación como apertura de posibles líneas de fuga en el sentido deleuziano remito a Joseph Vogl con respecto a la obra de Franz Kafka (2007). El estudio de Vogl queda a medio camino pues considera demasiado poco el impacto de la hesitación como crítica del estado de

"Griselda" muerta, por parte de Martha, el personaje vivo; el departamento en "Estocolmo 3" se presenta como espacio cerrado, amenazante, sin embargo, por la hesitación de la narradora, en cada momento se pueden abrir otros espacios. La amenaza deriva del cierre, precisamente del peligro que lugares o formas de vidas cerradas que bajo la violencia latente parecen muertas, son incapaces de experimentar la dinámica de la vida hecha de metamorfosis.

Si bien la literatura fantástica es particularmente provechosa para nuestras preguntas, este tipo de lectura responde, a mi modo de ver, a las exigencias políticas que caracterizan la literatura y las artes. Lo demuestra un poema de Rosario Castellanos, escritora ícono del feminismo y de la lucha en favor de los recursos y vivencias de los indígenas de Chiapas. En "Los distraídos" (1960) la ausencia del sentido de comunidad se expresa por la indiferencia con respecto al ambiente y justamente esta indiferencia es causa de la violencia porque incapacita a los actantes a reconocer el momento de la crisis y a detectar la posibilidad de actuar para que se instaure algo que políticamente parece imposible:

Los distraídos
Algunos lo ignoraban. Creían que la tierra era aún habitable.
No miraron la grieta que el sismo abrió; no estaban cuando el cáncer aparecía en el rostro espantado de un hombre.
Rieron en el instante en que una manzana, en vez de caer, voló y el universo fue declarado loco.
No presenciaron la degollación del inocente. Nunca distinguieron a un inocente del que no lo es.
(Por otra parte habían aprobado, esde el principio, la pena de muerte.)
Continuaron llegando a los lugares, exigiendo una silla más cómoda, un menú más exquisito, un trato más correcto.

---

excepción que se forma por el uso de la hesitación como estrategia de poder político en la obra de Kafka, mientras que, a la vez, el texto demuestra la potencialidad de líneas de fuga.

¡Querido, si te sirven sin gratitud, castígalos!
Y en los muros había un desorden peculiar y en las mesas no
había comida sino odio y odio en el vino y odio en el mantel
y odio hasta en la madera y en los clavos.
Entre sí cuchicheaban los distraídos: ¿qué es lo que sucede?
¡Hay que quejarse!
Nadie escuchaba. Nadie podía detenerse.
Era el tiempo de las emigraciones.
Todo ardía: ciudades, bosques enteros, nubes. [....]

En este poema no hay comunidad, pues les actores son indiferentes a su entorno, o sea, se niegan a una percepción situada, una percepción atenta al mundo, a las vivencias materiales, al ambiente. La ceguera frente al entorno, frente al mundo, la indiferencia frente a la tierra que se volvió inhabitable y frente a las injusticias conlleva la destrucción de la vida en sentido planetario. En este diagnóstico hay un momento de indeterminación, en el que, desde la crisis, se puede abrir un espacio de potencialidades, cuando una manzana, en vez de caer, empieza a volar. Es la "grieta" que el sismo abrió, el espacio de potencialidades que se puede desprender de una crisis -como lo hemos comentado con respecto a las prácticas de cultura popular observada por Carlos Monsiváis frente a la crisis de Tlatelolco y luego del Terremoto-. El poema es admirablemente interpretado por la joven pintora alemano-mexicana Sandra del Pilar. Su pintura hiperrealista con figuras casi transparentes produce la percepción de una realidad incierta y definida a la vez. La técnica de Sandra es usar tres planos de pintura que funcionan como mutuos velos y que, por el movimiento del observador y la luz, animan el lienzo.[31] El grupo de los distraídos, individuos indiferentes hacia el mundo, no ven lo que el observador del lienzo descubre: el cadáver de un estudiante en primer plano y un grupo de soldados en el tercer plano. En la zona de indeterminación conformada por el lienzo, el devenir de la violencia es debido a la indiferencia de los

---

[31] Cf. Del Pilar (2015/2016).

demás, a la ausencia de un "dono a dar" (Roberto Esposito) en común: la atención hacia el mundo.

En fin, cabría tratar la inestabilidad radical de la paz en el contexto de los acelerados pasajes de un estado al otro a raíz del aumento de los flujos globales y tecnológicos que ya se prefiguraban en *Los rituales del caos* (1995) de Carlos Monsiváis. La escritura fragmentaria de Margo Glantz es contundente en este respecto debido a la extrema rapidez con la que los fragmentos de la memoria y de experiencias del presente en sus textos se yuxtaponen: la yuxtaposición inesperada de lo más heterogéneo, una forma radical de montaje que conocemos desde la escritura barroca y neobarroca, desde la literatura de vanguardia, o desde el *Atlas Mnemosyne* de Aby Warburg,[32] es un principio clave que destituye la necesidad del orden "normal", fruto de nuestras creencias. En *Y por mirarlo todo nada veía* (2018) Glantz aplica esta figura retórica a la extrema proliferación de discursos y de imágenes en las redes sociales para demostrar la violencia del poder global de los medios, que al representar y mostrar todo, hacen todo invisible –así reza la referencia al *Primero sueño* de Sor Juana Inés de la Cruz en el título de la novela–. A la vez las asociaciones inesperadas transforman continuamente las topografías "naturales" y muestran así la inestabilidad del equilibrio entre violencia y estado de paz. Por la yuxtaposición de fragmentos, el discurso se presenta como figura anamórfica (*Kippfigur*)

---

[32] Glantz misma relaciona la yuxtaposición a la técnica de la *Pop Art*, con la que titula un capítulo de *Saña* haciendo referencia a una exposición retrospectiva sobre el pintor pop Rauschenberg en Nueva York y pone de relieve los efectos de la yuxtaposición. En una descripción de la pintura de Rauschenberg que es a la vez un lúcido pasaje metaliterario, la escritora comenta la función de la yuxtaposición: "… la organización plástica del espacio y su alteración, los dispares materiales con que se construyen los cuadros o instalaciones alcanzan un imposible equilibrio; la lectura instantánea de una tradición en la que se inserta con tranquilidad este pintor; la exploración de texturas y materias; la transgresión de cualquier marco habitual y una politización extrema, a veces manifiesta en la elección de ciertos recortes de periódicos aparentemente al azar" (Glantz, 2006, p. 46).

–como deformación reversible– que de pronto transforma la crueldad en la incuestionable afirmación de la vida, cuyos principios son la insistencia en la materialidad, en el nexo con las cosas del mundo y el deseo. En el medio de la crítica de la violencia extendida en todo el planeta, emerge en la escritura de Margo Glantz una política que afirma la consistencia material del vivir. En *Por breve herida* (2016), una de sus últimas novelas, el actor principal son los dientes, piezas óseas que designan la singularidad del organismo que resiste a la descomposición de la muerte.[33] En la serialidad que se repite en todos los textos de Glantz, la contigüidad de los santuarios de la moda –el salón de belleza– y de los campos de exterminio (2016, p. 164), con los restos de los cuerpos (dientes, etc.), dentro del espacio de una página revelan la amenaza, esto es, la violencia latente en la civilización. En el mismo momento el texto abre la percepción hacia la otra cara de la medalla, es decir, la vitalidad inquebrantable capaz de resistir y de derrumbar el simbolismo de la violencia (cf. Borsò, 2018b).

Hemos visto operaciones, prácticas, actores que hacen que se desembloque la vida de la captura debida a la violencia política. Especialmente en la densidad lingüística o visual de la comunicación estética se inscribe la excedencia del vivir. En ella se pueden observar operaciones que producen la zona intermedia entre violencia y vida abriendo espacios a la resistencia, que aunque no es pasiva, tampoco

---

[33] El cuerpo o, mejor, hasta los restos de un órgano del cuerpo adquieren sustancialidad como agentes de la memoria: "Tengo guardadas en una caja, junto a varios pares de aretes, broches de pelo, prendedores y un collar de marfil, unas prótesis antiguas para dientes con incrustaciones de oro. Además, una radiografía del fémur de mi madre, sus anteojos y su cabello, conservado dentro de la media elástica que usaba para proteger sus piernas varicosas" (Glantz, 2016, p. 190). La contigüidad de lo efímero (aretes, broches, collar) y de reliquias del cuerpo de su madre hace presente la vitalidad y a la vez la fragilidad del cuerpo, materializado en fragmentos: prótesis, fémur, etc. El sujeto de este tipo de escritura se enfrenta a la abyección perturbadora que trastorna el cuerpo entendido como posesión durable de sí, dice Julia Kristeva en *Pouvoirs de l'horreur* (1980), un texto leído intensamente por Glantz. Para un análisis detallado de esta obra de Glantz, cf. Borsò (2018b).

es un "contra-poder". Son más bien técnicas insurreccionales, operaciones de desobramiento del poder que demuestran su inanidad en el centro destituyendo el vínculo transcendente entre política y vida. Esta es la condición para que emerjan fuerzas vitales. A partir de estas fuerzas se pueden instituir prácticas sociales, formar actores (humanos y no humanos), configurar prácticas en común (post-Tlatelolco y post-terremoto de 1985), reforzar las relaciones ecológicas y los ensamblajes (Simondon, 1989; Latour, 2012). La insurrección contra la violencia hace pues que emerjan fuerzas que instituyen una solidaridad entre los vivientes (humanos y no humanos). Al revés, la zona de indeterminación definida como mera suspensión del *nómos* de la diferencia (Agamben) no rompe con la violencia. Necesitamos prácticas insurgentes que destituyan y vacíen la lógica de la violencia. Las preguntan rezan: ¿en qué sentido discursos, mnemotécnicas, gestos, rituales o serialidad en los medios estabilizan o desestabilizan estructuras sociales o de violencia? ¿Cuáles son las operaciones de institución (Castoriadis, 1989), cuáles los materiales de instauración (Souriau, 2017) y cuáles las prácticas del *désœuvrement* (desobramiento), que vacían el humanismo y el antropocentrismo en favor de la emergencia de otras ontologías y otra socialidad?

Zona de indeterminación y el devenir de violencia y paz. Reflexiones teóricas

Hemos visto un tipo de lectura que nos demuestra cómo en la zona de indeterminación entre violencia y paz se pueden formar espacios y potencialidades de resistencia que configuran el pasaje de la violencia a la paz (social) o al revés. Hemos visto también dos tipos de resistencia que establecen dos distintas formas de relación entre violencia y vida con la institución de diferentes condiciones para el pasaje de la violencia a la paz. Un tipo es la resistencia pasiva que Giorgio Agamben entiende en el sentido de la inoperosidad con referencia a Bartleby y su famosa frase "I would prefer not to" (Agamben y Deleuze, 1993). Según Agamben se trata de una resistencia entendida como mera suspensión del *nómos* de la violencia, concepto con el que se aleja de la manera en que Deleuze entiende la contingencia y sobre todo se aleja del concepto de inoperosidad elaborado en Francia (Bataille, Blanchot, Nancy). Agamben se basa más bien en el concepto de potencia aristotélico que implica la renuncia a la acción para que todas las opciones puedan tener valor.[34] La inoperosidad que Agamben propone fundado en Walter Benjamin y con referencia a la famosa fase de Bartlebly nos deja en una violencia latente, pues no abandona el fundamento del estado de excepción, sino que simplemente lo suspende. Agamben se inspira en el concepto de violencia revolucionaria pensada más allá del derecho con referencia a la "violencia divina" o "pura" y "anómica" que Benjamin elabora en "Para una crítica de la violencia" (1921) y que Agamben relaciona también a la "indecisión" del soberano melancólico barroco en el *El origen del drama barroco alemán* benjaminiano. Basándose en la negación de la acción aristotélica, Agamben malentiende pues a Benjamin según el que la indeterminación no solamente suspende, sino que *desarma la violencia del soberano* (la violencia divina es *"ent-setzend"*, desobrante). La zona de indeterminación quiebra aquí la correspondencia entre soberanía y trascendencia, entre monarca y Dios (Borsò, 2006). Si, como opina Agamben, la resistencia solo produce la suspensión del *nómos* que subordina la vida a la violencia política, la zona de indeterminación sigue siendo "anómica", girando en torno al estado de excepción como dimensión constitutiva.[35] En estas condiciones, el salto de la violencia

---

34 Para una crítica del concepto de inoperosidad de Agamben véanse Borsò 2016a y b.

35 Schmitt da la siguiente definición "En la medida en que se identifica con la ley, el rey se mantiene en relación con ella y se pone como anómico fundamento del orden jurídico. El estado de excepción es siempre algo bien dife-

a la paz o de la suspensión a una política activa, alternativa a la violencia, es imposible, como lo demuestra el vaciamiento del páramo en Rulfo o el movimiento hacia la muerte en *Los recuerdos del porvenir*. Para pensar la transición de la violencia a la paz, cabe desplazar el punto de partida. Esto ocurre en el segundo tipo de resistencia, que consiste en operaciones concretas y técnicas insurreccionales que aniquilan el centro del poder, y así muestran el "impoder" del Estado, o sea, su propia inanidad (Nancy, 2007, p. 46).

La inoperosidad significa aquí el hacer inoperable, o sea, aniquilar el valor simbólico del poder,[36] y precisamente esto autoriza a actores a producir prácticas en común, como pudimos constatar con respecto a la emergencia de la sociedad civil a raíz del terremoto de 1985. Ahora bien, la fractura del poder simbólico-mítico del lenguaje (y de la ley), precisamente las prácticas que desconectan las formas de vidas narradas de la topografía del poder, son gestos de resistencia contra el poder tanatológico y tienen la capacidad de *desplazar* también las narrativas hacia un lenguaje afirmativo y hacia el horizonte ontológico de lo viviente –como lo vimos en Rulfo–. En este principio consiste también la eficacia política de la estética como lo propone Jacques Rancière, precisamente la "eficacia estética, cuando la forma desconecta el lenguaje del régimen de la política (o

---

rente de la anarquía y del caos y, en sentido jurídico, en él existe todavía un orden, inclusive si no es un orden jurídico" (Schmitt, 2002, p. 20). Considera Agamben: "[...] El nómos [...] es la forma originaria del nexo que el estado de excepción establece entre un afuera y un adentro de la ley y, en este sentido, constituye un arquetipo de la teoría moderna de la soberanía" (Agamben, 2004, p. 130). El estado de excepción suspende la norma poniendo la decisión como elemento formal específicamente jurídico bajo la responsabilidad de un soberano que garantiza el nuevo orden. Agamben: "Estar-fuera y, sin embargo, pertenecer: ésta es la estructura topológica del estado de excepción sin excepción" (Agamben, 2004, p. 75).

36 Es unas de las operaciones centrales en la obra de Margo Glantz, a la que dedica, entre otros, *Zona de derrumbe* (2004). Remito a mi análisis de dicha operación, entre otros, Borsò, 2009, 2016a, 2018a.

policía) que distribuye los sentidos y configura lo sensible" (Rancière,1996, p. 42).[37]

Ahora bien, este segundo tipo de la relación entre violencia y vida que despodera el capital simbólico de la violencia y libera las fuerzas vitales de sujetos singulares (Borsò, 2014 y 2015; De Cauwer, 2018) se sitúa en el horizonte de la biopolítica afirmativa elaborada por Roberto Esposito y otros representantes de la biopolítica afirmativa, como Massimo Cacciari (2017) o Adriana Cavarero (2019). Recuerdo la pregunta de Roberto Esposito, básica de la biopolítica afirmativa, a saber, ¿existe un saber y un poder de la vida, más allá de la captura por la política? Esposito efectúa el viraje hacia una biopolítica afirmativa partiendo del "poder *de la vida*". Inspirándose en nuevos conceptos biogenéticos de inmunidad, según los que el organismo necesita abrirse hacia fuera para no degenerar en patologías autoimnumitarias, propone un concepto de *communitas* en el que identidad y comunidad y, en correspondencia, el *proprium* y el *improprium*, no son polaridades, sino una relación mutua que se expropia mutualmente, es decir, altera tanto identidad como comunidad. Esta relación está basada en la operación del *munus*, el don a dar, una operación necesaria, pues la comunidad no es una esencia (su esencia es vacía), sino un devenir que tiene que ser alimentado por prácticas continuas. El *munus* invierte nada menos que la dirección del derecho, todavía basado sobre el derecho romano de la propiedad, y postula la apertura a un deber común, precisamente el dono a dar recíproco. El *munus* conlleva pues el desobramiento de la propiedad y corresponde al *nómos* de la vida entendida como alteración (en biogenética y en política), como relación y pasaje hacia fuera, hacia lo que nos acomuna porque requiere prácticas en común.[38] Aquí la zona

---

[37] Véase también Rancière, 2007.

[38] Es un concepto de comunidad que expropia (o desobra) hasta de la propia subjetividad, desconectándola de la captación de lo ente. Esposito adopta solo en parte la ontología deleuziana que considera los fenómenos como

de indeterminación tiene un *nómos*, una ley afirmativa que rompe con el vínculo trascendente entre violencia y vida, constituyente de la teología política. El *nómos* afirmativo de la vida consiste en la capacidad de "alterarse" (Esposito, 2004) según las deviaciones inesperadas del flujo de la vida, ya que el vivir excede cualquier "forma de vida". Ganando fuerza en común, la vida puede resistir a la violencia.

Desde el "poder" y el "saber" de la vida podemos entonces explorar los impulsos disolutivos de la violencia buscando energías constituyentes que se encuentran en ellos mismos (Nancy, 2001 [1986]; Esposito, 2016). Podemos también preguntarnos acerca de las prácticas sociales y de las formas materiales de comunicación procedentes de un espacio magmático y caótico que hacen posibles transformaciones o subversiones del imaginario para instituir así algo nuevo (Castoriadis, 1989; cf. Jiménez García, 2012) tanto en la dimensión espacio-temporal, como con respecto a la ontología, la manera de existir, de los vivientes. En la dimensión temporal se debe igualmente distinguir entre dos condiciones que interrumpen la violencia. La catástrofe y el desastre. La primera forma está relacionada con Walter Benjamin y Giorgio Agamben; la segunda, con la transmutación del nihilismo efectuada por Heidegger, Maurice Blanchot y más recientemente Roberto Esposito –es el desastre, la operación que aniquila la lógica que define la "vida humana" para que emerja lo elemental de "cualquier vida"–. Con respecto a la catástrofe, Agamben define, de hecho, el estado contrario a la violencia, una "zona de absoluta indeterminación entre anomia y derecho, en la cual la esfera de las criaturas y el orden jurídico son incluidos en una misma catástrofe" (Agamben 2004, p. 111) –la referencia de Agamben es la octava tesis de Benjamin de "Sobre el

---

entramados de fuerzas, de *intensidades* plurales, pre-subjetivas y sub-representativas.

concepto de historia"–.[39] La catástrofe interrumpe la historia, pues redime a "las víctimas" por su propia supervivencia. Sin embargo, con la catástrofe, la violencia queda aquí como el punto de partida y el horizonte del pensamiento. Si con respecto a Benjamin y al año 1938, el preludio de la catástrofe nazi, en el que Benjamin escribe las tesis, solo una catástrofe hubiera podido cambiar el rumbo de la historia, sin embargo, pensar la catástrofe como operación productiva en absoluto, como lo hace Agamben, no es suficiente. Es una operación que no se desconecta de la violencia, no aniquila su ley. Lo mismo vale para la revolución. Aunque puede potencialmente inaugurar una nueva época histórica, la revolución es una solución a la crisis que Koselleck llama "conservadora" (Koselleck se refiere a Edmund Burke, a Rousseau, en parte a Diderot, luego a Saint-Simon, a Comte) y que la medicina clásica entiende como un retorno al equilibrio del organismo[40] –sin implicar desplazamientos, transformaciones o "transform-acciones"–. En la interpretación de Agamben, la catástrofe es pues una renuncia a la acción. En contra, Koselleck propone también un concepto de crisis que implica la facultad de suspensión no del *nómos*, sino de la decisión. En la crisis, entonces, el instante de incertidumbre en el que se percibe la vulnerabilidad de la estabilidad y el conflicto entre inercia y acción es de suma importancia –hemos visto en la literatura de Amparo Dávila la importancia de la incertidumbre entendida como hesitación–. Es el momento en el que actores políticos se enfrentan a la responsabilidad de actuar según las exigencias

---

[39] "La tradición de los oprimidos nos enseña que el 'estado de excepción' en el cual vivimos es la regla. Debemos llegar a una concepción de la Historia que corresponda a ese estado. Tendremos entonces frente a nosotros nuestra misión que consiste en procurar el advenimiento del verdadero estado de excepción; y nuestra posición frente al fascismo se fortalecerá en la misma medida" (Benjamin, 2009, p. 139).

[40] Equilibrio es entendido "en el sentido de una inclinación definitiva de la balanza" (Koselleck, 2007, p. 241).

vitales (según el modelo de Thomas Paine), sin depender de la metafísica de historia, naturaleza, razón o poder.

Mientras que el concepto pasivo de inoperosidad y de potencialidad es carente de puntos de arranque en política, la "zona de indeterminación" entendida como el umbral en que el poder *de* la vida se enfrenta a la violencia destructora se manifiesta como praxis, como actividad y por ende como política contra la violencia (cf. también Esposito, 2016, p. 158). El poder de la vida y la resistencia de los vivientes surgen entonces de una relación de violencia y paz que, frente a la violencia devastadora, sigue afirmando el derecho de cada *síngulo* viviente.

Sandra del Pilar, "Los distraídos III", 2015.

Referencias

Obras citadas

Beltrán, R. (2012). *Efectos secundarios*. México: Grijalbo, Mondadori.

Castellanos, R. (1960). *"Los distraídos": Lívida Luz*, México: UNAM.

Dávila, A. (1977). *Árboles petrificados*. México: Joaquín Mortiz.

Garro, E. (1963). *Los recuerdos del porvenir*. México: Joaquín Mortiz.

Glantz, M. (2004). *Zona de derrumbe*. Rosario: Beatriz Viterbo Editora.

Glantz, M. (2006). *Saña*. Lima: Sarita Cartonera.

Glantz, M. (2016). *Por breve herida*. México: Sexto Piso.

Glantz, M. (2018). *Y por mirarlo todo nada veía*. México: Sexto Piso.

Monsiváis, C. (1970). *Días de guardar. Sueños sin olvido. Historia de unos días*. México: Era.

Monsiváis, C. (1987). *Crónicas de la sociedad que se organiza*. México: Era.

Monsiváis, C. (1995). *Los rituales del caos*. México: Era.

Rivera Garza, C. (2013). *Los muertos indóciles: Necroescritura y desapropiación*. Mexico: Tusquets.

Rulfo, J. (1997). *Toda la obra*. Edición crítica. Claude Fell (ed.). Madrid: Colección Archivos.

Obras consultadas

Agamben, G. (1998). *Quel che resta di Auschwitz*. Torino: Bollati Boringhieri.

Agamben, G. (1999). *Potentialities: Collected Essays in Philosophy*. Stanford: Stanford University Press.

Agamben, G. (2004). *Estado de Excepción*. Buenos Aires: Adriana Hidalgo.

Agamben, G. y Deleuze, G. (1993). *Bartleby, la formula della creazione*. Trad. S. Verdicchio. Macerata: Quodlibet, 199.

Aguilar Casas, E. y Serrano Álvarez, P. (2012). *Posrevolución y estabilidad. Cronología 1917-1967*. México: Instituto Nacional de Estudios Históricos de las Revoluciones de México.

Aguilar Mora, J. (2011). *El silencio* de la *Revolución* y *otros ensayos*. México: Era.

Álvarez, N., Abello, A. y Fernández, S. (coords.) (2016). *Territorios de la imaginación. Políticas ficcionales de lo insólito en España y México*. León: Universidad de León.

Bartra, R. (2007). *Territorios del terror y la otredad*. Valencia: Pre-Textos.

Bartra, R. (1987). *La jaula de la melancolía: identidad y metamorfosis del mexicano*. Mexico: Grijalbo.

Basave Benítez, A. (1992). *México mestizo. Análisis del nacionalismo mexicano en torno a la mestizofilia de Andrés Molina Enríquez*. México: FCE.

Bazzicalupo, L. (2013). Die Gespenster der Bioökonomie und das Phantasma der Krise. En V. Borsò y M. Cometa (coords.), *Die Kunst, das Leben zu 'bewirtschaften'. Bíos, Ökonomie, Ästhetik* (pp. 53-69). Bielefeld: transcript.

Benjamin, W. (2009). *Estética y política*. Buenos Aires: Las cuarentas.

Blanchot, M. (1980). *L'écriture du désastre*. Paris: Gallimard.

Borsò, V. (1994). *Mexiko jenseits der Einsamkeit. Kritische Revision der Diskurse des Magischen Realismus*. Fráncfort/Meno: Vervuert.

Borsò, V. (2006): Walter Benjamin – teologo e politico: un trattino pericoloso. En M. Ponzi y B. Witte (coords.), *Teologia e politica. Walter Benjamin e un paradigma del moderno* (pp. 89-100). Turin: Nino Aragno.

Borsò, V. (2007). Rulfo intermedial: 'passages' entre textos, fotografía y cine. En U. Felten, A. Torres (coords.), *Intermedialität in Hispanoamerika: Brüche und*

Zwischenräume: Intermedialidad en Hispanoamérica: rupturas e intersticio (pp. 203-20). Tübingen: Stauffenburg.

Borsò, V. (2009). Tier und Maschine: Margo Glantz an den Schwellen der Differenzen. En C. Leitner y C. F. Laferl (eds.), *Über die Grenzen des natürlichen Lebens. Inszenierungsformen des Mensch-Tier-Maschine-Verhältnisses in der Iberoromania* (pp.191-220). Berlin, Wien *et al.*: Lit-Verlag.

Borsò, V. (2010). Benjamin – Agamben. Biopolitik und Gesten des Lebens. En V. Borsò *et al.* (eds.), *Benjamin – Agamben. Politics, Messianism und Kabbalah* (pp. 35-48). Würzburg: Königshausen & Neumann.

Borsò, V. (2010a). Independencia y Revolución: de las utopías a las paradojas – transformaciones culturales en el pensamiento mexicano. En G. Leyva y N. García Canclini *et al.* (coords.), *Independencia y Revolución. pasado, presente y futuro* (pp. 739-773). México: Universidad Autónoma Metropolitana; Fondo de Cultura Económica.

Borsò, V. (2014). *Wissen und Leben. Wissen für das Leben. Herausforderung einer affirmativen Biopolitik.* Bielefeld: transcript.

Borsò, V. (2015) Vida, lenguaje y violencia: Bolaño y la 'Aufgabe' del escritor. En U. Hennigfeld (coord.), *Roberto Bolaño. Violencia, escritura, vida* (pp. 15-32). Madrid/Fráncfort: Iberoamericana/Vervuert, S.

Borsò, V. (2016a). Vivir con la literatura: bio-poética y el saber de la vida. Apuntes sobre Julio Cortázar y Margo Glantz. En A. Buschmann *et al.* (coords.), *Literatur leben. Festschrift Ottmar Ette* (pp. 355-378). Madrid/Fráncfort: Iberoamericana/Vervuert.

Borsò, V. (2016b). Giorgio Agamben – tra disastro e catastrofe. Ontologia e estetica. En A. Lucci y L. Viglialoro (coords.), *Giorgio Agamben. La vita delle forme* (pp. 102-120). Genova: Il melangolo.

Borsò, V. (2016c). Contingenza e potenzialità del vivente nell'epoca della sua producibilità tecnica. En L. Bazzicalupo y S. Vaccaro (coords.), *Vita, politica, contingenza* (pp. 41-68). Macerata: Quodlibet.

Borsò, V. (2018). Narcocultura. Cuestiones biopolíticas y gestos de vida. En L. F. Lara, A. Ortega, y H. Herlinghaus (coords.), *Narcodependencia. Escenarios heterogéneos de narración y reflexión* (pp. 135-169). México: El Colegio Nacional.

Borsò, V. (2018a). Spectacular Catastrophes and Unspectacular Disasters. Francisco de Goya y Lucientes and Maurice Blanchot. En J. Dünne *et al.* (coords.), *Catastrophe & Spectacle. Variations of a Conceptual Relation from the 17th to the 21st Century* (pp. 134-146). Berlin: Neofelis Verlag.

Borsò, V. (2018b). Elogio del mundo sin fin. Margo Glantz polígrafa y el gozoso arte de la disidencia. En C. Alemany Bay (coord.), *Las ficciones heterodoxas de Margo Glantz. Visiones críticas* (pp. 129-148). Madrid: Visor.

Borsò, V. (2019). Luz y sombra de la biopolítica: Política y estética del lenguaje de la vida. En M. A. Jiménez y A. M. Valle *et al.* (coords.), *Sociología y Biopolítica* (pp. 171-216). México: Juan Pablos Editores.

Borsò, V. (2020). Bio-Poetics and the Dynamic Multiplicity of Bios: How Literature Challenges the Politics, Economics and Sciences of life. En Z. Kulcsār-Szabō *et al.* (eds.), *Life after Literature, Perspectives on Biopolitics in Literature and Theory* (pp. 17-32). NY *et al.*: Springer.

Borsò, V. (2020a). Topografías del trauma: textos mexicanos en perspectiva transmedia. En R. Spiller, K. Mahlke y J. Reinstädler (coords.), *Literatura y Trauma en América Latina* (pp. 163-180). Berlin/NW: de Gruyter.

Borsò, V. (2020b). *Persona oeconomica* in der Medienkommunikation. Wider die Anästhetisierung für neue Räume der Medialität. En S. Borvitz (coord.), *Prekäres Leben. Das Politische und die Gemeinschaft in Zeiten der Krise* (pp. 335-354). Bielefeld: transcript.

Borsò, V. (2020c) Sensibilidad terrenal y ecología en la obra de Rulfo. En V. Borsò y F. Schmidt-Welle (coords.), *La contemporaneidad de Juan Rulfo*. Madrid/Fráncfort: Vervuert (Biblitoteca Iberoamericana) (en prensa).

Borsò, V. y Cometa, M. (coord.) (2013). *Die Kunst, das Leben zu 'bewirtschaften'. Bíos, Ökonomie, Ästhetik*. Bielefeld: transcript.

Borsò, V. y Gerling, V.-E. (2017). *Colonia-Independencia-Revolución. Genealogías, latencias y transformaciones en la escritura y las artes de México*. Fráncfort/Meno-Madrid: Iberoamericana/Vervuert.

Butler, J. (2004). *Vida precaria. El poder del duelo y la violencia*. Buenos Aires: Paidós.

Cacciari, M. (2017). *Generare Dio*. Bologna: Il Mulino.

Castoriadis, C. (1989). *La institución imaginaria de la sociedad. El imaginario social y la institución, vol. 2*. Barcelona: Tusquets.

Cavarero, A. (2019). *Democrazia sorgiva. Note al pensiero politico di Hanna Arendt*. Milano: Cortina Raffaello.

Chanady, A. (1998). Juan Rulfo entre lo tradicional y lo moderno. *Revista Canadiense de Estudios Hispánicos,* Vol. 22 (2), 253264.

De Cauwer, S. (coord.) (2018). *Critical Theory at a Crossroads, Conversations on Resistance in Times of Crisis*. NY: Columbia University Press.

Deleuze, G. (2003). *Deux régimes de fous: textes et entretiens 1975–1995*. Paris: Minuit.

Deleuze, G. (2006). *Immanence et vie*. Paris: PUF.

Deleuze, G. y Guattari, F. (1980). *Mille plateaux*. Paris: Minuit.

Del Pilar, S. (2015-2016). Pintura como realidad del mundo. *Voz de la tribu*, N° 6 (noviembre-enero 2016), 54-63.

Esposito, R. (2002). *Inmunitas. Protezione e negazione della vita*. Torino: Einaudi.

Esposito, R. (2004). *Bios. Biopolitica e filosofia*. Torino: Einaudi.

Esposito, R. (2016). *Da fuori. Una filosofia per l'Europa*. Torino: Einaudi.

Estrada, O. (2010). Tragos amargos y ebrios encargos. Metáforas de la bebida en 'El Llano en Llamas' de Juan Rulfo. En S. Poot-Herrera (ed.), *Bebida y literatura. Aguas santas de la creación* (pp. 207-222). Mérida: Instituto de Cultura de Yucatán.

Estrada, O. (2017). "Cuerpos solo cuerpos": violencias de género entre fronteras y versos. *Tintas. Quaderni di Letterature iberiche e iberoamericane*, (7), 93-101.

Foucault, M. (2004). *Naissance de la biopolitique.* Cours au Collège de France *(1978-1979)*. Paris : EHESS.

Fumagalli, A. (2015). The Concept of Subsumption of Labour to Capital: Towards Life Subsumption in Bio-Cognitive Capitalism. En E. Fisher y C. Fuchs (coords.), *Reconsidering Value and Labour in the Digital Age. Dynamics of Virtual Work Series* (pp. 224-245). Londres: Palgrave Macmillan. https://bit.ly/3klZYlb.

Galtung, J. (1969). Violence, Peace and Peace Research. *Journal of Peace Research*, 6 (3), 167-191.

Galtung, J. (1998). *Tras la violencia, 3R: reconstrucción, reconciliación, resolución. Afrontando los efectos visibles e invisibles de la guerra y la violencia.* Bilbao: Bakeaz – Gernika Gogoratuz.

Galtung, J., O'Brien, P. y Preiswerk, R. A. (1980). *Self-Reliance. A Strategy for Development.* London: Bogle-L'Ouverture Publications.

García Canclini, N. (1989). *Culturas híbridas. Estrategias para entrar y salir de la modernidad.* México: Grijalbo.

Jiménez García, M. A. (2012). Cornelius Castoriadis. La subversión de lo imaginario. *Acta sociológica*, núm. 58, mayo-agosto, 115-134.

Koselleck, R. (2007). Crisis. *Crítica y Crisis.* Madrid: Trotta.

Latour, B. (2012). *Enquête sur les modes d'existence. Une anthropologie des Modernes.* Paris: La découverte.

Lazzarato, M. (2005). Biopolitics and Bioeconomics. *Multitudes* 22 (3), 51-62.

Manning, E. y Massumi, B. (2014). *Thought in the Act: Passages in the Ecology of Experience*. Minneapolis: University of Minnesota Press.

Marazzi, C. (2011). *The Violence of Financial Capitalism*, tr. K. Lebedeva y J. F. Mc Gimsey. Cambridge (MA): Semiotexte.

Mbembe, A. (2003). Necropolitics. *Public Culture*, 15 (1), 11-40.

Mbembe, A. (2011). *Necropolítica. Sobre el gobierno privado indirecto*, trad. Ed. E. Falomir Archambault. Santa Cruz de Tenerife: Melusina.com.

Michael, J. (2017). Die mexikanische Literatur und die Vorzeichen des Endes. En K. Noack *et al.* (coords.), *Die globalisierte Apokalypse aus lateinamerikanischer Perspektive* (pp. 141-158). Vol 1. Göttingen: V&R unipress.

Monsiváis, C. (1980). "Sí, tampoco los muertos retoñan. Desgraciadamente". En F. Janney (coord.), *Inframundo. El México de Juan Rulfo* (pp. 27-38). México D.F.: Ediciones del Norte.

Monsiváis, C. (2000). *Aires de familia: cultura y sociedad en América Latina*. Barcelona: Anagrama.

Monsiváis, C. (2005). *No sin nosotros. Los días del terremoto, 1985-2005*. México: Era.

Monsiváis, C. (2006). *Imágenes de tradicción viva*. México: Landucci/UNAM/FCE.

Nancy, J.-L. (2001 [1986]). *La comunidad desobrada*. Trad. P. Pereira. Madrid: Arena Libros.

Nancy, J.-L. (2007). Entre poder y fe. En J.-L. Nancy (ed.), *La comunidad enfrentada* (pp. 41-58). Buenos Aires: La Cebra.

Olivier, F. (2017). La memoria o el olvido del crimen: lagunas del decir en 'El Llano en llamas'. En P. Á. Palou y F. Ramírez Santacruz (coords.), *El Llano en llamas, Pedro Páramo y otras obras (En el centenario de su autor)* (pp. 37-52). Madrid: Iberoamericana / Vervuert.

Paz, O. (1987). Vuelta a *El Laberinto de la soledad*. Entrevista con Claude Fell. En O. Paz y L. M. Schneider (eds.),

México en la obra de Octavio Paz.T. I. El peregrino en su patria. Historia y política de México (pp. 224-254). México: F.C.E. [1975].

Perus, F. (2003). Camino de la vida: "Nos han dado la tierra" de Juan Rulfo. *Revista Iberoamericana*, Vol. LXIX, N° 204 (Julio-Septiembre), 577-595.

Preiswerk, R. (1977). Could we study international relations as if people mattered? *International Relations in a Changing World.* Ginebra: Graduate Institute of International Studies.

Rancière, J. (1996). *El desacuerdo. Política y filosofía.* Benos Aires: Ediciones Nueva Visión.

Rancière, J. (2000). *Le partage du sensible.* Paris: La Fabrique.

Rancière, J. (2007) *Politique de la littérature,* Paris : Galilée.

Sánchez Prado, I. (2017). Juan Rulfo: el clamor de la forma. En P. Á. Palou y F. Ramírez Santacruz (coords.), *El Llano en llamas, Pedro Páramo y otras obras (En el centenario de su autor)* (pp.171-202). Madrid: Iberoamericana, Vervuert.

Saviano, R. (2006). *Gomorra. Viaggo nell'impero economico e nel sogno di dominio della camorra.* Milano: Mondadori.

Saviano, R. (2013). *Zero zero zero.* Milano: Feltrinelli.

Schmidt-Welle, F. (2017). Hacia un regionalismo literario no nostálgico: Juan Rulfo y Julio Llamazares. En P. Á. Palou y F. Ramírez Santacruz (coords.), *El Llano en llamas, Pedro Páramo y otras obras (En el centenario de su autor)* (pp. 281-300). Madrid: Iberoamericana / Vervuert.

Schmitt, C. (2002). *Teología política.* Buenos Aires: Struhart & Cia.

Sierra, J., & O'Gorman, E. (1977). Evolución política del pueblo mexicano (Vol. 21). Caracas: Biblioteca Ayacucho.

Simondon, G. (1989). *Du mode d'existence des objets techniques.* Paris: Aubier.

Souriau, E. (2017). *Los diferentes modos de existencia. Del modo de existencia de la obra de hacer,* trad. S. Puente, presentación I. Stengers y B. Latour. Buenos Aires: Cactus.

Stengers, I. (2005). An ecology of practices. *Cultural Studies Revue*, N° 1, 196-283.

Touraine, A. (2006). *Un nouveau paradigme. Pour comprendre le monde d'auj'jourd'hui*. Paris: Fayard.

Villoro, J. (2008). La Alfombra roja (29/11/2008). https://bit.ly/3l3MXx4. Visitado el 20/7/2015.

Villoro, J. (2011). La alfombra roja, el imperio del narco-terrorismo. En M. Turati *et al.* (eds.), *La ley del cuerno. Siete formas de morir con el narco mexicano* (pp. 19-31). Caracas *et al.*: Ediciones Puntocero.

Vogl, J. (2007). *Über das Zaudern*. Zürich: diaphanes.

Zambrano, M. (2012). La educación para la paz. *Aurora, Papeles del "Seminario María Zambrano". Documentos*, 57.

Žižek, S. (2008). *Violence. Six Sideways Reflections*. London: Profile Books.

Zunzunegui, J. M. (2014). *Los mitos que nos dieron traumas*. México: Debolsillo.

Autoras y autores

Vittoria Borsò

Es catedrática emérita de Filología Española, Francesa e Italiana de la Heinrich-Heine-Universität Düsseldorf, Alemania. Es becaria de la Fundación Humboldt. Senior Fellow de IKKM, Weimar. Fue miembro de la comisión de evaluación de la Deutsche Forschungsgemeinschaft (DFG) (2012-2016) para las literaturas de Europa y América. Posee publicaciones sobre migraciones culturales, memoria y escritura, culturas visuales y literatura mundial. Actualmente investiga sobre biopolítica y poéticas de la vida, así como prácticas ecológicas. Fellow del CALAS con el proyecto "La de/institución de la paz y el poder de los vivientes: La zona de indeterminación como relacionalidad de paz y violencia".

Roberto Briceño-León

Es profesor titular de Sociología de la Universidad Central de Venezuela y director del Laboratorio de Ciencias Sociales, LACSO. Es el fundador del Observatorio Venezolano de Violencia. Ha sido profesor de la Universidad Sorbonne-Nouvelle, Paris III, y de la Universidad Autónoma de México. Fellow del Saint Antony's College, Oxford University y del Wilson International Center for Scholars de Washington, DC. En la actualidad es profesor visitante de la Universidad Federal de Ceará, Brasil.

Carmen Chinas

Es profesora investigadora de la Universidad de Guadalajara, México. Ha trabajado en proyectos para la prevención de la violencia, sus líneas de investigación son cultura de paz, desaparición forzada, seguridad ciudadana, prevención social de la violencia. Coordinó en Guadalajara el Laboratorio de Conocimiento "Visiones de Paz" del CALAS de 2019 a 2021.

Anna-Lena Dießelmann

Es filósofa y lingüista con énfasis en ética, filosofía jurídica y política, análisis crítico del discurso. Es doctora en Lingüística por la Universidad de Siegen, Alemania, y máster en Filosofía por la Universidad de Düsseldorf, Alemania. Posee especialización en Actuaciones psicosociales en situaciones de violencia política y catástrofes por la Universidad Complutense de Madrid. Actualmente realiza el posdoctorado en la Universidad de Bayreuth, Alemania, y es profesional en un programa de construcción de paz en Cali.

Álvaro Augusto Espinoza Rizo

Es licenciado en Sociología por la Universidad Centroamericana UCA (2013) y máster en Estudios Interamericanos por la Universidad de Bielefeld, Alemania (2018). Desde 2018 es doctorante en Sociología en la Bielefeld Graduate School in History and Sociology (BGHS) en la Universidad de Bielefeld y desde 2019 doctorante en Estudios Religiosos en la Facultad de Teología de la Universidad de Groninga, Países Bajos. Sus líneas de trabajo son (neo)pentecostalismo, seguridad, urbanismo, cambio religioso y vida cotidiana.

Nelson Camilo Forero Medina

Es docente e investigador en la Universidad de Bielefeld. Sus intereses de investigación son lugares de memoria y procesos de memorialización, medios y tiempo, conflicto colombiano, entre otros. Es parte de los grupos de investigación "Lugares de memoria SPEME: Europa, Colombia y

Argentina", "El grupo colombiano del análisis del discurso" y "Grupos colombiano de filosofía de la tecnología".

Wolfgang Gabbert

Es catedrático de Sociología del Desarrollo y Antropología Cultural en el Instituto de Sociología de la Leibniz Universität de Hannover. Ha trabajado sobre etnicidad y nacionalismo, antropología política y jurídica, violencia, conversión religiosa en África y América Latina, movimientos sociales y el pasado y presente de las poblaciones indígenas en México y América Central. Ha realizado trabajo de campo en Costa Rica, Nicaragua y México. Su publicación más reciente es *Violence and the Caste War of Yucatán*, Cambridge University Press, 2019.

Christine Hatzky

Es catedrática de Historia de América Latina y del Caribe en la Leibniz Universität Hannover, Alemania. Es directora del centro interdisciplinario Centre for Atlantic and Global Studies (CAGS) y codirectora regional del Maria Sibylla Merian Center for Advanced Latin American Studies (CALAS) en Guadalajara (México) y San José de Costa Rica. Entre otras publicaciones escribió la biografía del líder estudiantil cubano Julio A. Mella, *Julio A. Mella. Una biografía (1903-1929)*, publicado en alemán en 2004 y en castellano en Santiago de Cuba en 2008. Su libro *Cubans in Angola: South-South Cooperation and Transfer of Knowledge 1976-1991*, University of Wisconsin Press, 2015, fue premiado con el Luciano Tomassini Prize of the Latin American Studies Association (LASA) en 2016.

Andreas Hetzer

Es politólogo con énfasis en Relaciones Internacionales, Metodologías Visuales y Comunicación Política. Es doctor en Ciencias Políticas y máster en Media Studies por la Universidad de Siegen, Alemania. Actualmente trabaja como cooperante internacional de Comundo en un proyecto para visibilizar y mejorar las condiciones de vida de las comunidades afrocolombianas en Cali.

Sonya Lipsett-Rivera

Es profesora de Historia de la Carleton University, Canadá, y autora de varios libros, entre ellos: *Gender and the Negotiation of Daily Life in Mexico, 1750-1856* y *The Origins of Macho: Men and Masculinity in Colonial Mexico*, editora de varias antologías y autora de capítulos y artículos. Fellow del CALAS con el proyecto "Ciclos de violencia y género: los momentos de conflicto en América Latina como generador de identidad de género".

Sebastián Martínez Fernández

Es licenciado en Educación en Filosofía por la Universidad de Santiago de Chile y máster en Estudios InterAmericanos por la Universidad de Bielefeld, Alemania. Actualmente, es asistente de investigación del Laboratorio de Conocimiento "Visiones de Paz" CALAS (Leipzig Universität Hannover), donde investiga las recepciones del pensamiento y estéticas fascistas europeas de la primera mitad del siglo XX por parte de intelectuales de Chile y Argentina de la década de 1930, además de realizar diversas labores académicas y editoriales.

Joachim Michael

Es profesor de Estudios Interamericanos y Estudios Románicos en la Universidad de Bielefeld (Alemania). Es especialista en literatura y cultura audiovisual iberoamericanas y se dedica a los estudios de paz y violencia en Latinoamérica con enfoque particular en violencia cultural y estéticas de paz. Es codirector del Laboratorio de Conocimiento "Visiones de Paz" del CALAS. Entre sus publicaciones recientes están *Angstsprachen. Interdisziplinäre Zugänge zur kommunikativen Auseinandersetzung mit Angst* (*Lenguajes del miedo. Accesos interdisciplinarios al debate comunicativo sobre miedo*) (2020) y *Ficciones que duelen. Visiones críticas de la violencia en las culturas iberoamericanas* (2018).

Oly Millán Campos

Es economista graduada en la Universidad Central de Venezuela (UCV) con una Maestría en Historia en la Universidad Centroccidental "Lisandro Alvarado" (UCLA). Es profesora en la Facultad de Ciencias Económicas y Sociales (Faces) de la UCV. Durante el período 2000-2006, desempeñó diversos cargos y responsabilidades en el gobierno del presidente Hugo Rafael Chávez Frías como vicepresidenta de Estudios Económicos, de Planificación y directora del Banco Industrial de Venezuela BIV, viceministra de Financiamiento y Comercialización del Ministerio de Economía Popular, presidenta encargada del Fondo de Desarrollo Agrícola, Pesquero Forestal y Afines (Fondafa), ministra del Ministerio de Economía Popular.

Stefan Peters

Es M.A. en Ciencias Políticas por la Universidad de Marburg (2007) y doctor en Ciencias Políticas por la Universidad de Kassel (2012). Actualmente dirige la cátedra de Estudios de Paz en la Justus-Liebig-Universität Giessen y es director del Instituto Colombo-Alemán para la Paz (CAPAZ) en Bogotá.

Ludmila da Silva Catela

Es doctora en Antropología Cultural por la Universidad Federal de Rio de Janeiro e investigadora independiente de

CONICET así como docente de la Universidad Nacional de Córdoba y La Plata. Entre 2006-2015 fue directora del Archivo Provincial de la Memoria (APM) de Córdoba y entre 2016-2017, del Museo de Antropología de la Universidad Nacional de Córdoba.

Heike Wagner

Es doctora en Antropología Cultural y Social por la Universidad de Viena. Es directora de la sede Weingarten y del departamento de Estudios Internacionales de la Academia de la Diócesis de Rottenburg-Stuttgart. Fue directora de investigaciones de la Organización Internacional para las Migraciones (OIM) en Viena; también trabajó para OIM en Quito. Ha sido profesora en diferentes universidades y se desempeña como docente de métodos de investigación (RWU Weingarten, Flacso Ecuador, entre otras).

Este libro se terminó de imprimir en octubre de 2021 en Imprenta Dorrego (Dorrego 1102, CABA).